조 론

조 론

肇論
Zhao Lun

[후진後秦] **승조僧肇 스님** 지음
조 병 활 교감·표점·역주

교감校勘 · 표점標點 · 역주譯注 **조병활**趙炳活

* 북경대학 철학과에서 북송北宋 선학禪學사상 연구로 철학박사 학위취득.
* 중국 중앙민족대학 티베트학연구원에서 티베트불교 연구로 박사학위 취득.
* 『불교미술기행』[이가서. 2005], 『다르마로드』[상 · 하. 랜덤하우스중앙(주). 2005] 등의 저서와 「『바세』 5종 필사본에 보이는 '김 화상 기록' 비교 연구」, 「「조론서」 연구」, 「「물불천론」 연구」 등 우리말 · 중국어 · 티베트어로 쓴 다수의 논문이 있다.

초판1쇄 인쇄 2023년 4월 07일
초판1쇄 발행 2023년 4월 20일

지은이	승조 스님
옮긴이	조 병 활
펴낸이	원택 스님(여무의)
펴낸곳	도서출판 장경각
등록번호	합천 제1호
등록일자	1987년 11월 30일
본 사	경남 합천군 가야면 해인사길 118-116 해인사 백련암
서울사무소	서울시 종로구 삼봉로 81 두산위브파빌리온 1232호
전 화	02-2198-5372
팩 스	050-5116-5374
홈페이지	www.sungchol.org

ⓒ2023, 장경각

ISBN 979-11-91868-42-5(03220)
값 18,000원

* 이 책은 저작권법에 따라 보호받는 저작물이므로 무단 전재와 복제를 금합니다.
* 이 책에 수록된 내용의 전부 또는 일부를 이용하려면 반드시 저작권자와 장경각의 서면 동의를 받아야 합니다.
* 잘못된 책은 교환해 드립니다.

차 례

006 추천의 글 무비 스님
009 축하의 글 원택 스님

Ⅰ. 시작의 글
015 중국불교와 『조론』

Ⅱ. 역주의 글
064 조론서
072 종본의
076 물불천론
090 부진공론
109 반야무지론
174 열반무명론
235 참고문헌

Ⅲ. 마무리 글
241 공사상, 현학 그리고 『조론』

332 찾아보기
345 역자후기

| 추천의 글 |

　깨달음의 빛과 진리의 감로수로 인도의 대지를 비추고 적시던 불교는 발전을 거듭한 끝에 자연스레 동쪽으로 향했다. 위로는 날아다니는 새 한 마리 없고 아래로는 오직 해골만이 가리켜 주던 그 험한 길을 오고 간 수많은 구도자들 덕분에 동쪽의 하늘에도 깨달음의 빛이 빛나게 되었고 동쪽의 대지에도 진리의 물이 흐르게 되었다. 지혜의 거울이 광채를 뿜고 진여의 맑은 물이 대지를 비옥하게 해도 그것이 무엇인지 모르는 범부들이 늘어나매 탁월한 현인賢人들이 나타나 가르침을 자세하게 설명했다.
　진리는 본래 말로 표현될 수 없고 글로 기술될 수 없다. 말로 표현된 진리와 글로 기록된 이치는 흔적이나 자취에 불과하고 찌꺼기의 찌꺼기에 지나지 않는다. 존재의 참다운 모습을 말과 글로 설명한다는 것은 애당초 불가능하다. 그러나 말과 글이 아니면 깨달음과 진리의 흔적조차 찾기 어렵고 그것을 전파하기는 더더욱 난망難望하다. 부득이 글을 빌려 깨달음을 현양顯揚하고 말을 빌려 이치를 유포해야만 한다. 후진後秦의 승조 스님도 말과 글로 진리와 이치를 널리 알린 현인 가운데 한 분이다. 공통기원 전후 중국에 불교가 전래된 이래 수많은 천재들이 경전을 번역하고 연구했다. 역경譯經과 연구가 온축蘊蓄되어 나타난 결과물의 하나가 바로 『조론肇論』이라 할 수 있다. 실상實相을 체득하고 문장에도 뛰어났던 승조 스님이 아니었다면 찬술하기 어려웠을 것이다.
　「물불천론」, 「부진공론」, 「반야무지론」, 「열반무명론」 등 짧지만 길고 길지만 짧은 네 편의 글로 구성된 『조론』을 통해 승조 스님은 수많은 이치와 교의敎義를 강설했고 지금도 여전히 설파하고 있다. 얼핏 보면 이해되는 듯해도 다시 보면 심오하고 난해한 구절들이 『조론』 곳곳에 묻혀있다. 물물物物, 불천不遷, 속제俗諦, 부진不眞, 공空, 진제眞諦, 반야般若, 실지實智, 권지權智, 무지無知, 열반涅槃, 무명無名, 대상[境], 마음[心], 주관[能], 객관[所] 등 불교의 개념들과 이들 개념으로 설명한 현리玄理가 『조론』의 숲속에 가득하다. 여전히 많은 독자들을 헷갈리게 하고 미궁迷宮으로 이끄는 문장도 적지 않다. 앞에서 맞이해 보아도 그 머리가 보이지 않고 뒤따라가도 그 뒷모습이 보이지 않는 구절도 간간이 있다.

그래서일까?『조론』이 세상에 나온 이래 중국의 적지 않은 현인들이 미어謎語를 풀기 위해 매달렸고 적지 않은 숫자의 주석서가 출현했으며 그중 일부는 현존한다. 위진남북조시대 남조 진陳나라의 혜달慧達 스님이 찬술한 『조론소肇論疏』, 당나라의 원강元康 스님이 기술한 『조론소肇論疏』, 북송의 비사秘思 스님이 강설講說하고 정원淨源 스님이 집해集解한 『조론중오집해肇論中吳集解』, 원나라의 문재文才 스님이 지은 『조론신소肇論新疏』, 명나라의 감산憨山 스님이 펴낸 『조론략주肇論略注』 등 각 시대를 대표하는 다섯 권의 중요한 주석서가 『조론오가해肇論五家解』라는 이름으로 마침내 우리말로 완역됐다. 『조론략주』를 제외한 나머지는 처음으로 번역됐다. 『조론』을 쉽게 해설한 주석서들이 한꺼번에 번역·출간된 것은 실로 경사스러운 일이 아닐 수 없다.

우리말로 번역된 주석서들과 『조론』을 틈틈이 읽다보면 눈을 아프게 하는 날카로운 문장들은 부드러워질 것이고 발을 찌르는 뾰족한 구절들은 무뎌져 밟을 수 있게 될 것이다. 어느 날 문득 『조론』이라는 빽빽한 문장의 숲속에서 유희삼매遊戲三昧하는 자신을 보게 될 것이며 현묘한 거울처럼 빛나는 자신의 마음이 홀연 눈에 들어올 것이다. 보아도 보이지 않고, 들어도 들리지 않고, 만져도 잡히지 않는 '그 물건'마저 자신과 하나가 되었음을 몰록 발견하게 될 것이다.

 진리와 이치는 사람으로 인해 퍼지고 가르침은 말과 글로 해명解明된다. 불교의 이치를 설명하고 있는 『조론연구』(전1권)를 저술하고 『조론오가해』(전5권)와 『조론』(전1권)을 우리말로 옮긴 조병활 박사의 노고에 큰 박수를 보내며 삼림森林과 시중市中의 제현諸賢에게 이 책의 일독一讀을 권한다. 고인古人의 명구名句를 빌려 『조론오가해』 번역과 출간을 다시 한 번 더 찬탄한다.

微雲淡河漢, 엷은 구름이 은하수를 가리니
疏雨滴梧桐. 성글게 내리는 빗방울 오동나무에 떨어지네.
桃花笑春風, 복숭아꽃은 봄바람에 웃고
蓮花香夏雲. 연꽃은 여름 구름 마냥 향기롭네.
赤霞匝秋地, 붉은 노을은 가을 대지에 가득하고
長松色冬天. 큰 소나무는 겨울 하늘의 빛깔과 하나가 되었다.
此夜明一輪, 이 밤에 뜬 밝은 보름달
淸光何處無? 그 푸른빛이 어디엔들 비치지 않으랴?

신라화엄종찰 금정산 범어사에서
불기佛紀 2566[2022]년 6월
여천 무비如天無比

| 축하의 글 |

  이치에 맞게 말을 하면 듣는 사람이 기꺼이 믿고, 이치에 맞게 행동하면 보는 사람들이 존경하고 따르며, 진리와 같이 하는 사람은 그 진리와 같아지고, 덕德에 종사하는 사람은 그 덕과 같아지는 법이다. 그러나 따라 행하기 어려운 것으로 이치에 맞는 말과 행동보다 더 어려운 것은 없고, 같아지기 어려운 것으로 진리와 덕에 종사하는 것보다 더 힘든 것도 없다.

  부처님이 말씀하신 크나큰 진리가 서쪽에서 동쪽으로 전해진 이래 무수한 현인들이 나타나 가르침을 풍부하게 하고 그 이치로 세상을 교화하고 메마른 대지를 윤택하게 했지만 그 가르침은 여전히 쉽게 잡히지 않고 귀에는 들리나 체득하기 어렵다. 진리와 이치가 훌륭하기는 하나 담백淡白하고 밋밋해 돌아보는 사람이 드물다. 뜻 높은 사람이 진리와 이치를 들으면 힘써 행하고 뜻이 중간 정도인 사람이 진리를 들으면 의심하고 뜻이 낮은 사람이 진리를 들으면 웃어버린다. 오직 뜻 높은 사람만이 담백함에 쌓인 제호醍醐의 맛을 음미吟味할 수 있다. 보물이 있는 곳에는 그것을 지키는 흉맹한 교룡蛟龍이 반드시 부근에 있다. 교룡을 제압하고 보배 그릇에 담긴 '감미로운 제호'를 맛보려면 '인연因緣이라는 복덕'과 '불퇴전不退轉의 정진精進', '명석한 지혜'와 '원만한 방편方便' 등을 갖춰야 된다. 위진남북조시대의 후진後秦에서 태어나 활동했던 승조 스님이 찬술한 『조론』이라는 제호'를 음미하려해도 이 네 가지가 필요하다.

  「물불천론」, 「부진공론」, 「반야무지론」, 「열반무명론」 등 네 편에 담긴 제호의 맛은 다르면서 같고 같으면서 다르다. 동動과 정靜, 연기緣起와 공성空性, 비유非有와 비무非無, 가명假名과 중도中道, 속제俗諦와 진제眞諦, 반야般若와 열반涅槃, 본지本地와 수적垂迹, 자비慈悲와 지혜智慧 등 다양한 맛이 각각의 그릇에 들어있다. '이 글'을 읽으면 '저 글'이 떠오르고 '저 글'을 새기면 '이 글'이 되살아난다. '이 그릇의 음식'을 보면 '저 그릇의 음식'이 먹고 싶고 '저 그릇의 음식'을 먹으면 '이 그릇의 음식'이 뇌리에 스친다. 연리지連理枝처럼 결이 통하고 공명조共命鳥처럼 명命이 하나로 연결돼 있다. 하나의 이치에 통하면 넷을 깨닫고 넷의 현리玄理에 통하면 불교의 오의奧義가 오롯이 파악된다. 유려한 문장과 생생한 표현으로 묘사된 「반야무지론」을 읽은 양자강 남북의 은사隱士와 현인賢人들이 "일찍이 이런 글은 없었다."며 환호했다. 언어로 표현하지 못하고 형상으로 그리지 못하는 '보소寶所'가 글 속에 있음을 발견한 것이다.

　'깨침의 바다'와 '지혜의 빛'은 언어로 묘사될 수 없으나 긴 잠에 빠져 있는 중생을 깨워 제호의 냄새라도 맡게 하려면 말과 글에 의지해야 된다. 『조론』에 배어 있는 전설과 『조론』에 낀 이끼와 먼지를 걷어 내고자 적지 않은 현인들이 주석서를 쓴 것도 이 때문이다. 현존하는 여러 주석서 가운데 위진남북조시대 남조 진陳나라의 혜달惠達 스님이 지은 『조론소肇論疏』, 당나라의 원강元康 스님이 찬술한 『조론소肇論疏』, 북송의 비사秘思 스님이 강설講說하고 정원淨源 스님이 집해集解한 『조론중오집해肇論中吳集解』, 원나라의 문재文才 스님이 펴낸 『조론신소肇論新疏』, 명나라의 감산憨山 스님이 기술記述한 『조론략주肇論略注』 등 다섯 권의 중요한 주석서가 『조론오가해肇論五家解』라는 이름으로 우리말로 번역되어 세상에 나왔다. 『조론략주』이외의 네 권은 이번에 처음으로 옮겨졌다.

　천리의 먼 길도 첫 걸음에서 여정旅程이 비롯되고 백층의 높은 건물도 첫 삽에서 건축이 시작된다. 『조론』이라는 보소寶所를 여는 '귀중한 열쇠'이자 불교의 오의처奧義處로 인도하는 '지남指南'과 같은 이 책들을 차근차근 읽다보면 언젠가는 먼지와 이끼가 걷혀지고 점차 진해져 오는 제호의 향기를 맡을 수 있을 것이다. 힘든 여건 속에서도 번역을 위해 노력한 조병활 박사의 노고를 치하하며 경향京鄕의 현자들이 이 책에 관심을 가져주었으면 좋겠다.

  2023년은 마침 성철 대종사님의 열반 30주기가 된다. "우리 시대의 부처님"이신 성철 대종사님의 열반 30주기를 기념해 『조론오가해』(전5권), 『조론연구』(전1권) 그리고 『조론』(전1권)이 출간되는 것을 무엇보다 기쁘게 생각한다. 생전의 대종사께서는 『조론략주』를 읽으시곤 하셨는데 중국의 각 시대를 대표하는 다섯 종류의 『조론』 주석서들이 한꺼번에 번역·출간된 것을 보시면 무슨 말씀을 하실까? "이놈아! 참선이나 잘해라!"는 가르침을 내리실까? 대종사께서 강설講說하신 적이 있는 분양 선소汾陽善昭 선사의 게송을 소개하며 『조론오가해』 출간에 찬사를 더한다.

三玄三要事難分,   삼현삼요의 일 분별하기 어려우나
得意忘言道易親.   뜻을 얻고 말을 잊으면 어렵지 않게 진리에 계합된다.
一句明明該萬象,   한 구절에 모든 모습이 분명하게 들어 있으니
重陽九日菊花新.   중양절에 핀 국화꽃이 싱그럽구나.

가야산 해인사 백련암에서
불기佛紀 2566[2022]년 6월
벽해 원택碧海圓澤 화남和南

일러두기

1. 본서에 사용된 주요 약어는 다음과 같다.
   * 『韓國佛敎全書』 - H.
   * 『嘉興大藏經』 - J [대만 신문풍출판공사新文豊出版公司 1986년 영인본].
   * 『卍續藏經』 - X [대만 신문풍출판공사新文豊出版公司 1993년 영인본].
   * 『大藏新纂卍續藏經』 - WX [중국 하북성불교협회河北省佛敎協會 2006년 영인본].
   * 『大正新脩大藏經』 - T.
   * a - 상단. b - 중단. c - 하단.
   * T27, 510b23-c23. →『대정신수대장경』제27책 510페이지 중단 제23번째 줄부터 하단 제23번째 줄까지.
   * T30, 1c24-2a1. →『대정신수대장경』제30책 1페이지 하단 제24번째 줄부터 2페이지 상단 첫 번째 줄까지.
   * T45, 162b-c. →『대정신수대장경』제45책 162페이지 중단부터 하단까지.
   * T45, 162b7-10. →『대정신수대장경』제45책 162페이지 중단 제7번째 줄부터 제10번째 줄까지.

2. * 『조론』역주譯注에 사용된 저본은 T45, 150a-161b이며 필요한 경우 J20, 259a-273a; WX54, 75a-119c 등과 대조했다. 현재 가장 많이 유통되는 판본을 '현행본'이라 불렀다.
   * 『조론』본문과 각주의 모든 교감校勘·표점標點은 역주자譯注者가 한 것이다.
   * '역주의 글'에 붙은 [1], [2], ①, ② 등의 번호는 『조론』역주문譯注文과 『조론오가해』의 내용을 서로 비교할 수 있도록 역주자가 편의상 붙인 것이다. 『조론』역주문에 붙은 번호를 기준으로 『조론오가해』의 내용과 비교하면 된다.
   * 인명人名의 경우 다음과 같이 표기했다.
      일반인: 승조(僧肇, 384-414) 스님; 유유민(劉遺民, ?-410) 거사.
      왕과 황제의 경우: 요흥(姚興, 366-394-416) 왕. 태어난 해-즉위한 해-타계한 해 순으로 표시했다.
   * 이해를 돕기 위해 앞부분에 나온 각주를 뒤 부분에 다시 붙인 경우도 있다.

3. 연도는 BCE[Before Common Era, 공통기원전]와 CE[Common Era, 공통기원]로 표기했다. BCE가 없으면 '공통기원'을 의미한다.

4. 우리말은 우리말표기법(표점·부호 등)을 따랐고 한문(중국어)은 중국어표기법(표점·부호 등)을 따랐다.
   * 우리말: 『』- 도서, 「」- 짧은 글이나 논문 등.
   * 한 문:《》- 도서, 「」- 짧은 글이나 논문 등.
   * 火[huo3]- 발음은 [huo] 성조聲調는 3성.

5. '시작의 글', '역주의 글', '마무리 글' 등에 보이는 ( ) 속의 글은 원문에는 없으나 번역자가 첨가한 것이며 [ ] 속의 글은 바로 앞말과 의미가 같다는 뜻이다.
   * 예) "때문에 (경전에서) 갔다는 (부처님의) 말씀은 …, … 항상 가는 것[움직임]이며, …

6. 한글과 음이 같은 한자는 바로 옆에 한글과 음이 다른 한자는 [ ] 안에 표기했다.

7. '역주의 글'에 수록된 『조론』역주문은 성철사상연구원이 발행하는 월간 『고경古鏡』 제67호[2018년 11월호]부터 제74호[2019년 6월호]까지에 연재됐던 내용을 수정·보완한 것이다. 『고경』에 실린 번역문과 이 책의 그것이 다를 경우 후자를 기준으로 삼아주었으면 좋겠다.

I. 시작의 글

중국불교와 『조론』*

조 병 활

1. 불교의 중국전래
2. 역경사譯經師와 한문불전漢文佛典의 등장
3. 신이사神異師와 비한족계非漢族系 군주
4. 구법사求法師와 위법망구爲法忘軀
5. 번역과 동아시아 불교의 탄생
6. 『조론』은 어떤 책인가
7. 구마라집 스님은 누구인가
8. 승조 스님은 어떤 사람인가
9. 승조 스님은 정말 사형을 당했을까
10. 『조론』을 무엇 때문에 썼을까
11. 『조론』의 여러 주석서들
12. 『조론』이 우리나라 불교에 끼친 영향
13. 『조론』 읽기·연구의 부수적인 효과

---

* '1. 불교의 중국전래'부터 '5. 번역과 동아시아 불교의 탄생'까지는 성철사상연구원이 발행하는 월간 「고경古鏡」 제65호[2018년 9월호]에 「'승조 시대' 중국불교의 주요 흐름」이라는 제목으로 발표됐던 글을 수정·보완한 것이다. 『고경』에 실린 내용과 이글의 내용이 다를 경우 후자를 기준으로 삼아주었으면 좋겠다. '6. 『조론』은 어떤 책인가'부터 '12. 『조론』이 우리나라 불교에 끼친 영향'까지는 이 책의 '마무리 글'에 수록되어 있는 「공空사상, 현학玄學 그리고 『조론』의 내용을 요약한 것으로 중복되는 부분이 적지 않다. 자세한 것은 「공사상, 현학 그리고 『조론』을 참조하라.

1. 불교의 중국전래

전한(前漢, BCE 206-CE 8) 말 후한(後漢, 25-220) 초 중국에 전래된[1] 불교는 황노黃老사상과 비슷한 방술方術·도술道術의 하나로, 부처님은 황제黃帝[2]·노자老子처럼 신선神仙 가운데 한 명으로 이해됐다.[3] 어느 정도 세월이 지난 뒤 중국인들은 부처님이 중국의 신선과 비슷한 존재가 아니라는 것을 알았고, 전래된 이후 250-350년 정도의 학습·수행을 거쳐 중국인들 스스로 불교 교의敎義를 연구·해석할 수 있는 능력을 갖게 됐다.[4]

이런 저런 과정을 거치며 불교는 서서히 중국인의 습속習俗과 부합되는 방향으로 변해갔다. 즉 중국적인 것으로 변용變容되기 시작했다. 적응適應의 조류潮流가 흐르는 동안 불교와 함께 인도·서역에서 전래된 언

---

1) 任繼愈主編(1985), 『中國佛敎史』(第1卷), 北京: 中國社會科學出版社, p.67. 불교의 중국 전래와 관련된 여러 전설의 분석에 대해서는 다음을 참고하라. 任繼愈主編(1985), 『中國佛敎史』(第1卷), 北京: 中國社會科學出版社, pp.45-67; 湯用彤著(1997), 『漢魏兩晉南北朝佛敎史』, 北京: 北京大學出版社, pp.3-22; 湯用彤著·장순용 옮김(2014), 『한위양진남북조불교사』(제1권), 서울: 학고방, pp.77-143; 鎌田武雄著·장휘옥 옮김(1992), 『중국불교사』(제1권), 서울: 장승, pp.97-136; Erik Zürcher(2007), *The Buddhist Conquest of China*, Brill NV, Leiden, pp.19-23; 에릭 쥐르허 지음·최연식 옮김(2010), 『불교의 중국정복』, 서울: 도서출판 씨·아이·알, pp.38-43.
2) 중국 상고시대 부락部落의 수령으로 한족漢族이 공통으로 존경하는 조상. 그의 시대에 창힐이 문자를 만들었고, 천문역법이 제정됐기에 중국인들을 그를 인문人文의 시조로 추앙한다. 전국시대 이후 노자와 함께 황로학파의 창시자로 간주됐다.
3) 任繼愈主編(1985), 『中國佛敎史』(第1卷), 北京: 中國社會科學出版社, p.6(序); 任繼愈著(1998), 『漢唐佛敎思想論集』, 北京: 人民出版社, p.57; 任繼愈著(2013), 『魏晉南北朝佛敎經學』, 北京: 國家圖書館出版社, p.1(槪述); 許抗生著(1991), 『三國兩晉玄佛道論問論』, 濟南: 齊魯書社, p.168.
4) "십육국 시기는 (중국의) 남북이 대립하고, 전쟁은 끊임없이 이어졌으며, 정치적 국면은 혼란스러웠다. … 바로 이러한 시대의 필요에 부응해 중국불교는 첫 번째 신앙적인 발전기를 맞이한다." 方立天著(2012), 『中國佛敎哲學要義』(上), 北京: 中國人民大學出版社, p.31. 십육국시기는 304년부터 439년까지를 가리키며 불교가 중국에 전래된 지 300년 정도 지난 때이다.

어·사유체계·음식·미술·무용 등도 중국인의 풍속에 내재화內在化되고 있었다. 잦아진 접촉과 상호간에 주고받은 영향으로 '외래문화'였던 불교는 빼놓을 수 없는 '중국문화'의 한 부분이 되었다. 중국의 피와 살로 전화轉化된 것이다.

발전·변화하는 도중途中에 인도불교의 사상·학설들이 끊임없이 들어와 중국불교에 영향을 주었고, 전래된 학설들을 연구하며 형성된 학설·학파는 천태종·화엄종·선종 등 종파불교 탄생의 밑거름이 됐다. 변용을 통해 모습을 드러낸 중국불교는 중국사상의 한 부분이지만 중국의 전통사상 및 인도불교와 다르고, 중국불교의 구성요소이자 인도불학佛學을 흡수하며 형성된 중국불학은 다른 나라의 그것과 차이 나는 독자적인 풍취風趣를 갖게 됐다. 그래서 "동아시아 역사에서 가장 큰 연구 주제의 하나는 불교가 만들어 낸 중국문화의 변용이다. 거의 2000년 정도의 시간을 거슬러 올라가며 한 문화가 변용되어 가는 과정을 추적할 수 있으며, 중국인의 삶이나 사상의 모든 측면에서 불교의 영향을 발견할 수 있다."[5]는 미국의 중국불교 연구가 아서 라이트(Arthur F. Wright, 1913-1976)의 지적은 틀림이 없다. 2000년 이상의 역사를 갖고 있는 중국불교 발전의 동력은 무엇일까?

2. 역경사와 한문불전의 등장

불교의 중국적 변용에 무엇보다 큰 힘이 된 것은 '불교의 성서聖書[6]'

---

5) Arthur F. Wright(1971), *Buddhism in Chinese History*, STANFORD UNIVERSITY PRESS, p.3.
6) '성서聖書·성경聖經'이라는 말은 고유명사가 아니고 보통명사이다. 불교신자들에겐

를 고전 중국어로 번역한 역경譯經이다. 역경이 없었다면 중국불교는 지금과 훨씬 다른 모습이 되었을 것이다. 어쩌면 방대한 학문적 업적과 뛰어난 불교문화를 자랑하는 오늘날의 중국불교가 태어나지 못했을지도 모른다. 역경은 그 만큼 중요하다. 하나의 외래문화가 다른 지역에 전파되어 뿌리내릴 때 가장 중요하고 필요한 것은 현지인들을 흡수吸收・전화轉化시키는 일이다. 이를 위해 가르침을 담은 교전教典을 현지의 말과 글로 옮기는 것이 시급하고 필수적이다. 번역하기 위해선 불경의 언어, 즉 기점언어source language인 산스크리트어[梵語]와 목표언어target language인 고전 중국어[漢文]를 알아야 한다.

상황은 녹록치 않았다. 중국에 온 외국인 역경사[譯經師, 경전을 번역하거나 번역할 수 있는 스님]들 가운데 극히 일부만이 중국어를 구사할 수 있었고, 4세기 후반 이전에 산스크리트어를 조금이라도 알고 있는 중국인은 거의 없었다.[7] 서진(西晉, 265-316)의 섭도진聶道眞 거사와 섭승원聶承遠 거사, 서진의 백원(帛遠, 대략 253-305) 스님[8] 등이 외국에서 온 번역자의 조수로 약간의 언어적 훈련을 받았던 것으로 보이나 산스크리트어를 익숙하게 한 최초의 중국인은 4세기 후반의 역경사[譯經師] 축불염竺佛念 스님이다.[9] 300년대 후반이 돼서야 비로소 산스크리

불교경전이 성서・성경이고, 이슬람신도들에게는 『코란』이 성서・성경이며, 기독교도들에게는 『바이블』이 성서・성경이다.
7) Erik Zürcher(2007), *The Buddhist Conquest of China*, Brill NV, Leiden, p.2; 에릭 쥐르허 지음・최연식 옮김(2010), 『불교의 중국정복』, 서울: 도서출판 씨・아이・알, p.5. 이 책은 1995년 일본어로, 1998년 중국어로 각각 번역됐다.
8) 『고승전』 권제1에 「백원전帛遠傳」이 있다.
9) Erik Zürcher(2007), *The Buddhist Conquest of China*, Brill NV, Leiden, p.321; 에릭 쥐르허 지음・최연식 옮김(2010), 『불교의 중국정복』, 서울: 도서출판 씨・아이・알, p.29. 『고승전』 권제1 「축불염전」에 "華戎音義, 莫不兼解[중국말과 서역말의 소리와 뜻에 대해 이해하지 못하는 것이 없었다]."라는 구절이 있다. [南朝梁] 慧皎撰・湯用彤校注(1992), 『高僧傳』, 北京: 中華書局, p.40.

트어를 제대로 이해한 중국인이 등장한 것이다. 이런 저런 다양한 역경逆境을 뚫고 역경사譯經師와 한인漢人 보조자들은 훌륭하고도 멋지게 불교 성경聖經들을 번역했다. 세계번역사世界飜譯史에 불멸의 금자탑金字塔을 세웠다고 말해도 지나치지 않을 정도이다.

당나라 지승智昇 스님이 730년[개원開元 18] 편찬한 『개원석교록開元釋敎錄』은 불전목록佛典目錄의 모범이라 할 수 있다.[10] 지승 스님이 채택한 서지학적·목록학적 분류는 이후 출간된 각종 경전목록과 대장경 목차의 모델로 기용起用됐다. 이 책이 출간된 당시까지 존속됐던 불전의 총수는 1,078부 5,048권이었다.[11] 『개원석교록』에 따르면 후한 명제 영평永平 10년[67]부터 헌제 연강延康 원년[220]까지 역경자[역경의 주요 책임자인 역주譯主]는 12명, 번역된 경전[경·율·논 포함]의 수는 합계 292부部 395권卷, 이 가운데 97부 131권이 당나라 개원연간(713-741)에도 전해지고 있었다.[12]

조조(曹操, 155-220)의 아들 조비(曹丕, 187-220-226)가 황제로 즉위한 220년[황초黃初 원년]부터 위나라가 망한 265년[함희咸熙 2년]까지 번역된 경전의 숫자는 12부 18권, 역경자는 5명이었으며, 이 가운데 4부 5권을 개원연간에 볼 수 있었고 8부 13권이 당시 이미 전해지지 않았다.[13] 이처럼 후한 중·후기부터 직접 읽을 수 있는 경전의 숫자가 점점 증가하자 중국인들의 불교 이해 수준도 그에 따라 높아졌다.

중국불교역사상 최초로 한역漢譯된 경전은 무엇일까? 『고승전』 권

---

10) 후나야마 도루船山徹 지음 이향철 옮김(2018), 『번역으로서의 동아시아』, 서울: 푸른역사, p.37.
11) 후나야마 도루船山徹 지음 이향철 옮김(2018), 『번역으로서의 동아시아』, 서울: 푸른역사, p.37.
12) 任繼愈著(1998), 『漢唐佛敎思想論集』, 北京: 人民出版社, p.14.
13) 任繼愈著(1998), 『漢唐佛敎思想論集』, 北京: 人民出版社, p.14.

제1「섭마등전攝摩騰傳」과「축법란전竺法蘭傳」에 관련 기록이 있다.

[1][14] "(다음과 같은)[15] 기록이 있다. '섭마등 스님이『사십이장경』1권을 번역해 처음 난대蘭臺의 석실 열네 번째 칸에 봉해[緘] 두었다[在]. 섭마등 스님이 머물렀던 처소는 지금의 낙양성 서옹문 밖 백마사이다.'"[16]

[2] "축법란 스님 역시 중천축국 출신이다. … 채음蔡愔이 서역에서 구한 경전 가운데『십지단결경』,『불본생경』,『법해장경』,『불본행경』,『사십이장경』등 다섯 부를 번역했다. … 도적들이 일으킨 난리에 도읍을 옮기느라 4부를 잃어버려 강좌江左에 (앞의 4부는) 전하지 않는다. 오직『사십이장경』만이 지금도 남아 있으며 2천 여 단어 가량 된다. **중국 땅에 현존하는 여러 경전들은 이것을 시초로 삼는다.**"[17]

그런데 남조 양나라(梁, 502-557)의 승우(僧祐, 445-518) 스님이 510년에서 518년 사이에 편찬한『출삼장기집』권제2에는 "『사십이장경』1권. 구록舊錄에는『(한나라)효명황제사십이장』이라고 되어있다. 도안(道安,

---

14) 이하에 나오는 [1], ①, A, [A], Ⓐ, ⓐ 등은 이해를 돕기 위해 편의상 붙인 표시들이다.
15) 인용문이나 번역문의 ( ) 안의 구절은 원문에는 없는 것으로 이해를 돕기 위해 필자가 넣은 것이다. 이하 동일.
16) "有記云: '騰譯《四十二章經》一卷, 初緘在蘭臺石室第十四間中. 騰所住處, 今雒陽城西雍門外白馬寺是也.'" [南朝梁]慧皎撰·湯用彤校注(1992),『高僧傳』, 北京: 中華書局, 1992, pp.1-2.
17) "竺法蘭, 亦中天竺人, … 愔於西域獲經, 即爲翻譯《十地斷結》,《佛本生》,《法海藏》,《佛本行》,《四十二章》等五部. 移都寇亂, 四部失本. 不傳江左. 唯《四十二章經》, 今見在. 可二千餘言. 漢地見存諸經, 唯此爲始也." [南朝梁]慧皎撰·湯用彤校注(1992),『高僧傳』, 北京: 中華書局, p.3.

312-385) 스님이 편찬한 목록에는 이 경전이 없다."[18]고 기재되어 있으며, 수나라의 비장방費長房 거사가 597년 펴낸 『역대삼보기歷代三寶紀』 권제4에는 "가섭마등. 『사십이장경』1권. 이상의 1경은 명제 때 중천축국 사문 가섭마등이 번역한 것이다."[19]라고만 적혀있다. 축법란 스님의 이름은 없다. 인도 이름이 '카쉬야파 마탕가'인 가섭마등[섭마등] 스님이 번역한 『사십이장경』이 최초의 한역 경전이라는 것이다.

현대 중국을 대표하는 불교학자 가운데 한 명인 탕용통(湯用彤, 1893-1964)은 『한위양진남북조불교사』 제3장에서 "동한[후한] 때 이미 『사십이장경』이 세상에 나왔다는 것은 의심할 수 없다. … 그렇다면 후한 때 『사십이장경』이 이미 있었다는 것은 정말 의심할 수 없다."[20]고 주장했다. 이 주장에 의문을 제기하는 학자들이 적지 않다. 탕용통과 더불어 현대 중국을 대표하는 불교학자 가운데 한 명인 뤼청(呂澄, 1896-1989)도 의문을 제기했다. 『중국불학원류략강』이라는 제목의 책에서 그는 다음과 같이 말했다.

> [3] "『사십이장경』은 처음 전래된 경전도 아니고 직접 번역한 것도 아니다. 일종의 경전 초록抄錄이다. 내용으로 볼 때 『법구경』에서 초록한 것이다. … 현존하는 『법구경』은 삼국시대(220-280) 지겸支謙 거사가 번역한 것이다. 지겸 거사가 쓴 서문에 의하면 지겸 거사가 번역하기 이전에 또 다른 번역본이 있었다. 한나라 말기에 이미 『법구경』이 존재했던 것이다. 『사

---

18) 《四十二章經》一卷. 舊錄云: '孝明皇帝四十二章.' 安法師所撰錄闕此經." [南朝梁]僧祐撰, 蘇普仁 蕭鍊子點校(1995), 『出三藏記集』, 北京: 中華書局, p.23.
19) 『歷代三寶紀』(T49, 49c2), "後漢《四十二章經》一卷. 右一經一卷. 明帝世, 中天竺國婆羅門沙門, 迦葉摩騰譯."
20) 湯用彤著(1997), 『漢魏兩晉南北朝佛敎史』, 北京: 北京大學出版社, p.24.

십이장경』은 당연히 지겸 거사 이전에 번역된『법구경』에서 초록해 윤색한 것이다. 따라서『사십이장경』의 출현은 상당히 늦은 후대일 것이다."21)

사실 전한 말 후한 초 전래된 불교는 당시 서역에서 중국에 들어와 있던 사람들을 중심으로 어느 정도 신앙되고 있었다. 그러나 광무제 유수의 넷째 아들인 유장(劉莊, 후한 제2대 황제 명제明帝. 28-57-75)22)이 황제로 있던 당시에 경전 번역이 시작되기는 어려웠을 것이다. 세월이 흐르고 신자들이 증가해 교리를 알고 싶다는 무언의 요구가 점차 커지자 번역이 시작됐다고 보는 것이 보다 자연스럽다.『출삼장기집出三藏記集』역시 안세고安世高 스님의 전기를 역경자譯經者 가운데 제일 먼저 싣고 있다. 도안 스님이 편찬한『종리중경목록綜理衆經目錄』에도 안세고 스님이 옮긴『안반수의경』은 기록되어 있다. 이런 저런 사실로 미루어 보면 최초의 번역가는 안세고 스님일 가능성이 크다. 안세고 스님보다 20년 늦게 중국에 도착한 지루가참支婁迦讖 스님[지참支讖이라고도 한다]이 뒤이어 역경에 종사했다.

건화建和 초년[147] 낙양에 도착한 안세고 스님은 안식국[安息國. 파르티아. 지금의 이란과 아프가니스탄 서부에 걸쳐 있었던 나라]의 왕자이며, 후한의 환제(桓帝, 132-146-167) 말년인 167년 낙양에 도착한 지루가참 스님은 월지국[月支國. 박트리아. 아프가니스탄 동북부와 우즈베키스탄 남부에 걸쳐 있었던 나라] 사람이다. 당시 역경사들의 성姓은 대개 출신지역을 따라 붙였다. 안식국에서 왔으면 성姓이 안安, 월지국

---

21) 呂澄著(1979),『中國佛學源流略講』, 北京: 中華書局, p.21.
22) 맨 앞의 숫자는 태어난 해, 가운데 숫자는 황제[왕]로 즉위한 해, 마지막 숫자는 타계한 연도를 각각 나타낸다. 이하 동일.

에서 태어났으면 지支, 인도인에게는 축竺, 강거국[康居國. 소그드 지역, 지금의 우즈베키스탄 사마르칸드 일대] 태생에게는 강康이라는 성을 주로 붙였다. 본인의 고향이나 선조의 출신지를 따라 성을 붙인 경우도 있고, 스승의 성을 따라 붙인 예例도 없지는 않다. 한족漢族이자만 스승의 성을 따라 '축竺'자를 쓴 사람도 있다. 축도생(竺道生, 365-434)[23] 스님이 바로 그 예이다. 그는 본래 '위魏'씨였지만 스승 축법태(竺法汰, 320-387) 스님의 성을 따라 '축'씨를 성으로 삼았다. 월지국에서 온 사람의 후손인 축법호竺法護 스님 역시 출신지역에 따르면 '지支'씨가 되어야 하나 스승 축고좌竺高座 스님의 성을 따랐다.

이름이 청淸, 자字가 세고世高인 안세고 스님은 후한 환제 147년 낙양에 도착했다. 『종리중경목록』에 따르면 안세고 스님은 35부 41권의 경전을 번역했다. 대표적인 것이 호흡에 근거한 명상법을 설명한 『안반수의경安般守意經』, 신체의 구성요소를 분석한 『음지입경陰持入經』 등이다. 『안반수의경』의 '안'은 들숨[吸], '반'은 날숨[呼]을 뜻한다. 들숨과 날숨의 숫자를 헤아리며 정신을 집중하는 법, 즉 일종의 수식관數息觀이 실려 있다. 『음지입경陰持入經』은 5온·6처 등에 대해 설명해 놓았다. 안세고 스님은 부파불교 가운데 상좌부가 중시한 경전을 주로 번역했다.

167년 낙양에 도착한 지루가참 스님이 -『출삼장기집』 권제2에 따르면- 옮긴 경전은 모두 14부이다. 14부 가운데 지루가참 스님의 번역이 '확실한 경전은 4부 15권'이고, 지루가참 스님이 '번역한 것으로 보이는 경전은 9부 11권'이며, 『출삼장기집』에는 기록되어 있으나 도안 스님의 『종리중경목록』에 기재되어 있지 않은 경전이 『광명삼매경光明

---

23) 축도생 스님의 생졸년에 대해서는 다양한 주장이 있지만 365-434년으로 파악한다. 余日昌著(2003), 『實相本體與涅槃境界』, 成都: 巴蜀書社, p.3-8.

三昧經』(1권)이다.[24] 지루가참 스님이 확실히 번역했다고 여겨지는 경전 가운데『도행반야경道行般若經』은 성공性空을 논의한 것이며,『반주삼매경般舟三昧經』은 부처님을 바로 눈앞에 나타나게 하는 삼매三昧에 관한 내용을 담고 있다. 지루가참 스님은 주로 대승계열의 경전을 번역했으며, 그가 번역의 저본으로 사용한 경전은 인도인 축불삭竺佛朔 스님이 갖고 온 것이었다.

안세고 스님이나 지루가참 스님이 '상좌부가 중시한 경전'과 '대승 계열의 경전'을 각각 번역한 데에는 대략 두 가지 이유가 있다. 후한 환제(桓帝, 132-146-167) 당시 서북 인도의 지배자는 쿠샨왕조의 카니쉬카 대왕이었다. 쿠샨왕조의 수도는 오늘날 파키스탄의 페샤와르, 파키스탄에서 아프가니스탄으로 갈 때 반드시 통과해야 하는 카이버 고개 부근에 위치한 이 도시의 당시 이름은 푸르샤푸르[25]였다. 그곳은 설일체유부說一切有部 교학의 중심지였다. 설일체유부는 페샤와르 일대 뿐 아니라 인도에서도 주도적인 위치를 차지하고 있었다. 그들은 대승을 멀리했으며 심지어 다른 부파部派와도 친하게 지내지 않았다. 다른 부파와 대승학파는 새로운 활로活路를 모색하지 않을 수 없었다. 상좌부와 대승계열의 경전들이 중국어로 번역된 것은 출로出路를 찾고자 하는 활동의 결과이다.[26] 게다가 환제 말년엔 상업에 종사하는 수백 여 명의 서역인西域人들이 중국에 들어와 있었고[來華人] 이들 대부분은 이미

---

24) "右十四部, 凡二十七卷. 漢桓帝靈帝時, 月支國沙門支讖所譯出. 其《古品》以下至《內藏百品》凡九經, 安公云: '似支讖出也.'" [南朝梁]僧祐著, 蘇普仁・蕭鍊子點校 (1995), 『出三藏記集』, 北京: 中華書局, pp.26-27. 『종리중경목록』에 따르면 지루가참 스님이 번역한 것이 확실한 경전은 3부 14권, 번역한 것으로 보이는 경전은 9부 12권이다. 呂澄著(1979), 『中國佛學源流略講』, 北京: 中華書局, p.27.
25) 『고승법현전高僧法顯傳』에는 '불루사국弗樓沙國'으로, 현장 스님의『대당서역기』에는 '포로사포라布路沙布邏'로 나온다.
26) 呂澄著(1979), 『中國佛學源流略講』, 北京: 中華書局, p.28.

불교를 믿고 있었다.[27] 이들의 신앙적인 요구를 만족시키기 위해 상좌부와 대승계열의 경전들이 번역됐다.[28]

지루가참 스님이 번역한 경전 가운데 주목할 필요가 있는 것은 『도행반야경』이다. 구마라집(鳩摩羅什, kumārajīva, 343-413) 스님과 승조(僧肇, 384-414) 스님이 활성화시킨 분야가 반야학이기 때문이다. 흔히 구마라집 스님 이전과 이후로 구분해 중국불교의 반야사상을 연구한다. 179년 지루가참 스님이 『도행반야경』을 옮긴 때부터 구마라집 스님이 장안에 들어온 401년까지를 전기前期, 구마라집 스님부터 길장(吉藏, 549-623) 스님까지를 후기後期로 볼 수 있다. 후한 영제 광화 2년[179] 지루가참 스님이 옮긴 『도행반야경』 10권; 오나라 손권 황무 7년[228] 지겸支謙 거사가 역출譯出한 『대명도경大明度經』 6권; 서진 무제 태강 7년[286] 축법호 스님이 번역한 『광찬반야경光讚般若經』 10권; 서진 혜제 원강 원년[291] 무라차無羅叉 스님과 축숙란竺叔蘭 거사가 함께 한역한 『방광반야경放光般若經』 20권; 전진의 부견 왕 건원 18년[382] 축불염竺佛念 스님이 번역한 『마하반야초경摩訶般若鈔經』 5권 등이 전기에 모습을 드러낸 반야류 경전들이다. 전기의 주요한 연구법은 '격의格義와 연류連類'였다. 도가나 유가의 술어를 이용해 『반야경』의 철학을 연구했다. 확립된 불교용어가 없었던 당시로서는 어쩔 수 없는 선택이었는지

---

27) 당시 중국에 들어와 살고 있던 외국인·외래인은 적지 않았다. 축법호 스님, 지겸 거사, 축숙란 거사, 강승회康僧會 스님 등은 모두 이들의 후손들이다. "祖父法度, 以漢靈帝世, 奉國人數百歸化, 拜奉善中郎長[지겸 거사의 조부인 법도가 한나라 영제 때 나라 사람 수백 명을 인솔하고 귀화하자 솔선중랑장이라는 벼슬을 내렸다]." [南朝梁]僧祐撰, 蘇晋仁·蕭鍊子點校(1995), 『出三藏記集』, 北京: 中華書局, p.516. 축숙란 거사의 경우도 비슷하다. "竺叔蘭, 本天竺人也. … 達摩尸羅 … 即與二沙門奔晉, 居于河南, 生叔蘭[축숙란은 천축 사람이다. … (아버지) 달마시라는 … 2명의 사문과 함께 진나라로 망명해 하남 땅에 살며 숙란을 낳았다]." [南朝梁]僧祐撰, 蘇晋仁·蕭鍊子點校(1995), 『出三藏記集』, 北京: 中華書局, pp.519-520.
28) 呂澄著(1979), 『中國佛學源流略講』, 北京: 中華書局, p.28.

도 모른다. 격의라는 말은 『고승전』 권제4 「축법아전竺法雅傳」에, 연류라는 단어는 『고승전』 권제6 「석혜원전」에 각각 용례가 있다.

[4] "법아 스님은 하간河間 사람이다. 성격이 침착하고 재능과 법도法度가 있었다. 어려서 외전을 배워 뛰어났고 자라서는 불교의 이치에 능통했다. 사대부들이 모두 그를 찾아와 가르침을 요청하고 배웠다. 당시 그에게 배웠던 사람들은 모두 세간의 학문에 능했으나 불교의 이치에는 어두웠다. 축법아 스님은 이에 강법랑 스님과 함께 불교 경전의 법수法數를 세간의 책들에 나오는 내용과 비교·조화시켜 이해할 수 있는 보기로 삼았다[이해하도록 했다]. 이를 **격의**라 한다."29)

[5] "(혜원 스님이) 24살이 되자 강의에 나아가 설명했다. 일찍이 한 손님이 있어 혜원 스님의 강의를 들었다. 그 손님은 실상의 의미를 잘 이해하지 못했다. 혜원 스님은 그 손님을 위해 여러 번 반복해 설명했으나 그는 더욱 이해하지 못했다. 이에 혜원 스님이 『장자』에 나오는 **의미와 연계해** 설명했다. 그러자 그 손님은 확연히 깨달았다. 그 뒤 도안 스님이 이를 듣고는 '혜원 스님은 세간의 책을 읽고 이를 활용하는 것을 그만두지 않아도 된다'고 특별히 허락했다."30)

---

29) "法雅, 河間人, 凝正有器度, 少善外學, 長通佛義, 衣冠士子, 咸附諮稟. 時依門徒, 並世典有功, 未善佛理. 雅乃與康法朗等, 以經中事數, 擬配外書, 爲生解之例, 謂之**格義**." [南朝梁]慧皎撰·湯用彤校注(1992), 『高僧傳』, 北京: 中華書局, p.152.

30) "年二十四, 便就講說. 嘗有客聽講, 難實相義, 往復移時, 彌增疑昧. 遠乃引《莊子》義 爲**連類**, 於是惑者曉然, 是後安公特聽慧遠不廢俗書." [南朝梁]慧皎撰·湯用彤校注(1992), 『高僧傳』, 北京: 中華書局, p.212.

당나라의 원강元康 스님이 쓴 『조론소肇論疏』 권상卷上에 따르면 구마라집 스님이 장안에 도착하기 이전에 『반야경』을 연구하던 그룹이 여럿 있었다. 이들을 6가7종六家七宗이라 부른다.

[6] "'6가7종 혹은 상세히 말해 12가를 이야기 했다'에서 강남江南에 전하는 필사본에는 모두 6종7종으로 되어 있다. 지금 기록을 찾아보니 6가7종이 맞다. 양梁나라 석보창 스님이 지은 『속법론』 권제160에 '송나라 장엄사 석담제 스님이 『6가7종론』을 저술했다. 6가를 말했으나 7종으로 나눠졌다. 첫 번째는 본무종, 두 번째는 본무이종, 세 번째는 즉색종, 네 번째는 식함종, 다섯 번째는 환화종, 여섯 번째는 심무종, 일곱 번째는 연회종이다. 본래 6가였으나 첫 번째가 둘로 갈려 7종이 되었다'고 기록되어 있다."[31]

중요한 것은 '6가7종 가운데 어느 학파가 맞고 어느 학파가 틀렸다는 점'이 아니고 '중국인들이 번역된 불교경전을 놓고 나름대로 해석하고 이해하려는 노력을 기울였다는 점'이다. 그들은 그들 나름의 방식대로 경전을 해석하고 연찬하며 중국 불교·불학의 내실을 다져갔다. 십육국시대(304-439)와 뒤이은 남북조시대(439-589)라는 전쟁과 분열이 다반사였던 그 시기에 중국인들은 불교가 말하고자 하는 뜻을 정확하게 알기 위해 땀을 흘렸다. 이런 것들이 쌓여 수나라 당나라 시대의

---

31) 『肇論疏』(T45, 163a13), "'或六家七宗, 爰延十二'者, 江南《本》皆云六家七宗, 今尋記傳, 是六家七宗也. 梁朝釋寶唱作《續法論》一百六十卷云: '宋莊嚴寺釋曇濟, 作《六家七宗論》, 論有六家, 分成七宗. 第一本無宗; 第二本無異宗; 第三卽色宗; 第四識含宗; 第五幻化宗; 第六心無宗; 第七緣會宗. 本有六家, 第一家分爲二宗, 故成七宗也.'"

찬란한 불교전성기가 열렸다. 승조 스님이 공空사상을 정확히 이해할 수 있었던 이면에도 선학先學들의 공로가 있었다. 물론 구마라집 스님의 가르침도 중요하지만 선학들의 학문적 집적集積이 있었기에 '비유비무非有非無를 정확하게 이해한 중국인'이라는 시들지 않는 '사상적 월계관'을 승조 스님이 쓸 수 있었다.

401년 12월20일 장안에 도착한 이후 구마라집 스님은 많은 경전들을 번역했다. 그가 역출해 낸 경전 중에는 반야류 경전도 적지 않다. 『마하반야바라밀경』(『대품반야경』) 27권, 『소품반야바라밀경』 10권, 『금강반야바라밀경』 1권, 『불설인왕반야바라밀경』 2권, 『마하반야바라밀대명주경』 1권 등이 그것이다. 이외에도 『묘법연화경』 7권, 『유마힐소설경』 3권, 『중론』 4권, 『십이문론』 1권, 『백론』 2권, 『대지도론』 100권, 『십주비바사론』 17권, 『용수보살전』 1권, 『제바보살전』 1권, 『성실론』 16권 등을 중국어로 옮겼다. 이러한 경전 번역에 참여하며 승조 스님은 자연스레 공사상을 체득했고, 체득한 학식學識은 『조론』 저술에 중요한 밑거름이 됐을 것이다.

3. 신이사와 비한족계 군주

역경과 더불어 중국불교의 발전을 추동한 것은 위진남북조시대 (220-589)[32]의 주역인 비한족계非漢族系 군주들과 신이사[神異師, 초능력

---

32) 위나라(魏. 220-265)의 건국부터 서진(西晉, 265-316)이 삼국을 통일한 280년까지를 삼국시대, 산서성山西省에 거주하던 흉노족 맹주 유연(劉淵, ?-304-310)이 산서성 이석(離石, 지금의 산서성 여량呂梁 시市)에서 자립해 한(漢, 304-329)을 건립한 304년부터 북위(北魏, 386-534)가 화북지방을 통일한 439년까지를 십육국시대, 439년부터 수나라(隋. 581-618)가 중국을 통일한 589년까지를 남북조시

과 예견 능력을 가진 스님]들이었다. 중원中原의 패권을 놓고 자웅을 겨룬 비한족계 군주들은 불교의 발전과 변화에 심대한 영향을 끼쳤다. 명멸했던 수많은 나라 가운데 불교와 관련해 기억해야 할 국가는 갈족羯族 석石씨의 후조(後趙. 319-351), 티베트계 저족氐族 부苻씨의 전진(前秦. 350-394), 강족羌族 요姚씨의 후진(後秦. 384-417), 흉노족匈奴族 저거沮渠씨의 북량(北凉. 401-439) 등이다. 당시 상황을 잘 보여주는 말이 있다. 도안 스님이 한 말로 『고승전』 권제5 「석도안전」에 있다.

[7] "나라의 군주에게 의지하지 않으면 부처님의 일을 이루기 힘들다. 교화의 기본은 마땅히 불교의 가르침을 널리 펴는 것이다."[33]

도안 스님의 말처럼 당시는 군주에 의지하지 않으면 불교를 홍포하기가 힘든 시대였다. 중국불교사에서 새로운 시대를 연 한족漢族의 출가도 후조(後趙. 319-351)의 제3대 왕 석호(石虎. 295-334-349)가 허락해 비로소 시작됐다. 불교가 전래된 전한 말 후한 초 이래 사찰은 있었다. 반면 한인漢人 출가자는 존재하지 않았다. 세월이 흐르며 주사행朱士行 스님, 엄불조嚴佛調 스님 등 개별적으로 출가한 한인은 생겼다. 그러나 국가가 공식적으로 출가를 허락한 적은 없었다. 그 금제禁制를 후조 제3대 왕 석호가 깨트렸다. 관련 기록이 『고승전』 권제9 「축불도징전竺佛圖澄傳」에 전한다. 다소 길지만 전부 인용했다.

대라 각각 부른다. 위진남북조시대는 삼국(220-280), 십육국(304-439), 남북조(439-589) 등의 시대를 아울러 표현한 개념이다.
33) "不依國主, 則法事難立, 又敎化之體, 宜令廣布." [南朝梁] 慧皎撰·湯用彤校注(1992), 『高僧傳』, 北京: 中華書局, p.178.

[8] "불도징 스님의 덕화德化가 행해지자 많은 백성들이 부처님을 받들고 모두들 사찰을 건립했다. 서로 다투어 출가해 진짜와 가짜가 뒤섞여 허물과 과오가 많이 생겼다. 석호 왕이 조칙을 내려 중서령에게 말했다. '부처님을 세상에서는 세존이라 부르며 국가가 받드는 분이다. 동네의 소인으로 벼슬과 직위가 없는 자들이 부처님을 섬겨도 되는가? 출가자란 당연히 고결하고 곧고 바른 사람으로 능히 정심하게 수행을 거듭해야 한다. 그래야만 비로소 진정한 출가자가 될 수 있다. 지금 출가자들이 많아졌지만 간사하고 악독한 자가 세금을 피하기 위한 경우도 있다. 그런 자들은 진정한 출가자가 아니다. 자세히 조사해 진짜와 가짜를 정확하게 구별함이 마땅하다.' 중서저작랑 왕도王度가 상주하여 아뢰었다. '무릇 왕이란 하늘과 땅에 제사 지내고, 여러 신들을 제사로 섬긴다는 것이 법식法式을 정리해 놓은 책에 기록되어 있습니다. 예법에 따르면 하늘 땅 그리고 여러 신들은 마땅히 제사를 받아야 합니다. **그러나 부처님은 서역 출신으로 외국의 신이라 공덕이 중국 백성들에게 베풀어지지 않습니다. 따라서 천자와 중국의 백성들이 마땅히 제사 드리고 모셔야 할 대상이 아닙니다.** 과거 한나라 명제가 부처님에 관한 꿈을 꾼 뒤 가르침이 처음 전해졌습니다. 당시 서역 사람들만이 도읍에 사찰을 세울 수 있었고, 그들만이 부처님의 가르침을 믿고 제사 드릴 수 있도록 했습니다. 한나라 백성들은 모두 출가할 수 없게 되어 있었습니다. 위나라도 그 제도를 이어받아 한나라 법식에 준해 부처님의 일에 관한 사안을 처리했습니다. 지금 우리 대조[大趙. 후조]가 하늘의 명을 받아 천하를 다스리고 있습니다. 마땅히 옛 법식을 쫓아 중국인과

서역인의 제도가 같지 않고, 중국인과 서역 사람들이 서로 다른 부류이고, 섬기는 신 또한 동일하지 않고, 외부와 내부가 서로 구별되며, 신에게 제사 드리고 흠향케 하는 법이 다름을 드러내어 중국인들의 복식과 제사법에 혼란이 생기지 않도록 하셔야 합니다. 백성들이 사찰을 찾아 예배드리고 향을 사르지 못하고 옛 제도와 예법을 따르도록 폐하께서 조칙을 내려 명령하셔야 합니다. 위로는 공경대부로부터 아래로는 평민·노예에 이르기까지 옛날의 법으로 이를 하지 못하도록 금지시켜야 합니다. 혹 어기는 자가 있으면 그릇된 제사[淫祀][34]를 지내는 사람과 같은 죄로 처벌해야 합니다. 무릇 조나라 백성으로 출가한 사람은 일률적으로 환속시켜 세속의 복식을 입도록 해야 합니다.' 중서령 왕파 역시 같은 내용을 담은 표문을 올렸다. 이에 대해 석호 왕이 조서를 내려 말했다. '**부처님은 외국의 신이기에 천자와 중국인이 존경하고 모셔야 할 신이 아니라고 왕도는 말했다. 짐은 변방에서 태어나 천명을 받아 지금 중국 천하를 다스리고 있으니 당연히 나 자신의 본래 풍속을 따라야 함이 맞다. 부처님은 이국의 신이기에 내가 마땅히 제사를 올려야 할 대상이다. 나라의 제도라는 것은 윗사람이 행하면 영원한 준칙**準則**이 되는 법이다. 만약 제도가 합당해 어긋남이 없다면 굳이 전대의 제도를 그대로 지켜야 할 필요가 있는가? 조나라 사람이든 외국 사람이든 혹은 변방 민족 그 누구

---

34) 에릭 쥐르허(1928-2008)는 이에 대해 "종종 황제에 대한 저주나 다른 충성스럽지 못한 시도들을 의미했다."고 설명하고 있다. Erik Zürcher(2007), *The Buddhist Conquest of China*, Brill, Leiden, p.183; 에릭 쥐르허 지음·최연식 옮김(2010), 『불교의 중국정복』, 서울: 도서출판 씨·아이·알, p.360.

라도 잘못된 제사를 지내지 않고 즐거이 부처님을 모시고 싶어 하면 원하는 대로 출가해 진리를 구하게 하라.' 조칙이 내려지자 계율을 신경 쓰지 않던 무리들이 마음대로 행동하지 못하고 엄격하게 (계율을) 지켰다."[35]

석호 왕이 파천황破天荒과 같은 조칙을 내린 것은 불도징(佛圖澄, 232-348)이라는 신이사神異師의 교화敎化 때문이다. 젊은 날 출가한 불도징 스님은 "진실로 학문에 힘써 경전 수백 만 자를 외우고 의미 또한 잘 이해했다."[36] 서역 쿠처[庫車. 지금의 중국 신강성에 있음. 구마라집 스님의 고향]에서 태어난 그는 310년 전란에 휩싸인 낙양에 도착했다. 불교를 널리 알리기 위해서였다. 신비한 주문에도 능통하고, 귀신을 부릴 수 있었다. 삼씨로 짠 기름을 연지胭脂와 섞어 손바닥에 바르면 천리 밖에서 일어난 일도 손바닥과 얼굴이 대면한 것처럼 환하게 알았다. 낙양에 사찰을 건립하고자 했으나 때마침 한漢[37]의 유요(劉曜,

---

35) "澄道化既行, 民多奉佛, 皆營造寺廟, 相競出家, 眞僞混淆, 多生愆過. 虎下書問中書曰: '佛號世尊, 國家所奉, 里間小人無爵秩者, 爲應得事佛與不? 又沙門皆應高潔貞正, 行能精進, 然後可爲道士. 今沙門甚衆, 或有姦宄避役, 多非其人, 可料簡詳議.' 僞中書著作郎王度奏曰: '夫王者郊祀天地, 祭奉百神, 載在祀典, 禮有嘗饗. 佛出西域, 外國之神, 功不施民, 非天子諸華所應祠奉. 往漢明感夢, 初傳其道. 唯聽西域人得立寺都邑, 以奉其神, 其漢人皆不得出家. 魏承漢制, 亦修前軌. 今大趙受命, 率由舊章, 華戎制異, 人神流別, 外不同內, 饗祭殊禮, 華夏服祀, 不宜雜錯. 國家可斷趙人悉不聽詣寺燒香禮拜, 以遵典禮. 其百辟卿士, 下逮衆隷, 例皆禁之. 其有犯者, 與淫祀同罪. 其趙人爲沙門者, 還從四民之服.' 僞中書令王波之奏. 虎下書曰: '度議云: 佛是外國之神, 非天子諸華所可宜奉. 朕生自邊壤, 忝當期運, 君臨諸夏. 至於饗祀, 應兼從本俗. 佛是戎神, 正所應奉. 夫制由上行, 永世作則, 苟事無虧, 何拘前代. 其夷趙百蠻有捨其淫祀, 樂事佛者, 悉聽爲道.' 於是慢戒之徒, 因之以厲." [南朝梁]慧皎撰·湯用彤校注(1992), 『高僧傳』, 北京: 中華書局, p.352.
36) "淸眞務學, 誦經數百萬言, 善解文義." [南朝梁]慧皎撰·湯用彤校注(1992), 『高僧傳』, 北京: 中華書局, p.345.
37) 유요가 황제로 즉위한 뒤인 319년 나라 이름을 '조趙'로 바꾼다. 이를 전조前趙), 석

?-318-329)가 군대를 이끌고 낙양을 공략했기에 세울 수 없었다. 사람들 사이에 숨어 지내며 변화를 관망했다. 그러다 곽흑략郭黑略이라는 장군을 통해 후조(後趙, 319-351)의 창건자 석륵(石勒, 274-319-333) 왕을 알게 됐다.

후조가 전조(前趙, 304-329) 유요의 군대를 격파하고 이길 것을 정확히 예측한 불도징 스님에 감탄한 석륵 왕은 그를 가까이 했다. 석륵 왕은 점차 불교도로 변해 갔다. 자신의 전생을 알고, 죽을 날짜를 예견하며, 발우에서 푸른 연꽃을 피워내고, 가슴에 난 작은 구멍을 통해 내장을 밖으로 꺼냈다 넣었다 하는 불도징 스님에 대한 존경과 두려움이 주된 이유였다. 석륵 왕에 이어 석호 왕 역시 그를 존경했다. 불도징 스님이 신이神異를 펼친 것은 자신의 존재를 드러내기 위해서가 아니라 불교를 널리 퍼트리기 위해서였다는 것을 반드시 기억할 필요가 있다. 물론 불도징 스님은 도술과 지혜로 백성들의 고통도 들어주었다. 글자를 모르는 일반 대중에게 그들이 이해할 수 있는 방법으로 불교를 알렸다. 이런 점에서 그는 참으로 위대한 포교사이자 전도자였다.

'신이'를 통한 포교로 불도징 스님은 후조의 수도 업鄴을 중심으로 한 화북 지역에 8백9십3 개소의 사찰을 건립했다.[38] 이전에 불교를 접한 적이 없었던 여러 민족들도 불교로 인도했다. 일만 여명의 제자들도 길렀다. 한족인 도안·축법아 스님, 인도 출신인 축불조竺佛調 스님, 소그드[우즈베키스탄 사마르칸드 일대] 태생의 수보리須菩提 스님 등이 모두 그의 제자들이다.[39] 그래서 "석륵·석호 왕의 지독한 학정과 그

륵이 세운 나라를 후조後趙라 부른다.
38) "所歷州郡, 興立佛寺八百九十三所." [南朝梁]慧皎撰·湯用彤校注(1992), 『高僧傳』, 北京: 中華書局, p.356.
39) "佛調、須菩提等數十名僧, 出自天竺、康居. 不遠數萬里路, 足涉流沙, 詣澄受訓. 樊沔釋道安、中山竺法雅, 並跨越關河, 聽澄講說. 皆妙達精理, 研測幽微." [南朝梁]慧

릇됨을 만약 불도징 스님이 함께 하지 않았다면 그 누구도 감히 말할 수 없었으리라. 백성들은 날마다 이익과 은혜를 입으면서도 몰랐을 따름"40)이라며 "불교를 성대하게 포교함에 있어 그보다 앞서는 사람은 없다"41)고 불도징 스님을 높이 평가한 『고승전』 권제9 「축불도징전竺佛圖澄傳」의 기록은 거짓이 아니다.

외국에서 중국에 온 출가자들이 처음부터 반야학이나 선법禪法으로 불교 홍포에 나선 것은 아니었다. 그들은 대개 어느 정도 신이神異한 풍도風度를 지니고 있었다.

[9] "(안세고 스님은) 학문을 좋아하여 외국의 전적, 별들의 운행에 관한 학문[七曜], 오행, 의술, 이술異術과 날짐승 들짐승의 소리에 이르기까지 통달하지 않은 것이 없었다."42)

[10] "(중천축국 출신 담가가라曇柯迦羅 스님은) 어려서부터 재주와 지혜가 있었다. 자질과 외모도 다른 사람보다 뛰어났다. 책을 한 번 읽기만 해도 글의 의미를 완전히 알았다. 4베다론[四圍陀論], 자연지리[風雲], 별자리 학문[星宿], 도참[圖讖], 운명의 흐름[運變] 등에 대해 두루 알았다. 천하의 모든 이치가 다 내 몸 안에 있다고 스스로 말했다."43)

皎撰·湯用彤校注(1992), 『高僧傳』, 北京: 中華書局, p.346.
40) "二石凶强, 虐害非道, 若不與澄同日, 孰可言哉? 但百姓蒙益, 日用而不知耳." [南朝梁]慧皎撰·湯用彤校注(1992), 『高僧傳』, 北京: 中華書局, p.356.
41) "弘法之盛, 莫與先矣." [南朝梁]慧皎撰·湯用彤校注(1992), 『高僧傳』, 北京: 中華書局, p.356.
42) [南朝梁]慧皎撰·湯用彤校注(1992), 『高僧傳』, 北京: 中華書局, p.4.
43) [南朝梁]慧皎撰·湯用彤校注(1992), 『高僧傳』, 北京: 中華書局, pp.12-13.

[11] "(강승회康僧會 스님은) 사람됨이 관대하고 올바르며 학식과 도량이 있었고, 진실로 배우기를 좋아했다. 삼장을 통달했고, 육경을 널리 연구했으며, 천문天文과 도참[圖緯]에 대해서도 모르는 것이 없었다. 사물의 중요한 부분과 중요하지 않은 부분을 분명히 구별했으며, 글쓰기에 심혈을 기울였다."[44]

안세고 스님, 담가가라 스님, 강승회 스님 등은 의술·별자리·도참 등에도 통달하고 있었다. 외국에서 온 출가자들의 뛰어난 학식도 불교가 중국적 변용을 이룩하는데 상당한 역할을 했음이 분명하다. 특히 운명을 미리 내다보는 그들의 능력은 220년부터 589년까지 이어진 분열과 혼란에 시달리던 중국인들을 매료시키고도 남았다.

십육국시대 당시 양자강 이북은 분열과 전쟁 전쟁과 분열의 생생한 현장이었다. 하나의 나라가 세워지고 멸망할 때까지 그리 많은 시간이 걸리지 않았다. 나라가 이러한 데 개인의 생명이야 두말할 필요도 없다. 지속적인 전쟁이 일상日常인 시대에 태어난 민중의 생활이란 항상 불안에 시달리는 삶 바로 그것이다. 지위의 높고 낮음에 관계없이 사회적 동요에 휩쓸려야 하고 개인적인 불안을 겪어야 한다. 높은 관직에 있다고 목숨이 위태롭지 않은 것은 아니다. 억만금이 목숨을 보장해주고 연장해주는 부적符籍도 아니다. 어제는 한 나라의 재상宰相이었다 오늘은 노비로 전락하는 급락急落과 죄인이었다 한 나라의 고관으로 출세하는 급등急騰의 삶을 혼란·분열·전쟁 속에서 생생히 목도한 백성들은 운명과 행운을 믿게 되었다. 당시 최대의 행운을 가져다 줄 신은 옥황상제玉皇上帝나 태상노군太上老君이 아니었다. 그들의 신력은

---

44) [南朝梁]慧皎撰·湯用彤校注(1992), 『高僧傳』, 北京: 中華書局, p.15.

이미 바닥이 난 상태였다.

믿을 곳이 불교 이외에는 없었다. 특히 신이사神異師들은 살아있는 부처님으로 대중들의 열렬한 귀의처가 됐다. 군주들에게는 전쟁의 승패를 예견해주고, 백성들에게는 안심安心과 행운을 가져다준 불도징 스님, 담무참(曇無讖, 385-433) 스님45) 등과 같은 신이사神異師들은 역경을 지원하고 불교를 후원했던 십육국의 군주들과 함께 불교가 중국을 정복하는 과정에 중요하고도 선도적인 역할을 했다. 혼란한 시대를 맞아 불안에 떨던 백성들을 안심시키고 중생을 불교의 자항선慈航船에 태운 사람들이다. 이들로 말미암아 불교의 내포內包는 깊어졌고 외연外延은 넓어졌다.

4. 구법사와 위법망구

역경과 외국인 출가자들의 노력 못지않게 중국불교 발전을 견인한 것은 중국인들[출가자·재가자] 자신의 노력이었다. 불교를 위해 목숨을 버린 이도 있었다. 주사행(朱士行, 대략 203-282) 스님이 바로 그런 사람이다.46) 최초의 구법사[求法師, 불교의 진리를 위해 위험을 무릅쓰거나 목숨을 버린 스님]라 할 수 있다. 영천潁川에서 태어난 그는 출가해 수계를 받은 최초의 한인漢人이다. 국가가 공인한 것은 아니었다.

『고승전』권제4「주사행전」, 『신승전神僧傳』권제1「주사행전」 등에

---

45) "讖明解呪術, 所向皆驗, 西域號爲大呪師." [南朝梁]慧皎撰·湯用彤校注(1992), 『高僧傳』, 北京: 中華書局, p.76.
46) 주사행 스님의 전기는 다음을 참조하라. 『고승전』권제9「주사행전」, 『출삼장기집』 권제13「주사행전」, 『역대삼보기』권제6「주사행전」.

따르면 불교 홍포에 뜻을 둔 그는 오로지 경전 연구에만 몰두했다. 낙양에서 『도행반야경』 『소품小品』[47]을 강의하다 문장이 매끄럽지 못하고 뜻이 완전히 드러나지 않음을 알았다. "이 경은 대승의 요체이다. 번역이 이치를 다 드러내지 못하고 있다. 맹세코 뜻을 세워 목숨을 버리더라도 멀리 가서 대품大品을 구할 필요가 있겠다." 마침내 위나라 감로 5년[260] 옹주[雍州, 지금의 섬서성陝西省 서안西安 일대]를 출발해 타클라마칸 사막의 유사流沙를 넘어 우전[지금의 신강성 화전和田]에 도착했다. 20여 년 동안의 고생 끝에 마침내 산스크리트어로 된 정본正本 90장章을 구했다.

몇 년 뒤인 서진(西晉, 265-316) 태강太康 3년[282] 제자 불여단不如檀 스님에게 범본梵本을 줘 낙양으로 돌아가게 했다. 불여단 스님이 경전을 갖고 가지 못하도록 우전국 사람들이 왕에게 참소했다. 주사행 스님은 불교 홍포 이외 다른 뜻이 없음을 증명하기 위해 타오르는 장작불에 경전을 던졌다. "한지漢地에 대승의 가르침이 유통되고자 한다면 경전은 당연히 불에 타지 않을 것이다. 만약 가피가 없다면 운명이니 그것을 어떻게 하겠는가!" 원願을 세우고 불에 던졌다. 글자가 한 자도 타지 않았다. 표지도 전혀 손상되지 않았다. 신이를 직접 본 우전국 왕과 사람들은 감복했다. 경전을 하남성 진류陳留로 가져갈 수 있었다. 291년 그곳의 수남사水南寺에서 축숙란 거사와 서역에서 온 무라차 스

---

47) 『반야경』에는 협의와 광의의 두 의미가 있다. ①구마라집 스님이 번역한 『소품반야경』(전10권)을 '소품반야경', 구마라집 스님이 번역한 『마하반야바라밀경』(전27권)을 '대품반야경'이라 한다; ②후한의 지루가참 스님이 번역한 『도행반야경』(전10권), 오나라의 지겸 거사가 번역한 『대명도무극경大明度無極經』(전6권), 구마라집 스님이 번역한 『소품반야경』(전10권) 등을 '소품반야경'이라 한다. 반면 서진의 무라차無羅叉 스님과 축숙란竺叔蘭 거사가 함께 번역한 『방광반야경』(전20권), 축법호 스님이 번역한 『광찬반야경』(전10권), 구마라집 스님이 번역한 『마하반야바라밀경』(전27권) 등을 '대품반야경'이라 부른다.

님이 함께 번역했다. 이것이 『방광반야경』(전20권)이다. 그러나 주사행 스님은 돌아오지 못하고 우전에서 입적했다. 당시 그의 나이는 80세. 다비했으나 몸이 불타지 않고 온전했다. "만약 참으로 도를 얻었다면 법法대로 무너지리라!" 대중들이 말하자 법체法體가 흩어졌다.

법현法顯 스님[48] 역시 불교를 위해 위험을 무릅쓰고 불국佛國을 역유歷遊했다. 3세에 출가해 20세에 비구계를 수지한 그는 항상 율장이 완전하지 못함을 개탄했다. 동진(東晉, 317-420) 융안隆安 3년[399] 천축을 순례하고 계율 관련 책을 구해야겠다고 마음먹은 법현 스님은 도반들과 함께 장안[지금의 섬서성 서안]을 나섰다. 당시 그의 나이는 이미 64세. 돈황에서 사막을 건너는데 필요한 물자를 구했다. "위로는 날아가는 새 한 마리 없고 아래로는 달리는 짐승 한 마리 없는"[49] 타클라마칸 사막 항해에 도전하기 위해서였다. 그곳은 "아무리 둘러보아도 모래! 망망茫茫해 가야 할 길을 찾을 수 없고, 갈 곳을 알 수가 없는"[50] 죽음의 늪과도 같았다. "오직 죽은 사람의 해골만이 표지가 될 뿐인"[51] 사막을 가로질러 선선 → 오이 → 우전에 도착했다.

우전에서 카라코람 산맥을 넘어 파키스탄 북부에 자리한 도시 길기트, 파키스탄 북부의 탁실라, 파키스탄 서부에 위치한 페샤와르, 아프가니스탄 동부의 잘랄라바드 등을 거쳐 인더스 강 서쪽 연안의 세피드쿠Sefid-Kuh 산맥[슐라이만 산맥의 동북부]에 도착했다. 『고승법현전』[『불국기佛國記』라고도 한다]에 나오는 소설산小雪山이 바로 이곳이다.

함께 구법여행에 나선 혜경慧景 스님이 소설산에서 "사납게 기승을

---

48) 법현 스님의 전기는 다음을 참조하라. 『고승전』 권제3 「법현전」, 『출삼장기집』 권제15 「법현전」, 『역대삼보기』 권제7 「법현전」, 『고승법현전高僧法顯傳』.
49) 『高僧法顯傳』(T51, 857a13), "上無飛鳥, 下無走獸."
50) 『高僧法顯傳』(T51, 857a14), "遍望極目, 欲求度處, 則莫知所擬."
51) 『高僧法顯傳』(T51, 857a15), "唯以死人枯骨, 爲標幟耳."

부리는 한풍寒風을 맞아 입에서 흰 거품을 토했다."52) 혜경 스님이 말했다. "나는 여기서 살아날 수 없을 것 같습니다. 갈 수 있을 때 빨리 가십시오. 우물쭈물하다 함께 죽어서는 안 됩니다."53) 말을 마친 혜경 스님이 입적했다. 법현 스님은 그의 몸을 어루만지며 비통하게 울부짖었다. "본래 목적을 이루지도 못했는데 중도에서 입적하다니 이 무슨 일이오!"54) 슬퍼할 겨를도 없었다. 도반의 죽음을 뒤로한 법현 스님은 계속 나아가 마투라를 거쳐 중인도에 위치한 도시 상카시에 도착했다. 404년[69세]이었다. 장안을 출발해 5년 만에 상카시에 다다른 그는 인도에서 6년 정도 머무르며 사위성, 왕사성, 영취산, 대보리사, 파트나 등지를 두루 탐방하고 산스크리트어를 익혔다.

409년 10월경 스리랑카[師子國]로 가 그곳에서 2년 동안 경전을 필사하며 미사색부의 율장[五分律] 등을 구했다. 411년 귀로에 올랐다. 인도네시아를 거쳐 동진 의희 8년[412년 7월] 그의 나이 77세 때 산동성 청주의 뇌산牢山 남쪽 해안에 도착했다. 413년 동진의 수도 건강[남경]으로 간 그는 인도에서 필사하고 구해온 경전과 율장을 번역하기 시작했다. 도량사道場寺에서 『불설대반니원경佛說大般泥洹經』(전6권), 『마하승기율摩訶僧祇律』(전40권) 등을 불타발타라(佛馱跋陀羅, 359-429) 스님과 함께 옮겼다. 인도 구법여행 당시의 감회를 적은 글이 『고승법현전』에 남아있다.

[12] "지나간 곳을 돌이켜 보면 나도 모르게 땀이 솟아 흐른다. 몸을 아끼지 않고 위험한 곳을 밟고 험준한 곳을 건넌 이유는

---

52) 『高僧法顯傳』(T51, 859a13), "遇寒風暴起, … (慧景一人, 不堪復進,) 口出白沫."
53) 『高僧法顯傳』(T51, 859a14), "我亦不復活, 便可時去, 勿得俱死."
54) 『高僧法顯傳』(T51, 859a15), "本圖不果, 命也奈何!"

오로지 우직하게 마음먹은 것을 추구했기 때문이다. 반드시 죽는 곳에 목숨을 던져 만분萬分의 일一의 희망을 달성했다."55)

법현 스님의 술회述懷는 중국불교가 왜 발전할 수밖에 없었는지를 잘 보여준다. 물론, 중국불교의 발전이라는 측면에서 보면 고승이자 명승인56) 도안 스님의 역할을 빼놓을 수 없다. 불도징 스님의 제자인 그가 중국불교에 기여한 점은 크게 세 가지이다.

첫 번째는 『반야경』에 대한 연구를 진행해 대단한 성취를 이뤘다. 그는 『도행반야경』에 정통했다. 게다가 『방광반야경』과 『도행반야경』을 비교 연구해 『집이주集異注』라는 책을 펴냈다. 책은 현존하지 않지만 도안 스님의 실증적인 연구태도를 엿볼 수 있다. 365년부터 379년까지 양양에 머물 때는 매년 두 차례씩 『방광반야경』을 강의했다. 특히 만년에 『방광반야경』의 산스크리트어본을 찾아내 번역자를 불러 다시 번역하도록 했다. 『마하발라야바라밀경초摩訶鉢羅若波羅蜜經抄』57)라고 이름 붙여진 이 책도 산일되고 전해지지는 않는다. 『반야경』 연구를 통해 도

---

55) 『高僧法顯傳』(T51, 866b27), "顧尋所經, 不覺心動汗流, 所以乘危履險, 不惜此形者, 蓋是志有所存專其愚直, 故投命於必死之地, 以達萬一之冀."
56) 고승과 명승은 적지 않은 차이가 있다. 혜교 스님은 『고승전』 권제14에서 말했다. "앞선 시대 이래로 전기傳記에는 흔히 '명승名僧'이라는 말을 붙였다. 그러나 '명名'이라는 것은 본래 본질에 비하면 손님이다. 수행을 실질적으로 닦아도 빛을 감추면 덕과 경지가 높아도 이름난 것은 아니다. 반면 공덕이 적어도 시대에 영합하면 이름은 높아도 (덕·경지가) 높은 것은 아니다. 이름만 알려지고 경지가 높지 않은 이는 본래 (이 책 즉 『고승전』에) 기재될 사람이 아니다. 경지가 높으면서 이름이 알려지지 않은 그 사람들을 지금 여기 기록해 놓았다. 때문에, '명名'자를 없애고 '고高'자를 사용해 '고승高僧'이라 했다." [南朝梁]慧皎撰·湯用彤校注(1992), 『高僧傳』, 北京: 中華書局, p.525. 혜교 스님의 기준에 비춰도 도안 스님은 명승이자 고승이며, 고승이자 명승임이 분명하다.
57) 『출삼장기집』 권제2에 제목과 역출 과정이 간단하게 기록되어 있다. [南朝梁]僧祐撰, 蘇普仁·蕭鍊子點校(1995), 『出三藏記集』, 北京: 中華書局, p.46.

안 스님은 6가7종을 뛰어넘는 수준의 공空사상을 체득했다.

두 번째는 역경과 경전목록 편찬에 기여했다. 역경에 지대한 관심을 가져 '오실본삼불이五失本三不易'론[58]을 제창했으며, 양양에 머무를 당시 유행하던 번역본을 광범위하게 수집해『종리중경목록 綜理衆經目錄』이라는 목록집目錄集을 편찬했다. 후대의 경전목록 편찬자들에게 새로운 지평을 열어주었고, 필요하면 언제든지 제목, 번역자, 번역시기 등을 알 수 있게 제공했다는 점에서 도안 스님의 목록집은 대단한 가치가 있다. 비록 책의 원본은 지금 전해지지 않지만 승우 스님이 편찬한『출삼장기집』에 내용이 실려 전한다. 경전을 서분序分·정종분正宗分·유통분流通分의 3분 과목으로 구분한 것도 도안 스님이 처음으로 제안했다.

세 번째는 의궤의 제정·정립에 힘썼다. 향 바치는 법, 경을 강의하기 위해 단상에 오르는 법, 불상에 예배하는 법, 식사하는 법, 한 달에 두 번씩 행하는 포살에 관한 법 등을 정립했다. 동시에 율장律藏 번역에 관심을 가지고 독려했다. 특히 구족계를 받은 출가자들은 모두 석존釋尊의 제자이므로 성씨를 '석釋'씨로 해야 된다고 제안했다. 당시까지만 해도 출가자들은 대개 스승의 성을 따랐다. 도안 스님이 제안한 이후 출가자들은 기본적으로 '석釋'씨를 성으로 사용하게 됐다.

5. 번역과 동아시아 불교의 탄생

역경사譯經師 신이사神異師 구법사求法師 가운데 중국불교 견인의 일

---

[58] '오실본삼불이五失本三不易'에 대해서는 다음을 참고하라. 呂澄著(1979),『中國佛學源流略講』, 北京: 中華書局, pp.60-62; 후나야마 도루船山徹 지음·이향철 옮김 (2018),『번역으로서의 동아시아』, 서울: 푸른역사, pp.164-169.

등공신은 누구일까? 혜교(慧皎. 495-554) 스님은 역경사를 꼽았다. 『고승전서록高僧傳序錄』권제14에 나오는 내용이다.

[13] "후한 명제 영평 10년[67]부터 양나라 천감 18년[519]에 이르는 453년 동안 이 책(『고승전』)에 수록된 257명과 방계 200여 명의 공적을 10개의 예례로 나누었다. 역경, 의해義解, 신이神異, 습선習禪, 명률明律, 유신遺身, 송경誦經, 흥복興福, 경사經師, 창도唱導가 그것이다. 그러나 부처님의 가르침이 동토에 유입된 것은 무릇 번역한 사람들의 공로로 말미암은 것이다. 그들은 자기 목숨을 걸고 몸을 잊은 채, 험난한 사막을 넘거나 출렁거리는 드넓은 파도를 배를 타고 건너와, 오로지 가르침의 홍포에 헌신했다. 중국 땅이 밝아진 것은 바로 이런 노력에 의해서였다. 마땅히 그 공덕을 숭상崇尙해야 하므로 책의 첫 머리에 배치했다."[59]

혜교 스님의 지적과 평가는 정확하다. 후한시대부터 시작된 한역漢譯은 남북조 · 수나라 · 당나라를 거쳐 북송시대(北宋, 960-1127)까지 줄기차게 계속됐다. 때로는 국가의 지원으로 활황活況을, 때로는 전쟁 등의 원인으로 불황不況을 맞았다. 그러나 "번역해야 된다."는 그 생각이 사라진 적은 거의 없었다. 집중적으로 이뤄진 시기와 정체된 시기를

---

[59] "始于漢明帝永平十年, 終至梁天監十八年, 凡四百五十三載, 二百五十七人, 又傍出附見者二百餘人, 開其德業, 大爲十例: 一曰譯經, 二曰義解, 三曰神異, 四曰習禪, 五曰明律, 六曰遺身, 七曰誦經, 八曰興福, 九曰經師, 十曰唱導. 然法流東土, 蓋由傳譯之勳. 或踰越沙嶮, 或泛漾洪波, 皆忘形殉道, 委命弘法, 震旦開明, 一焉是賴. 玆德可崇, 故列之篇首." [南朝梁]慧皎撰 · 湯用彤校注(1992), 『高僧傳』, 北京: 中華書局, p.524.

종합하면 후한에서 북송까지 대략 900여년, 원나라 청나라 때 이뤄진 역경까지 감안하면 대략 1500년 동안 중국인들은 산스크리트어·티베트어로 된 불교관련 전적들을 끊임없이 중국어로 옮겼다. 번역은 20세기에도 계속되고 있다. 티베트어에서 중국어로의 불전佛典 번역은 지금도 이뤄지고 있다.

한역불전漢譯佛典은 인도문명과 중국문명의 접촉·융합의 산물이자 동아시아 불교 창조의 모태이다. 주체적이고 창의적인 역경이 있었기에, 거대한 문화적 사업인 역경이 있었기에 '지금의 한역불교漢譯佛敎'와 이것에 기반을 둔 '동아시아 불교와 그 문화'가 태동하고 발전할 수 있었다. 승조 스님 이전의 중국불교계가 진행하고 쌓아왔던 번역과 연구의 더미[蘊蓄]에 뿌리를 두고 태어난 것 가운데 하나가 바로 『조론』이라 할 수 있다.

6. 『조론』은 어떤 책인가

후진시대(後秦, 384-417)를 살았던 승조 스님이 저술한 『조론肇論』은 중국불교 역사상 중요한 전적典籍 가운데 하나이다. 승조 스님이 지은 「물불천론物不遷論」, 「부진공론不眞空論」, 「반야무지론般若無知論」, 「열반무명론涅槃無名論」[60] 등과 동진(東晉, 317-420)의 유유민(劉遺民, ?-410) 거사가 쓴 「유유민 거사의 질문편지」와 이에 대해 승조 스님이 대답한 「승조 스님의 답변편지」 등을 묶어 편찬된 책이 바로 『조론』이다. 승조 스님의 이름인 '조肇'자와 이치를 논의한 글이라는 의미의 '논論'자를 결

---

60) 「종본의」와 「열반무명론」이 승조 스님 본인의 저작인지에 대해서는 학자들의 견해가 갈린다.

합해『조론』이라 불렀다. 승조 스님이 지은 논문의 묶음이라는 뜻이다.

인도불교 중관파의 개조 용수(대략 150-250) 논사와 서역 구자[龜玆, 庫車]국 출신의 명승名僧 구마라집 스님의 반야·중관사상을 계승한 승조 스님은 『조론』으로 삼론종三論宗 개창에 사상적인 길을 제공했고, 인도사상과 중국사상의 교류 및 범어梵語와 중국어의 회통에 새로운 모범을 보였다. 『조론』은 중국사상사에서도 없어서는 안 될 귀중한 위치를 차지하고 있다. 실재론實在論적인 노장철학의 무無·유有개념으로 유학儒學을 새롭게 해석하며 형이상학적인 논의를 진행하던 위진현학魏晉玄學의 물줄기를 성공性空을 통해 공空·유有를 탐구하는 수당불학隋唐佛學으로 돌리는 인도자 역할을 했기 때문이다.

명나라 말기부터 청나라 초기까지 활동했던 운서 주굉(雲棲袾宏, 1535-1615), 자백 진가(紫柏眞可, 1543-1603), 감산 덕청(憨山德淸, 1546-1623), 우익 지욱(蕅益智旭, 1599-1655) 등 4대 고승 가운데 한 명인 우익 지욱蕅益智旭 스님은 각종 경전과 논서들을 열람하고 지은 『열장지진閱藏知津』에서 "중국에서 찬술된 저서 가운데 승조 스님, 남악 혜사 스님, 천태 지의 스님 등의 것이 유일하게 순일하고 순일하다. 진실로 인도의 마명 논사, 용수 논사, 무착 논사, 세친 논사 등의 저술에 비해도 부끄럽지 않다. 그래서 특별히 대승종론에 포함시켰다. 나머지 여러 스님들의 저작들은 순일한 맛은 있으나 흠이 있기에 다만 잡장에 넣었다."[61]며 승조 스님을 인도의 마명·용수 논사와 어깨를 나란히 하는 인물로 기록했다.

중국의 정사正史 이십사사二十四史 가운데 종교에 관한 기록이 있는

---

61) "此土述作, 唯肇公及南嶽、天台二師, 醇乎其醇, 眞不愧馬鳴、龍樹、無著、天親, 故特收入大乘宗論. 其餘諸師, 或未免大醇小疵, 僅可入雜藏中." [明]智旭撰·楊之峰點校 (2015), 『閱藏知津』, 北京: 中華書局, p.5.

『위서魏書』권114「지제지第20·석노지釋老誌」에도 구마라집 스님과 승조 스님을 높이 평가하는 기록이 있다.

[14] "그 때 후진의 요흥 왕은 구마라집 스님을 존경했다. 장안 초당사에 교리를 연구하는 사문 8백여 명을 소집해 경문을 새로이 번역시켰다. 구마라집 스님은 총명하고 또한 깊은 사상이 있었다. 인도와 중국 등 여러 나라의 말에 능통했다. 당시 사문 도융·승략·도항·도표·승조·담영 등은 구마라집 스님과 서로 상의하고 탁마하며 부처님 가르침의 깊은 뜻을 밝혔다. … 도융 스님 등은 모두 학식이 대단히 넓고 깊었다. 그 가운데에서도 승조 스님은 특히 뛰어났다. 구마라집 스님이 글을 쓰고 경전을 번역할 때 항상 승조 스님이 붓을 잡고 기록했으며 여러 단어와 문장의 뜻을 확정했다.『유마경』을 주석한『주유마경注維摩經』등 (승조 스님의) 저술이 수십 여 종에 이른다. 저술들에 절묘한 의미가 담겼기에, 불법을 배우고 익히는 사람들이 전부 승조 스님을 스승으로 존경했다."[62]

역사서가 출가자에게 이처럼 높은 평가를 내리는 경우는 매우 드물다. 중국불교사에서 승조 스님이 차지하는 위치가 그만큼 높다는 것을 보여준다.

---

62) "是時, 鳩摩羅什爲姚興所敬, 於長安草堂寺集義學沙門八百人, 重譯經本. 羅什聰辯有淵思, 達東西方言. 時沙門道肜·僧略·道恒·道標·僧肇·曇影等, 與羅什共相提挈, 發明幽致. 諸深大經論十有餘部, 更定章句, 辭義通明, 至今沙門共所祖習. 道肜等皆識學洽通, 僧肇尤爲其最. 羅什之撰譯, 僧肇常執筆, 定諸辭義, 注《維摩經》, 又著數論, 皆有妙旨, 學者宗之." [北齊]魏收撰(1999),『簡體字本二十四史20 魏書』, 北京: 中華書局, p.2015.

7. 구마라집 스님은 누구인가

　모든 사람들이 스승으로 존경했다는 승조 스님에게 반야·중관사상을 정확히 가르쳐 준 구마라집 스님은 401년 12월 20일 후진의 수도 장안[長安, 현재의 서안西安]에 도착한 뒤 '국가적인 후원'과 '조직화 된 역경譯經팀' 등을 두 축으로 삼아 체계적인 경전 번역에 착수했다. 장안에 도착하기 전 머물렀던 감숙성 고장姑藏[63]엔 불법佛法을 전파할 여건이 제대로 갖춰지지 않았다. 『고승전』권제2「구마라집전」에 보이는 "구마라집 스님이 양주에 체류한 지 여러 해, 여광呂光과 아들 여찬呂纂이 불법을 홍포하지 않았다. 불교에 대한 심오한 이해를 갖고도 가르침을 펴고 교화할 수 없었다."[64]는 기록에서 정황을 알 수 있다. 시대와 지역을 뛰어넘는 탁월한 학승인 그가 고장에 머무른 데는 사정이 있었다.

　서기 382년 전진(前秦, 350-394)의 부견(苻堅, 338-357-385)[65] 왕은 장군 여광呂光을 서역에 파견했다. 이미 사해四海에 이름이 쟁쟁한 명승 구마라집 스님을 구자龜玆국에서 장안으로 모셔오기 위해서였다. 서역 여러 나라의 조공을 받으려는 목적도 있었다. 구마라집 스님을 데려오자는 계획은 도안(道安, 312-385) 스님의 건의에 따른 조치였다. 『고승전』「도안전」에 "도안 스님은 구마라집 스님이 서역에 있다는 소식을 먼저 들었다. 경론을 함께 강의하고 그 뜻을 토론하고 싶었다. 매번 부견 왕에게 구마라집 스님을 모셔올 것을 권했다."[66]는 기록에서 사실

---

63) 지금의 중국 감숙성甘肅省 무위武威 시市이다.
64) "什停凉積年, 呂光父子旣不弘道, 故蘊其宗海, 無所宣化." [南朝梁]慧皎撰·湯用彤校注(1992), 『高僧傳』, 北京: 中華書局, p.51.
65) 『삼국사기』권제18에 따르면 고구려 소수림왕 2년[372] 우리나라에 불교를 처음으로 전해준 왕이기도 하다.
66) "安先聞羅什在西國, 思共講析, 每勸堅取之." [南朝梁]慧皎撰·湯用彤校注(1992),

을 확인할 수 있다.

물론 도안 스님이 건의하기 전에 부견 왕은 이미 구마라집 스님을 만날 생각이 있었다. 『고승전』「구마라집전」에 보이는 "전진 건원 13년 [377] 정축년 정월에 태사가 아뢰었다. '정축년 정월의 별자리와 상응하는 외국의 어느 곳에 별이 나타났습니다. 필시 덕이 높은 지혜로운 분이 우리나라에 들어와 보좌하게 될 것입니다.' 부견 왕이 말했다. '짐이 들으니 서역에 구마라집 스님이, 양양에 도안 스님이라는 분이 있다고 한다. 아마도 이들이 아니겠는가?' 즉시 사신을 파견해 그들을 찾게 했다."[67]는 구절이 이를 증명한다. 전진前秦의 10만 대군이 양양을 공략하고 68세의 도안을 장안으로 데려간 것이 379년, 부견 왕은 377년에 이미 구마라집 스님과 도안 스님의 존재를 알고 있었다. 도안 스님의 건의가 없었더라도 언젠가는 구마라집 스님을 장안으로 초치招致할 생각이었던 것이다.

그러나 안타깝게도 383년 8월 안휘성 비수淝水 부근에서 벌어진 동진과의 전투에서 부견 왕의 87만 대군이 대패하고 말았다. 불행은 여기서 끝나지 않았다. 비수대전이 끝난 후 2년만인 385년 10월 부하였던 강족羌族 요장姚萇이 부견을 살해하고 그의 나라마저 위협했다. 결국 저족氐族 부홍(苻洪, 285-350-350) 왕이 350년 장안에 건립한 전진은 394년 역사에서 사라진 반면 부견 왕의 신하였던 선비족鮮卑族 모용수慕容垂는 지금의 하북성 정현定縣에서 후연(後燕, 384-407)을, 요장은 장안에서 후진(後秦, 384-417)을 각각 세웠다.

『高僧傳』, 北京: 中華書局, p.184.
67) "至符堅建元十三年歲次丁丑正月, 太史奏云: '有星見於外國分野, 當有大德智人入輔中國.' 堅曰: '朕聞西域有鳩摩羅什, 襄陽有沙門釋道安, 將非此耶.' 即遣使求之." [南朝梁]慧皎撰・湯用彤校注(1992), 『高僧傳』, 北京: 中華書局, p.49.

서역을 떠나 장안으로 향하던 여광(呂光, 338-386-399)은 감숙성 양주涼州에서 이 소식을 들었다. 그곳에서 자립해 후량(後涼, 386-403)을 세우고 장안으로 돌아가지 않았다. 구마라집 스님이 장안에 들어갈 수 있는 길은 여광이 죽은 후 서자庶子 여찬(呂纂, ?-399-401)이 형제 여소呂紹를 죽이고 왕위를 찬탈·계승했어도 열리지 않았다. 후진의 2대 왕 요흥(姚興, 366-394-416)이 여찬을 격퇴하기까지 무려 15년 동안 구마라집 스님은 양주에서 중국의 말과 문자를 배우며 후일을 기약할 수밖에 없었다.

우여곡절 끝에 장안에 온 구마라집 스님은 401년부터 405년까지 요흥 왕의 별장격인 궁사[宮寺, 소요원逍遙園]에 머물렀다. 406년부터 413년까지는 초당사[草堂寺, 대석사大石寺·대사大寺라고도 함]에 주석했다. 장안에 도착한 구마라집 스님을 요흥 왕은 어떻게 대우했을까? 『자치통감資治通鑑』 권제114 「진기晉紀 36」에 당시 상황을 전해주는 기록이 있다.

[15] "후진 왕 요흥은 구마라집 스님을 국사로 삼아 마치 신을 섬기듯 존경했다. 친히 대신들 및 스님들과 함께 구마라집 스님의 경전 강의를 들었다. 또한 서역에서 들어온 경전과 논서 3백여 권을 번역해 줄 것을 구마라집 스님에게 요청했다. 대량의 탑과 절을 지었으며 그 곳에서 수행하는 출가자의 수가 항상 천 명 이상을 웃돌았다. 조정의 대소신료들도 모두 불교를 믿었다. 이로 인해 모든 지방에 불교를 믿는 분위기가 퍼졌으며 열에 아홉은 불교를 믿었다."[68]

---

68) "秦王興以鳩摩羅什爲國師, 奉之如神, 親帥群臣及沙門聽羅什講佛經, 又命羅什飜譯經, 論三百餘卷, 大營塔寺, 沙門坐禪者常以千數. 公卿以下皆奉佛, 由是州郡化之,

8. 승조 스님은 어떤 사람인가

구마라집 스님이 후진에 들어오기 전인 384년 장張씨 성을 가진 장안의 한 빈한한 집에 아이가 태어났다. 바로 승조 스님이다. 출가 전의 승조 스님은 생계를 위해 다른 사람을 대신해 글을 써주는 일을 했다. 책을 베껴 써 주는 일을 하다 여러 경서들을 두루 읽었다. 그는 특히 노장사상과 관련된 서적에 관심이 많았다. 일찍이『노자』를 읽은 뒤 "(내용이) 좋기는 하나 정신이 머무르고 세속의 번뇌를 털어내는 방법이 되기에는 오히려 부족함이 있다."고 탄식했다. 그러던 어느 날 삼국시대(220-280) 손권이 세운 오나라(吳, 222-280)에서 활동한 지겸支謙 거사가 번역한『불설유마힐경』을 읽고는 머리로 그 책을 받들며 기뻐했다. 그리곤 "비로소 귀의할 곳을 찾았다."며 출가했다.

타고난 총명으로 대승의 여러 경전과 율장·논장을 두루 섭렵했고 20세쯤엔 이미 관중지방[지금의 서안 일대]에 이름을 드날렸다. 명성이 높아지자 시기심 많고 논쟁을 좋아하는 무리들이 양식까지 짊어지고 찾아와 도전했다. 그러나 승조 스님의 예리한 논변에 상대방이 격퇴되는 것이 정해진 결론이었고, 승조 스님의 명성을 올려주는 것이 그들이 할 수 있는 유일한 역할이었다. 후일 구마라집 스님이 고장에 있다는 것을 알게 된 그는 스스로 찾아가 그를 스승으로 모셨고 구마라집 스님 또한 승조 스님을 지극히 아꼈다. 그러다 401년 스승을 따라 다시 고향 장안으로 돌아왔다.[69]

당시 구마라집 스님 밑에서 공부하기 위해 몰려든 문도는 3천여 명.

事佛者十室而九."[北宋]司馬光編撰·何建章等校注(1998),『資治通鑑新注』(第4册), 西安: 陝西人民出版社, p.3812.
69) [南朝梁]慧皎撰·湯用彤校注(1992),『高僧傳』, 北京: 中華書局, pp.248-249.

그들 가운데 입실한 사람은 오직 8명 정도였다. 나이 많은 사람 중에서는 도융(道融. 372-445) 스님과 승예僧叡 스님, 젊은 사람 사이에서는 축도생(竺道生. 365-434) 스님과 승조 스님이 으뜸이었다.[70] 이들을 '구마라집 스님 문하의 사대 제자[什門四聖]'로 부르기도 한다. 구마라집 스님은 이들과 함께 401년부터 413년까지 양과 질에 있어서 그 누구도 따라오기 힘든 방대한 역경譯經 작업을 진행했다. 당연히, 구마라집 스님의 역경에 승조 스님도 참여했다. 『고승전』 권제6 「승조전」에 "요흥왕은 승조 스님과 승예 스님에게 소요원에 들어가 구마라집 스님을 도와 경론을 자세히 가다듬도록 시켰다."[71]는 구절에서 확인할 수 있다. 역경사업을 통해 반야·중관사상을 비롯한 대승불교의 핵심 사상들이 중국인들에게 명료하게 소개됐다.

흉노匈奴·갈羯·선비鮮卑·저氐·강羌 등 다섯 민족이 번갈아 십육국을 세웠다는 십육국시대에 주로 활약했던 6가7종[六家七宗. 반야사상에 대한 이해 방식이 서로 달랐던 일곱 개의 학파]에 소속된 학승·학자들이 대체적으로 '도가道家의 실재론적인 무無와 비슷한 그 무엇'으로 개념·내용을 오해했던 공空사상은 이때서야 비로소 '그 얽힘'을 풀고 나올 수 있을 정도였다. 구마라집 스님의 역경사업은 나아가 불교의 핵심적인 몇 가지 교의敎義들에 대한 정확한 이해를 제공해 중국불교의 전성기인 수당불학 형성에 지적 토대를 마련해 준 것으로 평가된다.

---

70) 「中論序疏」(T42, 1a), "什至長安, 因從請業. 門徒三千, 入室唯八, 叡爲首領. 文云: '老則融叡, 少則生肇.'"
71) "姚興命肇與僧叡等, 入逍遙園, 助詳定經論." [南朝梁]慧皎撰·湯用彤校注(1992), 『高僧傳』, 北京: 中華書局, p.249.

9. 승조 스님은 정말 사형을 당했을까

『경덕전등록』 권제27 「제방잡거징염대별어諸方雜擧徵拈代別語」에 승조 스님이 요흥 왕으로부터 사형을 언도받고 집행되기 직전에 지었다는 게송, 즉 "사대는 원래 주인이 없고 오온은 본래 공하다. 칼날이 머리를 베어 떨어트리는 것은 마치 봄바람을 베는 것과 같다[四大元無主, 五陰本來空. 將頭臨白刃, 猶似斬春風]."는 이른바 '임종게臨終偈'[72]가 실려 있다. 정말 승조 스님이 지은 것일까? 청나라(淸, 1636-1911) 세종 옹정제(雍正帝, 1678-1722-1735)는 『어선어록御選語錄』 권제1 「대지원정성승조법사론大智圓正聖僧肇法師論」에서 승조 스님의 게송이 아니라고 설명했다.

[16] "『전등록』에 '승조 스님은 요흥 왕에게 사형을 언도받았다. 승조 스님은 7일의 휴가假를 얻어 『보장론』 집필을 마쳤다. 사형이 집행되기 직전 "사대는 원래 주인이 없고 오온은 본래 공하다. 칼날이 머리를 베어 떨어트리는 것은 마치 봄바람을 베는 것과 같다."는 게송을 읊었다'고 나온다. 이 게송은 결코 승조 스님이 지은 것이 아니다. 승조 스님은 구마라집 스님의 뛰어난 제자로 요흥 왕의 명령을 받고 소요원에 들어가 구마라집 스님이 경전과 논서의 내용을 세심하게 살펴 확정하는 것을 도왔다. 요흥 왕은 승조 스님을 특별히 존경하고 예우했다. 『십육국춘추』「승조전」에 '후진 홍시 16년 장안에서 입적했다. 동진 의희 10년이다'고 기록되어 있다. 하물며 형벌을 받을 사람에게 휴가를 주어 『보장론』을 짓도록 할 이치가 어디 있겠는

---

72) 『景德傳燈錄』(T51, 434b1), "僧肇法師遭秦主難, 臨就刑說偈曰: '四大元無主, 五陰本來空. 將頭臨白刃, 猶似斬春風.'"

가? 즉 승조 스님은 상서롭게 입적했음이 틀림없다. 사형을 당
했다는 점이 이미 없는 사실이므로 게송은 결코 승조 스님이
지은 것이 아니다. 잘못 전해진 것으로 보인다."[73]

게송은 승조 스님의 친작이 아니라는 것이 옹정제의 생각이다. 탕용
통(湯用彤, 1893-1964) 역시『한위양진남북조불교사』제10장「승조략전僧
肇略傳」에서 "『경덕전등록』제27권에 '승조 스님이 요흥 왕에게 사형을
당할 때 게송을 지었다'는 기록이 있다. 당나라 이전에 이런 말이 없는
것처럼 보이고 게송의 단어도 속되고 천박해 필히 정확한 것이 아니
다."[74]며 옹정제의 주장에 동조했다. 일본학자 마키타 타이료(牧田諦亮,
1912-2011)도 『조론肇論』의 유전流傳에 대하여」라는 글에서 "(이 게송은)
선가禪家에서 사실과 다르게 전해진 것 같다."[75]고 지적했다.
특히『고승전』권제6「승조전」에 "당시 승조 스님이 (요흥 왕으로부
터) 받은 존경이 이와 같았다."[76]는 구절이 있는데 "승조 스님이 요흥
왕으로부터 사형을 언도받았다."는『경덕전등록』의 기록은「승조전」의
이 내용과도 어긋난다. 게다가 게송에 사용된 단어와 그 내용이『조론』
의 유려하고 화려한 문체文體나 심오한 내용에 비해 상당히 거칠고 정
제되지 못한 느낌을 주는 것도 사실이다. 위작僞作이거나 잘못 전해진

---

73)『御選語錄』(WX68, 526a13), "《傳燈錄》載, 僧肇在姚秦問大辟, 師乞七日假, 著《寶藏
論》畢. 臨刑時說偈曰: '四大元無主, 五陰本來空. 將頭臨白刃, 猶似斬春風.' 然此偈
非肇所作也. 肇爲鳩摩羅什高弟, 秦王姚興命入逍遙園, 助什詳定經論, 尊禮有加.《十
六國春秋》『僧肇傳』云: '以姚秦弘始十六年卒於長安, 時晉義熙十年也.' 況典刑之人豈
有給假著《論》之理? 則肇法師之以吉祥滅度, 信矣. 事既子虛, 偈非師作, 蓋訛傳焉."
74) 湯用彤著(1997),『漢魏兩晉南北朝佛敎史』, 北京: 北京大學出版社, pp.231-232.
75) 牧田諦亮(1955),「肇論の流傳について」,『肇論研究』, 京都: 法藏館, p.276.
76) "其爲時所重如此." [南朝梁]慧皎撰·湯用彤校注(1992),『高僧傳』, 北京: 中華書局,
p.252.

게송偈頌일 가능성이 매우 크다는 지적에 동의하지 않을 수 없다.

10. 『조론』을 무엇 때문에 썼을까

404년 구마라집 스님이 『대품반야경[마하반야바라밀경]』 번역을 마무리했다. 역경에 참여했던 승조 스님은 '마음으로 체득한 반야사상에 대한 견해'와 '스승으로부터 배운 학식學識'을 바탕으로 유명한 「반야무지론般若無知論」을 지어 구마라집 스님에게 읽어보기를 요청했다. 글을 본 구마라집 스님이 승조 스님에게 "불교경전에 대한 이해와 해설은 내가 그대와 비교해도 손색이 없지만 그것을 글로 표현하는 데 있어서는 내가 자네보다 못하다."[77]며 높이 칭찬했다. 또한 "공사상을 제일 잘 이해한 사람은 승조 스님이다."[78]고 구마라집 스님이 말 한 데서도 반야 · 중관사상에 대한 승조 스님의 이해가 얼마나 깊었는지를 쉽게 짐작할 수 있다. 승조 스님의 학우學友인 축도생 스님이 408년 여름 「반야무지론」을 여산의 혜원(慧遠. 334-416) 스님과 유유민 거사 등에게 전달했다.[79] 이를 읽은 유유민 거사는 "스님 가운데 뜻밖에도 평

---

77) "吾解不謝子, 辭當相揖." [南朝梁]慧皎撰 · 湯用彤校注(1992), 『高僧傳』, 北京:中華書局, p.249.
78) 「肇論序」(WX54, 31a17), "解空第一, 肇公其人." 이 말은 길장(吉藏, 549-623) 스님이 지은 『정명현론淨名玄論』 권제6 「제일성가문第一性假門」[T38, 892a19]과 「백론서소百論序疏」[T42, 232a9] 등에도 있다.
79) 「般若無知論」(J20, 265a10), "去年夏末, 始見生上人示「無知論」."

숙平叔[80]이 있을 줄이야!"[81]라며 감탄했고, 혜원 스님은 "(이런 글은) 일찍이 없었다!"[82]며 찬탄을 연발했다.

스승이 칭찬했던 「반야무지론」에 이어 410년 즈음엔 「부진공론不眞空論」과 「물불천론物不遷論」을 잇따라 발표했다. 413년 스승 구마라집 스님이 타계한 그 해 승조 스님은 「열반무명론涅槃無名論」을 지었다. 네 편의 글들을 통해 승조 스님은 인도의 반야·중관사상을 중국에 정확하게 알리고 소개했다. 동시에 공사상을 잘못 이해한 기존 학설들의 단점을 지적해 동시대인과 후대인들에게 불교사상 이해의 큰 문을 활짝 열어주었다. 구마라집 스님의 열반을 애도한 글 「구마라집법사뢰鳩摩羅什法師誄」[83]도 현존한다.

승조 스님은 무엇을 말하고자 『조론』을 썼을까? 감산 덕청 스님은 『조론략주肇論略注』에서 "물불천론"은 속제에 합당하고 「부진공론」은 진제에 적합하며 속제·진제인 이제는 객체인 보여지는 대상이 되고, 「반야(무지론)」는 주체인 관찰하는 마음이 된다. 「물불천론」·「부진공

---

80) "평숙은 하안何晏의 자. 후한말의 대장군 하진의 손자로 190년 즈음 태어난 하안은 후일 조조의 사위가 된다. 노장사상으로 유학을 새롭게 해석해 "천하 만물은 무를 근본으로 한다[天下萬物, 以無爲本]."고 주장하며 왕필과 함께 위진현학의 한 파인 귀무파貴無派를 창도하는데 앞장섰다. 249년 고평릉사변高平陵事變을 일으켜 권력을 장악한 사마의(司馬懿, 179-251)에게 살해됐다.
81) "不意方袍, 復有平叔." [南朝梁]慧皎撰·湯用彤校注(1992),『高僧傳』, 北京: 中華書局, p.249.
82) "未常有也." [南朝梁]慧皎撰·湯用彤校注(1992),『高僧傳』, 北京:中華書局, p.249.
83) 구마라집 스님의 열반을 애도한 「구마라집법사뢰鳩摩羅什法師誄」라는 제목의 문장도 현존한다. 이 글은 『광홍명집』 권23에 수록돼 있지만 승조 스님의 친작親作 여부에 대해서는 논란이 있다. 승조 스님이 저자로 되어 있는 『보장론寶藏論』이라는 제목의 저서도 현존하나 이 책은 위작僞作으로 보는 것이 중론衆論이다. 『보장론寶藏論』이 위작僞作이라는 지적에 대해서는 다음의 책들을 참조하라. 湯用彤(1997),『漢魏兩晉南北朝佛敎史』, 北京: 北京大學出版社, pp.233-234; 鎌田茂雄(1965),『中國華嚴思想史의 硏究』, 東京: 東京大學出版會, pp.375-401.

론」·「반야무지론」 등 세 편은 인因이 되고 「열반무명론」은 과果가 된다."84); "앞의 「물불천론」과 「부진공론」은 속제와 진제가 둘 아닌 진리임을 밝혔다."85); "앞의 「물불천론」과 「부진공론」은 대상인 경境을 밝힌 것이고 「반야무지론」은 관찰하는 지혜를 설명한 글로 세 편 모두 원인[因]에 해당된다. 이들 원인에 대해 「열반무명론」은 결과[果]인 깨달음이 된다. 따라서 전체는 한 편의 논論이 된다."86)고 설명했다.

속제·진제·지혜·열반, 즉 「물불천론」, 「부진공론」, 「반야무지론」, 「열반무명론」 등은 결국 서로 다른 각도에서 반야·중관사상을 설명한 글이라 할 수 있다. 「물불천론」은 사물과 현상의 불거불래不去不來를 통해 중도中道·공空사상을 밝혔고, 「부진공론」은 비유비무非有非無라는 존재의 본성을 통해 연기·공·중도사상을 설명했으며, 「반야무지론」은 고요하나 (공성空性을) 인식하며 인식하나 고요한 반야의 특성을 드러내 반야에는 그릇되게 작용하거나 집착하는 지혜가 없음을 말했고, 「열반무명론」은 언어[言]·형상[象]·있음[有]·없음[無]으로는 태어나지도 않고[不生] 소멸되지도 않는[不滅] 열반을 얻을 수 없고 오직 '얻음 없음[無得]'으로 (열반을) '증득해야 됨[妙得]'을 천명했다.

그리하여 "그러면 깨달음은 멀리 있는가? 사물의 본성[空性]을 체득體得하는 그것이 바로 진리[中道]를 증득하는 것이다. 성스러움은 멀리 있는가? 중도를 체험하는 그것이 곧 신령스러움이다."87)며 존재에 내재된 공성을 증득하는 '바로 이것'이 깨달음이라고 강조했다. 무엇보

---

84) 『肇論略注』(WX54, 330c21), "不遷'當俗, 「不眞'當眞, 二諦爲所觀之境, 「般若'爲能觀之心, 三'論'爲因, 「涅槃'爲果."
85) 『肇論略注』(WX54, 341c2), "以前'不遷'· '不眞'二論, 以顯眞俗不二之眞諦."
86) 『肇論略注』(WX54, 352b11), "前'不遷'· '不眞'爲所觀之境, 「般若'爲能觀之智, 三皆是因. 以此'涅槃'乃所證之果, 故以爲論."
87) 「不眞空論」(T45, 153a4), "然則道遠乎哉? 觸事而眞; 聖遠乎哉? 體之即神."

다 "미륵 보살이 열반을 증득하면 모든 중생도 열반을 증득한다."[88]는 『유마힐소설경』 권상 「보살품 제4」에 나오는 구절이 현행본 「열반무명론」 단락 [55]에 인용되어 있다는 점이 주목된다. 중생을 무한히 긍정하는 정신이『조론』에 내포되어 있음을 보여주기 때문이다.

『조론』은 또한 후대 중국불교와 중국사상계에 지대한 영향을 끼쳤다. 위진남북조, 당나라, 송나라, 원나라, 명나라 등 매 시기마다『조론』을 주석한 책들이 나온 데서 이를 분명히 확인할 수 있다. 중국의 불교학과 철학을 연구하는 사람들이 반드시 읽어야 될 필독서가『조론』이며, 고대와 중세 중국사상을 정확히 해독하기 위해서는『조론』독해讀解가 필수적임을 알 수 있다.

11.『조론』의 여러 주석서들

『조론집해령모초肇論集解令模鈔』에 따르면 당나라(618-907)부터 북송 때까지 출간된『조론』 주석서는 20여 종이나 됐다.[89] 물론 명나라 때 저술된 것도 적지 않다. 이들 가운데 위진남북조시대 남조 진나라(陳, 557-589)의 혜달惠達 스님이 지은『조론소肇論疏』 3권, 당나라 원강元康 스님이 627-649년 찬술한『조론소肇論疏』 3권, 북송(北宋, 960-1127)의 원의 준식(圓義遵式, 1042-1103) 스님이 저술한『주조론소注肇論疏』[90] 6권,

---

88) 「涅槃無名論」(T45, 161b10), "若彌勒得滅度者, 一切衆生亦當滅度." ; 『維摩詰所說經』(卷上. T14, 542b17), "若彌勒得滅度者, 一切衆生亦應滅度."
89) "始自有唐終於炎宋, 疏鈔注解二十餘家." [北宋]淨源撰, 伊藤隆壽・林鳴宇校釋 (2008),『肇論集解令模鈔校釋』, 上海: 上海古籍出版社, p.36.
90) 천태종 출신의 학승 자운 준식(慈雲遵式, 964-1032) 스님이 저술한 것으로 알려졌으나 최근의 연구에 의하면 원의 준식 스님이 편찬한 책이다. 吉田剛(2000),「宋代

북송의 비사(秘思, 994-1056) 스님이 1053년 즈음 강술한 내용을 토대로 북송의 정원(淨源, 1011-1088) 스님이 1058년 집해集解한 『조론중오집해肇論中吳集解』3권, 정원 스님이 1061년 찬술한 『조론집해령모초肇論集解令模鈔』2권, 남송의 몽암夢庵 스님이 강술한 『몽암화상절석조론夢庵和尙節釋肇論』2권, 원나라 문재(文才, 1241-1302) 스님이 저술한 『조론신소肇論新疏』3권, 원나라 문재 스님이 주해注解한 『조론신소유인肇論新疏游刃』3권, 명나라 감산 덕청(憨山德淸, 1546-1623) 스님이 1616년 짓고 1617년 출간한 『조론략주肇論略注』6권 등이 대표적이다.

이밖에 명나라 월천 진징(月川鎭澄, 1547-1616) 스님이 1588년 발표한 『물불천정량론物不遷正量論』, 명나라 환거 진계幻居眞界 스님이 1597년 저술한 『물불천론변해物不遷論辯解』, 명나라 도형道衡 스님이 1603년 찬술한 『물불천정량논증物不遷正量論證』, 명나라 용지 환유(龍池幻有, 1549-1614) 스님이 저술한 『박어駁語』(1606년)·『성주석性住釋』(1606년)·『물불천제지物不遷題旨』등 적지 않은 주석서들이 현존한다. 중국불교의 어느 시대에도 『조론』에 대한 관심이 사그라지지 않았음을 충분히 확인할 수 있다. 물론 영명 연수(永明延壽. 904-976) 스님의 『종경록宗鏡錄』, 도원道原 스님이 1004년 편찬한 『경덕전등록景德傳燈錄』, 만송 행수(萬松行秀, 1166-1246) 스님의 『종용록從容錄』, 『분양무덕선사어록汾陽無德禪師語錄』, 『허당화상어록虛堂和尙語錄』 등에도 『조론』의 구절들이 인용되어 있다.

중국사상사와 중국철학의 발전이라는 견지에서 보면 "『조론』은 위진 현학의 종결終結이자 중국불교철학의 시작을 알리는 저작"[91]이라 할 수

における『肇論』の受容形態について」, 『印度學佛教學研究』第49卷第1號, pp.99-102.
91) 湯一介著(2009), 『郭象與魏晉玄學』(第三版), 北京: 北京大學出版社, p.31; 張岱年主編(2014), 『中國哲學大辭典』(修訂本), 上海: 上海辭書出版社, p.155.

있다. 당시 학술계의 흐름을 비판적으로 극복하고 종합한 결과물이 바로 『조론』이라는 것이다. 하안(何晏, 190-249)과 왕필(王弼, 226-249)의 귀무론貴無論 현학, 완적(阮籍, 210-263)과 혜강(嵇康, 223-262)의 자연론自然論 현학, 배위(裵頠, 267-300)의 숭유론崇有論 현학과 곽상(郭象, 252-312)의 독화론獨化論 현학 등을 개괄해보면 이 점은 보다 분명하게 드러난다.[92]

12. 『조론』이 우리나라 불교에 끼친 영향

우리나라 불교도 『조론』의 영향을 적지 않게 받았다는 점을 기억할 필요가 있다. 『삼국유사』 권제4 「의해義解」편 '이혜동진二惠同塵'조에 『조론』이 등장한다. "혜공 스님이 일찍이 『조론』을 보고 '이것은 내가 옛날에 지은 것이다'고 말했다. 혜공 스님이 승조 스님의 후신임을 이로써 알 수 있다."[93]는 문장이 그것이다. 원효(元曉, 617-686) 스님이 찬술한 『금강삼매경론』 권하 「총지품 제8」에는 「부진공론」의 마지막 구절, 즉 "승조 스님이 말한 것과 같다. '그러면 깨달음은 멀리 있는가? 사물의 본성[空性]을 체득體得하는 그것이 바로 진리[中道]를 증득하는 것이다. 성스러움은 멀리 있는가? 중도를 체험하는 그것이 곧 신령스러움이다.'"[94]는 구절이 인용되어 있다.

---

92) '현학사상과 『조론』의 관계' 등에 대해서는 '마무리 글'에 수록되어 있는 「공空사상, 현학玄學 그리고 『조론』」을 참고하라.
93) "(惠空)嘗見《肇論》曰: '是吾昔所撰也.' 乃知僧肇之後有也." 최광식 · 박대재(2009), 『점교點校 삼국유사三國遺事』, 서울: 고려대학교출판부, p.200.
94) 『金剛三昧經論』(H1, 674b17), "如肇法師言: '道遠乎哉? 觸事而眞; 聖遠乎哉? 體之即神矣.'" 현행본 「부진공론」 단락 [11]에 있는 구절이다.

『조론』과 관련된 기록이 있는 또 다른 문헌은 고려 대각 국사 의천(義天, 1055-1101)의 문집이다. 의천 스님은 1085년 5월 각종 불교서적을 구하고 화엄종·천태종 교학연찬을 위해 송나라에 들어갔다가 1086년 6월 귀국한 적이 있다. 당시 의천 스님은 송나라 화엄학의 중흥조로 평가받는 항주의 진수 정원(晉水淨源, 1011-1088) 스님에게 화엄교학에 관해 물었다. 송대의『조론』주석서로 유명한『조론중오집해肇論中吳集解』(전3권, 현존)를 집해集解하고『조론집해령모초肇論集解令模鈔』(전2권, 현존)와『조론중오집해과肇論中吳集解科』(전1권) 등을 찬술한 바로 그 정원 스님이다.

귀국한 의천 스님은 정원 스님과 여러 번 편지를 교환했다. 이 글들이『대각국사문집』과『대각국사외집』에 남아 전한다. 그래서인지 의천 스님이 1090년 편찬한『신편제종교장총록新編諸宗教藏總錄』(전3권, 1,010부 4,857권 수록) 권제3에 정원 스님이 펴낸 세 권의『조론』주석서를 포함해 적지 않은『조론』주석서들의 이름이 기록되어 있다.[95] 대부분 현존하지 않는 주석서들이다. 더욱이『대각국사문집大覺國師文集』권제20에 실려 있는「해 좌주를 전송하며[送海座主]」라는 시의 제4구에 "강산이 비록 멀지만 마음이 계합되면 바로 이웃이 된다."는「반야무지론」구절이 협주夾注로 부기附記되어 있다. 이 구절은 유유민 거사가 보낸 편지에 승조 스님이 답변하며 쓴 것이다. 원문은 "江山雖緬, 理契即隣."[96]이지만『대각국사문집』권제20에는 "《肇論》云: '江山雖繞, 道契即

---

95)『新編諸宗教藏總錄』(H4, 695c4), "《肇論》一卷, 僧肇述.《注》一卷, 亡名, 或云叡法師注待勘.《夾科》二卷, 元康科.《疏》三卷, 元康述.《注》三卷, 光瑤注.《注》三卷, 瑤等三注.《注》三卷, 好直注. **《中吳集解》三卷〈卷三第10張〉,《中吳集解科》一卷,《令模鈔》二卷, 已上淨源述.**《寶藏論》一卷, 僧肇述.《注》三卷, 法滋注." 강조체 부분이 정원 스님의 저서이다.
96) J20, 265c8.

隣.'"97)으로 되어있다.『금강삼매경론』,『대각국사문집』,『신편제종교장총록』,『삼국유사』등에『조론』과 관련된 기록이 있다는 점에서 신라시대 이래 해동의 불교인들도 이 책을 적지 않게 읽었음을 알 수 있다.

13.『조론』 읽기 · 연구의 부수적인 효과

『조론』읽기와 연구에서 가장 중요하고 긴요한 문제는 두 가지로 압축할 수 있다.『조론』은 중국의 자생적인 사유체계인 노장사상의 영향을 받았을까'가 하나이다. 한국 · 중국 · 일본의 적지 않은 학자들이 이런 주장을 하고 여기에 동의한다.『조론』이 불교중국화의 출발점이 되는 저작인지'가 다른 하나이다. 중국의 대부분의 학자들이 이 주장을 편다. 그들의 주장은 정확한 분석에 기반을 둔 것인가?『조론』을 읽어가며 차분히 짚어볼 필요가 있다. 이를 위해 삼국시대부터 십육국시대까지의 정치적인 상황, 사상적인 변천, 불교사적인 변화 등을 차례로 천착할 필요가 있다. 어떠한 사상도 어느 날 갑자기 완성된 형태로 하늘에서 뚝 떨어지는 것이 아니고 앞 시대와 동시대의 정치적 · 사상적 · 문화적 함의 속에서 탄생 · 성장 · 발전하기 때문이다. 이런 점에서『조론』을 읽고 연구하는 것은 초기 중국불교에 대한 이해를 심화시키고, 당시의 중국사상을 역동적이고 종합적으로 파악하는 데 적지 않게 기여할 것이다.

두 번째, 초기 중국불교도들이 인도불교사상을 어떻게 이해했고, 어떤 방식으로 이를 받아들여 중국인 자신들의 사상으로 변화시켜 나갔

---

97) H4, 565b21.

는지를 입체적으로 밝힐 수 있다. 하나의 '외래 사상과 문화[A]'가 '다른 문화권 언어권[B]'에 소개됐을 때 A가 B에 적응되는 과정을 보여주는 하나의 귀중한 보기가 될 수 있다.

세 번째, 초기 중국불교의 변천과 그 궤적에 대한 연구는 중국사상의 다른 영역에도 적용할 수 있다. 중국불교와 유교·도교가 서로 습합褶合되는 과정, 명대 이후 중국불교의 변용 등을 천착할 때 초기 중국불교, 특히 『조론』에 대한 연구가 필요하다.

네 번째, 각 시대별로 나타난 『조론』 주석서들에 대한 연구를 통해 매 시기의 중국인들은 불교를 어떻게 이해했고, 중국사상사에서 불교의 위치를 어디쯤 설정했는지를 문헌자료를 통해 실증적으로 확인할 수 있다.

다섯 번째, 『조론』과 주석서들 및 이와 관련된 사상의 흐름에 관한 체계적인 연구는 중국불교사상의 역동적인 변화는 물론 20세기 이후 중국사상의 변동을 연구하고 이해하는 데 도움 되는 하나의 모델·방법론을 제공할 수 있다.

Ⅱ. 역주의 글

조론서

[1] ①「肇論序」[1]. 小招提寺沙門 慧達[2] 作.
[1] ①「조론서」. 소초제사 사문 혜달 지음.

[2] ①慧達率愚[3], 通序長安釋僧肇法師所作「宗本」,「物不遷」等四論.
②但末代[4]弘經, 允屬[5]四依菩薩[6]. 爰傳玆土, 抑亦其例. ③至如彌天

---

1) 당나라 원강元康 스님이 627-649년에 쓴『조론소』와 송나라 정원(淨源, 1011-1088) 스님이 1061년 찬술한『조론집해령모초』등을 참고해 남조 진陳나라 혜달 스님이 지은「조론서」를 우리말로 옮겼다.「조론서」에 대해서는 다음을 참고하라. 조병활(2019),「『조론서肇論序』연구」,『한국불교학』제91집, 서울: 한국불교학회; 조병활(2019),「『조론서肇論序』의 주석注釋 연구」,『동아시아불교문화』제39집, 부산: 동아시아불교문화학회.
2)「조론서肇論序」의 저자는 '혜달慧達 스님'이고『조론소肇論疏』의 저자는 '혜달惠達 스님'이다. '혜慧[hui4]'자와 '혜惠[hui4]'자는 통용되지만 두 스님은 동일 인물이 아닌 것으로 역주자는 판단한다. 이 점에 대해서는 '조병활(2019),「『조론서』연구」,『한국불교학』제91집, 서울: 한국불교학회'를 참조하라. 한편, '혜慧[hui4]'자와 '혜惠[hui4]'자처럼 발음이 같은 한자를 빌려[假] 사용하는 것[通用]을 '통가通假'라 하며 이런 글자를 '통가자通假字'라 한다.
3) '솔우率愚[어리석음에 떠밀려]'에는 "저자보다 학식 · 덕망이 높은 사람이 서문을 쓰는 것이 원칙이고 나 혜달은 승조 스님에 비해 어느 것도 뛰어나지 않지만 감히 서문을 쓴다."는 의미가 들어 있다.
4) 말법시대와 관련된 기록이『선견율비바사』권제18[T24, 796c-797a]에 있다. "於千年中得三達智; 復千年中得愛盡羅漢 · 無三達智; 復千年中得阿那含; 復千年中得斯陀含; 復千年中得須陀洹學法. 復得五千歲, 於五千歲得道; 後五千年學而不得道; 萬歲後經書文字滅盡; 但現剃頭有袈裟法服而已." 정법正法 · 상법像法 · 말법末法 시대에 관한 기록은 여러 경전과 논소에 적지 않게 전한다.
5) 부촉付屬 혹은 부촉付囑이라 한다. 설법을 마친 부처님이 청중 가운데 한 명에게 그 가르침을 널리 펴라고 맡기는 것이 상례常例이며 이를 부촉付屬 · 촉루屬累 · 누교累敎라 부른다. 부촉하는 장면이 나오는 경전의 부분을 '촉루품囑累品' 혹은 '부촉단付屬段'이라 하며 주로 마지막에 있다.
6) 40권본『대반열반경』권제6「여래성품如來性品 제4지3第四之三」에 "何等爲四? 依法

大德、童壽桑門, 竝創始命宗, 圖辯格致, 播揚宣述, 所事玄虛, 唯斯擬聖默之所祖. ④自降乎已還, 歷代古今, 凡著《名僧傳》[7]及傳所不載者, 釋僧叡等三千餘僧, 淸信檀越謝靈運等八百許人. 至能辯正方言、節文、階級. 善覈名敎, 精搜義理. 揖此群賢, 語之所統. ⑤有美[8]若人[9], 超語兼默.

[2] ①혜달은 어리석음에 떠밀려 장안 출신 승조(僧肇, 384-414) 스님이 지은 「종본의」・「물불천론」 등 4편의 글에 대한 공통의 서문을 쓴다. ②말법시대에 가르침을 널리 펴라고 부처님은 사의四依 보살에게 부촉했다. 인도에서 가르침을 전파하라고 사의四依에게 맡겼는데 마명(馬

不依人, 依義不依語, 依智不依識, 依了義經不依不了義經. 如是四法, 應當證知非四種人."이라고 나온다. ①진리에 의지하고 사람에 의지하지 말라; ②의미에 의지하고 말에 의지하지 말라; ③지혜에 의지하고 분별적 견해[識]에 의지하지 말라; ④요의경에 의지하고 불요의경에 의지하지 말라 등 네 가지를 사의四依라 한다. 그런데 40권본 『대반열반경』 권제6 「여래성품如來性品 제4지3第四之三」에 "善男子! 是大涅槃, 微妙經中, 有四種人, 能護正法、建立正法、憶念正法, 能多利益, 憐愍世間, 爲世間依, 安樂人天. 何等爲四? 有人出世, 具煩惱性, 是名第一, 須陀洹人; 斯陀含人是名第二; 阿那含人是名第三; 阿羅漢人是名第四. 是四種人, 出現於世, 能多利益, 憐愍世間, 爲世間依, 安樂人天."이라는 구절이 있다. 이에 따르면 수다원, 사다함, 아나함, 아라한 등 4종류의 사람이 사의四依이다. 「조론서」에 나오는 '사의 보살四依菩薩'은 문맥상 '사의四依'가 아니고 '사과 성자四果聖者'임을 알 수 있다. 물론 「조론서」에 언급된 사의 보살은 '사과 성자四果聖者' 보다는 사의四依를 잘 지키고 부처님 가르침을 후대에 전할 신심과 능력을 가진 대승 보살을 가리킨다.

7) 양나라(梁, 502-557) 보창寶唱 스님이 찬술한 『명승전』을 말한다. 중국불교 역사상 최초로 찬술됐던 이 승전僧傳은 현존하지 않고 일본의 석종성釋宗性 스님이 1235년(이 책을) 발췌・요약한 『명승전초名僧傳抄』가 WX77・X134에 수록되어 전한다. 한편 당나라 도선(道宣, 596-667) 스님이 찬술한 『속고승전』 권제1에 「석보창전」이 있다.

8) 『모시정의毛詩正義』 권제4(4지4四之四) 「정풍鄭風・야유만초野有蔓草」에 "有美一人, 淸揚婉兮. 邂逅相遇, 適我願兮[아름다운 사람이여 눈매도 곱고 아름답도다. 우연히 만났지만 마침 내가 원하는 사람이다]."라는 구절이 있다. 《十三經注疏》整理本委員會(2000), 『十三經注疏整理本4・毛詩正義』, 북경: 北京大學出版社, p.375; 程俊英撰(2004), 『十三經譯注 詩經譯注』, 上海: 上海古籍出版社, p.139.

9) 『논어』 「공야장公冶長」편에 "君子哉若人[군자로다! 이 사람 같다면]."이라는 문장이 있다.

鳴, 대략 100-160) 논사와 용수(龍樹, 대략 150-250) 논사 등이 그런 분들이다. 중국에서 가르침을 퍼트릴 인물들 역시 인도처럼 사의의 예를 따르는데 도안(道安, 312-385) 스님, 혜원(慧遠, 334-416) 스님, 축도생(竺道生, 365-434)[10] 스님, 승조 스님 등이 그들이다. ③도안 스님과 구마라집(鳩摩羅什, 343-413) 스님 같은 분들이 처음 성공性空과 실상實相을 말하기 시작해 뛰어난 재주로 지극한 이치를 널리 폈으나 (이 분들은) '그윽함玄妙'과 '중도의 가르침[沖虛]'을 숭앙했기에 오직 성스러운 침묵으로 가르침을 받들고자 애썼다. ④과거의 도안 스님과 구마라집 스님부터 지금의 진陳나라에 이르기까지『명승전』등 각종 승전에 기록된 사람들과 기록되지 않은 사람들이 있다. 승예僧叡 스님 등 3천여 명의 스님과 사령운(謝靈運, 385-433) 거사 등 팔백여 명의 재가자가 그들이다. 그들은 능히 방언과 속언을 구별했으며 문장을 요약하고 경전의 차례를 세분했다. 또한 부처님 가르침을 잘 연구·해석했고 그 의미를 깊이 탐구했다. 그래서 이들 여러 뛰어난 현인들이 부처님 가르침을 종합하고 통일한 것을 존경한다. ⑤아름답구나, 이 사람 같다면. 언어와 침묵을 초월했도다[승조 스님은 문장과 이치를 겸비했기에 (이치[침묵]와 문장 가운데 하나에만 탁월한) 도안 스님, 구마라집 스님, 승예 스님, 사령운 거사보다 뛰어나다].

[3] ①標本則句句深達佛心, 明末則言言備通眾教. 諒是大乘懿典、方等博書. ②自古自今, 著文著筆, 詳、汰[11]名賢, 所作諸論, 或六七

---

10) 축도생 스님의 생졸년에 대해서는 다양한 주장이 있지만 365-434년으로 파악한다. 余日昌著(2003),『實相本體與涅槃境界』, 成都: 巴蜀書社, p.3-8.
11)『협과조론서주夾科肇論序注』에 따르면 지법상 스님은 지도림 스님의 제자이고 축법태 스님은 축도유 스님의 제자이다.『夾科肇論序注』[WX54, 137a24], "詳者, 支法詳, 支遁弟子, 從師姓氏. 汰者, 竺法汰, 竺道猷弟子. 支法詳造《實相論》, 竺法汰造《本

宗, 爰延十二. 竝判其臧否, 辯其差當. ③唯此憲章, 無弊斯咎. 良由襟情汎若, 不知何係. 譬彼淵海, 數越九流, 挺拔淸虛, 蕭然物外. 知公者希, 歸公採什. 如曰不知, 則公貴矣.[12]

[3] ①근본을 드러낸 구절구절이 부처님 마음과 깊이 통하고 지말枝末을 밝힌 말들에 부처님의 여러 가르침이 모두 들어있다. 진실로 대승의 훌륭한 전적과 여러 서적들에 미치지 못함이 없다. ②과거로부터 지금에 이르기까지 문장을 짓고 글을 썼던 지법상支法詳 스님, 축법태(竺法汰, 320-387) 스님 등 유명한 현인들이 여러 논을 지어 6가7종 혹은 상세히 말해 12가를 이야기 했다. 동시에 그들 이론의 옳음과 그름, 어긋남과 합당함에 대해 판단하고 구별했다. ③오직 이 『조론』만이 폐단도 잘못도 없다. 진실로 마음이 넓고 넓어 어떤 걸림도 없다. 비유하자면 저 넓은 바다가 강과 하천의 아홉 흐름을 모두 초월하는 것처럼 특출하게 빼어나고 마음은 텅 비어 사물 밖에 있는 것과 같다. 승조 스님을 아는 사람이 드물지만 승조 스님을 알면 그의 글과 구마라집 스님의 가르침까지 얻는다. 말로 표현할 수 없는 진리를 알지 못하듯 승조 스님을 본받는 사람들이 매우 적다.

[4] ①達猥生天幸, 逢此正音, 忻躍弗已, 饗讌無疲. ②每至披尋, 不勝手舞. 誓願生生盡命弘述. 達於肇之遺文, 其猶若是, 況《中》、《百》、《門觀》, 爰洎方等深經, 而不至增乎! ③世諺咸云: "肇之所作, 故是

無論》, 俱有得失. 《高僧傳》中, 此二人相繼爲名賢." 『고승전』 권제5에 「축법태전」이 있다.
12) 이 구절에 대해 북송北宋의 진수 정원(晉水淨源, 1011-1088) 스님은 『조론집해령모초』에서 다음과 같이 해석했다. "如其不知忘言之道, 則肇公言敎至貴矣." [北宋] 淨源撰, 伊藤隆壽・林鳴宇校釋(2008), 『肇論集解令模鈔校釋』, 上海: 上海古籍出版社, p.20.

誠實眞諦、地論通宗、《莊》《老》所資[13], 猛浪之說[14]." 此實巨蠹之言,
欺誣亡沒. 街巷陋音, 未之足拾.

[4] ①혜달은 여러 생을 거치며 천행으로『조론』을 만나 기쁘기 그지
없고 이 글을 읽으면 피곤함을 모른다. ②매번『조론』을 펴 읽을 때마
다 저절로 손이 움직이며 즐겁다. 태어날 때마다 이 책의 가르침을 널
리 펴는데 목숨 바치기를 원한다. 승조 스님이 남긴 글에 대해 나 혜달
이 이렇게 생각하는데 하물며『중론』·『백론』·『십이문론』나아가 대승
의 깊은 의미를 해설한 여러 경전에 이르러서는 서원이 더욱 커지지
않겠는가! ③세상에서 때때로 "승조 스님이 글을 지어 밝힌 이치는『성
실론』이 신봉하는 진제眞諦와『십지론』이 숭상하는 가르침과 차이가 없
다. 또『장자』·『노자』의 말과 가르침을 빌려『조론』을 지었기에 내용이
허무맹랑하다."는 말들을 한다. 진실로 매우 해로운 독충 같은 말들이
며 승조 스님이 입적한 것을 보고 속이고 헐뜯는 이런 말들을 해댔다.

---

13) 당나라 원강元康 스님은『조론소肇論疏』(권상卷上)에서 "(승조 스님이)『노자』·『장
자』의 영향을 받아『조론』을 지었다."고 주장하는 사람들을 비판하며 다음과 같이 말
했다.『조론소』(권상)[T45, 167b12], "如來說法, 皆依二諦, 言則順俗, 理則明眞. 且
秦人好文, 譯經者言叅經史; 晉朝尙理, 作論者辭涉老莊. **言叅經史, 不可謂佛與丘且
同風; 辭涉老莊, 不可謂法與聃周齊致**. 肇法師一時挺秀, 千載孤標. 上智貴其高明,
下愚譏其混雜, 是謂資末章而適越, 露形之俗見嗤. 抱荊玉而歸楚, 無目之徒致哂. 信可
悲也, 深可欺哉!" 원나라 문재(文才, 1241-1302) 스님 역시『조론신소유인肇論新疏
游刃』(권하卷下)에서 "『조론』의 지향과 『노자』·『장자』의 지향은 다르다."고 강조했
다.『조론신소유인』(권하)[WX54, 313c1], "故世之淺近者, 謂此《論》雜莊老之談, 未
知乎假辭以明玄理也. 問: '莊老談道亦數當矣, 與內教何似淺深?' 答: '佛教宏深恢懿,
非子所盡識悟. 姑以所得毫芒之見而擬之. 吾宗玄妙, 但說我之本心, 此心之體虛寂
也, 之用靈明也, 八萬塵勞本離也, 恒沙性德本具也. 迷是心而凡夫, 悟是心而聖人. **迷
唯轉此心, 心外別無一法**. 莊老言道, 或謂道降冲相, 萬物稟之以生成. 或謂萬物自然而
然, 無張無主. **率皆心外談理, 有外明無**. 細研二家, 天壤自遠.'"
14) '맹랑지설猛浪之說'이라는 단어의 용례용례는『장자』「제물론」편에 있다. "夫子以爲
孟浪之言, 而我妙道之行也[선생님은 이를 맹랑한 말이라 했습니다. 그러나 나는 이
말이야말로 오묘한 가르침을 실천한 것이라 여깁니다]." '맹猛[meng3]'자와 '맹孟
[meng4]'자는 '통가자通假字'이다.

거리와 골목에서 내뱉는 이런 비루한 말들을 들을 필요가 없다.

[5] ①夫神道不形, 心敏難繪. 既文拘而義遠, 故眾端之所詭, 肇之卜意, 豈徒然哉! 良有以也. 如復徇狎其言, 願生生不面, 至獲忍心, 還度斯下. ②達留連講肆二十餘年, 頗逢重席, 末覩斯論. 聊寄一序, 託悟在中. 同我賢余, 請俟來哲. ③夫大分深義, 厥號本無. 故建言宗旨, 標乎實相. 開空法道, 莫逾眞俗, 所以次釋二諦, 顯佛教門. 但圓正之因, 無上般若; 至極之果, 唯有涅槃. 故末啟重玄, 明眾聖之所宅. ④雖以性空擬本, 無本可稱. 語本絕言, 非心行處. 然則不遷當俗, 俗則不生; 不眞爲眞, 眞但名說. 若能放曠蕩然, 崇玆一道, 清耳虛襟, 無言二諦, 斯則淨照之功著, 故般若無知, 無名之德興, 而涅槃不稱.

[5] ①무릇 형상으로 부처님 가르침을 알 수 없고 분별된 마음으로 그것을 이해하기 어렵다. 글에 구속되면 의미는 더욱 멀어지기에 의미가 변하는 말들로 (부처님 가르침을) 파악하는 것은 힘들다. 승조 스님의 마음에 어찌 생각함이 없겠는가! 마땅히 이유가 있다. 만약 어떤 사람이 승조 스님을 비방하는 이런 그릇된 말들을 믿고 따르면 세세생생 그를 만나지 않겠다. 제법이 불생불멸하는 이치인 무생법無生法을 증득하고 돌아와 낮은 근기의 이런 사람들을 제도하겠다. ②혜달은 20여 년간 연속해 논소에 관한 강의를 했고 여러 번 중요한 자리에 앉았었지만 비교적 늦게서야 『조론』을 읽었다. 간략하나마 서문을 지어 나의 뜻을 부친다. 학식이 나와 비슷하거나 나보다 뛰어난 분들은 청컨대 후대에 나올 명철한 분의 글을 기다리시라. ③대저 '본성상 공[性空]' 하기에 그것을 일러 본무라 한다. 그래서 종지를 밝혀 세우고자 실상을 드러냈다. 공空을 열어 가르침을 밝힘[배움]에 진제 · 속제를 벗어

나지 않는다. 때문에 「종본의」다음으로 이제二諦를 설명해 불교에 들어가는 문을 드러냈다. 다만 부처님이 될 올바른 종자를 원만하게 하는 것은 위없는 반야뿐이며 지극한 과보는 오직 열반일 따름이다. 마지막에 여러 가르침이 드나드는 현묘한 문을 열었고 깨달은 여러 성인들이 모두 머무는 집인 열반을 밝혔다. ④비록 성공으로 '가르침의 근본[宗本]'을 논의하고자 하나 '근본'은 본래 형상과 이름이 없기에 무엇으로도 말할 수 없다. 본래 언어로 근본을 설명할 수 없기에 마음이 능히 '근본'을 헤아릴 수 있는 바가 아니다. 그러한 즉 사물이 '움직이지 않음'은 속제에 합당한 것이며 속제에 맞는 즉 불생不生이다. 참이 아님을 말하는 것이 진짜이며 진짜는 단지 '이름'을 말하는 것에 지나지 않는다. 만약 진제·속제를 완전히 제거하면 중도의 진리가 저절로 드러나며 모든 것을 완전히 없애면 진제·속제가 자연히 체득된다. 이는 바로 권지權智·실지實智의 작용이 드러나는 것, 즉 반야에는 범부의 분별심이 없다. '무명無名의 공덕'이 흥성하기에 열반이라는 이름도 붙일 수 없다.

[6] ①余謂此說周圓, 罄佛淵海, 浩博無涯, 窮法體相. ②雖復言約而義豐, 文華而理詣. 語勢連環, 意實孤誕. ③敢是絶妙好辭, 莫不竭茲洪《論》. ④所以童壽歎言: "解空第一, 肇公其人."15) 斯言有由矣, 彰在翰牘.16) ⑤但宗本蕭然, 莫能致詰.「不遷」等四論, 事開接引, 問答析微, 所以稱論.

---

15) 이 말은 길장(吉藏, 549-623) 스님이 지은 『정명현론淨名玄論』 권제6 「제일성가문第一性假門」[T38, 892a19]과 「백론서소百論序疏」[T42, 232a9] 등에도 나온다. 「백론서소」는 승조 스님이 지은 「백론서百論序」(『출삼장기집』 권제11에 수록)에 대한 주석이다.
16) 『조론집해령모초』(권상), "彰在翰牘者, 彰顯在《高僧傳》中."

[6] ①나 혜달은「종본의」의 내용이 완전하고 원만하며「물불천론」·「부진공론」은 불교의 모든 가르침을 다 담았고「열반무명론」은 넓고 넓어 끝없는 열반의 체體를 밝혔으며「반야무지론」은 제법의 실상을 완전히 체득한 글이라고 말한다[(열반의 체體는) 넓고 넓어 끝이 없고 (반야의 작용은) 제법의 실상을 완전히 체득한 것이라 말한다]. ②비록 말은 간략하나 뜻은 풍부하며 문체는 화려하고 (설명하는) 이치는 매우 심오하다. 말하는 힘은 끝없이 강해지고 의미는 진실로 높고 크다. ③감히 말하건대 절묘한 내용과 뛰어난 문장이『조론』에서 완전히 발휘되지 않음이 없다. ④그래서 구마라집 스님이 "공사상을 제일 잘 이해한 사람은 바로 승조 스님이다."고 찬탄했다. 이 말을 한 데는 연유가 있으며『고승전』에 드러나 있다. ⑤본래 '지극한 근본'은 텅 비어 질문하고 답변할 수 없다.「물불천론」등 네 편의 글은 현상[事]을 서술하고 조리條理 있게 단락을 지어 후학들을 인도하며 묻고 답하는 가운데 미묘한 이치를 분석하고 증명했기에 논論이라 부른다.

종본의

[1] ①「宗本義」[17].
[1] ①「종본의」.

[2] ①本無、實相、法性、性空、緣會、一義耳. 何則？ 一切諸法, 緣會而生. 緣會而生, 則未生無有, 緣離則滅. 如其眞有, 有則無滅. ②以此而推, 故知雖今現有, 有而性常自空. 性常自空, 故謂之性空. ③性空故, 故曰法性. 法性如是, 故曰實相. 實相自無, 非推之使無, 故名本無.

[2] ①본무 · 실상 · 법성 · 성공 · 연회는 같은 뜻이다. 왜 그런가? 일체 제법[사물 · 관념]은 인연이 모이면 생긴다[모습을 드러낸다]. 인연이 모이면 생기기에 인연이 모이지 않으면 모습을 드러내지 않으며 인연이 흩어지면 그 법도 소멸된다. 만약 그 법이 진짜로 있는 것이라면 있음은 결코 사라지지 않을 것이다. ②이것으로 추리해 보면 비록 지금 눈으로 볼 수 있는 '있음'은 실은 항상 공한 것이다. 제법의 본성

---

17) 「종본의」가 승조 스님의 친작親作인지에 대해서는 의견이 갈린다. 일부 학자들은 아래 네 가지 사실을 들어「종본의」는 승조 스님이 직접 지은 글이 아니라고 주장한다. ①양나라 승우(僧祐, 445-518) 스님이 찬집纂輯한『출삼장기집』에 승조 스님이 이 글을 지었다는 기록이 없다; ②양나라 혜교(慧皎, 497-554) 스님이 지은『고승전』「승조전」에도 이 글을 지었다는 기록은 없다; ③본무本無는 산스크리트어 tathatā의 번역어. 구마라집 스님은 이를 진여眞如로 번역함. 승조 스님은 그의 제자, 그런 그가 본무라는 단어를 사용했을까; ④승조 스님의 다른 글과 문체가 다르다. 張春波校釋(2010),『肇論校釋』, 北京: 中華書局, p.1. 한편「종본의」에 대해서는 다음을 참고하라. 조병활(2019),「「종본의」 연구」,『한국불교학』제92집, 서울: 한국불교학회; 조병활(2019),「「종본의」에 대한 주석注釋의 특징 연구」,『퇴계학논집』제25호, 대구: 영남퇴계학연구원.

은 항상 스스로 공한 것이기에 이를 성공이라 한다. ③성공이기에 법성이라 말한다. 법성이 이와 같기에 실상이라고도 한다. 실상은 스스로 성공性空인 것이며 강제로 분석해 성공性空인 것은 아니다. 그래서 본무라고 부른다.

[3] ①言不有、不無者, 不如[18]有見、常見之有, 邪見、斷見之無耳. 若以有爲有, 則以無爲無. 有旣不有, 則無無也. ②夫不存[19]無以觀法者, 可謂識法實相矣. 是謂雖觀有而無所取相. 然則法相爲無相之相, 聖人之心爲住[20]無所住[21]矣. ③三乘等觀性空而得道也. 性空者, 謂諸法實相也. 見法實相, 故云正觀. 若其異者, 便爲邪觀. ④設二乘不見此理, 則顚倒也. 是以三乘觀法無異, 但心有大小爲差耳.

[3] ①있음도 아니고 없음도 아니라고 말하는 것은 '있음과 항상 있음을 말하는 견해의 있음'과 '그릇된 견해[없음]와 항상 없음을 말하는 견해의 없음'과는 다르다. 만약 있음이 항상 있음이라면 없음은 항상 없음일 것이다. 있음이라는 말이 '진짜로 있는 것'이 아니듯 없음이라는 말이 '아무 것도 없는 것'은 아니다. ②무릇 무無에 집착하지 않음으로 법을 보는 자를 실상을 아는 사람이라 말할 수 있다. 이것은 만물을 관찰하나 그들이 실제로 있다고 집착하지 않는 것을 나타낸다. 그러한 즉 제법의 모습은 '모습 없는 모습'이기에 성인의 마음은 사물을 관찰하나 거기에 집착하지 않는다. ③성문·연각·보살도 성공을 관찰하고 깨달았다. 성공이라는 것은 제법의 실상이다. 법을 보고 실상을 깨

---

18) '불여不如'는 '다르다'는 의미이다.
19) '존存'자는 '집착하다'는 뜻이다.
20) 첫 번째 '주住'자는 '관찰하다' 혹은 관찰 후 얻은 인식 등을 뜻한다.
21) 두 번째 '주住'자는 '집착하다'로 해석된다.

닫는 것을 정관이라 한다. 만약 이와 다르면 그것은 그릇되게 보는 것이 된다. ④성문과 연각이 이 이치를 깨닫지 못하면 즉시 잘못된 인식으로 변한다. 따라서 성문·연각·보살이 법을 본다는 점은 다르지 않지만 제법성공을 인식하는 능력이 다르므로 (증득한 결과에) 큼과 작음의 차이가 있을 따름이다.

[4] ①漚和[22]、般若者, 大慧之稱也. 諸[23]法實相, 謂之般若, 能不形證[24], 漚和功也. 適化衆生, 謂之漚和, 不染塵累, 般若力也. ②然則般若之門觀空, 漚和之門涉有. 涉有未始迷虛, 故常處有而不染, 不厭有而觀空, 故觀空而不證. 是謂一念之力, 權慧具矣. 一念[25]之力, 權慧具矣, 好思歷然可解.

[4] ①방편과 지혜라는 것이 바로 큰 지혜이다. 제법의 실상을 파악하는 것을 반야라 말하며 보살행을 펼치는 것은 방편의 공덕이다. 중생을 교화하러 가는 것을 방편이라 하며 교화를 하더라도 '대상[塵]과 속박[累]'에 물들지 않는 것은 지혜[반야]의 공능 때문이다. ②그러한 즉 지혜로 들어가는 방법은 공을 깨닫는 것이며 방편을 쓰는 것은 있음[세간]과 관련이 있다. 세간에 머무르되 미혹되고 허황되지 않으며 [성공의 도리를 잊지 않는다] 항상 세간에 머무르나 물들지 않는다. 세간을 싫어하지 않고 공을 깨닫기에 깨달아도 열반에 집착하지 않는다.

---

22) 구화漚惒라고도 한다. 방편이라는 뜻이다. 산스크리트어 upāya의 음역어音譯語이다.
23) 원나라 문재(文才, 1241-1302) 스님이 찬술한 『조론신소肇論新疏』[T45, 202c5]에는 '제법실상諸法實相'이 아니고 '견법실상見法實相'으로 되어있다. 의미상 '견법실상見法實相'이 더 정확한 것 같아 이를 따라 번역했다.
24) 깨달음을 '형증形證'이라 한다. 깨달은 후 세간에 돌아와 보살행을 하는 것을 '불형증不形證'이라 한다.
25) 일념一念은 '동시에'라는 의미이다.

이를 방편과 지혜를 동시에 갖추었다고 말한다. 방편과 지혜를 동시에 갖추었다는 것을 잘 생각해보면 분명히 알 수 있다.

[5] ①**泥洹**[26]**、盡諦**[27]**者, 直結盡而已. 則生死永滅, 故謂盡耳, 無復別有一盡處耳.**

[5] ①열반이라는 것은 단지 번뇌의 결박이 다한 것이다. 즉 삶과 죽음이 영원히 소멸됐기에 '다했다'고 말할 뿐이며 '또 하나의 다함'이 별개로 있는 것은 아니다.

---

26) 산스크리트어 nirvāṇa의 초기 음역어, 후기엔 열반涅槃으로 음역했다.
27) 산스크리트어 nirvāṇa의 의역어意譯語이다.

물불천론 제1

[1] ①「物不遷論」[28] 第一[29].
[1] ①「물불천론」제1.

[2] ①夫生死交謝, 寒暑迭遷[30], 有物流動, 人之常情. 余則謂之不然. 何者? ②《放光》[31]云: "法無去來, 無動轉者."[32] ③尋夫不動之作[33], 豈釋[34]動以求靜, 必求靜於諸動. ④必求靜於諸動, 故雖動而常靜; 不釋動以求靜, 故雖靜而不離動.

[2] ①무릇 삶과 죽음이 서로 바뀌고 추위와 더위가 번갈아 들어서고 사물은 변해 간다는 것이 보통 사람들의 일반적인 생각·견해이다. (그러나) 나는 그렇지 않다고 말한다. 왜 그런가? ②『방광반야경』에 "사물·관념[法]은 옴과 감이 없고 움직여 변해감이 없다."고 나오기 때문이다. ③『방광반야경』에 나오는 "움직임이 없다."는 가르침의 의미를 생각해보니 어찌 움직임을 떠나 '움직이지 않음'을 찾으라는 것

---

28) 승조 스님은 「물불천론」을 409-413년 지었다. 비슷한 시기에 쓴 「부진공론」보다 약간 늦게 찬술撰述했다. 「물불천론」에 대한 설명은 다음을 참조하라. 조병활(2020), 「「물불천론」 연구(1) - 성주성住 개념을 중심으로」, 『한국불교학』 제96집, 서울: 한국불교학회; 조병활(2021), 「「물불천론」 연구(2) - 상견론常見論인가 성공론性空論인가」, 『한국불교학』 제98집, 서울: 한국불교학회.
29) '제일第一'은 네 편의 글 가운데 첫 번째 글이라는 의미이다.
30) 사謝는 '대신하다·시들다'는 뜻이며 질迭은 '번갈아들다·교대하다'는 의미이다.
31) 서진(西晉, 265-316)의 무라차無羅叉 스님과 축숙란竺叔蘭 거사가 함께 번역한 경전으로 전20권이다.
32) 『방광반야경』 권제5 「마하반야바라밀연여공등품摩訶般若波羅蜜衍與空等品 제24第二十四」에 비슷한 내용의 구절이 있다. 같은 경전 권제7에도 유사한 구절이 있다.
33) 작작은 『방광반야경』이 말하는 의미라는 뜻이다.
34) 석釋은 '버리다·떠나다'는 의미이다.

이겠는가? 반드시 만물의 '여러 움직임'에서 '움직이지 않음'을 찾으라는 뜻이다. ④반드시 '여러 움직임' 속에서 '움직이지 않음'을 찾기에 비록 움직이나 항상 '움직이지 않는 것'이며 움직임을 떠나 '움직이지 않음'을 찾는 것이 아니기에 비록 움직임이 없으나 '움직임'에서 벗어나지 않는다.

[3] ①然則動靜未始[35]異, 而惑者不同. 緣使眞言滯於競辯, 宗途[36]屈於好異[37]. 所以靜躁之極[38], 未易言也. 何者? ②夫談眞[39]則逆俗, 順俗則違眞. 違眞, 故迷性而莫返; 逆俗, 故言淡而無味[40]. 緣使中人未分於存亡[41], 下士撫掌而弗顧[42]. ③近而不可知者, 其唯物性[43]乎? 然不能自已, 聊復寄心[44]於動靜之際, 豈曰必然? 試論之曰.

[3] ①그러한 즉 움직임과 움직이지 않음은 서로 다른 것이라고 말할 수 없는데 어리석은 사람은 움직임과 움직이지 않음이 완전히 별개라고 생각한다. 이로 인해 참된 말이 논란에 휩싸였고 삿된 견해를 좋

---

35) 미시未始는 '…라고 말할 수 없다'는 의미이다.
36) 움직임과 움직이지 않음이 둘이 아니라는 도리.
37) 종도宗途는 진리라는 의미. 호이好異는 삿됨·그릇됨을 좋아한다는 뜻.
38) 조躁는 동動과 같은 의미. 극極은 제일 철저하고 정확한 도리라는 의미.
39) 동정불이動靜不二.
40) 현행본『노자』제35장에 있다. "道之出口, 淡乎其無味[진리를 입으로 말하면 담백해 아무 맛이 없다]."
41) 존存은 옳음, 망亡은 그름이라는 뜻이다.
42) 현행본『노자』제41장에 있다. "上士聞道, 勤而行之; 中士聞道, 若存若亡; 下士聞道, 大笑之[높은 근기의 선비는 가르침을 들으면 힘써 이를 실행하고, 중간 근기의 선비는 가르침을 들으면 있을 수도 있고 없을 수도 있다고 여기며, 낮은 근기의 선비는 가르침을 들으면 크게 비웃어 버린다]."
43) 물성物性은 사물의 본성, 즉 공성空性·법성法性을 가리킨다.
44) '요聊'는 부사로 '얼마간·약간·간략하게'라는 뜻이다. 기심寄心은 '말해보고자 한다'는 의미이다.

아하는 사람들이 진리를 왜곡했다. 그래서 움직이지 않음과 움직임이라는 도리에 대해 말하기가 쉽지 않다. 왜 그런가? ②무릇 진리를 이야기하면 세간의 인식에 위배되고 세간의 인식에 부합되면 진리와 어긋나기 때문이다. 진리와 어긋나기에 사물의 본성을 제대로 알지 못하며 세간의 인식과 다르기에 말해도 담백해 재미가 없다. 이로 인해 중간 근기의 사람들은 동정불이動靜不二의 이치를 들어도 옳음과 그름을 구분하지 못하고 근기가 낮은 사람들은 박수치고 돌아보지 않는다. ③알기 쉬울 듯한데 알기 힘든 것이 바로 사물의 본성本性이라네! 그렇지만 스스로를 억제하지 못해 간략하게나마 움직임과 움직이지 않음의 관계나 도리에 대해 말해보고자 한다. 어찌 내 말이 반드시 옳다고 하겠는가! 시험 삼아 말해 보겠다.

[4] ①《道行》云: "諸法本無所從來, 去亦無所至."⁴⁵⁾《中觀》云: "觀方知彼去, 去者不至方."⁴⁶⁾ 斯皆卽⁴⁷⁾動而求靜, 以知物不遷, 明矣. ②夫人之所謂動者, 以昔物不至今, 故曰動而非靜; 我之所謂靜者, 亦以昔物不至今, 故曰靜而非動. 動而非靜, 以其不來; 靜而非動, 以其不去⁴⁸⁾. ③然則所造⁴⁹⁾未嘗異, 所見⁵⁰⁾未嘗同. 逆之所謂塞, 順之所謂通. 苟得其道, 復何滯哉?

[4] ①『도행반야경』에 "모든 사물·관념[諸法]은 본래 출발해 온 곳이

---

45) 후한(後漢, 25-220)의 지루가참支婁迦讖 스님이 번역한『도행반야경』의 내용을 인용했다. 특정한 구절을 인용한 것이 아니다.
46) 『중론』「관거래품」의 특정한 구절이 아니라 내용을 인용한 것이다.
47) 즉卽은 동사로 '접근하다'(역할·임무)맡다·차지하다' '곧…이다'는 의미이다.
48) 거去는 '가다' 보다는 '소멸되다'로 보는 것이 더 적합하다.
49) 소조所造는 '눈으로 보다'는 의미, 만들어진 것으로 해석하면 이상하다.
50) 소견所見은 '보는 바'라는 의미가 아니고 '견해'라는 뜻이다.

없고 간다한들 다다를 곳이 없다."는 말씀이 있다. 『중론』「관거래품」
에도 "어떤 장소에서 어떤 사물이 가는 것을 보지만 간 것이 어떤 곳에
서 다른 어떤 곳에 이르지 못했다."고 나온다. 이 모든 것은 변화[움직
임]를 통해 불변[움직이지 않음]을 논증하는 것이다. 그래서 사물은 움
직이지 않는다는 것이 명백함을 알 수 있다. ②무릇 사람들이 말하는
움직임은 옛 사물이 지금에 오지 않으므로 변하는 것이며 변하지 않음
이 아니라는 것이다. 내가 말하는 변하지 않음[움직이지 않음] 역시 과
거의 사물이 지금에 오지 않으므로 변하지 않음[움직이지 않음]이며
변하는 것이 아니라는 것이다. (과거의 사물이 현재에 오지 않는다는
점은 같다.) (보통 사람들은) 과거의 사물이 원형을 유지하며 현재에
오지 않기에 '움직이고 가만히 있지 않는다'고 생각한다[20대의 나와
50대의 나의 얼굴이 서로 다르므로 변화가 있다. 그래서 움직임이 있
다. 이는 과거의 사물이 그대로 현재에 오지 않기 때문이다]. 반면 (나
즉 승조는) 과거의 사물은 그 자리에 머물러 사라지지 않고 있기에 '움
직임[변화]이 없다'고 생각한다[20대의 나는 20대 그 자리에 서있고
50대의 나는 지금에 있다. 이는 과거의 사물은 그 자리에 있으며 현재
에 오지 않기 때문이다]. ③그러므로 보는 것은 다르지 않은데 견해는
서로 같지 않다. 견해가 교리에 어긋나면 막히는 것이고 교리에 어긋
나지 않으면 막힘이 없다. 만약 가르침을 체득한다면 어찌 걸림이 있
겠는가?

[5] ①傷夫人情之惑也久矣, 目對眞而莫覺! 旣知往物[51]而不來, 而
謂今物而可往. 往物旣不來, 今物何所往? ②何則? 求向物於向, 於

---

51) 왕물往物은 과거의 사물, 왕往은 가다는 의미이며 과거를 뜻한다.

물불천론 79

向未嘗⁵²⁾無; 責⁵³⁾向⁵⁴⁾物於今, 於今未嘗有. 於今未嘗有, 以明物不來; 於向未嘗無, 故知物不去. 覆而求今, 今亦不往⁵⁵⁾. ③是謂昔物自在昔, 不從⁵⁶⁾今以至昔; 今物自在今, 不從昔以至今. 故仲尼曰: "回也見新, 交臂非故."⁵⁷⁾ 如此, 則物不相往來, 明矣. 既無往返之微朕, 有何物而可動乎? 然則, 旋嵐⁵⁸⁾偃嶽而常靜, 江河兢注而不流, 野馬⁵⁹⁾飄鼓⁶⁰⁾而不動, 日月歷天而不周, 復何怪哉!

[5] ①서글프구나! 보통 사람들의 인식이 잘못된[현혹된] 지 오래되어 눈으로 (불교의) 진리를 보고도 알지 못한다! 과거의 사물이 현재에 오지 못함을 이미 알면서도 현재의 사물은 과거로 갈 수 있다고 말한다. 과거의 사물이 현재에 오지 못하는데 현재의 사물이 어떻게 과거로 갈 수 있겠는가? ②왜 그런가? 과거에서 과거의 사물을 구해보면 그 사물이 과거에 없다고는 말할 수 없으며 과거의 사물을 현재에서 찾아보면 과거의 사물이 결코 있는 것은 아니다. 현재에 과거의 사물이 결코 있지 않기에 사물이 오지 않는다는 것이 분명하며[20대의 나

---

52) 미상未嘗은 '…라고 말할 수 없다' 혹은 '결코 … 이지 않다'는 의미이다.
53) 책責은 '책망하다'는 의미가 아니고 '찾다'는 뜻이다.
54) 향向은 '이전·종전'의 뜻이다.
55) 왕往은 '과거'라는 뜻이다.
56) 종從은 '…부터'라는 의미이다.
57) 원문은 『장자』「전자방」편에 나오는 말. "丘以是日徂. 吾終身與汝交一臂而失之, 可不哀與![나는 이 몸을 가지고 날마다 변화와 함께 나아간다. 종신토록 너와 함께 하는데 너는 팔뚝 한 번 스치고 지나간 것처럼 뒤에 처져 나를 잃어버리니 어찌 슬퍼하지 않을 수 있겠는가!]" 원문의 뜻은 사물은 항상 변화한다는 의미일 뿐 과거에서 현재로 왔다든지 현재에서 과거로 갔다는 의미는 없다.
58) 선람旋嵐은 큰 회오리바람으로 비람毘嵐이라고도 하며 산스크리트어 vairambhaka를 음역音譯한 말이다.
59) 야마野馬는 『장자』「소요유」편에 나오는 말로 공기 중에 돌아다니는 기운, 즉 아지랑이 같은 것을 가리킨다.
60) 표고飄鼓는 크게 휘감아 올라가는 바람의 모습을 묘사한 말이다.

는 과거에 있다] 과거의 사물이 과거에 없는 것은 아니기에 사물이 과거로 돌아감이 없다는 것을 알 수 있다[50대의 내가 다시 20대가 될 수는 없다]. 다시 지금의 사물을 봐도[50대의 나를 보면] 지금의 사물이 과거로 가지 않는다[50대의 나는 20대의 나와 다르다]. ③이것이 바로 과거의 사물은 스스로 과거에 있고 현재에서 과거로 가지 않았다는 것을 말하는 것이며 현재의 사물이 스스로 지금에 있지 과거에서 현재에 이르지 않았다고 말하는 것이다. 그래서 중니[공자]가 "안회야! 볼 때마다 (팔이) 새롭구나! 흔드는 순간에 팔은 이미 과거의 그 팔이 아니구나!"라고 말했다[조금 전에 흔든 그 팔은 조금 전에 있고 지금 여기 없으며 지금 흔드는 팔은 지금 여기 있고 조금 전에 없다는 것. 즉 과거에서 현재로 오지 않았기에 움직임이 없다는 것이다]. 이처럼 사물이 과거와 현재를 서로 왔다 갔다 하지 않음이 명백하다. 원래 가거나 돌아온 미세한 조짐조차 없는데 어떤 사물이 움직일 수 있단 말인가?[운동과 변화가 없다.] ④그러한 즉 회오리바람이 몰아쳐 산을 무너뜨리지만 항상 고요하고, 강물이 경쟁하듯 물을 쏟아붓지만 흐르지 않고, 아지랑이가 나부끼며 공중에서 휘감아 돌지만 움직이지 않고, 해와 달이 하늘을 가로지르지만 도는 것은 아니라는 것이 왜 이상하단 말인가!

[6]⁶¹⁾ ①噫! 聖人⁶²⁾有言曰: "人命逝速, 速於川流."⁶³⁾ 是以聲聞悟非

---

61) 단락 [6]은 논의의 진전을 위해 승조 스님이 의도적으로 던진 질문이다.
62) 여기 성인聖人은 공자를 말한다.
63) 『논어』「자한」편에 나오는 구절이다. "子在川上曰: '逝者如斯夫! 不捨晝夜.'[공자가 냇가에서 '가는 것이 이와 같구나! 밤낮을 그치지 않는구나'라고 말했다.]"

常以成道, 緣覺覺緣離以即眞. 苟萬動而非化, 豈尋[64]化以階[65]道?

[6] ①아아! 성인[공자]은 "사람의 목숨이 흐르는 냇물보다 빠르게 흘러 사라지는구나!"라고 말씀하셨다. 그래서 성문聲聞은 사물이 영원하지 않다는 무상無常을 통해 깨닫고 연각緣覺은 인과 연의 화합과 분산을 통해 사물이 생기고 사라지는 것을 관찰해 진리에 도달한다. 만약 만물이 움직여 변화하지 않는다면 어떻게 변화에 의지해 깨달을 수 있단 말인가?

[7] ①覆尋[66]聖言, 微隱難測. 若動而靜, 似去而留. 可以神會, 難以事求. 是以言去不必去, 閑[67]人之常想; 稱住不必住, 釋[68]人之所謂往耳. 豈曰去而可遣, 住而可留也. ②故《成具》[69]云: "菩薩處計常[70]之中, 而演非常[71]之教."《摩訶衍論》云: "諸法不動, 無去來處."[72] 斯皆導達群方[73], 兩言一會, 豈曰文殊而乖其致[74]哉? ③是以言常而不住, 稱去而不遷. 不遷, 故雖往而常靜; 不住, 故雖靜而常往. 雖靜而常往, 故往而弗遷; 雖往而常靜, 故靜而弗留矣. 然則, 莊生之所

---

64) 심尋은 '의지하다'는 의미이다.
65) 계階는 '오르다'는 뜻이다.
66) 심尋은 '추구하다 · 규명하다'는 뜻이다.
67) 한閑은 '한가하다'는 뜻이 아니고 '막다 · 방지하다'는 의미이다.
68) 석釋은 '제거하다 · 없애다'는 뜻이다.
69) 후한시대(後漢, 25-220)인 185년 낙양에 도착한 지요支曜 스님이 번역한 경전이다.
70) 계상計常은 '상常에 집착하는 것'을 말한다.
71) 비상非常은 무상無常을 가리킨다.
72) 『대지도론』 권제51 「대지도론석함수품大智度論釋含受品 제23第二十三」에 비슷한 구절이 있다. "何以故? 須菩提! 一切諸法不動相故, 是法無來處、無去處、無住處."
73) 방方은 중생.
74) 치致는 이치 · 의미라는 뜻이다.

以藏山[75], 仲尼之所以臨川[76], 斯皆感往者之難留, 豈曰排今而可往?

[7] ①부처님이 하신 말씀을 반복해 탐구해보면 깊고 미묘해 헤아리기 힘들다. 만약 (경전 말씀의 입장에서 보면) 움직임이 있으나 (교리의 이치 측면에서 보면) 움직임이 없고 (경전 말씀의 입장에서 보면) 옴과 감이 있으나 (교리의 이치 측면에서 보면) 머물러 있는 것이다. (부처님이 하신 말씀을) 체득體得 하는 것은 가능하나 (현실의 모습에서 말씀을) 규명하기는 어렵다. 때문에 (경전에 나오는) '갔다'는 (부처님) 말씀이 반드시 간 것을 의미하지는 않으며 보통 사람들이 가지고 있는 '상견常見'을 방지하기 위해 하신 가르침이다. (경전에 나오는) '머무르다'는 (부처님) 말씀이 반드시 머무른 것을 뜻하지는 않으며 보통 사람들이 '무상無常'에 대해 가지고 있는 집착을 없애기 위해 하신 것일 따름이다. '갔다'는 말이 어찌 '진짜로 움직였다'는 것을 의미하며 '머무르다'는 말이 어찌 '변화가 없다'는 것을 뜻하겠는가! ②그래서 『성구광명정의경』에 "보살은 변화 없음[常]에 집착하는 세속 사회에 머무르며 변화함[非常]의 가르침을 펼친다."고 나온다. 『대지도론』에도 "모든 존재는 움직이지 않는다. 온 곳도 간 곳도 없다."고 나온다. 『성구광명정의경』과 『대지도론』의 말씀들은 여러 중생을 가르쳐 인도하기 위한 것이기에 두 말씀에 내포된 의미는 같다. 말하는 것이 차이난다고 어찌 그 이치마저 다르겠는가? ③따라서 '변화 없음·항상'으로 말하나 '머

---

75) 『장자』「대종사」편에 나오는 말이다. "夫藏舟於壑, 藏山於澤, 謂之固矣. 然而夜半有力者負之而走, 昧者不知也[무릇 배를 계곡에 숨겨놓고 산을 못에 감춰두고 안전하다고 말한다. 그러나 밤에 힘 있는 사람이 지고 가버렸다. 어리석은 사람은 이를 모른다]." '산山'자를 '산汕'자로 보는 학자도 있다. '산汕'은 '그물'이라는 뜻이다. 그렇다면 "그물을 못에 감춰두고"로 해석된다.

76) 『논어』「자한」편에 나오는 구절이다. "子在川上曰: '逝者如斯夫! 不捨晝夜.'[공자가 냇가에서 '가는 것이 이와 같구나! 밤낮을 그치지 않는구나'라고 말했다.]"

무름'이 아니고 '간다'고 일컬으나 '움직임'이 아니다. 움직임이 아니므로 비록 가더라도 항상 움직이지 않는 것이며[고요하며] 머무름이 아니기에 비록 고요하게 있으나 항상 가는 것이다. 비록 고요하게 있으나 항상 가는 것[움직임]이며 가더라도 움직이는 것이 아니다. 비록 가더라도 항상 고요하게 있는 것이며 고요해도 머무는 것은 아니다. 그리하여 장생[장자]은 "산에 숨겨둔다."고 말하고 중니[공자]는 "물을 보니 항상 흘러감을 알겠다."고 말했다. 장자와 공자는 과거의 사물[흘러가는 사물]을 현재[지금]에 붙들어 둘 수 없음을 느꼈는데 어떻게 현재의 사물을 과거로 돌려보낼 수 있다고 말하는가?

[8] ①是以[77]觀[78]聖人心者, 不同人之所見得也. 何者? 人則謂少壯同體, 百齡一質, 徒知年往, 不覺形隨. ②是以梵志[79]出家, 白首而歸. 隣人見之曰: "昔人尙存乎?" 梵志曰: "吾猶昔人, 非昔人也." 隣人皆愕然, 非其言也. 所謂有力者負之而趨, 昧者不覺, 其斯之謂歟!

[8] ①그래서 성인의 마음을 깨달은 사람은 보통 사람의 생각과 다르다. 왜 그러한가? 사람들은 '소년과 중년의 몸은 같고 백세가 되어도

---

77) 시이是以는 '그래서'라는 뜻이다.
78) 관觀은 '보다'라는 뜻보다는 '통찰하다' 혹은 '체회體會하다·깨닫다'는 의미에 가깝다.
79) 범지梵志는 본래 고대 인도의 바라문교 수행자를 가리키나 여기서는 출가자를 의미한다. 고대 인도인들은 대략 15세경 공부하러 집을 떠나 30세경 돌아와 결혼해 가정을 꾸린다. 50세경에 가르침을 구하러 출가했다. 고대 인도인들의 삶은 일반적으로 4주기로 구분된다. 범행기[梵行期. 대략 30세 이전], 가주기[家住期. 대략 30-50세], 임서기[林棲期. 대략 50세 이후], 유행기遊行期가 그것이다. 스승을 두고『베다』등을 배우는 시기가 범행기이다. 범행기를 마친 사람은 집에 돌아와 가장家長의 역할, 즉 가정과 사회에 필요한 역할과 의무를 수행한다. 이 시기가 가주기이다. 가주기가 끝나면 해탈을 위해 숲 속에 머물며 진리를 추구하고 정신적 가치를 탐구한다. 임서기에 해당된다. 임서기의 완성이 유행기라 할 수 있다. 세속생활에서 완전히 벗어나 정신적 해탈 추구에 모든 것을 바치는 시기이다. 이태승(2007),『인도철학산책』, 서울: 정우서적, pp.53-55.

본질은 하나이다'고 말한다. (이는) 다만 세월이 흘러감만 알고 몸도 따라 변함을 모르고 하는 소리이다. ②이로 인해 출가자가 집을 떠나 흰 머리가 되어 돌아오니 이웃 사람들이 "옛날의 그 사람인가?"라고 물었다. 출가자가 "나는 여전히 옛날의 그 사람이다. 그러나 옛날의 그 사람이 아니기도 하다."고 대답했다. 이웃들이 모두 놀라며 "그의 말이 잘못됐다."고 여겼다. 이른바 힘 있는 사람이 지고 가버렸지만 어리석은 사람은 모르고 있다는 것은 이를 두고 하는 말인가?

[9] ①是以如來因群情之所滯, 則方言[80]以辯惑; 乘[81]莫二[82]之真心, 吐不一[83]之殊敎. 乖而不可異者, 其唯聖言乎! 故談眞有不遷之稱, 導俗有流動之說. 雖復千途異唱, 會歸同致矣. ②而徵文者聞不遷, 則謂昔物不至今; 聆流動者, 而謂今物可至昔. 旣曰古今, 而欲遷之者, 何也? 是以言往不必往, 古今常存, 以其不動; 稱去不必去, 謂不從今至古, 以其不來. ③不來, 故不馳騁於古今; 不動, 故各性住於一世. 然則群籍[84]殊文, 百家[85]異說, 苟得其會, 豈殊文之能惑哉?

[9] ①그래서 부처님은 중생의 미혹을 보시고 방편으로 다양한 말씀[서로 다른 말씀]을 하시어 그릇됨을 구별해 주셨다. (중생이 상常에 집착하면 무상無常을 가르치시고 무상無常에 집착하면 상常에 대해 말씀하셨다.) '움직임과 움직이지 않음은 둘이 아니다'는 도리에 입각해 '가다'와 '오다'라는 서로 다른 이야기를 하셨다. (표면적인) 말은 다르나 이치

---

80) 방언方言은 '방편으로 한 말'이다.
81) 승乘은 '의거하다'는 의미이다.
82) 막이莫二는 동정불이動靜不二를 말한다.
83) 불일不一은 '같지 않다'는 뜻이다.
84) 군적群籍은 불교의 경전과 논소論疏들을 말한다.
85) 백가百家는 여러 논사들의 주장을 의미한다.

가 다르지 않은 것은 부처님 말씀뿐이다! 그래서 진리를 토론하며 '움직임이 없다'고 말씀하시고 중생을 인도하기 위해 '움직임이 있다'고 이야기하신다. 비록 천만 가지 다른 가르침을 내려도 '하나의 이치'로 귀결된다. ②그런데 문자나 말에 집착하는 사람들은 '움직임이 없다'는 소리를 들으면 과거의 물건이 지금에 오지 않는다고 말하고 '움직임이 있다'는 말을 들으면 현재의 사물이 과거로 갈 수 있다고 말한다. 이미 과거는 과거에 머무르고 지금은 지금에 머무른다고 말했는데도 미혹에 집착해 지금[현재]을 과거로 옮기고자 하는 사람들이 말하는 의미[의도]는 무엇인가? 그래서 간다고 말하는 것이 반드시 간 것은 아니며 과거와 지금[현재]은 항상 존재한다. 왜냐하면 사물은 움직임이 없기 때문이다. 돌아간다고 말하는 것이 반드시 간 것은 아니며 지금[현재]에서 과거에 이르지 않는다. 왜냐하면 사물은 과거로 돌아갈 수 없기 때문이다. ③(사물이) 돌아갈 수 없기에 지금과 옛날 사이를 왔다 갔다 하지 않고 움직임이 없기에 그 본성은 일세[과거는 과거, 현재는 현재]에 머문다. 그러한 즉 여러 전적들의 글이 다르고 여러 사람들의 주장이 제 각각이지만 만약 본질을 깨닫는다면 글의 다름에 어찌 미혹되겠는가?

[10] ①是以人之所謂住, 我則言其去; 人之所謂去, 我則言其住. 然則, 去住雖殊, 其致一也. 故經云: "正言似反, 誰當信者?"[86] 斯言有由矣. 何者? ②人則求古於今, 謂其不住; 吾則求今於古, 知其不去.

---

86) 삼국시대(三國, 220-280) 오나라(吳, 222-280)에서 활약했던 지겸支謙 거사가 한역漢譯한 『태자서응본기경太子瑞應本起經』 권하에 "正言似反, 誰能信者?"라는 구절이 있다. 서진(西晉, 265-316)의 '돈황 보살' 축법호(竺法護, 231-308) 스님이 번역한 『보요경普曜經』 권제7 「상인봉초품商人奉麨品 제22第二十二」에는 "正言似反, 誰肯信者?"라고 나온다. 현행본 『노자』 제78장에는 "正言若反[옳은 말은 마치 상반된 것처럼 보인다]."이라는 구절이 있다.

今若至古, 古應有今; 古若至今, 今應有古. 今而無古, 以知不來; 古而無今, 以知不去. ③若古不至今, 今亦不至古, 事各性住於一世, 有何物而可去來? 然則, 四象[87]風馳, 璇璣[88]電捲, 得意毫微, 雖速而不轉.

[10] ①그리하여 사람들이 머문다고 말하는 것을 나 승조는 갔다고 말한다. 사람들이 갔다고 말하는 것을 나는 머무른다고 이야기한다. 그러한 즉 가고 머무름이 비록 다르나 그 이치는 하나이다. 이로 인해 경전에 "올바른 말은 마치 반대로 보인다. 누가 그것을 믿겠는가?"라는 말씀이 있다. 경전의 이 말은 이치에 맞다. 왜 그런가? ②사람들은 지금[현재]에서 옛 물건을 찾아보고는 사물은 머무르지 않는다고 말한다. 나 승조는 옛날에서 지금의 사물을 구해보고는 사물은 과거로 돌아가지 않음을 안다. 지금이 만약 과거에 도달한다면 옛날도 당연히 지금에 있을 것이다. 만약 옛날이 지금에 도착한다면 지금도 마땅히 과거에 있을 것이다. 지금에 있고 과거에 없기에 그 물건이 오지 않음을 알고 과거에 있고 지금에 없기에 그 물건이 과거로 가지 않음을 안다. ③만약 과거가 지금[현재]에 이르지 않는다면 지금[현재] 역시 과거에 도착하지 않는다. 사물의 본성은 일세[현재는 현재, 과거는 과거]에 머무는데 어떤 물건이 과거와 현재를 갔다 왔다 하겠는가? 그러한 즉 사계절은 바람처럼 달리고 북두칠성은 번개처럼 빨리 돈다. (이처럼) 이치를 조금이라도 깨달으면 사물의 유동과 변화가 빨라 보이나

---

87) 사상四象은 사계절을 뜻한다.
88) 선기璇璣는 북두칠성의 별 이름이다. 여기서는 북두칠성을 뜻한다. 북두칠성의 국자 머리 부분의 첫 번째 별을 천추天樞, 두 번째 별을 천선天璇, 세 번째 별을 천기天璣, 네 번째 별을 천권天權, 다섯 번째 별을 옥형玉衡, 여섯 번째 별을 개양開陽, 일곱 번째 별을 요광搖光이라 한다. 앞의 별 넷을 선기璿璣·璇璣 혹은 두괴斗魁, 뒤의 별 셋을 옥형玉衡 혹은 두표斗杓라 통칭한다. 한편 선璇과 선璿은 같은 글자로 이체자異體字이다.

실은 움직임이 없다는 것을 알 수 있다.

[11] ①是以如來功流萬世而常存, 道[89]通百劫而彌固. 成山假就於始簣, 修途託至於初步, 果以功業不可朽故也. 功業不可朽, 故雖在昔而不化. 不化故不遷, 不遷故則湛然, 明矣. ②故經云: "三災[90]彌

---

89) 도도는 가르침이란 의미가 아니라 행위·행동이란 뜻이다.
90) 삼재三災는 수재水災, 화재火災, 풍재風災를 말한다. 『장아함경長阿含經』권제21「제4분세기경삼재품第四分世記經三災品 제9第九」[T1, 137b11]에 "佛告比丘: '世有三災. 云何為三? 一者火災; 二者水災; 三者風災.'"라는 구절이 있다. 승조 스님은 『장아함경』에 나오는 삼재라는 말을 인용한 것으로 보인다. 현행본 「반야무지론」 단락 [43]의 ②에 『장아함경』을 한역한 불타야사佛陀耶舍 스님에 관한 기록이 있다. "三藏法師於中寺出律藏, 本末精悉, 若觀初制. 毘婆沙法師於石羊寺出《舍利弗阿毘曇》胡本, 雖未及譯, 時聞中事, 發言新奇[삼장 법사[불타야사]는 중사中寺에서 율장을 번역해냈는데 (내용의) 처음과 끝을 정밀하게 모두 갖춰 마치 처음 제정될 당시의 원문을 보는 듯합니다. 담마굴다와 담마야사 두 스님이 석양사에서 산스크리트어로 된 『사리불아비담론』을 한역漢譯하고 있습니다. 비록 번역이 마무리되지 않았으나 때때로 『사리불아비담론』의 내용에 대해 질문하면 기존 경전들과 다른 내용이 담긴 답변을 듣습니다]."가 그것이다. 『사리불아비담론』에 대해 물어 새로운 내용을 많이 들었다고 되어 있지만 승조 스님은 삼장 법사三藏法師인 불타야사 스님에게 율장律藏의 내용과 율장 이외의 것에 대해서도 질문했을 것이다. 완역된 『장아함경』의 서문[長阿含經序]을 쓴 사람도 바로 승조 스님이다. 불타야사 스님과 승조 스님의 관계가 매우 긴밀했음을 알 수 있다. 『장아함경』 서문에 "十五年歲次昭陽赤奮若, 出此《長阿含》訖.… 余以嘉遇猥叄聽次, 雖無翼善之功, 而預親承之末, 故略記時事, 以示來賢焉[홍시 15년 세성歲星이 소양적분약[癸丑]에 있던 해에 이 『장아함경』 번역을 마쳤다. … 나는 이 아름다운 모임을 만나 외람되이 참석해 들었다. 비록 좋은 일을 도운 공은 없어도 그 모임에 참여해 말석에서 친히 가르침을 받았기에 당시의 일을 간략하게 기록해 뒤에 오는 현명한 사람들에게 알린다]."라는 구절이 있다. 홍시 15년은 413년이며 이 해 『장아함경』이 완역됐다. 『장아함경』이 완역되기 전에도 승조 스님은 때때로 그 내용에 대해 불타야사 스님에게 물었고 두 사람은 문답을 주고받았을 것이다. 따라서 『장아함경』이 완역되기 전에 쓴 「물불천론」에 '삼재三災'라는 단어가 등장한 것은 전혀 이상한 일이 아님을 충분히 알 수 있다. 물론 서진시대(西晉, 265-316)에 번역된 『대루탄경大樓炭經』 권제5 「대루탄경재변품大樓炭經災變品 제12第十二」[T1, 302c18]에 나오는 "佛語比丘: '天地有三災變. 何等為三? 一者火災變, 二者水災變, 三者風災變, 是為三災變.'"이라는 문장에서 삼재라는 말을 인용했을 수도 있다.

綸, 而行業湛然." 信其言也. 何者? 果不俱因, 因因而果. 因因而果, 因不昔滅; 果不俱因, 因不來今. 不滅不來, 則不遷之致, 明矣. 復何惑於去留, 踟躕於動靜之間哉? ③然則, 乾坤倒覆, 無謂不靜; 洪流滔天, 無謂其動. 苟能契神於卽物, 斯不遠而可知矣.

[11] ①따라서 여래의 공덕은 만세에 걸쳐 항상 존재하고 여래가 행하신 바는 백겁이 지나도 오히려 더 단단해진다. 산을 만들려면 첫 광주리[삼태기]의 흙에 의지해야 되고 길을 가려면 첫 걸음을 내딛어야 된다. 진실로 이미 이룬 공덕은 사라지지 않기 때문이다[첫 광주리의 흙과 첫 걸음의 공적이 영원히 사라지지 않듯 부처님이 과거에 쌓은 업적 역시 없어지지 않는다]. '이룬 업'이 결코 사라지지 않기에 비록 그것이 과거에 있으나 변화하지 않으며, 변화하지 않기에 움직임이 없고, 움직임이 없기에 항상 맑고 고요하다. 이는 분명한 사실이다. ②그래서 경전에 "세 가지 재난이 세계에 가득해도 (개인이 지은) 업은 항상 변동 없이 존재한다."고 나온다. 진실로 이 말을 믿는다. 왜 그런가? 과果는 인因을 구비하지 않고 인因으로 인해 과果가 있기 때문이다. 인因에 의지해 과果가 있기에 인因이 비록 과거에 있으나 사라지지 않고, 과果가 인因을 구비하지 않기에[果속에 因이 없다] 인因은 현재의 과果에 따라오지 않는다. 사라지지 않고 오지 않기에 움직이지 않는다는 이치가 (여기서) 분명하다. 다시 어찌 감과 머무름에 미혹되고 움직임과 고요함 사이에서 (판단을 내리지 못하고) 망설이며 주저하는가? ③그러한 즉 하늘과 땅이 뒤집어져도 고요하지 않음이 없고 파도치는 큰물이 하늘까지 닿아도 움직인다고 말할 수 없다. 만약 움직임과 움직이지 않음의 이치를 체득하면 사물이 움직이지 않는다는 도리를 즉시 이해할 수 있다.

부진공론 제2

[1] ①「不真空論」[91] 第二.
[1] ①「부진공론」제2.

[2] ①夫至虛無生[92]者, 蓋是般若玄鑑[93]之妙趣[94], 有物[95]之宗極者也. 自非[96]聖明[97]特達, 何能契神[98]於有無之間[99]哉? ②是以至人[100]

---

91) 승조 스님은「부진공론」을 409-413년 지었다. 비슷한 시기에 저술한「물불천론」보다 약간 빨리 쓴 글이다.「부진공론」은 공사상을 가장 잘 표현한 글 가운데 하나로 평가된다. 중관파中觀派에 따르면 모든 존재는 비유비무와 비무비무의 통일이다. '본성상 공한 성질[性空]'을 갖고 있기에 '존재하는 것이 아니며[非有]' 그러나 '임시적인 형태[假有]'를 띠고 있기에 '완전히 없는 것도 아니다[非無].' 이런 중도사상을 '비유비무'로 표현한 글이 바로「부진공론」이다.『중론』「관사제품」의 제18번째 게송, 즉 "衆因緣生法, 我說即是無[空], 亦爲是假名, 亦是中道義[여러 원인과 조건들의 결합으로 나타난 모든 존재를 나는 공空하다고 말하며, 이것을 가명假名이라고도 하며, 이것이 바로 중도의 의미이다]."를 설명한 것이「부진공론」이라 말할 수도 있다.
92) 지허무생至虛無生은 하나의 개념, 즉 공空을 의미한다.
93) 현감玄鑑은 깊고 철저한 인식認識을 말한다.
94) 묘취妙趣는 인식 대상을 가리킨다.
95) 유물有物은 일체 만물을 나타낸다.
96) 자비自非는 '만약 … 이 아니라면'이라는 뜻이다.
97) 성명聖明은 '성스러운 밝음', 즉 반야지혜를 말한다.
98) 계신契神에서 계契는 '완전히 체득體得하다'는 의미. 신神은 정신을 뜻한다.
99) 유무지간有無之間은 중도中道 혹은 성공性空의 이치를 말한다, 즉 비유비무非有非無를 가리킨다. 비유非有를 통해 모든 사물[有爲法]은 본질상 공空한 성공性空적 존재임을, 비무非無를 통해 아무 것도 없는 것이 아닌 가유假有가 있음[사물이 임시로 존재함]을 설명한다. 모든 사물은 '비유와 비유의 통일체'이자, '성공性空적인 존재'이자, '중도적인 존재'이자, '연기적인 존재'이다. 모든 사물은 연기緣起를 통해 나났기 때문이다.
100) 지인至人은 반야지혜를 구비한 사람을 말한다.

通神心於無窮[101], 窮[102]所不能滯; 極[103]耳目於視廳, 聲色所不能制者, 豈不[104]以其即[105]萬物之自虛[106], 故物不能累[107]其神明者也. ③是以聖人乘[108]眞心[109]而理順[110], 則無滯而不通; 審一氣[111]以觀化[112], 故所遇而順適. 無滯而不通, 故能混雜[113]致淳[114]; 所遇而順適[115], 故則觸[116]物而一[117]. ④如此, 則萬象雖殊, 而不能自異[118]. 不能自異, 故知象非眞象. 象非眞象, 故則雖象而非象.

[2] ①대저 공이라는 것은 반야가 인식하는 대상이며 일체 만물의 근본적인 본성[본질]이다. 만약 특별한 반야지혜를 가지고 있지 않다면 어떻게 능히 만물이 비유비무적인 존재임을 이해할 수 있겠나[만물이

---

101) 무궁無窮은 무궁한 세계의 진리, 즉 진제眞諦를 가리킨다.
102) 여기서 궁窮은 '막히다·다하다'는 뜻이다.
103) 극極은 '설사 …라도'라는 의미이다.
104) '기불豈不'은 '…(이) 아닌가?'라는 의미이다. 반어反語의 뜻을 나타낸다.
105) 즉即은 '계합되다·체득하다'는 의미이다. 即에는 여러 가지 뜻이 있다. ①[부사]곧 즉시, (…하면) 곧; ②[동사]가까이 가다, 접근하다=계합하다; ③[동사](역할·임무를) 맡다, 차지하다; ④[동사](현재 환경에) 임하다; ⑤[동사]곧 … 이다, 바로 … 이다; ⑥[접속사]설사 … 라 할지라도[即使] 등의 뜻이 있다.
106) 만물지자허萬物之自虛에서 자허自虛는 성공性空을 말한다.
107) 누累는 '피곤하게 하다·구속하다'는 의미.
108) 승乘은 '의거하다'는 뜻.
109) 진심眞心은 반야지혜를 말한다.
110) 이순理順에서 이理는 진제를, 순順은 '완전히 일치하다'는 의미이다.
111) 일기一氣는『장자』「대종사」편에 나오는 말이다. 여기서는 모든 사물에 깃들어 있는 공통된 하나의 본성, 즉 성공性空·공성空性을 가리킨다.
112) 화化는 만물을 말한다.
113) 혼잡混雜에서 혼은 융회融會하다, 잡雜은 진제·속제를 가리킨다.
114) 순淳은 비유비무의 중도를 말한다.
115) 적適자에는 ①[형용사]적합하다; ②[형용사]편안하다. ①[부사]바로, 때마침; ②[부사]이제 막, 방금. ①[동사]가다, 이르다; ②[동사]시집가다, 출가하다; ③[동사]따르다, 순종하다 등의 의미가 있다.
116) 촉觸은 '인식하다'는 뜻이다.
117) '일一'은 진리, 즉 중도를 말한다.
118) '이異'는 본질상의 차이, 불이不異는 본질상 차이가 없음을 가리킨다.

성공적인 존재임을 알 수 있겠나? ②그래서 성인은 반야지혜로 '무한한 세계[진제·진리]'를 인식하며 그 무엇도 그 인식을 막을 수 없다. 눈으로 보는 사물과 귀로 듣는 소리는 그를 미혹시키지 못한다. 만물의 본성이 스스로 공하다는 것을 성인이 체득했기에 사물이 그의 정신을 구속하지 못하는 것 아니겠는가! ③따라서 성인은 반야지혜로 만물을 인식해 진제[진리]와 완전히 일치되기에 '막힘과 통하지 않음'이 없고 만물에 공통된 본성을 살펴 사물을 관찰하므로 그 인식이 순조롭고 적합하다. 막힘과 통하지 않음이 없기에 진제와 속제가 섞여 있어도 중도를 파악하고 그 인식이 순조롭고 적합하므로 사물을 인식할 때마다 진리와 하나가 된다. ④이처럼 만물의 모양은 서로 달라도 그 본성은 다르지 않다. 본성이 다르지 않기에 모양이 진정한 모양이 아님을 알 수 있다. 모습이 '진정한 모양'이 아니므로 모양은 '진실한 모습'이 아니다.

[3] ①**然則物我同根, 是非一氣**[119]**, 潛微幽隱, 殆**[120]**非群情之所盡**[121]**. 故頃爾**[122]**談論, 至於**[123]**虛宗, 每有不同. 以不同而適**[124]**同, 有何物**[125]

---

119) 시비是非는 진제[진실한 경계]와 속제[현상]를 말하며, 일기一氣는 일치한다는 뜻이다.
120) '태殆'는 '결코'라는 의미의 부사이다.
121) 진盡은 완전한 이해를 말한다.
122) '경이頃爾'는 ①최근에; ②이제·방금 등의 의미가 있다. 여기서는 ①번의 뜻으로 보았다.
123) '지어至於'에는 ①[동사] …정도에 이르다, 결과에 달하다; ②[개사介詞=전치사] …로 말하면, …에 관해서는, …에 대해서는 등의 뜻이 있다.
124) 적適은 동사로 '가다·이르다'는 의미이다.
125) 물물은 사물이 아닌 관점·견해를 가리킨다.

而可同哉? 故衆論[126]競作, 而性[127]莫同焉. 何則? ②[가][128]心無者[129], 無心於萬物, 萬物未嘗無. 此得在於神靜, 失在於物虛. ③[나]卽色

---

126) 중론衆論은 승조 스님 당시 등장했던 반야사상에 대한 여러 학설들을 말한다. 구체적으로 본무本無, 본무이종本無異宗, 즉색卽色, 식함識含, 환화幻化, 심무心無, 연회緣會 등이 있었다. 이들을 육가칠종六家七宗이라 부른다. 반야사상에 대한 이해와 견해가 서로 달라 생긴 학파·학설들이다.
127) 성성은 이치·도리를 가리킨다.
128) [가]·[나]·[다]는 승조 스님이 당시의 반야사상을 소개하고 비판한 것이다. 역주자가 붙인 것이다.
129) 심무자心無者의 대표자는 ①도항道恒 스님이라는 주장, ②지민도支敏(愍)度 스님이라는 주장, ③축법온竺法溫 스님이라는 주장 등이 있다. 『고승전』권제5「축법태전竺法汰傳」에 도항道恒 스님에 관한 기록이 있다. 『세설신어』「가휼」편에 지민도支敏(愍)度 스님에 대한 기록이 남아있다. "愍度道人始欲過江, 與一傖道人爲呂. 謀曰: '用舊義往江東, 恐不辨得食.' 便共立'心無義'. 既而此道人不成渡. 愍度果講義積年. 後有傖人來, 先道人寄語云: '爲我致意愍度, 無義那可立? 治此計權救饑爾, 無爲遂負如來也.'[민도 도인이 처음 강남으로 건너가려 했을 때 북방 출신의 스님 한 명과 동행했다. 의논해 말했다. '옛 해석을 가지고 강남에 가면 밥을 얻어먹지 못할 것이오.' 그래서 함께 '심무의'라는 주장을 내세웠다. 그 후 북방에서 온 스님은 강을 건너지 못했다. 민도 스님은 (강남에서) 과연 수년 동안 강의했다. 후에 북방에서 한 사람이 와서 옛날의 그 북방 스님의 말을 전했다. '내 대신 민도 스님에게 뜻을 전해라. 어떻게 심무의라는 것이 성립되나? 그 계획은 임시로 배고픔을 해결하기 위한 방편일 뿐이다. 부처님에게 죄를 짓지 마라.']" [南朝宋]劉義慶著·張萬起等譯注(1998), 『世說新語譯注』, 北京: 中華書局, pp.866-867. 심무자인 도항 스님은 『고승전』권제6에 전기傳記가 실려 있는 '석도항釋道恒 스님'과는 다른 사람이다. 한편, 혜달惠達 스님은 『조론소肇論疏』에서 그리고 길장 스님은 『중관론소中觀論疏』권제2「인연품 제1」에서 "심무자는 축법온竺法溫 스님"이라고 주장했다. 축법온竺法蘊이라 쓰기도 한다. 한편, 지민도 스님의 학설에 대해서는 현대 중국의 석학 가운데 한 명으로 평가되는 천인췌(陳寅恪, 1890-1969)의 글이 주목된다. 陳寅恪(2015), 「支愍度學說考」, 『陳寅恪集-金明館叢稿初編』, 北京: 三聯書店, pp.159-187.

者$^{130)}$, 明色不自色, 故雖色而非色也. 夫言色者, 但當$^{131)}$色即色, 豈待色$^{132)}$而後爲色$^{133)}$哉? 此直語色$^{134)}$不自色, 未領色$^{135)}$之非色也. ④[다]本無者$^{136)}$, 情尙於無多, 觸言以賓$^{137)}$無. 故非有, 有即無; 非無, 無亦無. 尋夫立文之本旨者, 直以非有非眞有, 非無非眞無耳. 何必非有無此有, 非無無彼無? 此直好無之談, 豈謂順通事實, 即$^{138)}$

---

130) 즉색자의 대표자는 지도림(支道林, 대략 314-366) 스님이다.『세설신어』「문학」편에 그에 관한 기록과 즉색종即色宗 대한 설명이 적지 않다. "『支道林集』「妙觀章」云: '夫色之性也, 不自有色. 色不自有, 雖色而空. 故曰色即爲空, 色復異空'[『지도림집』「묘관장」에 '물질적 존재의 본성은 스스로 물질적 존재가 되지 못한다. 물질적 존재는 스스로 존재하지 못하므로 비록 물질적 존재이나 공하다. 그래서 물질적 존재는 공이 되지만 물질적 존재는 공과 다르다'고 나온다]." [南朝宋]劉義慶著·張萬起等譯注(1998),『世說新語譯注』, 北京: 中華書局, p.194.
131) 당當은 '즉각, 바로'라는 뜻이다.
132) '색색色色'에서 앞의 색은 동사로 '색으로 부르다'는 뜻이며 뒤의 색은 명사이다. 따라서 "색을 색이라 부르다."로 해석된다.
133) 여기 색色은 명사, 즉 사물을 가리키는 명사이다.
134) 개념화 된 색을 가리킨다.
135) 개념화 된 색이 아닌 만물을 가리킨다.
136) 본무자本無者는 ①축법침竺法琛 스님이라는 주장, ②축법태(竺法汰, 320-387) 스님이라는 주장 등이 있다. 길장(吉藏, 549-623) 스님은『중관론소中觀論疏』권제2「인연품因緣品 제1第一」에서 "什師未至長安, 本有三家義: 一者、釋道安明本無義, 謂無在萬化之前, 空爲衆形之始. … 次、琛法師云: '本無者未有色法, 先有於無故從無出有, 即無在有先有在無後, 故稱本無.' 此釋爲肇公「不眞空論」之所破. … 第二、即色義. 但即色有二家: 一者、關內即色義, … 次、支道林著《即色遊玄論》, 明即色是空, 故言即色遊玄論. … 第三、溫法師用心無義. 心無者, 無心於萬物, 萬物未嘗無." 라며 축법침 스님이라고 설명했다. 원강元康 스님은『조론소』에서 축법태 스님이라고 지적했다.
137) 여기서 '빈賓'은 '복伏'과 같은 뜻이다. 의역하면 '높이 받들다'로 해석할 수 있다.
138) '즉即'은 '서로 같다, 서로 일치하다'는 의미이다.

物之情¹³⁹⁾哉? ⑤夫以物物於物¹⁴⁰⁾, 則所物而可物¹⁴¹⁾; 以物物非物¹⁴²⁾, 故雖物而非物. 是以物不卽¹⁴³⁾名而就實, 名不卽物而履¹⁴⁴⁾真. 然則真諦獨靜於名敎之外, 豈曰文言之能辨哉? 然不能杜默, 聊復厝¹⁴⁵⁾言以擬¹⁴⁶⁾之.¹⁴⁷⁾

---

139) 정정은 본성이라는 뜻이다.
140) 물물자가 세 개 나온다. ①첫 번째 물자는 명사로 '물건', ②두 번째 물자는 동사로 '물건으로 이름 하다', ③세 번째 물자는 명사로 '물건'을 각각 나타낸다. '물물어물物物於物'과 비슷한 표현이 『장자』「산목山木」편에 나온다. **物物而不物於物, 則胡可得而累邪**[만물을 만물로 존재하게 하면서도 물물에 의해 물물로 규정받지 않는데 어떤 사물이 번거롭게 할 수 있겠는가]?"
141) 물물자가 두 개 나온다. 첫 번째 물자는 명사로 물건, 두 번째 물자는 동사로 '물건으로 이름 하다'는 의미이다.
142) 물자가 세 개 나온다. 첫 번째 물자는 명사로 '물건', 두 번째 물자는 동사로 '물건으로 이름 하다', 세 번째 물자는 명사로 '물건'을 각각 뜻한다.
143) '즉卽'은 '… 때문에'라는 의미이다.
144) '이履'는 본래는 '밟다·행하다'는 의미이나 여기서는 '있다'로 해석하는 것이 더 적절하다.
145) 착厝에는 ①[명사]숫돌; ②[동사]놓아두다·배치하다; ③[동사]관棺을 놓아두다·가매장하다 등의 의미가 있다. 한자 厝은 ①숫돌 착; ②둘 조 등 두 가지로 발음된다. 여기서는 차借, 즉 '빌리다'는 의미로 사용됐다.
146) '의擬'는 '추측하다, 논술하다'는 뜻이다.
147) 이 단락의 첫머리에 나오는 "物我同根"은 가장 많이 그리고 가장 흔하게 도가적道家的으로 해석되는 구절 가운데 하나이다. 물물은 외경[인식대상]을, 아我는 자아自我, 즉 반야지혜[인식주체]를 말한다. 동근同根은 '완전히 일치되다'는 뜻. 만물의 본성도 공적空寂하고 반야의 본성도 공적하므로 만물과 반야의 본성은 공空이라는 견지에서 완전히 일치된다는 의미이다. 비슷한 표현이 『장자』「제물론」편에 나오는 "天地與我竝生, 而萬物與我爲一[하늘과 땅은 나와 나란히 태어나고 만물은 나와 나란히 하나이다]."라는 구절이다. 「제물론」편의 이 구절과 "物我同根"이라는 말에 내포된 함의含意는 완전히 다르다. 두 구절을 같은 논조로 해설하거나 설명하면 불교와 도가의 사상적 차이를 완전히 잃어버리게 된다. 특히 "物我同根"이라는 구절을 도가적道家的으로 해석하면 승조 스님이 지향한 성공性空과 거리가 현격懸隔해진다. "物我同根"을 굳이 도가적으로 해석해 승조 스님의 사상을 '도가화道家化한다'거나 '불교와 도가사상의 습합을 강조하는 근거'로 삼으려고 한다면 막을 방법은 없다. 그러나 그 누구보다 정확하게 중관사상의 요체要諦를 꿰뚫은 구마라집 스님과 그 제자 승조 스님의 사상을 오도誤導하는 지름길이 바로 이런 식의 오독誤讀임을 인식할 필요가 있다. 저자의 사상과 앞뒤 문장의 맥락脈絡에

[3] ①그러한 즉 인식대상과 인식주체는 성공[性空.본성상 공하다]이라는 점에서 완전히 일치되며 진실한 경계[진제]와 현상[속제]도 별개가 아니고 서로에 내재되어 있다. 이 이치는 눈에 보이지 않고 미묘하며 또 그윽하고 은밀하기에 지혜가 얕은 사람들이 능히 깨달을 수 있는 것은 아니다. 때문에 최근의 논의 가운데 반야사상[空宗]에 대한 (학파學派·학설學說들) 서로의 견해가 일치되지 않는다. 무릇 서로 다른

따라 고전 한문의 내용을 정확하게 파악하려 노력하지 않고 '서당식書堂式 한문 독법讀法'이나 '한국식·일본식 한문 독법'에 따라 근거 없이 해석하는 태도를 지양止揚할 필요가 있다. 그래서 원나라 문재(文才, 1241-1302) 스님은 『조론신소肇論新疏』에서 현행본「열반무명론」단락 [26]의 ④를 해설하며 "恐儒、老之流, 計有無遍攝一切[아마도 유가儒家·도가道家는 있음과 없음이 모든 것을 포괄한다고 그릇되게 생각하는 것 같다]."라고 지적했다. 이 구절을 통해 문재 스님이 강조하는 점은 다음과 같다고 역주자譯注者는 생각한다. 즉 불가佛家·유가儒家·도가道家의 근본적인 차이는 '성공性空'을 인정하느냐 인정하지 않느냐에 있다. 모든 존재는 인因과 연緣의 결합으로 나타나기에 '본성상 공하다'는 성공性空은 불가佛家의 가장 중요하면서도 가장 필수적인 개념이다. 성공性空의 이치는 불교만이 제기한 것이다. 유가와 도가의 전적典籍들에 나오는 유有와 무無는 실유實有와 실무實無, 즉 '실재론實在論·발생론發生論적인 유有·무無'에 근접된 개념槪念들이다. 유가와 도가가 말하는 유有·무無는 불가佛家의 유有·무無와 같은 개념이 절대 아니다. 그래서 불가佛家만의 독특한 개념인 '공空'을 정확하게 이해할 필요가 있다. '공空'은 '무無', 즉 '아무 것도 없는 허공虛空'과 같은 개념이 아니다. 인因과 연緣의 결합으로 나타난 모든 존재는 '임시적 모습[假有]'을 갖지만 이 임시적 형태가 '영원히 지속되는 것[常]'이 아님을 설명하는 개념이다. 그렇다고 '아무 것도 없는 것[無]'은 아니다. '임시적 모습[假有]'은 있다. 모든 존재가 '본성상 공[性空]'한 이유는 연기적 존재이기 때문이며 역으로 모든 존재의 본성이 공空하기에 연기緣起가 가능하다. 모든 존재는 공하므로 연기緣起가 이뤄지며 무상無常하다. 『중론中論』「관사제품觀四諦品」의 제18번째 게송에 '衆因緣生法, 我說即是無[空], 亦爲是假名, 亦是中道義[여러 원인과 조건들의 결합으로 나타난 모든 존재를 나는 공空하다고 말하며, 이것을 가명假名이라고도 하며, 이것이 바로 중도의 의미이다]'라고 설명되어 있다. 따라서 공성空性을 체득하면 중도中道를 체득하며 연기緣起=공空=가유假有=가명假名=중도中道이다. 이들은 모두 동일한 개념들이다. 불가佛家가 제기한 이치의 핵심은 '(모든 존재는) 실존實存하나 실체實體는 없다'로 요약된다. 실체가 바로 실유實有와 같은 개념이다. 한편, 현행본「열반무명론」단락 [30]의 ②에 "天地與我同根, 萬物與我一體."라는 완정完整된 구절이 있다. 이 구절은 승조 스님이 창작한 것으로 보인다. 『장자』「제물론」편에 나오는 구절과도 다르다.

96 조론

입장에서 하나의 문제를 토론해 동일한 입장에 이르고자 한들 어떤 견해가 같을 수 있겠는가? 이로 인해 여러 학설·학파들이 경쟁하듯 등장했지만 이치에 대한 그들의 관점은 결코 같지 않다. 왜 그런가? ②[가]심무자는 "마음이 만물에 집착하지 않고 공적空寂한 상태를 유지하지만 만물이 없는 것은 아니다."고 주장했다[인식하는 마음[心]은 공空하나 인식대상[法]은 공이 아니다[不空]고 말했다]. (따라서) 심무자는 마음이 공한 것은 파악했으나 만물 자체가 공한 점을 인식하지는 못했다. ③[나]즉색자는 "색[만물]이 스스로 만들어진 것이 아님"을 밝혀 "비록 색이나 스스로 색이 아니다."고 주장했다[예를 들면 연필[色]은 스스로 연필[色]이 되지 못한다. 사람들이 연필이라는 이름을 불러줘야 비로소 연필[色]이 된다. 그래서 '연필 자체[A]'¹⁴⁸'는 공하지만 '연필이라는 개념[B]'은 공空하지 않다]. 무릇 색[A]이라는 것은 단지 그 자체가 색[A]일 따름이지 어찌 '색을 색이라 부른[B]' 뒤에야 색[A]이 되겠는가?[연필은 그 자체가 하나의 색이지 사람들이 연필이라 불러줘야 비로소 색이 되는 것은 아니다.] 즉색자는 '개념화 된 색[B]'이 스스로 색 아님을 말했을 뿐 '색色 자체[A]'가 '색이 아닌 이치[성공性空의 이치=가유假有가 존재함]'를 깨닫지는 못했다. ④[다]본무자는 실제로 무無를 많이 숭상하고 좋아한다. 사물에 대해 말을 하면 무無를 존경하고 앞세운다. 그래서 (경전에) '비유非有'라고 나오면 '있음[有]이 없다'로 '비무非無'라고 나오면 '없음[無]이 없다'로 파악한다. 경전의 본래 의미를 찾아보면 다만 비유非有는 '진짜 있음'이 아닐 뿐이며 비무非無는 '진짜 없음'이 아닐 따름이다[가유假有 혹은 환유幻有가 있음을 잘 이해하지 못하고 있다]. 어째서 비유라고 하면 '이 있음이 없다'는 것이며

---

148) 이 단락에 나오는 [A]와 [B]는 다만 '색 자체'와 '이름이 불려진 색'을 가리킨다. 역주자가 편의상 붙인 것이다.

비무非無라고 하면 '저 없음이 없다'는 의미이겠는가! 본무자는 단지 무를 좋아하는 주장일 따름이다. 이것이 어떻게 사물의 실제 정황에 근거해 사물의 본성本性을 이해하는 논의論議이겠는가! ⑤무릇 '어떤 사물의 이름'으로 '어떤 사물'에 '사물이라는 이름을 붙이'면 '이름이 붙은 그 사물'은 '사물'이 된다[어떤 사물에 꽃이라는 이름을 붙이면 꽃이라는 이름이 붙은 그 사물을 꽃으로 부를 수 있다]. '어떤 사물의 이름'으로 '사물이 아닌 어떤 것'에 '사물이라는 이름을 붙이'면 비록 '이름이 있는 사물'이나 '실제로 존재하게 되는 것'은 아니다[예를 들면 거북이 털 혹은 토끼 뿔 등]. 따라서 사물이라는 것은 이름이 사물에 붙었다고 그 사물이 실제로 있는 것은 아니며 이름이라는 것은 사물에 이름이 붙었다고 그 이름이 진짜가 되는 것은 아니다. 그러한 즉 (불교의) 진리는 언어·가르침·개념을 벗어나 홀로 고요히 존재한다. 어찌 글과 말로 진리를 분명하게 밝힐 수 있겠는가? 그러나 침묵하지 못하고 말에 의지해 간략하게나마 진리를 논술하고자 한다.

[4] ①[ⓐ]¹⁴⁹⁾試論之曰:《摩訶衍論》¹⁵⁰⁾云: "諸法亦非有相, 亦非無相."¹⁵¹⁾《中論》¹⁵²⁾云: "諸法不有不無者, 第一¹⁵³⁾真諦也." ②[ⓑ]尋夫不有不無者, 豈謂滌¹⁵⁴⁾除萬物, 杜塞視聽, 寂寥¹⁵⁵⁾虛豁, 然後爲真諦

---

149) [ⓐ]부터 [ⓘ]까지는 승조 스님이 경론을 인용하고 이치를 들어 공사상을 설명한 것으로 역주자가 표시한 것이다.
150) 구마라집 스님이 405년 한역漢譯했다.
151) 『대지도론』 권제6 「대지도초품중의무애석론大智度初品中意無礙釋論 제12第十二」에 "觀一切法非空非不空, **非有相非無相**, 非有作非無作."이라는 구절이 있다.
152) 구마라집 스님이 409년 한역漢譯했다.
153) '제일第一'은 '유일唯一'이라는 의미이다.
154) 척척에는 ①[동사]씻다·빨래하다; ②[동사]청소하다; ③[동사]제거하다 등의 의미가 있다. '척죄소滌罪所'는 '연옥煉獄'이라는 뜻이다.
155) 소리가 없는 것이 적寂이고 사물이 없는 것이 요寥이다.

者乎? 誠以[156)即[157)物[158)順通, 故物莫之逆; 即偽即眞, 故性莫之易. 性莫之易, 故雖無而有; 物莫之逆, 故雖有而無. 雖有而無, 所謂非有; 雖無而有, 所謂非無. 如此則非無物也, 物非眞物. 物非眞物, 故於何而可物?

[4] ①[ⓐ]시험 삼아 말해 보겠다. 『마하연론[대지도론]』에 "제법[모든 사물·관념]은 모습이 있는 것도 아니고 모습이 없는 것도 아니다."고 나온다. 『중론』에도 "모든 사물과 관념은 있는 것도 아니고 없는 것도 아니라는 이것이 최고의 진리이다."고 나온다. ②[ⓑ](위의) 두 논이 말한 '불유불무'라는 것을 탐구해 보면 어찌 (생각 속에서) 만물을 없애고, 보고 듣는 것을 틀어막고, 소리도 사물도 그 무엇도 없이 텅 비어야 진리를 체득할 수 있다는 것이겠는가? 진실로 만물의 본성을 파악해 진리와 계합돼 통하면 비유비무非有非無라는 만물의 본성과 서로 어긋나지 않으며, 만물의 가유假有를 통해 만물의 실상을 제대로 체득하면 비유비무非有非無라는 만물의 본성[존재의 특성]을 잘못 이해해 (본성을) 바꾸려는 일은 없을 것이다. 비유비무라는 만물의 본성을 잘못 이해해 바꾸려는 일이 없기에 비록 없음이나 있음이다[본성상 공한 성공性空이지만 가유假有는 존재한다]. 비유비무라는 만물의 본성과 어긋나지 않기에 비록 있음이나 없음이다[가유假有는 존재하나 본성상 공空하다]. 만물의 존재가 비록 있음이나 없음[性空]이기에 소위 비유非有이며 만물의 존재가 비록 없음이나 있음[假有]이기에 이른바 비무非無이다. 이와 같은 즉 사물이 없는 것은 아니나[가유假有가 있으므로] 사물이 진정한 사물은 아니다[본성상 공한 성공性空이므로]. 사물이 진

---

156) 성誠은 '참으로, 진실로'라는 의미이다.
157) 즉卽은 '파악하다'는 의미이다.
158) 물物은 사물의 본성, 즉 '비유비무적인 존재'의 본성을 말한다.

정한 사물이 아닌데 무엇에 대해 사물이라고 말할 것인가?

[5] ①[ⓒ]故經云:"色之性空, 非色敗空[159]."[160] 以明夫聖人之於物也, 即萬物之自虛, 豈待宰割[161]以求通哉[162]! 是以寢疾有不真之談[163],《超日》有即虛之稱[164]. 然則三藏殊文, 統之者一也. 故《放光》云:"第一真諦, 無成無得; 世俗諦故, 便有成有得."[165] 夫有得即是無得之偽號, 無得即是有得之真名. 真名故, 雖真而非有; 偽號故, 雖偽而非無. 是以言真未嘗有, 言偽未嘗無. 二言未始一, 二理未始殊. 故經云:"真諦、俗諦謂有異耶? 答曰: 無異也."[166] 此經直辯真

---

159) '패공패공敗空'은 색을 분석하고 뜯어서 공으로 만드는 것을 말한다. 여기서 패敗는 동사로 '제거하다'는 의미이다.
160) 『유마힐소설경』 권중 「입불이법문품入不二法門品 제9第九」에 "色即是空, 非色滅空, 色性自空."이라는 구절이 있다. 『불설유마힐경』 권하 「유마힐경불이입품維摩詰經不二入品 제9第九」에는 "色空不色敗空, 色之性空."으로 되어있다.
161) 재할宰割은 '나누다 · 분할하다'는 의미이다.
162) 불학佛學이 현상을 관찰해 진리를 파악하는 방식에는 두 가지가 있다. 하나는 일체설一切說이고 다른 하나는 분별설分別說이다. 일체설은 직관적인 방식으로 요점을 파악하는 것을 말하며 분별설은 현상을 하나하나 분석한 뒤 진리에 접근하는 태도를 가리킨다. 성공性空은 일체설의 대표적인 예이며 분석공分析空은 분별설을 대표하는 예이다. 이에 대해서는 『고경』 제66호(2018년 10월호 p.100)에 실린 「자성과 공사상의 탄생」을 참조하라.
163) '침질寢疾'은 유마힐을 가리킨다. 『유마힐소설경』 권중 「문수사리문질품文殊師利問疾品 제5第五」에 "如我此病, 非真非有, 眾生病亦非真非有."라는 구절이 있다.
164) 『초일』《超日》'은 섭승원聶承遠 거사가 한역漢譯한 『초일명삼매경』을 말한다. 그 경전 권상[T15, 532b28]에 "不有壽, 不保命, 四大空[수명도 없고, 목숨도 보존하지 못하고, 사대는 공하다]."이라는 구절이 있다.
165) 서진의 무라차無羅叉 스님이 한역漢譯한 『방광반야경』 권제5 「마하반야바라밀문관품摩訶般若波羅蜜問觀品 제27第二十七」에 비슷한 구절이 있다. "須菩提言: '有所逮、有所得, 不以二世俗之事有逮有得, **但以世事故有須陀洹**、斯陀含、阿那含、阿羅漢、辟支佛、有佛; 欲論**最第一者**, **無有逮**、**無有得**, 從須陀洹上至佛, 亦無逮亦無得"
166) 구마라집 스님이 한역한 『마하반야바라밀경』 권제22 「도수품道樹品 제71第七十一」에 "'世尊! 世諦、第一義諦有異耶?' '須菩提! 世諦、第一義諦無異也. 何以故? 世諦如, 即是第一義諦如. 以眾生不知不見是如故, 菩薩摩訶薩以世諦示若有若無"라는

諦以明非有, 俗諦以明非無, 豈以諦二而二於物哉?

[5] ①[ⓒ]그래서 옛 경전에 "사물은 본성상 공한 것이며 부수고 마멸해 공인 것은 아니다."는 말씀이 있다. 분명하도다! 성인[부처님]이 사물을 대하는 태도는 만물의 본성이 스스로 공함을 체득하는 것이. 어찌 (사물을) 분할하고[이를 분석공分析空이라 한다] 공의 도리를 찾아 통하도록 하겠다는 것이겠는가! 그래서 유마힐 거사는 "사물은 진실로 있는 것이 아니다."고 말했다. 『초일명삼매경』에도 "사대四大는 공하다."는 말씀이 있다. 그러한 즉 경문의 글은 비록 달라도 종합하면 그 의미는 같다. 『방광반야경』에도 "진제의 관점으로 보면 이루는 것도 얻는 것도 없다. 속제의 입장에서 보면 이루는 것도 얻는 것도 있다."는 말씀이 있다. 무릇 속제의 입장에서 얻음이 있다고 말하는 것은 얻음이 없다는 것을 '임시로 말한 것[임시적 이름]'이다. 얻음이 없다는 것은 얻음이 있다는 것의 '진정한 칭호[진정한 이름]'이다. '진정한 칭호'이기에 비록 참이나 있음이 아니며[性空] '임시적인 이름'이기에 비록 일시적인 것이나 없는 것은 아니다[사물에 이름은 있다. 가유假有는 있다]. 그래서 '참다운 것'을 말한다고 반드시 '있는 것'은 아니며 '임시적인 것'을 이야기해도 반드시 '없는 것'은 아니다[진제의 입장에서 보면 성공性空이므로 연필은 없으나 속제의 입장에서 보면 연필이라는 이름에 맞는 임시적인 사물은 있다]. 두 말[有·無]이 반드시 일치하는 것은 아니나 두 이치[眞·僞]가 결코 다른 것도 아니다. 따라서 경전에 "진제와 속제가 다른 것입니까? 대답한다. 다르지 않다."는 말씀이 있다. 앞의 이 경전을 통해 진제로 다만 있지 않음을 밝혔고 속제로 다만 없지 않음을 설명했다. 진제·속제의 입장에서 사물을 본 것이며 이제二

구절이 있다. 비슷한 내용이 들어있다.

諦라고 해 어떻게 사물이 두 개 있는 것이겠는가?

[6] ①[ⓓ]然則萬物果有其所以[167]不有, 有其所以不無. 有其所以不有, 故雖有而非有; 有其所以不無, 故雖無而非無. 雖無而非無, 無者不絶虛; 雖有而非有, 有者非眞有. 若有不卽眞, 無不夷[168]跡, 然則有無稱異, 其致一也.

[6] ①[ⓓ]그러한 즉 만물은 과연 '진정한 있음'이 아닌 원인이 있으며 '진정한 없음'이 아닌 이유가 있다. 진정한 있음이 아닌 원인이 있기에 비록 있으나 '진실한 있음[眞有]'은 아니며 진정한 없음이 아닌 이유가 있기에 비록 없으나 '아무 것도 없음[空無]'은 아니다. 비록 없음이나 '아무 것도 없음'은 아니므로 없음이 '아무 것도 없음[絶虛]'은 아니며 비록 있음이나 '진실한 있음'은 아니기에 있음이 참다운 있음은 아니다[非眞有=假有]. 있음이 진실한 실유實有가 아니듯 없음 역시 흔적조차 없는 것은 아니다. 그러한 즉 경전에서 때로는 있음으로 때로는 없음으로 말해 명칭은 다르나 그 명칭이 존재하는 목적·이치는 같다.

[7] ①[ⓔ]故童子[169]歎曰: "說法不有亦不無, 以因緣故諸法生."[170]

---

167) 소이所以는 '원인·이유'라는 의미이다.
168) '이夷'는 '멸滅하다·없애다'는 뜻이다.
169) 동자童子는 『유마힐소설경』 권상 「불국품 제1」에 나오는 보적寶積을 말한다. 『유마힐소설경』 권상 「불국품 제1」에 "於是長者子寶積, 卽於佛前, 以偈頌曰"이라는 구절이 있다.
170) 『유마힐소설경』 권상 「불국품佛國品 제1第一」에 "說法不有亦不無, 以因緣故諸法生."이라는 게송이 있다.

《瓔珞經》[171]云: "轉[172]法輪者, 亦非有轉, 亦非無轉, 是謂轉無所轉." 此乃眾經之微言也. 何者? 謂物無耶, 則邪見非惑; 謂物有耶, 則常見為得. 以物非無, 故邪見為惑; 以物非有, 故常見不得. 然則非有非無者, 信真諦之談也. 故《道行》云: "心亦不有亦不無."《中觀》云: "物從因緣故不有, 緣起故不無." 尋理即其然矣.

[7] ①[ⓔ]그래서 보적 동자는 "제법諸法은 있는 것도 아니고 없는 것도 아니다. 인연에 의해 모든 사물·관념이 생긴다고 (부처님은) 말씀하셨다."고 읊었다. 『보살영락경』에는 "부처님의 설법은 가르침을 설說하시는 것이 아니며 가르침을 설說하시지 않는 것도 아니다. 이것이 설법하시되 설법하지 않은 것이다."는 구절이 있다. 이것은 여러 경전들이 가르치는 이해하기 어려운 말씀들이다. 왜 그러한가? 만약 사물이 없다고 말하면 사견[邪見, 완전히 아무 것도 없다는 단견斷見 혹은 무견無見]이 잘못되지 않으며 사물이 있다고 하면 상견[常見, 항상 존재한다는 유견有見]이 성립된다. (그러나) 사물은 없음이 아니기에 사견은 미혹이 되며[잘못이 되며] 사물은 있음이 아니기에 상견常見 역시 성립되지 않는다. 그러한 즉 비유비무라는 것은 진실로 진제를 말씀하신 것이다. 그래서 『도행반야경』에 "마음 역시 있는 것도 아니며 없는 것도 아니다."는 말씀이 있다. 『중론』에도 "사물은 인연에서 생기기에 있는 것이 아니며 인연에 의해 일어나기에 없는 것도 아니다."는 구절이 있다. 이치를 탐구해보니 그것이 과연 그러하다.

---

171) 후진의 축불염竺佛念 스님이 번역한 경전으로 전14권이다. 권제13에 비슷한 구절이 있다. "文陜師利三白佛言: '法有生誠, 法無生誠, 一七諸佛, 所轉法輪, 愛有轉耶? 愛無轉耶?'"
172) 전轉은 '설법하다'는 의미이다.

[8] ①[f]所以然者, 夫有若眞有, 有自常有, 豈待緣而後有哉? 譬彼眞無, 無自常無, 豈待緣而後無也! 若有不能自有, 待緣而後有者, 故知有非眞有. 有非眞有, 雖有, 不可謂之有矣. 不無者, 夫無則湛然不動, 可謂之無. 萬物若無, 則不應起, 起則非無, 以明緣起故不無也. 故《摩訶衍論》云: "一切諸法, 一切因緣故應有; 一切諸法, 一切因緣故不應有. 一切無法, 一切因緣故應有; 一切有法, 一切因緣故不應有." 尋此有無之言, 豈直反論而已哉! 若應有[173)即是有, 不應言無; 若應無[174)即是無, 不應言有. 言有, 是爲假有以明非無, 借無以辨非有, 此事一稱二. 其文[175)有似不同, 苟領其所同[176), 則無異而不同.

[8] ①[f]왜 그러한가? 무릇 있음이 '진정한 있음'이라면 그 있음은 항상 있는 것이지 어떻게 인연을 기다린 후 있는 것이겠는가? 비유譬喩로 말해 그것이 '진정한 없음'이라면 그 없음은 항상 없는 것이지 어떻게 인연을 기다린 후 없는 것이겠는가! 만약 있음이 스스로 능히 있는 것이 아니라면 이는 인연을 기다린 후 있는 것이기에 이 있음은 '진정한 있음'이 아님을 알 수 있다. 있음이 진정한 있음이 아니므로 비록 있으나 있다고 말할 수 없다. '불무[不無. 없음이 아님]'에서 무無란 맑고 고요해 움직임이 없는 것을 무라 말할 수 있다. 만물이 만약 없음이라면 마땅히 생기生起하지 않아야 된다. 생기한 즉 이는 없음이 아니다. 인연因緣에서 생겨나기에 없음이 아니란 것을 알 수 있다. 그래서 『대지도론』에 "일체 제법은 인연에서 생기기에 가유假有가 있다. 일체

---

173) 응유는 진유眞有와 같은 의미이다.
174) 응무는 진무眞無와 같은 뜻이다.
175) 경전과 논에 나오는 비유非有라는 말과 비무非無라는 말을 가리킨다.
176) 비유비무非有非無의 통합체 즉 중도中道의 이치를 말한다.

제법은 인연에서 생기기에 '참다운 있음'이 아니다. 일체 제법은 '본성상 존재하지 않은 것'인데 인연 때문에 가유假有가 있다. 일체의 가유假有는 인연에서 생기며 스스로 만들어진 것이 아니므로 '참다운 있음'이 아니다."는 말씀이 있다. 있음과 없음의 말들을 조사해 보니 (이들이) 어찌 단지 상반되는 논리를 서술한 것이겠는가! 만약 '당연히 있음'이 '항상 있음'이라면 당연히 없다고 말할 수 없다. 만약 '당연히 없음'이 '항상 없음'이라면 당연히 있다고 말 할 수 없다. 있음을 말함은 가유假有로 '없음이 아님'을 밝히는 것이며 없음을 빌려 '있음이 아님'을 설명하는 것이다. 이것은 만물의 본성이 공이라는 점에서 같으나 비유非有와 비무非無라는 두 칭호가 있다는 것이다. (경전과 논서에 나오는) 비유非有라는 말과 비무非無라는 말이 보기에는 같지 않아도 중도中道의 이치를 체득하면 다르거나 같지 않음이 없다.

[9] ①[ⓖ]然則萬法果有其所以不有, 不可得而有; 有其所以不無, 不可得而無. 何則? 欲言其有, 有非眞生[177]; 欲言其無, 事象既形. 象形不即無, 非眞非實有. 然則不眞空義, 顯於茲矣! 故《放光》云: "諸法假號不眞, 譬如幻化人."[178] 非無幻化人, 幻化人非眞人也.

[9] ①[ⓖ]그러한 즉 만법은 있음이 아닌 이유가 있기에 실제로 있다고 말하지 못하고 없음이 아닌 원인이 있기에 실제로 없다고 말하지 못한다. 왜 그런가? 그 있음을 말하고자 하나 태어남[있음]은 진정한 있음이 아니며 없음을 말하고자 하나 사물은 이미 형태가 있다. 모습이 있기에 없음은 아니며 진정한 있음이 아니기에 실제로 있는 것은

---

177) 진생眞生은 진유眞有를 말한다.
178) 『방광반야경』 권제18 「마하반야바라밀초월법상품摩訶般若波羅蜜超越法相品 제79 第七十九」에 있는 구절이다.

아니다. 그러한 즉 '참답지 않음[不眞]', 즉 공空의 의미가 여기에서 분명히 드러난다! 그래서 『방광반야경』에 "제법은 '가짜 이름'이기에 참다운 것은 아니다. 예를 들면 허깨비 사람 같은 것이다."는 말씀이 있다. 허깨비가 없는 것은 아니지만 허깨비가 진정한 사람은 아니다.

[10] ①[ⓑ]夫以名求物, 物無當名之實; 以物求名, 名無得物之功. 物無當名之實, 非物也; 名無得物之功, 非名也. 是以名不當實, 實不當名. 名實無當, 萬物安在? 故《中觀》云: "物無彼此." 而人以此爲此, 以彼爲彼. 彼亦以此爲彼, 以彼爲此. 此、彼莫定乎一名, 而惑者懷必然之志. 然則彼此初非有, 惑者初非無. 既悟彼此之非有, 有[179] 何物而可有[180]哉? 故知萬物非真, 假號久矣. 是以《成具》立強名之文, 園林[181]託[182]指馬之況[183]. 如此, 則深遠之言, 於何而不在? 是以

---

179) 여기서 유有는 대명사로 '어느, 어떤'이라는 뜻이다.
180) 여기서 유有는 동사로 '있다, 존재하다'는 의미이다.
181) 원림園林은 『장자莊子』의 저자 장주莊周를 가리킨다. 그가 한 때 '칠원漆園'을 관리하는 '칠원리漆園吏'를 역임했었기 때문이다. 『사기史記』 권63 「노자한비열전老子韓非列傳 제3第三」에 "莊子者, 蒙人也, 名周. **周嘗爲蒙漆園吏**, 與梁惠王齊宣王同時[장자는 몽 지방 사람으로 이름은 주이다. 주는 일찍이 몽 지방의 칠원의 관리를 지냈는데 양 혜왕, 제 선왕과 같은 시대의 사람이었다]."라고 되어있다. BCE 400년에 태어난 양나라 혜왕은 BCE 369년부터 BCE 319년까지 재위在位한 인물로 지금의 산서성山西省 하현夏縣을 수도로 삼았던 전국시대 위국魏國의 제3대 왕이었다. 그는 후일 수도를 지금의 하남성 개봉開封, 즉 대량大梁으로 옮긴다. 그래서 위 혜왕이라고도 하지만 양 혜왕이라고도 한다. BCE 350년 경 태어난 제나라 선왕은 BCE 320년-BCE 301년 재위在位했다. 한편, 칠원漆園이 ①원[園. 과수원처럼 울타리가 있는 산림이나 동산]의 이름인지; ②지명地名인지에 대해서는 학자들 사이에 주장이 갈린다. "원림園林"으로 표현한 것으로 보아 승조 스님은 '칠원漆園'을 '지명地名' 보다는 '원園'으로 파악한 것으로 보인다.
182) 탁託은 '빌리다, 의지하다'는 의미이다.
183) 『장자』 「제물론齊物論」편에 나오는 구절이다. 원문은 "以馬喻馬之非馬, 不若以非馬喻馬之非馬也."이다. "말을 가지고 말이 말 아님을 밝히는 것은 말이 아닌 것을 가지고 말이 말 아님을 밝히는 것만 못하다."로 해석된다. 각자가 자기 나름대로는

聖人乘千化而不變, 履萬惑而常通者, 以其卽萬物之自虛, 不假虛而虛物[184]**也. 故經云:"甚奇世尊! 不動眞際**[185]**, 爲諸法立處**[186]**."**[187] **非離眞而立處, 立處卽眞也.**

[10] ①[ⓗ]무릇 이름으로 사물을 찾으면 사물에는 이름에 적합한 실재實在는 없다. 사물에 입각해 이름을 추구하면 이름에는 사물에 들어맞는 공능功能은 없다. 사물에 이름과 맞는 실재가 없기에 '진실한 사물'은 아니다. 이름에 사물과 들어맞는 공능이 없기에 '참된 이름'은 아니다. 그래서 이름은 (사물의) 실재와 부합符合되지 않고 (사물의) 실재는 이름에 들어맞지 않는다. 이름과 실재가 합당하지 않으면 만물은 어디에 있는 것인가? 그래서 『중론』에 "사물에는 이것과 저것의 구별이 없다."는 구절이 있다. 그런데 사람들은 이것으로 이것을 삼고 저것으로 저것을 삼는다. 다른 사람 역시 이것으로 저것을 삼고 저것으로 이것을 삼는다. 이것과 저것은 하나의 이름으로 확정지을 수 없지만 어리석은 사람은 이것은 이것이고 저것은 저것이라고 확정적으로 고

옳음과 그름에 대한 판단과 이것과 저것에 대한 구분의 기준을 가지고 있기에 확연히 구별하기 힘들다는 것이다.
184) 허물虛物은 현행본 『부진공론』 단락 [5]에 나오는 '패공敗空'·'재할宰割'과 비슷한 의미이다. '사물을 끝까지 분석한 다음 공空하게 만든다'는 뜻이다.
185) 진제眞際의 제際에는 ①지극·궁극; ②끝 등의 의미가 있다. 진제는 진리의 경지, 절대의 경지, 진실·궁극의 깨달음 그 자체라는 뜻. 진여眞如와 상통한다. 여기서는 '진리가 있는 곳'이라는 의미로 '공성을 체득할 수 있는 바로 그 자리'로 해석하는 것이 보다 더 정확하다.
186) '입처立處'는 '서 있는 곳'이라기보다는 '사물의 본성을 관찰하는 바로 그 자리'를 의미한다.
187) 『방광반야경』 권제20 「마하반야바라밀제법등품摩訶般若波羅蜜諸法等品 제86第八十六」에 비슷한 구절이 있다. "是故, 須菩提! 是爲如來大士之所差特, **不動於等覺法, 爲諸法立處.**" 한편 이 구절은 현행본 「반야무지론」 단락 [8]에도 나온다. 『조론신소유인』(권상)[WX54, 293b4], "不動眞際, 爲諸法立處, 謂不壞俗諦名爲立處. 蓋眞卽俗也."

집하고 생각한다. 그러한 즉 이것과 저것은 처음부터 있지 않았다. (그런데) 어리석은 사람은 이것은 이것이고 저것은 저것이지 없는 것은 아니라고 생각한다. 이미 이것과 저것이 있지 않음을 깨달았다면 어떤 물건에 대해 (이것과 저것이) 있다고 말할 수 있겠나? 따라서 만물은 진짜가 아니고 가짜 이름을 사용한 지 오래되었음을 알 수 있다. 이로 인해 『성구광명정의경』에는 "(사물에) 억지로 이름을 붙였다."고 나오고, 장주는 『장자』「제물론」에서 '말[馬]을 가리키는 상황'을 빌려 (이 이치를) 설명하고자 했다. 이처럼 심오한 말이 어디엔들 없으랴? 그래서 성인이 많은 변화[사물]에 의거하지만 변하지 않고[성공性空의 도리를 깨닫고] 여러 미혹을 거치지만 항상 이치에 통달할 수 있는 것은 만물의 본성이 스스로 공함을 체득했기 때문이며 공空을 빌려 만물을 공하게 만들었기 때문은 아니다[사물을 자세하게 분석해 그것이 공空하다고 안 것은 아니다]. 이로 인해 경전에 "부처님이시여! 매우 신기합니다. 사물의 공성空性을 떠나지 않고 만물을 관찰하시니!"라는 말씀이 있다. 공성을 체득할 수 있는 그 자리를 벗어나지 않고 공성을 관찰하니 공성을 관찰하고 체득하는 그것이 바로 '진리[깨달음]'이다.

[11] ①[ⓘ]然則道遠乎哉? 觸事而眞; 聖遠乎哉? 體之卽神.
　[11] ①[ⓘ]그러면 깨달음은 멀리 있는가? 사물의 본성[空性]을 체득體得하는 그것이 바로 진리[中道]를 증득하는 것이다. 성스러움은 멀리 있는가? 중도를 체험하는 그것이 곧 신령스러움이다.

반야무지론 제3

[1] ①「般若無知論」[188] 第三[189].

[1] ①「반야무지론」 제3.

[2] ①夫般若虛玄[190]者, 蓋是三乘之宗極[191]也, 誠眞一之無差, 然異端之論紛然久矣.

[2] ①대저 모양이 없고 알기 어려운 반야는 성문 · 연각 · 보살이 숭

---

188) 승조 스님은 『대품반야경』(404)이 한역된 후인 404-408년 「반야무지론」을 지었다. 반야는 불교에서 말하는 지혜를 뜻한다. 범부의 지혜가 아닌 성공性空의 이치를 깨친 불 · 보살의 지혜를 가리킨다. 산스크리트어 prajñā의 음역音譯이어다. 승조 스님은 이 글에서 반야를 성지聖智 · 성심聖心 등으로 표현하기도 한다. '무지無知'는 지혜가 없다는 의미가 아니고 '그릇된 지혜가 없다[無妄知]' 혹은 '미혹되게 집착하는 지혜가 없다[無惑取之知]'는 뜻이다. 후일에는 '무분별지無分別智'로 한역됐다. 반야와 무지는 동전의 앞뒷면과 같은 관계이다. 반야般若가 무지無知이고 무지가 반야인 것이다. 유유민 거사 등은 '무지無知'를 '지혜가 없다'로 잘못 이해해 승조 스님에게 질문 편지를 보냈고 이에 대한 승조 스님의 답변 등이 「반야무지론」에 첨부되어 있다. 당나라 원강 스님이 찬술한 『조론소』에 따르면 「반야무지론」은 크게 세 부분으로 구성됐다. ①반야에 대한 승조 스님의 설명; ②유유민 거사의 질문 편지; ③승조 스님의 답변 편지 등이 그것이다. 한편 『대품반야경』에는 협의와 광의의 두 의미가 있다. ①구마라집 스님이 번역한 『소품반야경』(전10권)을 '소품반야경', 구마라집 스님이 번역한 『마하반야바라밀경』(전27권)을 '대품반야경'이라 한다; ②후한의 지루가참 스님이 번역한 『도행반야경』(전10권), 오나라의 지겸 거사가 번역한 『대명도무극경大明度無極經』(전6권), 구마라집 스님이 번역한 『소품반야경』(전10권) 등을 '소품반야경'이라 한다. 반면 서진의 무라차無羅叉 스님과 축숙란竺叔蘭 거사가 함께 번역한 『방광반야경』(전20권), 축법호 스님이 번역한 『광찬반야경』(전10권), 구마라집 스님이 번역한 『마하반야바라밀경』(전27권) 등을 '대품반야경'이라 부른다.
189) 『조론』의 세 번째 글이라는 의미이다.
190) '허현虛玄'에서 모습이 없는 것이 허虛이고, 그윽하고 은밀해 알기 어려운 것이 현玄이다.
191) 종극宗極은 숭상하는 최고 진리라는 의미이다.

상하는 '최고의 진리'이며 진실로 유일한 것이기에 (반야에 대해서는) 다른 견해가 있을 수 없다. 그러나 (반야에 대한) 다양한 의견들이 제기되어 논의가 분분한 지 오래 되었다.

[3] ①有天竺沙門[192]鳩摩羅什[193]者, 少踐大方[194], 硏幾[195]斯趣, 獨拔於言象[196]之表, 妙契於希夷[197]之境, 齊[198]異學於迦夷[199], 揚淳風[200]於東扇. ②將爰[201]燭殊方而匪耀涼土[202]者, 所以道不虛應, 應必

---

192) 산스크리트어 śramaṇa의 음역어이다.
193) 『진서晉書』 권95 「열전列傳 제65」에 「구마라집전」이 있다. 내용은 『고승전』 권제2 「구마라집전」과 대동소이하다.
194) 천踐은 '연찬하다'는 의미. 대방大方은 현행본 『노자』 제41장에 나오는 '大方無隅[큰 사각형에는 모퉁이가 없다]'에서 빌린 것이다. 여기서는 대승이라는 의미로 사용됐다.
195) 기幾는 명사로 '미세함'이라는 뜻이다.
196) 언상言象은 언어문자를 의미한다. 이 말은 본래 위나라 왕필(王弼, 226-249)이 지은 『주역략례』 「명상明象」에 나온다. "夫象者, 出意者也; 言者, 明象者也[(주역의) 상은 의意를 표현하고 언言은 상을 밝히는 것이다]."
197) 현행본 『노자』 제14장에 "視之不見名曰夷; 聽之不聞名曰希[보아도 보이지 않는 것을 이夷라 하고 들어도 들리지 않는 것을 희希라 한다]."라고 했다. 따라서 '희이希夷'는 심오한 경계를 표현하는 말이라 할 수 있다.
198) 제齊는 '평정하다'는 의미이다.
199) '가이迦夷'는 산스크리트어 kapilavastu를 음역한 말이다. 부처님이 태어난 나라로 지금의 네팔에 속해 있다. 여기서는 고대 인도, 즉 천축을 의미하는 단어로 사용됐다.
200) 순풍淳風은 순수한 바람, 즉 '반야(지혜)의 바람'을 가리킨다.
201) 원爰은 동사로 '옮기다'는 의미이다. 『소아小雅』에 "爰, 易也[원은 '바꾸다 · 옮기다'이다]."라고 나온다.
202) 구마라집 스님이 양주涼州에 있어야만 했던 이유에 대해서는 『고경』 제62호(2018년 6월호)에 실린 『『조론』은 어떤 책인가?』를 참조하라. 양주는 지금의 중국 감숙성甘肅省 무위武威 시市이다.

有由矣. ③弘始三年[203], 歲次星紀[204], 秦乘入國之謀, 舉師[205]以來之, 意[206]也, 北天之運數[207]其然也.

[3] ①천축 출신 구마라집 스님은 어려서 대승의 여러 경전들을 연구했고 반야학의 가르침을 깊고 세밀하게 파헤쳤다. 언어문자의 표면적 의미를 홀로 넘어서고 보고 듣는 수준을 뛰어넘는 현묘한 경지에 이르렀다. 천축의 그릇된 학설들을 평정했고 중국에까지 진실한 반야지혜의 바람을 불어오게 했다. ②이에 진리의 불을 다른 지방에 옮기고자 노력하다 양주에서 빛을 숨기고 있었는데 진리를 전파할 때는 당연히 시절인연에 부응해야 되고 시절인연의 도래에는 반드시 연유가 있어야 되기 때문이다. ③홍시 3년[401] 신축년辛丑年 후진이 구마라집 스님의 입국을 준비하고 군사를 일으켜 그를 장안에 모셔왔는데 (이

---

203) 401년 12월20일 구마라집 스님이 장안에 도착했다.
204) 고대 천문학에서 태양이 움직이는 곳[黃道]을 서쪽에서 동쪽으로 12개 지역으로 등분한 것이 십이차十二次이다. 구체적으로 성기星紀, 현효玄枵, 추자娵訾, 강루降婁, 대량大梁, 실침實沈, 순수鶉首, 순화鶉火, 순미鶉尾, 수성壽星, 대화大火, 석목析木이다. 이 가운데 성기星紀는 십이지의 축丑에 해당되고 음력 12월을 가리킨다. 성기星紀는 본래 달[月]을 가리키는 이름이나 승조 스님은 여기서 해[年]을 지칭하는 말로 사용했다. 다시 말해 401년은 태세太歲, 그 해의 간지가 신축년辛丑年인데 마침 성기星紀가 축월丑月이기에 달 이름으로 해[年]를 가리키는데 사용한 것으로 401년 12월20일 구마라집 스님이 장안에 도착했다는 것이다. 한편 『이아爾雅』 권6 「석천釋天 제8第八」에 성기星紀에 대한 설명이 있다. 『회남자淮南子』 제3편 「천문天文」과 제4편 「지형墬形」에도 비슷한 내용이 있다. 십이지十二支, 십이차, 달[月]의 관계는 아래 도표와 같다. 현대 천문학으로 보면 지구가 태양을 도는 큰 궤도가 황도黃道이다.

十二支	자子	축丑	인寅	묘卯	진辰	사巳	오午	미未	신申	유酉	술戌	해亥
十二次	현효玄枵	성기星紀	석목析木	대화大火	수성壽星	순미鶉尾	순화鶉火	순수鶉首	실침實沈	대량大梁	강루降婁	추자娵訾
月	11	12	1	2	3	4	5	6	7	8	9	10

205) 사師는 '병사들의 무리'라는 의미이다.
206) 의意는 천의天意, 즉 하늘의 뜻이라는 말이다.
207) 수數는 명사로 '팔자·운명'이라는 의미이다.

는) 하늘의 뜻이자 후진의 운명이 그러했다.

　　[4] ①大秦天王²⁰⁸⁾者, 道契²⁰⁹⁾百王之端²¹⁰⁾, 德洽²¹¹⁾千載之下, 游刃²¹²⁾萬機²¹³⁾, 弘道終日, 信²¹⁴⁾季俗²¹⁵⁾蒼生之所天, 釋迦遺法之所仗也. ②時乃集義學沙門五百餘人於逍遙觀²¹⁶⁾, 躬執秦文, 與什公叄定²¹⁷⁾方等²¹⁸⁾. 其所開拓者, 豈謂當時之益, 乃累劫之津梁矣. ③余以短乏²¹⁹⁾, 曾廁²²⁰⁾嘉會, 以爲上聞異要²²¹⁾, 始於時也.
　　[4] ①후진(384-417)의 천왕 요흥(366-394-416)의 도의道義는 요순 이래 역대 제왕諸王의 그것과 일치하고 덕행은 천년 이후까지 윤택하게

---

208) 대진大秦은 후진後秦을, 천왕天王은 후진의 제2대 군주 요흥姚興을 각각 가리킨다. 천왕은 본래 춘추전국시대 주나라 왕을 가리키는 용어였다. 당시 초나라 오나라 등이 스스로 왕이라 칭하자 주나라 왕에게 '천天'자를 덧붙여 이들과 구별했다. 십육국시대 후조의 석륵, 전진의 부견, 후진의 요흥, 하나라의 혁련발발 등도 천왕이라 칭했다. 청나라 말기 홍수전이 태평천국의 난을 일으키고 스스로를 천왕이라 부르기도 했다. 요흥은 즉위 후 황제라는 칭호를 사용하다 후일 천왕天王으로 바꾸었다.
209) 계契는 '부합되다'는 의미이다.
210) 단端은 명사로 ①끝, 처음 생겨난 물건의 꼭대기; ②시초, 시작, 실마리 등의 의미가 있다. 여기서는 시초, 시작이라는 의미로 사용됐다.
211) 흡洽은 '적시다, 윤택하게 하다'는 의미이다.
212) 유인游刃은 '능숙하게 처리하다'는 뜻이다.
213) 기機는 명사로 계기, 실마리, 기밀, 비밀이라는 의미이다. 만기萬機는 군사상 정치상의 모든 일을 의미한다.
214) 신信은 '진실로'라는 의미.
215) 계속季俗은 말세라는 뜻이다.
216) 본래는 요흥의 별궁이었다. 구마라집 스님이 장안에 들어온 후 여기에 역장譯場이 차려지자 교리를 토론하는 장소로도 사용됐다. 구마라집 스님은 401부터 405년까지 소요원에 406년부터 413년까지 초당사草堂寺[대석사大石寺·대사大寺]에 머물렀다. 소요원이 바로 궁사宮寺이다.
217) 참정叄定은 '토의하다, 상의하다'는 뜻이다.
218) 방등方等은 대승(경전)을 가리킨다.
219) 단핍短乏은 '재주가 짧고 덕이 부족하다'는 의미이다.
220) 측廁은 '참가하다'는 뜻이다.
221) 이요異要는 '(불교에 대한) 새롭고 신기한 가르침과 핵심'을 의미한다.

할 것이다. (요흥 왕은) 군사상·정치상의 모든 일들을 능숙하게 처리하며 불교를 선양함에 여념이 없다. (그래서) 진실로 말세 중생이 의지하는 하늘이자 부처님 가르침이 기대는 의지처이다. ②그때 교리를 연구하는 출가자 오백 여명을 소요관에 모아 요흥 왕이 친히 진나라 말로 구마라집 스님과 함께 대승의 학설들을 토론했다. 그 개척의 공로가 어찌 당대에만 이익이겠는가? 오랜 세월동안 중생을 피안으로 인도하는 교량 역할을 할 것이다. ③재주가 짧고 덕이 부족한 나 승조도 일찍이 아름다운 모임에 참석했으며 뛰어난 가르침과 중요한 교의를 듣기 시작한 것도 이때부터이다.

[5] ①然則聖智[222]幽微, 深隱難測, 無相無名, 乃非言象之所得. 爲試惘象[223]其懷, 寄之狂言耳, 豈曰聖心[224]而可辨哉?

[5] ①그러나 반야지혜는 그윽하고 미묘하며 의미는 깊고 은밀해 알기 어렵다. 모습도 없고 이름도 없기에 언어문자로 체득할 수 있는 것이 아니다. (그럼에도) 시험 삼아 잡념 없는 무심無心으로 (나의) 견해를 말해 보겠지만 어찌 반야지혜를 드러내 밝힐 수 있다고 하겠는가?

[6] ①試論之曰:《放光》云:"般若無所有相, 無生滅相."[225]《道行》

---

222) 성지聖智는 반야지혜를 가리킨다.
223) 망상惘象은 『장자』「천지天地」편에 나오는 상망象罔이다. 여기서는 집착이나 욕심이 없는 무심無心을 뜻한다.
224) 성심聖心은 반야지혜를 가리킨다.
225) 『방광반야경』 권제14 「마하반야바라밀아유월치상품摩訶般若波羅蜜阿惟越致相品 제62第六十二」에 비슷한 구절이 있다. "佛言:'般若波羅蜜如虛空相, 亦非相, 亦不作相.'"

云: "般若無所知, 無所見."[226) 此辨智照[227)之用, 而曰無相無知者, 何耶? ②果有無相之知、不知之照, 明矣. 何者? ③夫有所知, 則有所不知. 以聖心無知, 故無所不知. 不知之知, 乃曰一切知. 故經云: "聖心無所知, 無所不知."[228) 信矣. ④是以聖人虛其心而實其照, 終日知而未嘗知也. 故能默耀[229)韜光, 虛心玄鑒, 閉智塞聰, 而獨覺冥冥[230)者矣.

[6] ①시험 삼아 말해 보겠다. 『방광반야경』에 "반야는 모양도 없고 태어나고 사라지는 모습도 없다."는 말씀이 있다. 『도행반야경』에도 "반야에는 미혹되게 작용하는 지혜가 없고 그릇되게 인식하는 견해도 없다."고 나온다. 이것은 반야가 인식하는 작용을 밝힌 것인데 모습도 없고 (미혹되게 작용하는) 지혜도 없다고 말하는 것은 무엇 때문인가? ②(경전에 나오는 대로) 과연 '모양 없는 지혜'와 '미혹되게 작용하는 지혜가 없는 인식'이 있다는 것은 분명하다. 왜 그런가? ③대저 (범부가 사물을) 안다는 것에는 사물의 '근본 성질[空性]'을 체득하지 못함이 있다. (그러나) 반야에는 미혹되게 작용하는 지혜가 없기에 (보통 사람들처럼 사물의 근본 성질에 대해) 인식하지 못하는 것이 없다. 미혹되게 작용하는 지혜가 없기에 (반야를) 일체지라 부른다. 그래서 경전에 "반

---

226) 『도행반야경』 권제1 「도행품道行品 제1第一」에 비슷한 구절이 있다. "何所爲菩薩般若波羅蜜? 如是說菩薩, 都不可得見, 亦不可知處處."
227) 조조는 인식작용을 말한다.
228) 『사익범천소문경』 권제1 「해제법품解諸法品 제4第四」에 비슷한 구절이 있다. "以無所得故得, 以無所知故知."
229) 묵요默耀는 조용하게 비춘다, 즉 (무엇을 한다) 의식 없이 사물을 인식한다는 의미이다.
230) '명명冥冥'은 『장자』 「천지」편과 「지북유知北遊」편에 나온다. 「천지」편: "冥冥之中, 獨見曉焉[캄캄한 어둠 속에서 홀로 새벽빛을 본다]." 「지북유」편: "夫昭昭生於冥冥, 有倫生於無形[대저 밝은 것은 어두운 것에서 생기고 모양이 없는 것에서 모양 있는 것이 생겨난다]." 명명은 공공空空으로 공의 이치를 말한다.

야에는 미혹되게 작용하는 지혜가 없기에 (보통 사람들처럼 근본 성질에 대해) 인식하지 못하는 것이 없다."는 말씀이 있는데 이는 진실로 그러하다. ④그리하여 부처님은 (사물을 인식할 때) 어떠한 생각이나 감수感受도 없이 마음을 절대적으로 비워 사물의 본성을 있는 그대로 파악한다. 하루 종일 사물을 인식하지만 미혹되게 작용하는 지혜가 없다. 따라서 (부처님은 해야겠다는) 의식도 없이 사물을 인식하며 안으로 빛을 감춰 드러내지 않고, 집착 없이 그윽하게 (사물을) 비춰보며, 미혹된 지혜를 닫고 '거짓 총명[분별심]'을 막았기에 홀로 공空의 도리를 체득할 수 있었다.

[7] ①然則智²³¹⁾有窮幽之鑒, 而無知²³²⁾焉; 神²³³⁾有應會之用, 而無慮焉. 神無慮, 故能獨王²³⁴⁾於世表²³⁵⁾; 智無知, 故能玄照於事外²³⁶⁾. 智雖事外, 未始無事; 神雖世表, 終日域中. ②所以俯仰²³⁷⁾順化, 應接無窮, 無幽不察, 而無照功. 斯則無知之所知, 聖神之所會也.

[7] ①그러한 즉 실지實智는 (진리를) 깊게 인식해 이해하나 (실지에는) '미혹되게 작용하는 지혜[惑知]'가 없고 권지權智는 중생을 교화하는 공능을 가지고 있으나 (권지에는) '그릇되게 생각하는 사고[惑慮]'가 없다. '그릇되게 생각하는 사고思考'가 없기에 세속 세계 밖에서 자유자재

---

231) 지智는 실지實智를 말한다.
232) 무지無知는 지혜가 없다는 의미가 아니고 '세속의 지혜처럼 미혹되게 작용하는 지혜가 없다'는 의미이다. '미혹되게 작용하는 지혜'를 '혹지惑知'라 한다.
233) 신神은 권지權智를 가리킨다.
234) 독왕獨王은 자유자재 함을 표현한 말이다.
235) 세표世表는 세속세계 밖, 즉 세속에 미혹되지 않는 것을 말한다.
236) 사외事外는 진제를 의미한다.
237) 부俯는 고개 숙이는 것을, 앙仰은 고개를 위로 드는 것을 말한다. 따라서 부앙은 '자유자재하게 움직인다'는 의미이다.

로 움직인다. '미혹되게 작용하는 지혜'가 없기에 실지는 능히 진제를 인식한다. (성인의) 실지는 비록 진제를 인식하나 하지 않는 일이 없고 권지는 비록 세속 밖에서 움직이나 항상 세속 사회 안에 머문다. ②그래서 (부처님은) 자유자재로 (세속에) 순응하고 끊임없이 중생을 교화하며 진리를 통찰해도 미혹되게 인식하거나 그릇되게 이해하지 않는다. 이것이 바로 '미혹 없는 지혜[實智]'가 대상을 인식하는 것이며 성스러운 권지權智가 사물을 이해하나 그것에 묶이지 않는 것이다.

[8] ①然其爲物[238]也, 實而不有, 虛而不無, 存而不可論者, 其唯聖智乎! 何者? ②欲言其有, 無狀無名; 欲言其無, 聖以之靈. 聖以之靈, 故虛不失照; 無狀無名, 故照不失虛. 照不失虛, 故混[239]而不渝[240]; 虛不失照, 故動以接麤[241]. 是以聖智之用, 未始暫廢; 求之形相, 未暫可得. ③故寶積曰: "以無心意而現行."[242]《放光》云: "不動等覺[243], 而建立諸法."[244] 所以聖迹[245]萬端[246], 其致一而已矣.

---

238) 위물爲物은 '물건 된 모습', 즉 반야가 작용하는 양상을 말한다. 『중용』 제26장에 용례가 있다. "天地之道, 可一言而盡也. 其爲物不貳[천지의 도는 한마디로 다 할 수가 있다. 그 모습이 둘로 나누어지지 않는다]."에 보이는 '위물爲物'이 그것이다. 『중용』의 위물은 '도의 본질'을 의미한다.
239) 혼混은 '혼잡하다, 섞이다'는 의미이다.
240) 유渝는 동사로 '변화하다, 달라지다'는 뜻이다.
241) 접접은 교화하다는 의미, 추麤는 범부·중생을 가리킨다.
242) 지겸支謙 거사가 한역한 『불설유마힐경』 권상 『불국품 제1』[T14, 519c21]에 있는 구절이다. 그런데 『불설유마힐경』에는 '동자보사童子寶事'로 『유마힐소설경』에는 '장자자보적長者子寶積'으로 번역되어 있다.
243) 등각等覺은 반야를 말한다.
244) 『방광반야경』 권제20 「마하반야바라밀제법등품摩訶般若波羅蜜諸法等品 제86제八十六」[T8, 140c15]에 "不動於等覺法, 爲諸法立處."라는 구절이 있다.
245) 성적聖迹은 반야지혜의 활동을 가리킨다.
246) 만단萬端은 '(반야를) 다양하게 해석하다' 혹은 '반야지혜의 다양한 활동의 흔적'을 말한다.

[8] ①그러나 그 모습[반야가 작용하는 양상]은 진실로 존재하나 '있는 것'도 아니며 형체가 없지만 '없는 것'도 아니다. 존재하지만 언어문자로 직접 설명할 수 없는 것이 바로 반야이다. 왜 그런가? ②반야가 있다고 말하고 싶지만 형태도 이름도 없고 반야가 없다고 말하고 싶으나 성인[부처님]은 그것으로 (사물을) 인식하고 신령스러움을 발휘한다. 성인이 반야로 (사물을) 인식하고 신령스러움을 발휘하기에 (반야는) 형체도 모습도 없지만 인식 능력을 잃어버린 것은 아니다. 반야가 형체도 이름도 없이 (대상을) 인식하나 '텅 빔'이 사라진 것은 아니다. 인식하지만 '텅 빔'을 잃어버린 것이 아니기에 성인은 세속에 있어도 (반야의) 공성空性을 바꾸지 않는다. 형체도 모습도 없지만 반야의 인식 능력을 잃어버린 것은 아니기에 성인은 모든 활동을 통해 중생을 교화한다. 따라서 반야의 작용은 잠시라도 멈춤이 없고 형체와 모습을 찾아보면 조그마한 것도 얻을 수 없다. ③그래서 동자 보적은 "(반야에는) 미혹되게 작용하는 지혜나 그릇되게 분별하는 사고思考가 없으며 항상 인식 작용을 한다."고 말했다. 『방광반야경』에도 "반야지혜를 떠나지 않고 사물의 본성을 인식한다."고 나온다. 따라서 반야의 작용은 다양하지만 그 본성[이치]은 언제나 일치한다.

[9] ①是以般若可虛而照, 真諦可亡而知, 萬動可即而靜, 聖應可無而為. 斯則不知而自知, 不為而自為矣. 復何知哉? 復何為哉?

[9] ①그리하여 반야는 비록 본성상 공하지만 (대상을) 인식하는 공능이 있고 진제는 비록 모양은 없지만 반야지혜로 그것을 파악할 수 있다. (반야는) 변화 속에서 불변하는 본체를 인식할 수 있고 성인은 만물을 교화하지만 무엇을 한다는 생각 없이 그런 일을 한다. 이것이 바로 그릇되게 작용하는 지혜가 없이 인식하는 것이며 하고자 함이 없

이 행하는 것이다. 다시 어떤 지혜가 있단 말인가? 다시 무엇을 한단 말인가?

[10] [질문 1]247)①難曰: 夫聖人真心獨朗, 物物斯248)照, 應接無方249), 動與事會250). 物物斯照, 故知無所遺; 動與事會, 故會不失機251). 會不失機, 故必有會於可會; 知無所遺, 故必有知252)於可知. ②必有知於可知, 故聖不虛知253); 必有會於可會, 故聖不虛會254). 既知、既會, 而曰無知、無會者, 何耶? ③若夫忘知遺會者, 則是聖人無私於知會, 以成其私耳.255) 斯可謂不自有其知, 安得無知哉?

[10] [질문 1]①질문한다: 대저 성인[부처님]의 지혜인 반야는 홀로 밝아 만물을 모조리 비춘다[인식한다]. (그래서) 중생을 교화함에 한

---

247) 질문자는 '지知'의 의미에 대해 오해하고 있다. 승조 스님이 말한 '무지無知'는 '지혜가 없다'는 의미가 아니고 '미혹되게 작용하는 지혜가 없다', 즉 부처님[성인]에게는 '범부와 같은 분별하는 지혜가 없다'는 것인데 '지知'자에 집착해 '무지'를 '지혜가 없다'로 잘못 해석해 질문하고 있다. 「반야무지론」을 읽을 때 '지知'자에 특히 유의해야 된다. 아홉 번의 질문과 아홉 번의 답변이 이어진다. 편의상 [질문 1]·[답변 1] 등으로 표기했다.
248) 사斯는 시澌이다. 시澌는 '다하다, 없어지다'는 의미. 진盡과 뜻이 같다.
249) 방方은 끝, 경계, 한계라는 의미. '무방無方'은 '한계가 없다'는 뜻이다.
250) 회會는 ①(사물에) 적합하다, 적응하다; ②계합하다; ③체득하다; ④깨닫다 등의 뜻이다.
251) 기機는 사물의 중심·요점이라는 뜻이다.
252) 유회有會와 유지有知라는 말에는 성인에게는 체득할 수 있고, 알 수 있는 지혜가 존재한다는 것이다. 만약 그렇다면 반야에는 '생각'과 '앎'이 존재함을 인정해야 한다. 그래서 질문한다는 것이다.
253) 허지虛知는 무지無知를 말한다. 무지無知에서 지知는 '미혹되게 집착하는 지혜', 따라서 무지는 '미혹되게 집착하는 지혜가 없는 것'을 말한다.
254) 허회虛會는 무회無會를 말한다. 무회에서 회는 '미혹되게 작용하는 사고', 따라서 무회無會는 '미혹되게 작용하는 생각이 없는 것'을 말한다.
255) 이 구절은 현행본 『노자』 제7장에 나오는 "非以其無私耶? 故能成其私[그 사사로움을 없애는 것 아니겠는가? (그래서 결과적으로) 능히 그 사사로움을 이루어낸다]."를 원용한 것이다.

계가 없고 (성인의) 모든 활동은 사물의 본성과 서로 계합된다. 모든 존재를 인식하기에 남김없이 (본성을) 파악한다. 모든 활동이 사물의 본성과 계합되기에 요점을 체득하고 요점을 잃지 않는다. 요점을 체득하고 잃지 않기에 증득할 수 있는 것을 반드시 깨닫는다[안다]. 남김없이 (본성을) 파악하기에 알 수 있는 것을 반드시 이해한다[생각한다]. ②알 수 있는 것을 반드시 이해하기에 성인의 지혜는 '공허한 지혜[虛知]'가 아니다. 체득할 수 있는 것을 반드시 깨닫기에 성인의 이해는 '허무한 사고[虛會]'가 아니다. '공허한 지혜'가 아닌 지혜가 있고 '허무한 생각'이 아닌 사고思考가 있는데도 '지혜가 없다' '생각이 없다'고 말하는 것은 무엇 때문인가? ③만약 지혜를 잊고 이해함[사고함]을 잃어버렸다면 이것은 성인이 지혜와 이해함에 사사로움을 없애 (결과적으로) 사사로움을 이루는 것 아닌가[없다고 하면서 실제로는 있는 것 아닌가]! 이것으로 미루어 보면 성인은 스스로 '지혜를 가지고 있지 않다'고 말할 수는 있어도 어떻게 '지혜가 없다'고 하겠는가?

[11] [답변 1]①答曰: 夫聖人功高二儀[256]而不仁[257], 明[258]逾日月而

---

256) '이의二儀'는 하늘과 땅 혹은 음陰과 양陽을 가리킨다.
257) 불인不仁은 현행본 『노자』 제5장에 나오는 불인不仁, 즉 "天地不仁, 以萬物爲芻狗; 聖人不仁, 以百姓爲芻狗[천지는 어질지 않다, 세상 만물을 풀로 엮은 강아지 정도로 여길 뿐이다. 성인은 어질지 않다, 백성을 그저 풀로 엮은 강아지 정도로 여길 따름이다]."의 '어질지 않다'는 의미가 아니고 "스스로 선행善行을 했다고 내세우거나 의식하지 않는다."는 뜻에 가깝다.
258) 명明은 지혜, 즉 반야를 말한다.

彌昏²⁵⁹⁾. 豈曰木石瞽²⁶⁰⁾其懷, 其於²⁶¹⁾無知²⁶²⁾而已哉? 誠以異於人者神明²⁶³⁾, 故不可以事相²⁶⁴⁾求之耳. ②子意欲令聖人不自有其知, 而聖人未嘗不有知. 無乃²⁶⁵⁾乖於聖心, 失於文旨者乎? 何者? 經云: "真般若者, 清淨²⁶⁶⁾如虛空, 無知無見, 無作無緣."²⁶⁷⁾ 斯則知自無知矣, 豈待返照然後無知哉? ③若有知²⁶⁸⁾性空而稱淨者, 則不辨於惑智. 三毒四倒²⁶⁹⁾亦皆清淨, 有何獨尊於般若? 若以所知²⁷⁰⁾美般若, 所知非般若. 所知自常淨, 故般若未嘗淨, 亦無緣致淨歎於般若. 然經云"般若清淨"者, 將無²⁷¹⁾以般若體性真淨, 本無惑取之知. 本無惑取之

---

259) '미혼彌昏'은 '무지無知', 즉 '중생처럼 분별하는 지혜가 없다'는 의미이다.
260) 고瞽는 명사로 소경, 형용사로 맹목적이다·분별력이 없다, 동사로 눈이 멀다는 의미이다. 그래서 '마음에 분별력이 없다'로 해석된다.
261) '기어其於'는 '기여其如'와 같다. 張春波校釋(2010), 『肇論校釋』, 北京: 中華書局, p.80.
262) 여기서 무지無知는 전후 맥락을 보면 '미혹되게 작용하는 지혜가 없다'는 뜻이 아니고 '아는 것이 아무 것도 없다'는 의미이다. 다시 말해 '목석木石같이 아무것도 모른다'는 의미이다.
263) 신명神明은 반야의 인식 능력을 말한다.
264) 사상事相에는 ①밀교의 실천적인 수행 작법; ②작용의 모습; ③모습이 있어 볼 수 있는 것; ④사물의 모습[現象] 등의 의미가 있지만 여기서는 '어떤 작용에 대한 보통 사람의 견해' 혹은 ④의 뜻으로 쓰였다.
265) 무내無乃는 '… 이 아니겠는가?' 혹은 '너무 … 하지 않는가?'라는 의미이다.
266) 여기서 말하는 청정淸淨은 깨끗하다는 뜻보다는 '세속의 지혜처럼 미혹되게 작용하는 지혜가 없다'는 의미이다.
267) 『마하반야바라밀경』권제6 「출도품出到品 제21第二十一」과 『마하반야바라밀경』권제20 「누교품累教品 제66第六十六」 등에 비슷한 내용의 구절이 보인다. 글자가 같은 구절이 없는 것으로 보아 승조 스님이 경전의 '의미를 인용[義引]'한 것 같다.
268) 지知는 반야를 가리킨다.
269) 사전도四顚倒는 중생들이 존재의 실상을 모르고 무상無常한 것을 상常으로, 괴로움을 즐거움으로, 무아無我를 아我로, 깨끗하지 않은 것을 깨끗한 것으로 착각하는 것을 말한다. 네 가지 도리에 어긋난 견해를 가리킨다.
270) 소지所知는 반야의 인식 대상 즉 진제를 말한다.
271) 장무將無는 '… 이 아니겠는가?'라는 뜻으로 막비莫非와 같은 의미이다. 『세설신어』「문학文學 제4」편에 기재되어 있는 완선자阮宣子와 태위太尉 왕이보王夷甫 사이의 대화에 나오는 유명한 단어이다. 왕이보가 "老壯與聖教同異[노장의 가르침

知, 不可以知名哉²⁷². 豈唯無知名無知, 知自無知矣. ④是以聖人以無知之般若, 照彼無相之眞諦. 眞諦無兎馬之遺²⁷³, 般若無不窮之鑒. 所以會而不差, 當而無是²⁷⁴, 寂怕²⁷⁵無知²⁷⁶, 而無不知者矣.

[11] [답변 1]①대답한다: 대저 중생을 구제하는 성인의 업적은 하늘과 땅만큼 높고 넓지만 그러나 (공적에) 머무르며 자랑하지 않는다. (성인의) 지혜는 해와 달보다 밝지만 미혹되게 작용하는 지혜는 없다. 어찌 목석처럼 마음에 분별력이 없어야만 '아무 것도 아는 것이 없는 상태'이겠는가? 진실로 보통 사람과 다른 것이 (성인의) 반야지혜의 인식 능력이기에 보통 사람의 견해로 그것[인식능력]을 이해해서는[찾아서는] 안 된다. ②그대는 성인은 스스로 '지혜를 가지고 있지 않다'고 여기게 할지언정 지혜를 가지지 않은 적이 결코 없었다고 말하고 싶어 한다. (이것은) 반야의 본래 의미에 어긋나고 경전의 가르침을 잃어버리는 것 아닌가? 왜 그런가? 경전에 "반야는 허공처럼 청정하고[세속

과 공자의 가르침은 같은가 다른가]?"라고 물었다. 이에 완선자가 "將無同[아마 같지 않겠습니까]."이라고 답변했다. 대답에 만족한 왕이보는 완선자를 '연리掾吏'라는 관직에 임명됐다. 당시 사람들이 완선자를 '삼어연三語掾'이라 불렀다. '세 글자만 말해 연리掾吏에 임명된 사람'이라는 뜻이다. [南朝宋]劉義慶著·張萬起等譯注(1998), 『世說新語譯注』, 北京: 中華書局, p.177.

272) 여기 '재哉'자는 '의문사'라기보다는 '감탄의 어기'를 나타낸다.
273) '토마지유兎馬之遺'의 비유, 즉 '삼수구도三獸俱渡'는 『우바새계경優婆塞戒經』 권제1[T24, 1038b8] 등 여러 곳에 나온다. 토끼·말·코끼리가 강을 건널 때 토끼의 발은 물에 뜨고, 말의 발은 강바닥에 닿으나 철저하지 못하고, 코끼리의 발은 강바닥에 철저하게 닿는다는 내용이다. 일반적으로 강은 십이인연十二因緣, 토끼는 성문, 말은 연각, 코끼리는 불·보살을 각각 상징한다. 여기서는 ①진제眞諦는 모든 진리를 남김없이 포괄한다; ②진제에는 본래 토끼나 말과 같은 얕고 깊지 못한 흔적이 없다는 두 가지 의미로 해석할 수 있다.
274) '시是'는 옳음과 그름이라는 편견과 집착을 가리킨다.
275) 파怕는 박泊과 같은 뜻이다. 박泊은 형용사로 '조용하다, 담담하다'는 의미이다. 적파寂怕는 고요하고 담담하다, 즉 '없다'는 뜻이다.
276) 전후 문맥상 여기서 무지無知의 '지知'는 범부의 지혜를, '무부지無不知'는 성인의 지혜를 각각 가리킨다.

의 지혜처럼 미혹되게 작용하는 지혜[惑知]가 없다], 반야에는 중생의 지혜나 견해 그리고 조작이 없고, 반야는 인연에 의해 생겨나는 것이 아니다."는 말씀이 있기 때문이다. 경전의 이 구절에 따르면 반야에는 '미혹되게 작용하는 지혜'가 본래 없다. 어찌 (반야지혜의) 인식을 되돌려 살펴보기를 기다린 다음에[미혹한 지혜를 닫고 '거짓 총명[분별심]'을 막은 다음에] '미혹되게 작용하는 지혜'가 없는 것이겠는가? ③만약 어떤 사람이 반야가 본성상 공空하기에 그것을 청정하다[미혹되게 작용하는 지혜[惑知]가 없다]고 찬양한다면 이는 '반야'와 '미혹되게 작용하는 지혜[세속의 지혜]'를 혼동한 것이다. (그렇다면) 탐·진·치 삼독三毒과 상·낙·아·정 사전도四顚倒 역시 (본질상 공空해) 청정한 것이 되는데 무엇 때문에 반야만 홀로 존귀하겠는가? 만약 반야의 인식 대상인 진제眞諦가 청정하다고 인식주체인 반야를 찬미한다면 진제는 반야가 아니다[찬미할 이유가 없다]. 인식대상인 진제가 스스로 항상 청정하다고 인식주체인 반야가 청정하게 되는 것이 아니기에 반야 역시 청정하다고 찬탄될 이유가 없다. 그러나 경전에 "반야는 (혹지惑知가 없어) 청정하다."고 나오는 것은 반야의 근본 본성이 참으로 깨끗해 그런 것 아니겠는가! (다시 말해 반야에는) 본래 '미혹되게 작용하는 지혜[妄知. 세속의 지혜]'가 없다. 본래 '미혹되게 작용하는 지혜'가 없기에 '지知'라는 이름을 붙이지 못한다. 어찌 목석처럼 지혜의 작용이 없어야 무지라 부르겠는가? 반야에는 본래 그 자체로 '미혹되게 작용하는 지혜'가 없다, 즉 '혹지惑知'나 '망지妄知'가 아니다. ④그래서 성인은 혹지惑知가 아닌 반야로 모양 없는 진제를 인식한다. 진제는 모든 진리를 남김없이 포괄하기에 반야에는 인식하지 못하는 진제가 없다. 그래서 (반야가) 사물과 접촉하면 본성을 체득하나 착오가 없고 인식은 올바르나 편견과 집착은 없다. 또한 고요하고 담담한 반야에는 '범부의 지혜[惑知]'가 없고 '성인의 참다운 지혜'만 있다.

[12] [질문 2]①難曰: 夫物無以自通, 故立名以通物. 物雖非名, 果有可名之物當於此名矣. 是以即[277]名求物, 物不能隱. 而「論」云 "聖心無知", 又云 "無所不知." 意謂無知未嘗知, 知未嘗無知. 斯則名教[278]之所通, 立言[279]之本意也. ②然論者欲一於聖心, 異於文旨, 尋文求實, 未見其當. 何者? 若知得[280]於聖心, 無知無所辨; 若無知得於聖心, 知亦無所辨; 若二都無得, 無所復論哉!

[12] [질문 2]①질문한다: 대저 사물은 스스로 자기는 무엇이라고 말할 수 없기에 사람들이 사물에 이름을 붙여 그것을 인식한다. 사물이 비록 이름은 아니지만 이름을 붙일 수 있고 이름에 합당한 사물은 확실히 있다. 그래서 명칭에 따라 사물을 찾으면 사물은 숨거나 피할 수 없다. 그런데 「반야무지론」에 "반야지혜에는 아는 것이 없다."면서 "모르는 바도 없다."고 (상반되게) 나온다. (질문자 생각에) '아는 것이 없다는 것'은 '앎이 없는 것'이며 '앎'은 '앎이 없는 것'이 결코 아니다. 이것이 바로 부처님 가르침과 서로 통하는 것이자 이름을 세운 근본 뜻이다. ②그런데 논자[승조 스님]는 반야[성인의 마음]라는 하나의 사물에 서로 다른 이름[지知와 무지無知]을 붙였는데 문장에 근거해 실제 의미를 조사해보니 타당하지 않다. 왜 그런가? 만약 '반야지혜[知]'가 '부처님 마음[聖心]'과 서로 계합된다면 '반야는 무지'라고 말하는 것은 적절하지 않으며 만약 '무지無知'가 '부처님 마음'과 서로 부합된다면 '반

---

277) 즉即은 동사로 '가까이 가다, 접근하다'는 의미이다.
278) 명교名敎는 부처님 가르침을 말한다.
279) 여기서 언言은 이름[名]이라는 의미이다.
280) 득得은 '계합되다, 들어맞다'는 의미이다.

야지혜[知]'라고 말하는 것은 적합하지 않기 때문이다. 만약 '반야지혜[知]'와 '무지無知' 둘 모두 '부처님 마음'과 맞지 않다면 다시 논의할 가치가 없다!

[13] [답변 2]①答曰: 經云: "般若義者, 無名無說, 非有非無, 非實非虛, 虛不失照, 照不失虛."[281] 斯則無名之法[282], 故非言所能言也. ②言雖不能言, 然非言無以傳. 是以聖人終日言, 而未嘗言也. 今試爲子狂言[283]辨之. ③夫聖心[284]者, 微妙無相, 不可爲有; 用之彌勤, 不可爲無. 不可爲無, 故聖智[285]存焉; 不可爲有, 故名敎[286]絶焉. ④是以言知不爲知, 欲以通其鑒; 不知非不知, 欲以辨其相. 辨相不爲無, 通鑒不爲有. 非有, 故知而無知; 非無, 故無知而知. 是以知卽無知, 無知卽知. 無以[287]言異而異於聖心也.

[13] [답변 2]①대답한다: 경전에 "반야의 의미는 이름도 없고 말로 설명할 수도 없고, 있음도 아니고 없음도 아니고, 실제로 있는 것도 아니고 아무 것도 없는 것도 아니고, 텅 비었지만 능히 인식하고, 인식하지만 텅 빔을 잃지 않는다."고 나온다. 이것은 반야가 이름 없는 존재이기에 언어문자로 설명될 수 있는 것이 아님을 나타낸다. ②비록 언

---

281) 『마하반야바라밀경』 권제10 「법시품法施品 제38第三十八」 등 여러 곳에 비슷한 내용의 구절이 있다.
282) 법법은 존재라는 의미이다.
283) 광언狂言은 『장자』 「지북유」편에 나오는 말이다. "夫子, 無所發予之狂言, 而死矣夫! [선생은 나를 계발시켜줄 큰 소리 한 마디 없으신 채 돌아가셨구나!]" 여기서 광언狂言은 미친 소리가 아니고 '큰소리' 혹은 '지극한 이치를 담은 말'이라는 의미이다. 승조 스님은 이 말을 빌려 사용했으며 '특정하지 않은 말[不定之語]'이라는 뜻이다.
284) 성심聖心이나 성지聖智는 모두 반야를 의미한다.
285) 성심聖心이나 성지聖智는 모두 반야를 의미한다.
286) 명교名敎는 '언어문자로 설명하거나 이해하는 것'을 말한다.
287) 무이無以는 '… 할 수가 없다' 혹은 '… 할 도리가 없다'는 의미이다.

어문자로 반야를 설명할 수는 없지만 그러나 언어문자가 아니면 전달할 수 없다. 그래서 부처님은 하루 종일 언어를 빌려 말씀하시지만 사실은 한마디도 하지 않으셨다. 지금 시험 삼아 그대를 위해 이런 저런 말로 반야를 설명해 보고자 한다. ③대저 반야라는 것은 미묘하고 알기 어려우며 특정한 모습이 없어 있다고 할 수 없다. (인식)작용은 무궁하기에 없다고 할 수 없다. 없다고 할 수 없기에 반야지혜는 존재한다. 있다고 할 수 없기에 언어문자로 직접 설명할 수 없다. ④그래서 '지知'라고 말한다고 진짜로 '지知'가 있는 것이 아니고 다만 '지知'를 통해 그 인식작용을 이해할 뿐이다. '부지不知'라고 말한다고 아는 것이 아무것도 없는 '무지無知'가 아니고 '무無'자를 통해 '미혹되게 작용하는 지혜가 없는 모습[無惑知之相]'을 나타낼 따름이다. '무혹지지상無惑知之相'이기에 (반야는) 완전히 없는 것도 아니며 직관의 인식작용을 하므로 참으로 있는 것도 아니다. 참으로 있는 것이 아니기에 반야에 '참다운 지혜[知]'는 있지만 '혹지惑知'는 없고 참으로 없는 것이 아니기에 반야에 '혹지惑知'는 없고 '참다운 지혜'는 있다. 그래서 참다운 반야에 혹지惑知는 없고 혹지가 없는 것이 참다운 반야이다. '지知'와 '무지無知'로 (부르는) 말이 다르다고 반야지혜에 '차이[다름]'가 있다고 말할 수 없다.

[14] [질문 3]①難曰: 夫眞諦深玄, 非智不測. 聖智之能, 在玆而顯. 故經云: "不得般若, 不見眞諦."[288] 眞諦則般若之緣也. 以緣求智, 智則知矣.

[14] [질문 3]①질문한다: 대저 진제는 (의미가) 깊고 알기 어려워 반야지혜가 아니면 헤아릴 수 없다. 반야지혜로 (사물을) 인식하는 능력

---

288) 『대지도론』 권제18 「대지도론석초품중반야바라밀大智度論釋初品中般若波羅蜜 제29第二十九」에 "解脫涅槃道, 皆從般若得."이라는 구절이 있다.

이 여기서 드러난다. 그래서 경전에 "반야를 얻지 못하면 진제를 체득할 수 없다."고 나온다. 진제는 반야가 파악하는 대상[所緣]이다. 대상인 진제로 반야[能緣]를 찾기에 반야[智]에는 앎[知]이 있다.

[15] [답변 3]①答曰: 以緣求智, 智非知也. 何者?《放光》云: "不緣色生識, 是名不見色."²⁸⁹⁾ 又云: "五陰清淨, 故般若清淨."²⁹⁰⁾ 般若即能知也, 五陰即所知也. 所知即緣也. ②夫知²⁹¹⁾與所知, 相與而有, 相與而無. 相與而無, 故物莫之有; 相與而有, 故物莫之無. 物莫之無, 故為緣之所起; 物莫之有, 故則緣所不能生. 緣所不能生, 故照緣而非知; 為緣之所起, 故知緣相因而生. 是以知與無知, 生於所知矣. 何者? ③夫智以知所知, 取相故名知. 真諦自無相, 真智何由知? 所以然者, 夫所知非所知, 所知生於知. 所知既生知, 知亦生所知. 所知既相生, 相生即緣法. 緣法故非真, 非真故非真諦也. 故《中觀》云: "物從因緣有, 故不真; 不從因緣有, 故即真."²⁹²⁾ ④今真諦曰真, 真則非緣. 真非緣, 故無物從緣²⁹³⁾而生也. 故經云: "不見有法, 無緣

---

289) 『방광반야경』 권제11 「마하반야바라밀문상품摩訶般若波羅蜜問相品 제50第五十」에 "不以五陰因緣起識者, 是名不見五陰."이라는 구절이 있다. 색色은 객관사물을, 식識은 분별을, 불견오음不見五陰은 '무지無知' 즉 잘못 이해하지 않는다는 것이다.
290) 『방광반야경』 권제9 「마하반야바라밀명정품摩訶般若波羅蜜明淨品 제43第四十三」에 "佛言: '以五陰清淨, 故般若波羅蜜清淨'"이라는 구절이 있다. 여기서 '청정清淨'은 '깨끗하다'는 의미보다 '공空'에 가까운 뜻이다.
291) 여기서 지知는 망지妄知・혹지惑知를 말한다.
292) 이 구절은 『중론』 「관사제품」의 제18번째 게송을 의미상 인용한 것이며 원문 그대로 인용한 것이 아니다. "眾因緣生法, 我說即是無[空]. 亦為是假名, 亦是中道義[여러 원인과 조건들의 결합으로 나타난 모든 존재를 나는 공空하다고 말하며, 이것을 가명假名이라고도 하며, 이것이 바로 중도의 의미이다]."
293) 『조론신소肇論新疏』에 따르면 '연緣'자 앞에 '비非'자가 들어가야 문맥이 통한다. 『조론신소』에 따라 '연緣'자 앞에 '비非'자를 넣고 해석했다.

而生."²⁹⁴⁾ 是以眞智觀眞諦, 未嘗取所知. 智不取所知, 此智何由知? 然智非無知, 但眞諦非所知, 故眞智亦非知. ⑤而子欲以緣求智, 故以智爲知. 緣自非緣, 於何而求知?

[15] [답변 3]①대답한다: 대상인 진제로 반야를 찾기에 반야지혜는 앎이 아니다[없다]. 왜 그런가?『방광반야경』에 "사물[객관]을 보지만 분별을 일으키지 않는 것을 무지無知라 한다."는 말씀이 있다.『방광반야경』에는 또한 "오음五陰이 공하기에 반야도 공하다."는 구절이 있다. 반야는 관찰하는 주체[주관]이고 오음은 관찰되는 대상[객관]이며 객관은 바로 연결되는 대상을 말한다. ②대저 혹지惑知가 대상[妄境. 현상세계]과 인연이 되면 '지知'와 '소지所知'가 생기며 반야지혜는 대상인 진제와 서로 의지해도 '지'와 '소지'를 만들지 않는다. 반야지혜가 진제를 관조하면 주관[心]과 객관[境]이 모두 존재하지 않는다[지智는 무지無知가 되고 경境은 무상無相이 된다]. 망심妄心이 망경妄境을 대하면 주관과 객관이 모두 없어지지 않는다[심心은 유지有知가 되고 경境은 유상有相이 된다]. 주관과 객관이 사라지지 않기에 망경妄境이 인연이 되어 혹지惑知의 분별이 일어난다. 주관[心]과 객관[境]이 모두 존재하지 않기에 객관인 대상은 공적空寂해지고 주관의 분별작용은 생기지 않는다. 객관인 대상은 공적空寂해지고 주관의 분별작용은 생기지 않기에 반야가 대상을 관조해도 지知는 아니다[무지無知이다]. 망경妄境이 인연이 되어 혹지惑知의 분별이 일어나기에 능지能知와 소연所緣이 서로 의지해 분별이 생긴다[분별分別이 바로 지知이다]. 그래서 지知와 무지無知는 모두 소지所知로 인해 생긴다[대상인 소지의 모습에 집착하면 유지有

---

294) 이 구절은『중론』「관사제품」의 제19번째 게송과 의미가 같다. 여러 경전에 비슷한 내용의 구절이 있다. "未曾有一法, 不從因緣生. 是故一切法, 無不是空者[인연에서 생겨나지 않는 존재는 하나도 없다. 그래서 모든 존재는 공空 아님이 없다]."

知가 되고 모습에 집착하지 않으면 무지無知이다]. 왜 그런가? ③지智로 소지[所知, 境, 대상]를 인식하는데 모습에 집착하면['이것은 이것이고 저것은 저것이다'는 분별] 지智는 '망지妄知'가 된다. 진제는 스스로 모습이 없는데 진지[眞智, 반야]가 어떻게 '지知'를 만들어내겠는가? 왜 그런가? 대저 소지所知는 스스로 생기는 것이 아니고 지知와 서로 관계해 나타난다[이것이 망지妄知이다]. 소지所知가 이미 망지妄知를 파생시키면 망지 역시 대상에 집착한다. 망지와 소지[境, 대상]가 서로 의지해 형성되고 서로 의지해 생성되었기에 '인연적인 존재[緣法]'이다. 인연적인 존재는 진실한 것이 아니며 진실한 것이 아니기에 진제가 아니다. 그래서 『중론』에 "인연의 화합으로 생긴 모든 존재는 진실한 것이 아니다. 인연에서 생겨나지 않은 존재가 진실한 것이다."고 나온다. ④지금 진제를 진실한 것이라고 하는 것은 인연의 화합에서 나타난 것이 아니기 때문이다. 진제는 인연에서 생성된 것이 아니며, 인연의 화합에서 나타나지 않은 존재는 없다[망지妄知가 진제를 파생시킬 수 없다]. 그래서 경전에 "인연의 화합에서 생겨나지 않은 존재는 없다."고 나온다. 따라서 반야지혜는 진제를 체득하며 대상에 집착하는 망지妄知를 취하지 않는다. 반야가 대상에 '집착해 취하는 것이 아닌데' 반야가 무엇에 따라 (대상을) 알겠는가? 그러나 반야는 목석처럼 앎이 없는 것이 아니고 진제는 경境에 집착하는 소지所知가 아니다. 그래서 반야에는 '미혹되게 작용하는 앎'이 없다. ⑤그런데 그대는 대상[인연]으로 반야를 찾았기에 반야는 망지妄知가 되었다. 그대가 말한 대상[인연]은 대상[인연]이 아닌데[진제는 대상·인연을 떠났는데] 어디에서 지知를 찾겠는가?

[16] [질문 4]①難曰:「論」云 "不取"者, 為無知故不取? 為知然後不

取耶? 若無知故不取, 聖人則冥若夜游, 不辨緇素之異耶? 若知然後不取, 知則異於不取矣.

[16] [질문 4]①질문한다: 「반야무지론」에 나오는 "집착해 취하는 것이 아니다."는 말은 목석처럼 알지 못해 취하지 않는 것인가? 알고 나서 취하지 않는 것인가? 만약 앎이 없어 집착해 취하는 것이 아니라면 성인은 어리석기가 밤에 돌아다니는 것과 같아 흰 것과 검은 것의 차이도 구별하지 못하는 것 아닌가? 만약 알고 나서 취하지 않는다면 '앎 자체'가 이미 집착한 것이며 이는 "집착해 취하지 않는다."는 것과 서로 모순되는 것 아닌가?

[17] [답변 4]①答曰: 非無知故不取, 又非知然後不取. 知即不取, 故能不取而知.

[17] [답변 4]①대답한다: 목석처럼 알지 못하기에 집착해 취하지 않는 것도 아니고 알고 나서 집착해 취하는 것도 아니다. 반야[성인의 지혜] 자체가 집착해 취하는 것이 아니기에 집착해 취하지 않아도 능히 안다[이것이 곧 진정한 지혜이다].

[18] [질문 5]①難曰:「論」云"不取"者, 誠以聖心不物於物[295], 故無惑取也. 無取則無是[296], 無是則無當[297]. 誰當聖心, 而云聖心無所不知耶?

[18] [질문 5]①질문한다: 「반야무지론」에 나오는 "집착해 취하지 않

---

295) 여기 '물物'자가 두 번 나온다. 첫 번째 '물物'자는 동사로 '물건으로 (이름)하다' 혹은 '물건에 집착하다'는 의미이며, 두 번째 '물物'자는 명사로 '물건'을 의미한다.
296) '시是'는 사물에 대해 이것저것을 구분하는 것, 즉 견해見解를 말한다. 사유하고 분별하는 영역에 속한다.
297) '당當'은 마음과 상응하는 외부의 대상인 경境을 가리킨다.

는다."는 말은 진실로 성인의 마음[반야지혜]이 사물에 대해 집착해 취하지 않으므로 사물에 대해 미혹되게 취하는 것이 없다는 것이다. 취함이 없는 것은 사유하고 구분함이 없는 것[일정한 견해가 없는 것]이며 사유하고 구분함이 없기에 마음이 외부의 대상과 상응함이 없게 된다. (외부의 대상과 상응함이 없는데) 외부의 무엇이 성인의 마음[반야지혜]과 서로 상응하며 (게다가) 성인의 마음에는 모름이 없다고 말하는 것인가?

[19] [답변 5]①答曰: 然, 無是無當者. 夫無當則物無不當, 無是則物無不是. 物無不是, 故是而無是[298]; 物無不當, 故當而無當. 故經云: "盡見諸法, 而無所見."[299]

[19] [답변 5]①대답한다: 그렇다. 이것저것을 구분해 특정한 견해만 지지하지 않고 마음이 외부의 특정한 대상과만 상응하지 않는 것이 반야지혜이다. 대저 하나의 사물을 대상으로 삼지 않기에 모든 사물을 마음의 대상으로 삼을 수 있고 특정한 견해가 없기에 모든 사물의 본성을 정확하게 파악할 수 있다. 모든 사물의 본성을 정확하게 파악하기에 견해가 있으나 견해가 없다[앎이면서도 미혹되게 집착하는 지혜가 없다]. 모든 사물을 마음의 대상으로 삼기에 대상이 있으나 대상이 없다[외경外境은 모두 텅 비어 모양이 없기에 실제로는 대상이 없는 셈이다]. 그래서 경전에 "모든 존재를 빠짐없이 보지만 특정한 견해가 없다[모든 존재의 본성을 철저하게 체득하기에 특정한 견해만 고집하지

---

298) 여기서 시是는 지知로 바꿔 보아도 된다.
299) 『방광반야경』 권제2 「마하반야바라밀행품摩訶般若波羅蜜行品 제9第九」에 비슷한 구절이 있다. "菩薩作是行般若波羅蜜, 於諸法無所見." 승조 스님은 아마도 의미를 인용한 것 같다.

않는다]."고 나온다.

[20] [질문 6]①難曰: 聖心非不能是, 誠以無是可是. 雖無是可是, 故當是於無是矣. 是以經云"眞諦無相, 故般若無知"者, 誠以般若無有有相之知. 若以無相爲無相, 有何累於眞諦耶?

[20] [질문 6]①질문한다: 반야지혜에는 이것과 저것을 구별하는 판단이 없는 것이 아니다. 진실로 외물인 경境은 모습[견해]이 없기에 반야지혜가 판단할 수 있는 대상이 없다. 비록 반야지혜가 판단할 대상은 없지만 (반야지혜는 작용하기에) '판단할 수 없음[無是]'을 대상으로 삼아 판단한다. 그래서 "진제가 특정한 모습이 없기에 반야에는 미혹되게 작용하는 지혜가 없다."는 경전 구절은 반야가 진실로 모습 있는 지혜를 가지고 있지 않음을 지적한 것이다. 만약 반야지혜가 모습 없는 지혜를 가지고 있다고 한다면 이것이 진제에 무슨 잘못이 되는가?

[21] [답변 6]①答曰: 聖人無[300]無相也. 何者? 若以無相爲無相, 無相卽爲相. 捨有而之無[301], 譬猶逃峰而赴壑[302], 俱不免於患矣. ②是以至人處有而不有, 居無而不無[303]. 雖不取於有無, 然亦不捨於有無. 所以和光塵勞[304], 周旋五趣, 寂然而往, 怕爾而來. 恬淡無爲而無不爲.

---

300) 이 구절의 무無는 '집착하지 않는다'는 의미이다.
301) 이 문장의 유유와 무무는 유견有見 · 상견常見과 무견無見 · 단견斷見을 의미한다.
302) 산봉우리는 유견有見을, 텅 빈 계곡은 무견無見을 각각 상징한다.
303) 이 구절의 유유와 무무는 다양하게 해석할 수 있다. 여기서는 유유를 세간으로, 무無를 열반으로 번역했다.
304) 화광진로化光塵勞에서 화화는 '화합하다 · 섞이다'를, 광광은 깨끗함을, 진로塵勞는 더러움을 각각 의미한다. 화광동진和光同塵은 본래 현행본『노자』제4장 · 제56장에 나오는 말로 원문은 "和其光, 同其塵."이다. 화광和光에는 '실력을 감추고 드러내지 않다'는 뜻도 있다. 그래서 대략 두 가지로 해석된다. ①깨끗함과 하나되고 더러움과도 어울린다; ②실력을 감추고 세상과 더불어 함께 살아간다.

[21] [답변 6]①대답한다: 부처님[성인]은 모습 없음에도 집착하지 않는다. 왜 그런가? 만약 '모습 없음'을 '모습 없음'으로 여기면 '모습 없음'이 곧 '모습'이 된다. '있음'을 버리고 '없음'에 집착하는 것[유견有見·상견常見을 버리고 무견無見·단견斷見에 집착하는 것]은 비유하자면 산봉우리를 피하려다 계곡에 떨어지는 것처럼 이 모든 것이 올바른 견해를 잃어버리는 환난을 당하는 것과 같다. ②그래서 깨달은 사람은 세간에 있어도 세간에 물들지 않고 열반을 증득해도 열반에 집착하지 않는다. 비록 유견과 무견에 집착하지 않지만 세간과 열반을 떠나지도 않는다. 따라서 깨달은 사람은 깨끗함[열반]에 있다고 즐거워하지 않고 더러움[세간]에 있다고 슬퍼하지 않으며, 지옥·아귀·축생·사람·하늘세계에 스스럼없이 모습을 드러내며, 지옥·아귀·축생·사람·하늘세계에 고요하게 가고 담담하게 온다. (마음은) 편안하고 (지혜는) 담백해 인위적으로 하고자 함이 없지만 항상 이치를 꿰뚫고 사물의 본성에 통달해 이루지 못함이 없다.

[22] [질문 7]①難曰: 聖心雖無知, 然其應會之道不差. 是以可應者應之, 不可應者存之. 然則聖心有時而生, 有時而滅, 可得然乎?
[22] [질문 7]①질문한다: 반야지혜는 비록 '무지無知'이나 중생을 교화함에 착오가 없다. 그래서 교화할 대상은 교화하고 교화할 대상이 아닌 것은 남겨 둔다. 그렇다면 반야지혜는 어떤 때는 드러나 중생을 교화하고 어떤 때는 드러나지 않아 중생을 구제하지 않는 것인가?

[23] [답변 7]①答曰: 生滅者, 生滅心也. 聖人無心, 生滅焉起? 然非無心, 但是無心心耳. 又非不應, 但是不應應耳. ②是以聖人應會

之道, 則信若四時之質[305]. 直以虛無為體, 斯不可得而生, 不可得而滅也.

[23] [답변 7]①대답한다: 질문하는 사람이 말하는 태어남과 사라짐은 마음이 생겨나고 사라지는 것이다. 부처님에게는 범부와 같은 분별심이 없는데 무엇이 생기고 무엇이 사라진단 말인가? 그러나 결코 나무토막처럼 마음이 없는 것은 아니고 다만 집착함이 없는 마음이다. 또한 중생을 교화하지 않는 것이 아니고 다만 인연 따라 제도하며 특별하게 마음을 내어 선택적으로 제도하는 것은 아니다. ②그래서 부처님이 중생을 교화하는 원칙은 사계절이 바뀌는 것처럼 확실하다. 부처님은 다만 모습에 집착하지 않음을 본성으로 삼는데 이것에 대해 (마음이) 태어났다 사라졌다고 표현할 수 없다.

[24] [질문 8]①難曰: 聖智之無, 惑智之無, 俱無生滅, 何以異之?
[24] [질문 8]①질문한다: 반야지혜에도 태어남과 사라짐이 없고 범부의 분별하는 마음에도 태어남과 사라짐이 없다. 반야지혜와 범부의 지혜의 차이는 무엇인가?

[25] [답변 8]①答曰: 聖智之無者, 無知; 惑智之無者, 知無. 其無雖同, 所以無者異也. 何者? 夫聖心虛靜, 無知可無[306], 可曰無知, 非謂知無. 惑智有知, 故有知可無, 可謂知無, 非曰無知也. 無知即般若之無也, 知無即眞諦之無也. ②是以般若之與眞諦, 言用即同而異,

---

305) 질質은 '진실하다, 믿을 만하다'는 의미이다.
306) 이 구절에 '무無'자가 두 번 나온다. 첫 번째 '무無'자는 지[知. 범부의 지혜]자와 두 번째 '무無'자에 다 걸린다. 두 번째 '무無'자는 동사로 '없다, 제거하다'는 의미이다. 그래서 "'미혹되게 집착하는 지혜'가 없기에 없애거나 제거할 것이 없다."로 번역할 수 있다. 다음에 나오는 '유지가무有知可無'와 비교해 보면 의미가 분명해 진다.

반야무지론 133

言寂即異而同. 同, 故無心於彼此; 異, 故不失於照功. 是以辨同者 同於異, 辨異者異於同. 斯則不可得而異, 不可得而同也. 何者? ③ 內³⁰⁷⁾有獨鑒之明, 外³⁰⁸⁾有萬法之實. 萬法雖實, 然非照不得. 內外相 與, 以成其功. 此則聖所不能同, 用也. 內雖照而無知, 外雖實而 無相, 內外寂然, 相與俱無. 此則聖所不能異, 寂也. ④是以經云 "諸 法不異"者, 豈曰續鳧截鶴³⁰⁹⁾, 夷嶽盈壑, 然後無異哉? 誠以不異於 異, 故雖異而不異也. 故經云: "甚奇, 世尊! 於無異法中, 而說諸法 異."³¹⁰⁾ 又云: "般若與諸法, 亦不一相, 亦不異相."³¹¹⁾ 信矣.

[25] [답변 8]①대답한다: 반야지혜에서 없다는 것은 '미혹되게 작용하는 지혜'가 없다는 것이고 범부의 지혜에서 없다는 것은 '허망한 앎이 본래 없음'을 아는 것이다. 없다는 점은 같으나 그 원인·이유는 다르다. 왜 그런가? 대저 반야지혜는 텅 비고 고요하며 '미혹되게 집착하는 지혜'가 없기에 없애거나 제거할 것이 없다. 그래서 '무지無知'라고 말하며 '지무知無'라고 일컫지 않는다. '미혹되게 작용하는 지혜'에는 허망한 앎이 있고, 허망한 앎이 있기에 제거할 것이 있어 '지무知無'라고 말하며 '무지無知'라고 부르지 않는다. 미혹되게 작용하는 지혜가 없는 것은 반야의 무無, 즉 혹지惑知가 없는 것이다. 혹지에는 '미혹되게 작용하는 지혜'가 있고[知無], 미혹되게 작용하는 지혜 자체의 본성은 공

---

307) 내內는 반야를 가리킨다.
308) 외外는 대상, 즉 경계를 말한다.
309) 『장자』「변무駢拇」편에 나오는 말이다. "鳧脛雖短, 續之則憂; 鶴脛雖長, 斷之則悲 [오리의 다리가 비록 짧아도 길게 늘이면 근심이 되며, 학의 다리가 비록 길어도 자르면 슬픔이 된다]."
310) 『마하반야바라밀경』 권제23 「육유품六喻品 제77第七十七」[T8, 390a]에 비슷한 구절이 있다.
311) 『마하반야바라밀경』 권제22 「변학품遍學品 제74第七十四」[T8, 382c]에 비슷한 구절이 있다.

적空寂하며, 본성이 공적한 것은 바로 진제의 성질이므로 지무知無의 '무無'는 '진제의 무'이다[본성이 공적하다는 점에서 같기에 진제의 무라고 한다]. ②그래서 반야와 진제는 작용의 측면에서 보면 같으면서 다른데 반야의 작용은 인식하는 것[能照]이며 진제의 작용은 인식되는 것[所照]이다. 본성이 공적하다는 측면에서 보면 다르면서 같은데 반야와 진제 모두 공적한 성질을 가지고 있다. 본성이 공적空寂하다는 점이 같기에 능조能照와 소조所照가 모두 본성상 없다. 작용이 서로 다르기에 인식하는 것과 인식되는 것의 차이가 있다. 그래서 반야와 진제가 같다고 밝혀도 다름 속의 같음이며 서로 다르다고 식별해도 이는 같음 속의 다름이다. 이것은 반야와 진제가 단지 다름 속의 같음이며 같음 속의 다름임을 말하는 것이다. 왜 그런가? ③반야는 인식하는 능력을 갖고 있고 대상[만법]은 본성상 공하다는 본성[진제]을 지니고 있다. 모든 존재의 본성이 실재하나 반야가 아니면 그것[만법의 본성]을 인식할 수 없다. 반야와 진제가 서로 도움을 주기에[상응하기에] 인식하는 공능이 성취된다. 성인[부처님]이라도 같게 할 수 없는 것이 바로 반야와 진제의 작용이다. 반야가 비록 인식하는 공능을 가지고 있으나 미혹되게 집착하는 지혜는 없으며, 대상이 비록 실재하나 모습은 없고, 인식하는 반야와 인식되는 진제는 텅 빈 모습 그대로이며, 반야와 진제의 체성體性은 공적한데, 성인이라도 다르게 할 수 없는 것이 바로 반야와 진제의 공적한 본성이다. ④그래서 "모든 존재는 다르지 않다."는 경전의 말씀이 어찌 오리의 다리를 늘이고 학의 다리를 잘라 같게 만들고 높은 산을 평평하게 하고 깊은 계곡을 메워야만 다르지 않은 것이라는 그런 의미이겠는가? 진실로 다름에서 다르지 않기에 비록 다르나 다르지 않은 것이다. 이 때문에 "참으로 신기합니다! 부처님이시여! 다르지 않은 존재 가운데에서 모든 존재의 다름을 말씀하십니다

[卽同而異]!"거나 "반야와 모든 존재는 같은 것도 아니고 다른 것도 아닌 모습이다[卽異而同]."는 말씀이 경전에 있다. 경전의 이런 말씀들은 진실로 그러하다.

[26] [질문 9]①難曰:「論」云"言用則異, 言寂則同." 未詳般若之內, 則有用寂之異乎?

[26] [질문 9]①질문한다:「반야무지론」본문에 "작용을 말하면 다르고 본성을 말하면 같다."고 나온다. 반야지혜 안에도 작용과 본성의 차이가 있는가?

[27] [답변 9]①答曰: 用卽寂, 寂卽用. 用寂體一, 同出而異名[312], 更無無用之寂而主於用也. 是以智彌昧, 照逾明; 神彌靜, 應逾動. 豈曰明昧動靜之異哉? ②故《成具》云: "不爲而過爲."[313] 寶積[314]曰: "無心無識, 無不覺知."[315] 斯則窮神盡智, 極象外之談也. 卽之明文, 聖心可知矣.

[27] [답변 9]①대답한다: 작용은 본성을 벗어나지 않고 본성 역시 작용에서 멀어지지 않는다. 작용과 본성의 본체는 같다. 같은 곳에서 나와 이름만 다를 뿐이며 '작용 없는 본성'이 작용을 주재하는 것은 아니다. 그래서 부처님의 지혜가 우매愚昧해질수록 인식작용은 오히려 밝

---

312) "同出而異名."이라는 구절은 현행본『노자』제1장에 나오는 구절이다.
313)『성구광명정의경』앞부분[T15, 452b29]에 "不爲而遇爲, 是德以何將?"이라는 게송이 있다.
314)『유마힐소설경』권상「불국품佛國品 제일第一」에 나오는 장자長者의 아들 보적을 가리킨다.
315)『유마힐소설경』권상「불국품 제일」에 "已無心意無受行, 而悉摧伏諸外道."라는 게송이 있다.

아지고 정신작용[사고]이 고요해질수록 교화능력은 더욱 좋아진다. (부처님) 지혜의 밝음과 어두움, 교화 작용의 활발함과 둔함에 어찌 차이가 있겠는가? ②그래서 『성구광명정의경』에는 "미혹되게 집착하는 지혜가 움직이지 않을수록 반야지혜는 더욱 활발해진다."는 말씀이 있고 『유마경』에는 "미혹되게 집착하는 지혜로 사고하지 않고 분별하지 않을수록 사물의 본성을 직접 체득한다."고 나온다. 이 말씀들은 정신과 지혜를 완전히 명징明澄하게 하는 설명들이며 세속을 철저히 초월한 말씀들이다. 경전의 이런 말씀들을 확실하게 이해하면 반야가 무엇인지 알 수 있으리라.

[28] 附劉遺民書問.
[28] 부유유민서문[유유민 거사의 질문 편지].

[29] ①遺民[316] 和南[317]! 頃[318] 餐[319] 徽聞[320], 有懷遙佇. 歲未寒嚴, 體中[321]如何? 音寄[322]壅隔, 增用抱蘊. 弟子沈痾草澤, 常有弊瘵[323]耳.

---

316) 북송을 대표하는 시인 가운데 한 명인 진순유(陳舜俞, 1026-1076)가 편찬한 『여산기廬山記』 권제3 「팽성유유민彭城劉遺民」조에 유유민 거사의 전기가 있다. 원강 스님이 찬술한 『조론소』에 수록된 내용과 비슷하다. 청나라 팽소승(彭紹升, 1740-1796) 거사가 1770년 찬술을 시작해 1775년 완성한 『거사전居士傳』 권제2에 「유유민전劉遺民傳」이 있다.
317) 화남和南은 산스크리트어 vandanam의 음역音譯어. '공경하다, 경의敬意를 표하다'는 의미이다.
318) 경頃은 근래.
319) 찬餐은 찬湌과 동일, 찬湌은 '듣다'는 뜻이다.
320) 휘徽는 아름답다, 문聞은 이름을 의미한다.
321) 중中은 도道, 체중體中은 도체道體, 즉 출가자의 신체를 가리킨다.
322) '음기音寄'는 왕래하는 편지를 말한다.
323) 아痾와 채瘵는 모두 병을 가리킨다. '실제로 병이 들었다'는 의미보다는 겸손의 표현으로 보인다.

因慧明道人[324]北遊, 裁[325]通其情.

[29] ①유유민은 두 손 모아 공경을 표합니다. 최근 승조 스님의 아름다운 이름을 들었습니다. 스님을 사모하는 마음을 품은 지 오래이나 (서로 다른 나라에 있어) 멀리서 그저 쳐다볼 따름입니다. 겨울이라 날씨가 몹시 춥습니다. 건강은 어떠하신지요? 편지 왕래가 막히고 자유롭지 않아 마음에 품은 사모의 정이 더욱 쌓입니다. 저는 산림에 은거했으나 병 때문에 몸이 항상 좋지 않습니다. 혜명 스님이 후진에 가서야 사모하는 마음이 비로소 통한 것 같습니다[사모의 정을 표현할 기회가 비로소 생겼습니다].

[30] ①古人不以形疏[326]致淡, 悟涉[327]則親. 是以雖復江山悠邈[328], 不面當年[329], 至於[330]企懷風味[331], 鏡心象迹[332], 佇悅[333]之勤, 良以深

---

324) 혜명 도인慧明道人이 누구인지를 알려주는 기록이 전하지 않는다.
325) 재裁는 재纔의 의미, 즉 '겨우·비로소'라는 뜻이다.
326) '형소形疏'는 '지형이 멀리 떨어져 있다, 있는 곳이 서로 다르다'는 것을 나타내는 말이다.
327) 오섭悟涉은 '마음이 서로 통하고 맞다'는 뜻이다.
328) 유막悠邈은 '아득하게 멀다'는 의미이다.
329) '불면당년不面當年'은 '이전에 한 번도 본 적이 없다'는 뜻이다.
330) 지어至於에는 두 가지 의미가 있다. ①'… 할 정도에 이르다' 혹은 '… 할 지경이다'; ②'…로 말하면' 혹은 '…에 관해서는' 등이 그것이다. 여기서는 ②의 뜻으로 사용됐다.
331) 풍미風味는 도풍법미道風法味의 약어. '몸에서 풍기는 분위기와 가르침이 주는 맛'을 말한다.
332) 경심상적鏡心象迹은 마음의 거울에 비치는 흔적, 즉 항상 (승조 스님을) 잊지 못하고 있다는 것을 의미한다.
333) 저佇는 '오랫동안 서서 그리워하다'는 뜻이다.

矣. 緬然無因[334], 瞻霞永歎, 順時愛敬, 冀因行李[335], 數[336]有承問[337]. ②伏願彼大眾康和, 外國法師休納[338]. 上人[339]以悟發之器而遘茲淵對[340], 想開究之功, 足以盡過半之思[341]. 故以每惟乖闊[342], 憤愧[343]何深!

[30] ①옛 사람들은 거리가 멀다고 사이가 멀어지지[담백해지지] 않았고 마음이 서로 통하고 맞으면 (바로 옆에 있는 듯) 친밀해졌습니다. 그래서 비록 서로 사는 곳이 멀고 이전에 얼굴을 마주한 적은 없어도 승조 스님의 모습과 가르침에 대해서는 존경하는 마음을 품었고 거울에 모습이 나타나듯 잊지 않고 있기에 앙모하는 마음이 진실로 더욱 깊어지고 있습니다. (거주하는 곳이) 멀어 만난 적은 없어도 (스님이 있는 장안의) 광채를 바라보며 탄복하고 항상 존경하는 마음을 가져 두 나라 사이를 왕래하는 관리가 자주 승조 스님의 편지를 갖고 왔으면 하는 바람에 여러 번 (그에게) 소식을 물었습니다. ②장안에 있는 대중들이 편안하고 (특히) 구마라집 스님이 건강하고 평안하시기를 원

---

334) 면緬은 '멀리, 아득하게'라는 뜻의 부사이다. 무인無因은 한 번도 본 적이 없다는 의미이다.
335) 행리行李에서 이李는 이履와 통하며, 이履는 '나라 사이를 오가는 관리'를 말한다.
336) 수數는 '여러 번, 자주'라는 의미이다.
337) 승문承問에서 승承은 듣다, 문問은 소식을 의미한다.
338) 외국법사外國法師는 구마라집 스님을 말하며, 휴납休納은 '신체가 편안하고 즐거움을 누리다'는 의미이다. 납納은 동사로 '누리다·즐기다'는 의미이다.
339) 상인上人은 승조 스님을 말한다.
340) 연대淵對에서 연淵은 지식이 광대하고 깊음을, 대對는 대답하거나 강의하는 장소를 가리킨다. 따라서 연대淵對는 바로 구마라집 스님을 표현한 말이다.
341) 과반지사過半之思는 『주역』 「계사전」(하)에 나오는 말이다. "知者觀其彖辭, 則思過半矣[지혜로운 사람이 각 괘의 뜻을 풀어놓은 글[彖辭]을 보면 이치를 헤아림이 반을 넘는다]." 글자의 의미는 "반을 넘는다."이지만 "전부 이해했다."로 봐야 한다.
342) 괴활乖闊은 승조 스님과 유유민 거사가 있는 곳이 서로 멀리 떨어져 있음을 나타내는 표현이다.
343) 분괴憤愧는 '참으로 유감스럽게 생각한다'는 의미이다.

하옵니다. 승조 스님은 깨달음을 이룰 법기이고 구마라집 스님으로부터 가르침까지 받고 있기에 반야사상을 연구한 노력이 이미 결실을 맺어 그 사상을 충분히 체득했으리라 여겨집니다. 그래서 두 지역의 거리가 너무 떨어져 있음을 되새길 때마다 (가르침을 친히 받지 못함을) 매우 유감스럽게 생각합니다.

[31] ①此山僧淸常³⁴⁴⁾, 道戒³⁴⁵⁾彌勵, 禪隱之餘則惟硏惟講, 恂恂³⁴⁶⁾ 穆穆³⁴⁷⁾, 故可樂矣. 弟子旣以遂³⁴⁸⁾宿心³⁴⁹⁾而覲茲上軌³⁵⁰⁾, 感寄之誠, 日月銘至. ②遠法師頃³⁵¹⁾恒履宜³⁵²⁾, 思業精詣, 乾乾³⁵³⁾宵夕. 自非³⁵⁴⁾ 道用潛流, 理爲神御, 孰以過順之年, 湛氣³⁵⁵⁾若茲之勤. 所以憑慰旣 深, 仰謝逾絶.

[31] ①여산의 스님들은 마음이 깨끗하고 행동에 질서가 있으며, 수행과 계율에 더욱 철저하며, 선정에 들거나 혹은 경전을 연구하는 등 교리 논의에만 신경 쓰며, 온순하게 서로를 공경하며 즐겁게 지내고 있습니다. 저[유유민]는 산림에 은거한다는 옛날에 먹었던 마음을 이

---

344) 청상淸常에서 청淸은 마음이 깨끗하고, 상常은 질서가 있다는 뜻이다.
345) 도계道戒에서 도道는 수행을, 계戒는 계율을 가리킨다.
346) 순순恂恂 부드럽고 공경하는 모습을 표현한 말이다.
347) 목목穆穆은 화목한 모습을 표현한 말이다.
348) 수遂는 '이루다·성취하다'는 의미로 사용됐다.
349) 숙심宿心은 옛날에 먹었던 마음을 뜻한다.
350) 상규上規는 규범을 의미한다. 여산 혜원 스님이 주도했던 동림사의 '결사 규범'을 가리키는 것으로 보인다.
351) 경頃은 '최근에'라는 뜻이다.
352) '항恒'은 항상, '이의履宜'는 '여법하게 행동하다'는 의미이다.
353) 건건乾乾은 『주역』 '건괘乾卦' 구삼九三의 효사爻辭에 나오는 말이다. 쉼 없이 노력하는 모습을 묘사한 말이다.
354) 자비自非는 '만약 …이 아니라면'이라는 뜻이다.
355) 담기湛氣는 기운이 깨끗하고 충만함을 표현한 말이다.

루고 여산 승중僧衆의 이러한 철저한 규범을 목도했기에 여산에 받아
준 혜원 스님에 대한 감사의 마음을 해와 달처럼 뚜렷하게 마음에 새
기고 있습니다. ②혜원 스님은 최근에도 행동이 항상 여법하고, 선정
의 경계는 날로 깊어지며, 아침부터 저녁까지 쉼 없이 정진하고 있습
니다. 부처님 가르침을 마음에 깊이 새겨 실천하지 않고 불교의 지극
한 이치로 마음을 다스리지 않는다면 누가 육십이 넘은 나이에도 이같
이 깨끗하고 충만한 기운으로 매진하겠습니까? 그래서 (혜원 스님에
게) 의지하고 위안 받으려는 마음은 날로 깊어지고 우러러 감사하는
마음은 끝이 없습니다.

[32] ①去年[356]夏末, 始見生上人示「無知論」. 才運[357]淸俊, 旨中[358]
沈允[359], 推涉[360]聖文, 婉而有歸[361]. 披味殷勤[362], 不能釋手. ②眞可

---

356) 축도생 스님이 장안을 떠난 것은 408년 여름이며 승조 스님이 유유민 거사에게 답
장을 쓴 것은 410년 8월15일이다. 유유민 거사는 축도생 스님이 갖고 온 「반야무
지론」을 408년 여름 이후에 읽었고, 승조 스님에게 질문 편지를 쓴 것은 409년 12
월이다. 湯用彤著(1997), 『漢魏兩晉南北朝佛敎史』, 北京: 北京大學出版社, p.434.
반면 중국학자 장춘뽀(張春波, 1930-1994)는 축도생 스님은 407년 여름 강남의
여산으로 돌아갔고, 승조 스님은 410년 8월 혹은 409년 8월 유유민 거사에게 답
변 편지를 썼다고 보았다. 張春波校釋(2010), 『肇論校釋』, 北京: 中華書局, pp.140-
143. 여기서는 탕용통의 주장을 따른다.
357) 재운才運은 재주와 운이라는 의미가 아니고 글의 문채와 운율이라는 뜻이다.
재才는 채彩·채采이다. 두 글자의 중국어 발음은 같다. 발음이 같은 경우 서로 통
용된다. 이를 '통가자通假字'라 한다. 통용通用되고 (서로) 빌려 쓸 수 있는[假借]
글자[字]라는 뜻이다.
358) 지중旨中은 지취旨趣, 즉 내용을 말한다.
359) 침윤沈允에서 침沈은 '(의미가) 깊다' 윤允은 '(의미가) 합당하다'는 뜻이다.
360) 섭涉은 '해석하다[釋]'는 의미이다.
361) 완婉은 '(문장이) 아름답다' 유귀有歸는 '근거가 있다'는 뜻이다.
362) 은근殷勤은 읽고 또 읽었다, 즉 반복해서 보았다는 의미이다.

謂浴心方等³⁶³⁾之淵, 而悟懷絶冥之肆³⁶⁴⁾者矣. 若令此辯³⁶⁵⁾遂通, 則般若眾流³⁶⁶⁾, 殆³⁶⁷⁾不言而會. 可不欣乎! 可不欣乎!

[32] ①작년[408] 여름이 끝날 무렵 도생 스님(365-434)³⁶⁸⁾이 「반야무지론」을 보여주었습니다. 문채와 운율이 청아하고 뛰어나며, 내용이 깊고 이치에 합당하며, 경전을 해석한 언어는 아름답고 추리의 근거도 확실했습니다. 책을 펼쳐 읽으며 의미를 되새기고 되새기다 손에서 (책을) 놓지 못했습니다. ②(읽고 나니) 진실로『반야경』의 바다에서 번뇌의 때[垢]를 씻고 현묘하고 심오한 경계境界를 마음으로 깨달은 듯 했습니다. 만약 이 글의 요지에 통달하면 반야사상에 대한 6가7종의 여러 학설들을 설명하지 않아도 알 수 있을 것입니다. 이 어찌 즐거운 일이 아니겠습니까! 이 어찌 즐거운 일이 아니겠습니까!

---

363) 방등方等은 대승경전을 말한다. 여기서는 반야류 경전을 의미한다.
364) 절명지사絶冥之肆에서 사肆는 명사로 시장市場을 의미하며, 전체 뜻은 '깊고 그윽한 경지'를 가리킨다.
365) '변辯'은 「반야무지론」의 사상과 내용을 말한다.
366) 반야중류般若眾流는 당시 반야사상에 대한 이해가 서로 달랐던 6가7종을 말한다.
367) 태殆는 부사로 '거의, 대개, 대체로, 아마도'라는 의미이다. '겨우, 간신히'라는 뜻은 아니다.
368) 축도생 스님의 생졸년에 대해서는 다양한 주장이 있지만 365-434년으로 파악한다. 余日昌著(2003), 『實相本體與涅槃境界』, 成都: 巴蜀書社, p.3-8.

[33] ①然夫理微者辭險, 唱獨者應希³⁶⁹⁾, 苟非³⁷⁰⁾絕言象之表者, 將以存象而致乖乎? 意謂答以緣求智之章³⁷¹⁾, 婉轉窮盡, 極為精巧, 無所間然矣. ②但暗者難以頓曉, 猶有餘疑一兩, 今輒³⁷²⁾題之如別, 想從容之暇, 復能麁為釋之.

[33] ①그러나 이치가 깊고 그윽하면 말이 어렵고 노래 곡조가 고상하면 할수록 따라 부르는 사람이 드문 법입니다. 만약 언어와 형상을 넘어서지 않으면 형상에 집착해 이치에 어긋나게 되지 않겠습니까? 저의 생각에 '대상인 진제로 반야를 찾는다'는 문장으로 답변한 것은 부드럽게 모든 이치를 드러냈고 내용은 깊고 서술은 뛰어나 막히거나 통하지 않는 곳이 없습니다. ②다만 어리석은 사람은 일시에 깨닫기 어렵고 오히려 한두 가지 의문이 있어 지금 특별히 다른 종이에 질문 사항을 적었습니다. (질문에 대해) 한가하고 편안한 시간에 대략이나마 설명해주셨으면 합니다.

---

369) 전국시대 초楚나라 시인 송옥(宋玉, 대략 BCE 298-BCE 222)이 쓴 「대초왕문對楚王問」에 나오는 구절로 『문선文選』 권45에 수록되어 있다. 원문은 다음과 같다. "客有歌於郢中者, 其始曰「下里」,「巴人」, 國中屬而和者數千人. 其為「陽阿」,「薤露」, 國中屬而和者數百人. 其為「陽春」,「白雪」, 國中屬而和者數十人. 引商引羽, 雜以流徵, 屬而和不過數人. 是其曲彌高, 和彌寡也[손님 가운데 초나라 수도인 영郢에서 노래하는 사람이 있었습니다. 처음 그가 「하리」와 「파인」 등의 노래를 부르자 나라 안에서 화답하는 사람이 수 천 명이나 되었습니다. 그가 「양아」와 「해로」 등을 부르자 나라 안에서 화답하는 사람이 수 백 명 정도 되었습니다. 그가 「양춘」과 「백설」 등을 부르자 나라 안에서 화답하는 사람이 수 십 명에 불과했습니다. 상商음을 끌어내다가 우羽음으로 꾸미고 치徵음을 섞어 내자 나라 안에서 화답하는 사람이 몇 사람에 지나지 않았습니다. 노래의 격이 높을수록 화답하는 사람이 적은 것입니다]."
370) 구비苟非는 '만약 … 이 아니라면'이라는 의미이다.
371) 현행본 「반야무지론」 단락 [15]에 있다.
372) 첩輒은 '특별히'라는 뜻이다.

[34] [공통 질문]³⁷³⁾①「論」序云: "般若之體, 非有非無, 虛不失照, 照不失虛. 故曰不動³⁷⁴⁾等覺³⁷⁵⁾而建立諸法.³⁷⁶⁾" 下章云: "異乎人者神明, 故不可以事相求之耳." 又云: "用即寂, 寂即用, 神彌靜, 應逾動." ②夫聖心冥寂³⁷⁷⁾, 理極³⁷⁸⁾同無, 不疾而疾, 不徐而徐.³⁷⁹⁾ 是以知不廢寂, 寂不廢知, 未始不寂, 未始不知. 故其運物³⁸⁰⁾成功化世之道, 雖處有名之中, 而遠³⁸¹⁾與無名同³⁸²⁾. 斯理之玄, 固常所彌昧者矣.

[34] [공통 질문]①「반야무지론」의 서론 부분에 "반야지혜의 본체는 있음도 아니고 없음도 아니며, 텅 비었으나 비춤을 잃지 않았고 비추나[사물을 인식하나] 텅 빔을 잃지 않았다. 그래서 '반야지혜를 떠나지 않고 사물의 본성을 인식한다.'"고 나옵니다. 다음 문장에서 "진실로 보통 사람과 다른 것이 (성인의) 반야지혜의 인식 능력이기에 보통 사람의 견해로 그것[인식능력]을 이해해서는[찾아서는] 안 된다."고 말했으며, 또한 "작용은 본성을 벗어나지 않고 본성 역시 작용에서 멀어지지 않는다. 정신작용[사고]이 고요해질수록 교화능력은 더욱 좋아진다."는 설명도 있습니다. ②대저 반야지혜는 (인식대상에 대해)

---

373) [공통 질문], [질문 1] 등은 역주자가 이해를 돕기 위해 붙인 것이다.
374) 부동不動은 '떠나지 않다, 벗어나지 않다'는 뜻이다.
375) 등각等覺은 반야지혜를 말한다.
376) 『방광반야경』 권제20 「마하반야바라밀제법등품摩訶般若波羅蜜諸法等品 제86제八十六」[T8, 140c15]에 "不動於等覺法, 為諸法立處."라는 구절이 있다.
377) 명적冥寂은 '고요함의 본성과 계합된다'로 해석되지만 고요함의 본성과 계합된다는 것은 결국 '(인식하는 대상에 대해) 조금도 집착하지 않는다'는 의미이다.
378) 이극理極은 '지극한 이치'라는 의미이다.
379) 『장자』「천도天道」편과 『주역』「계사전」(상)에 "不疾而疾, 不徐而徐"와 비슷한 구절이 있다.
380) 운運은 움직이다, 물物은 중생, 도道는 방법을 의미한다.
381) 원遠은 완宛과 같은 뜻이며 부사로 '마치, 흡사'라는 의미이다.
382) 유명有名과 무명無名은 본래 현행본 『노자』 제1장에 나오는 말이다. 여기서 유명은 세속을, 무명은 열반을 가리킨다.

조금도 집착하지 않으며 그 이치가 지극해 '무無'와 같고 (작용은) 빠르지 않지만 빠르고 늦지 않지만 늦습니다. 그래서 반야지혜는 공적한 것[없는 것]은 아니고, 공적空寂하나 지혜를 버리지 않으며, 공적하지 않은 적도 없고, 지혜가 작용하지 않는 적도 없습니다. 그리하여 부처님은 세간에서 중생을 교화하며 비록 세속의 방법[有名]을 사용하지만 결코 불교의 원칙[無名]에서 벗어나지 않습니다. (승조 스님이 논의한) 이 이치는 알기 어려워 참으로 항상 이해할 수 없습니다.

[35] [질문 1][383] ①但今談者[384]所疑於高「論」之旨, 欲求聖心之異, 爲謂窮靈極數[385], 妙盡冥符耶? 爲將心體[386]自然[387], 靈怕獨感[388]耶? 若窮靈極數, 妙盡冥符, 則寂照之名, 故是定慧[389]之體耳. 若心體自然, 靈怕獨感, 則群數之應, 固以幾乎息矣. ②夫心數[390]既玄而孤運其照, 神[391]洹化表而慧明獨存, 當有深證, 可試爲辨之.

---

383) [질문 1]은 '智體有知無知[반야지혜의 본체는 유지인가 무지인가]?'를 물었다.
384) 「반야무지론」에 대해 의문을 제기한 유유민 거사 등 여산에 있는 출가자와 재가자들을 말한다.
385) 궁령극수窮靈極數에서 궁은 인식하다, 영은 반야지혜, 극은 지극한 이치[사물의 본성], 수數는 일체의 사물을 의미한다. 옛 사람들은 모든 사물은 일정한 수량이 있다고 생각했기에 수數는 사물을 대표한다. 따라서 궁령극수는 반야지혜가 사물의 본성[성공의 이치]을 철저하게 인식하는 것을 말한다. 『주역』「계사전」(상)에 "極其數, 遂定天下之象[시초의 수를 끝까지 추구하면 천하 사물의 상징을 정할 수 있다]."이라는 표현이 있다. 『주역』에 사용된 '수數'는 시초蓍草의 숫자를 말한다. 효爻의 숫자라고 해석하는 학자도 있다.
386) 심체心體는 마음의 본체, 즉 반야지혜를 표현한 말이다.
387) 여기서 자연自然은 움직임 없이 고요한 상태를 의미한다.
388) 영파독감靈怕獨感에서 영은 반야지혜, 파는 평안하고 고요한 상태, 독은 단독으로, 감은 '존재하다'는 의미이다. 따라서 영파독감은 반야지혜는 움직임 없이 고요하고 평안한 상태로 홀로 존재한다, 즉 인식활동을 하지 않는다는 의미이다.
389) 정혜定慧는 선정과 지혜라는 의미보다는 지혜를 표현한 단어이다.
390) 심수心數는 반야지혜를 말한다.
391) 신神은 반야지혜를 말한다.

[35] [질문 1]①다만 지금 「반야무지론」의 이치를 논의하는 사람들은 반야지혜의 다름[모순]을, 즉 '반야지혜는 사물의 본성을 철저하게 인식해[窮靈極數] 사물과 서로 완전히 계합되는 것[妙盡冥符]인지? 반야지혜는 고요하고 평안한 상태를 유지하며 홀로 존재하는 것인지?'를 알고 싶습니다. 만약 반야지혜가 사물의 본성을 철저하게 인식해 사물과 서로 완전히 계합되면 이를 본성[寂]과 작용[照]이라 불러도 (실은) 지혜의 본체[근본]에 해당됩니다. 만약 반야지혜가 고요하고 평안한 상태를 유지하며 홀로 존재하는 것이라면 사물을 인식하고 중생을 구제하는 등의 활동이 없을 것입니다. ②무릇 반야지혜가 텅 비어 지혜가 없으면서도 인식활동을 하고 만물에 대해 전혀 관심이 없지만 지혜가 홀로 있는 것이라면 (이런 설명에 관한) 철저하고 많은 경전적 근거가 있을 것인즉 시험 삼아 설명해 주셨으면 합니다.

[36] [질문 2]³⁹²⁾①疑者³⁹³⁾當以撫會、應機、覩變之知, 不可謂之不有矣. 而「論」旨云"本無惑取之知", 而未釋所以不取之理. 謂宜先定聖心所以應會³⁹⁴⁾之道, 為當³⁹⁵⁾唯照無相耶? 為當咸覩其變耶? ②若覩其變³⁹⁶⁾, 則異乎無相; 若唯照無相, 則無會可撫. 既無會可撫, 而有撫會之功, 意有未悟, 幸復誨之.

[36] [질문 2]①승조 스님이 말한 이치에 의문을 표시하는 사람들은 (반야지혜가) 중생을 구제하고, 근기에 맞춰 감응하며, 변화를 관찰하

---

392) [질문 2]는 '照境有相無相[대상을 인식할 때 모습이 있는가 모습이 없는가]?'를 물었다.
393) 여산에서 「반야무지론」을 읽고 의문을 제기하는 사람들을 가리킨다.
394) '응회應會'는 중생을 구제하고, 사물의 본성과 계합되는 등의 활동을 말한다.
395) 위당爲當은 '… 인가?'라는 의미의 의문사.
396) 도변覩變은 중생을 구제하고, 사물의 본성과 계합되는 등의 모든 활동을 가리킨다.

는 지혜라면 '있지 않은 것'으로 말할 수 없다고 생각합니다. 그런데 「반야무지론」에 '미혹되게 취하는 지혜는 본래 없다'는 구절이 있지만 '집착해 취하지 않는 이치'의 원인을 설명하고 있지는 않습니다. 의문을 가진 사람들은 마땅히 먼저 반야지혜가 어떻게 중생을 구제하고 사물의 본성과 계합되는지, 즉 '모양 없는 것을 인식하는지?' 혹은 '사물의 변화를 관찰하는지?'에 대한 (반야지혜의) 범위를 분명하게 정해야 된다고 생각합니다. ②만약 변화를 관찰하는 것이라면 모양 없음을 인식하지 못할 것이며 만약 '모양 없음'을 인식한다면 중생을 구제하는 활동 등을 하지 못할 것입니다. 중생을 구제하는 활동이 없으면서도 사물의 본성과 계합돼 중생을 구제한다는 그 의미를 알지 못하겠습니다. 설명해 주신다면 다행이겠습니다.

[37] [질문 3]³⁹⁷⁾①「論」云: "無當則物無不當, 無是則物無不是. 物無不是, 故是而無是; 物無不當, 故當而無當." 夫無當而物無不當, 乃所以為至當; 無是而物無不是, 乃所以為真是. ②豈有真是而非是, 至當而非當, 而云當而無當, 是而無是耶? 若謂至當非常當, 真是非常是, 此蓋悟惑之言本異耳. 固「論」旨所以不明也. 願復重喻, 以袪其惑矣.

[37] [질문 3]①「반야무지론」에 "하나의 사물을 대상으로 삼지 않기에 모든 사물을 마음의 대상으로 삼을 수 있다. 특정한 견해가 없기에 모든 사물의 본성을 정확하게 파악할 수 있다. 모든 사물의 본성을 정확하게 파악하기에 견해이면서도 견해가 없는 것이다[앎이면서도 미혹되게 집착하는 지혜가 없는 것이다]. 모든 사물을 마음의 대상으로

---

397) [질문 3]은 '問境智相對有是無是、有當無當[대상[境]과 지혜[智]가 서로 대하면 견해가 있는가[有是] 없는가[無是] 대상이 있는가[有當] 없는가[無當]]?'를 물었다.

삼기에 대상이면서도 대상이 없다[외경은 모두 텅 비어 모양이 없기에 실제로는 대상이 없는 셈이다].'고 나옵니다. 대저 하나의 사물을 대상으로 삼지 않기에 모든 사물을 마음의 대상으로 삼을 수 있는 것을 '지당[至當. 지극한 대상]'이라 하며 특정한 견해가 없기에 모든 사물의 본성을 정확하게 파악할 수 있는 것을 '진시[眞是. 진정한 견해]'라 합니다. ②'진시眞是'이면서 '시是'가 아니고 '지당至當'이면서 '당當'이 아니다, 그러면 대상으로 삼지만 대상이 없고 견해이면서도 견해가 없다는 것입니까? 만약 '지당至當'이 '보통의 당[常當]'이 아니고 진시眞是이면서 '보통의 시[常是]'가 아니라면 깨달은 사람과 미혹된 사람의 말이 본래 다른 것입니다[깨달은 사람의 당當·시是는 지당至當·진시眞是이고 미혹된 사람의 당當·시是는 '보통의 당[常當]'·'보통의 시[常是]'라면 둘이 말하는 의미는 본래 다른 것입니다]. 당當·시是가 지당至當·진시眞是이면서 무시無是·무당無當이 된다는 「반야무지론」의 취지趣旨를 참으로 이해하지 못하겠습니다. 다시 설명해 의심을 풀어주시기 바랍니다.

[38] ①「論」至日即與遠法師詳省之. 法師亦好相領得意, 但標位[398] 似各有本, 或當不必理盡同矣. 頃兼[399]以班[400]諸有懷, 屢有擊其節[401]者, 而恨不得與斯人同時也.
[38] ①「반야무지론」이 도착한 날 혜원 스님과 함께 자세하게 읽었습

---

398) 표위標位는 각자가 교리의 핵심이라고 주장하는 것을 말한다. 혜원 스님은 법성法性이 교리의 핵심이라고 말하며, 승조 스님은 성공性空이 진제眞諦라고 설명한다. 혜원 스님이 실유적實有的인 관점을 견지한다면 승조 스님은 일체개공一切皆空의 입장을 표명한다. 그래서 표위標位가 서로 다르다고 한 것이다.
399) 경겸頃兼은 '최근에 또'라는 의미이다.
400) 반班은 동사로 '배포하다'는 의미이다.
401) 격절擊節은 ①박자에 맞추어 박수치다; ②극구 찬양하다 등의 의미가 있다. 여기서는 ②의 뜻으로 사용됐다.

니다. 스님도 내용을 이해하시고 크게 찬탄하셨습니다. 다만 교리의 핵심에 대한 이해나 주장이 서로 조금 다른 듯합니다. 최근 교리를 연마하고 수행하는 사람들에게「반야무지론」을 배포했습니다. 그 가운데에는 그 내용에 찬동하는 사람도 있었습니다. 그러나 무엇보다 승조 스님과 함께 있지 못함을 유감스럽게 생각합니다.

[39] 答劉遺民書[402].
[39] 답유유민서[승조 스님의 답변 편지].

[40] ①不面在昔[403], 佇想用勞. 慧明道人至, 得去年十二月「疏」[404] 并問[405]. 披尋[406]返覆, 欣若暫對. 涼風屆節, 頃常[407]如何? 貧道勞疾, 多不住耳. 信南返不悉[408]. 八月十五日釋僧肇「疏」答.

[40] ①예전에 만난 적은 없었지만 오랫동안 간절하게 (유유민 거사를) 생각했습니다. (장안에) 도착한 혜명 스님이 지난해 12월 (유 거사가) 쓴 편지와 질문지를 주었습니다. 펼쳐 반복해 읽으며 생각했습니다. 마치 갑자기 얼굴을 마주 대한 듯 기뻤습니다. 찬바람 부는 계절이 왔는데 최근의 일상생활은 어떠하신지요? 저는 마음을 써서 그런지 병을 얻어 자주 몸이 좋지 않습니다. 남북을 오가는 관리가 돌아가 저의

---

402) 승조 스님이 유유민 거사에게 답장을 쓴 것은 410년 8월15일이다. 湯用彤著(1997), 『漢魏兩晉南北朝佛敎史』, 北京: 北京大學出版社, p.434.
403) 지겸支謙 거사가 번역한『불설유마힐경』권상「제법언품諸法言品 제5」에 있는 구절이다.
404) '소疏'는 '(마음이) 통한다'는 의미로 편지라는 뜻의 '신信'자를 대신해 사용된 글자이다.
405) 문문은 질문을 적은 것을 가리킨다.
406) 심尋은 '찾다'는 의미가 아니고 '생각하다'는 뜻이다.
407) 상常은 건강상태, 일상의 종교 활동 등을 가리키는 말이다.
408) 실실은 형용사로 '상세하다 · 자세하다'는 의미이다.

상황을 이야기했으리라 생각해 자세하게 쓰지는 않겠습니다. 8월15일 승조가 편지로 답변합니다.

[41] ①服像[409]雖殊, 妙期[410]不二; 江山雖緬, 理契即[411]隣. 所以望途致想, 虛襟有寄. 君旣遂嘉遯[412]之志, 標越俗之美, 獨恬事外, 歡足方寸, 每一言集[413], 何嘗不遠喩林下[414]之雅詠, 高致悠然. ②淸散[415]未期, 厚自保愛. 每因行李[416], 數有承問[417]. 願彼山僧無恙, 道俗通佳.

[41] ①입고 있는 옷과 겉모습은 달라도 깨달음을 지향한다는 이상理想에는 서로 차이가 없습니다. 강산이 비록 멀지만 마음이 계합되면 바로 이웃이 됩니다. 그래서인지 남쪽으로 난 길을 바라보다 생각이 나 저의 마음을 부쳐봅니다. 거사께서는 이미 은둔하고자 하는 아름다

---

409) 복상服像은 입고 있는 옷과 겉모습을 말한다.
410) 묘기妙期는 원대한 이상, 즉 '깨달음의 추구'를 가리킨다.
411) J20, 265c8에는 '즉即'자로, T45, 155b27에는 '즉則'자로 되어있다. '즉即'자나 '즉則'자의 의미는 비슷하다.
412) 『주역』 '둔괘遯卦' 구오九五의 효사爻辭에 나오는 말이다. "九五, **嘉遯**, 貞吉[구오는 옮기는 것을 아름답게 여겨야 한다. 참고 견디면 길하다]." 한편, '가둔嘉遯'에 대해 전통적인 해석과 다르게 설명하는 예도 있다. '둔遯'을 '피하다'는 의미의 '둔遁'으로 읽지 않고 '돼지[豚]'로 보고 해석하는 것이다. 만약 '둔遯=돈豚'으로 본다면 이 문장은 "새끼 돼지를 점쳐 얻으니 매우 길하다."가 된다. '정貞'자를 "점을 쳐 판단을 내리다."는 의미로 해석한 점도 눈에 띈다. 자세한 것은 리닝李零 지음 · 차영익 옮김(2016), 『리닝의 주역강의周易的自然哲學』, 서울: 글항아리, p.337을 참조하라. 중국학자가 쓴 이 책은 기존의 주역 독법讀法과 많이 다르고 내용도 참신해 주목된다.
413) 언집言集은 (문학) 작품을 말한다.
414) '임하林下'는 혜강, 완적 등 죽림칠현을 가리킨다. 죽림칠현竹林七賢이라는 말은 혜강의 전기『진서晉書』 권49 「열전列傳 제19 · 혜강전」]에 나온다. 혜강嵇康, 완적阮籍, 산도山濤, 상수向秀, 유령劉伶, 완함阮咸, 왕융王戎 등 7명이 그들이다.
415) 청산淸散은 청빈하고 담백한 은거 생활 말한다.
416) 행리行李는 남과 북을 오가는 관리나 상인 등을 지칭한다.
417) 문문은 편지를 가리킨다.

운 뜻을 이뤘기에 세속을 초월한 미덕이 드러났고, 세속 밖에서 홀로 초연하게 있기에 틀림없이 마음이 유쾌할 것입니다. 거사의 모든 글이 어찌 죽림칠현의 고상한 작품에 미치지 못하겠습니까? (틀림없이) 고결한 이치와 깊은 의미가 글에 담겨져 있을 것입니다. ②거사의 청빈하고 담백한 생활이 지속되기를 바라며 건강에 항상 유의하십시오. 매번 남북을 오가는 관리들이 거사의 편지를 자주 갖고 왔으면 좋겠습니다. 여산의 스님들도 건강하시고 출·재가자들도 모두 평안하기를 기원합니다.

[42] ①承[418]遠法師之勝[419]常[420], 以爲欣慰. 雖未淸承[421], 然服膺高軌, 企佇之勤[422], 爲日久矣. 公以過順之年, 湛氣彌厲, 養徒幽巖[423], 抱一[424]沖谷[425], 遐邇[426]仰詠, 何美如[427]之? ②每亦翹想[428]一隅[429], 懸庇霄岸[430], 無由寫敬, 致慨良深! 君淸對終日, 快[431]有悟心之歡也.

---

418) 승承은 '알다'는 의미이다.
419) 승勝은 가佳와 같은 의미이다.
420) 상상常은 신체 및 사찰의 모든 활동을 가리킨다.
421) 청승淸承은 '친히 가르침을 받다'는 의미이다.
422) 기저企佇는 발뒤꿈치를 들고 존경하는 마음으로 바라보는 것을 나타내며, 근勤은 그런 마음이 간절함을 뜻한다.
423) 유암幽巖은 깊은 산속을 말한다.
424) 포일抱一은 가슴에 품고 있는 하나의 원칙, 즉 불교에 대한 신념을 가리킨다. 이 말은 본래 현행본 『노자』 제22장에 나오는 말이다. "是以聖人抱一, 爲天下式[그래서 성인은 하나를 붙잡고 이를 천하의 법칙으로 삼는다]."
425) 충곡沖谷에서 충沖은 '텅 빔'을 의미한다.
426) 하이遐邇에서 하遐는 원[遠, 멈]을, 이邇는 근[近, 가까움]을 의미한다.
427) 여如는 비교하다는 의미이다.
428) 교상翹想은 발뒤꿈치를 들고 일어서서 생각하는 것을 가리킨다.
429) 일우一隅는 여산을 상징하는 말이다.
430) 소안霄岸은 하늘 끝을 말한다. 여기서는 장안과 여산을 포함한 넓은 지역을 의미한다.
431) 쾌快는 '필요한 때, 제 때'라는 의미이다.

[42] ①혜원 스님이 모든 방면에서 좋다는 소식을 듣고 매우 기뻤습니다. 비록 친히 가르침을 받지는 못했지만 (혜원 스님의) 고귀한 행동에 대해 가슴 깊이 존경하고 있으며 발뒤꿈치를 들고 우러러 바라볼 정도로 사모하는 마음이 간절한지 이미 오래되었습니다. 혜원 스님은 이미 육십이 넘었음에도 깨끗하고 맑은 기운이 더욱 충만하고 깊은 산속에서 제자를 가르치며 넓은 마음에 불교에 대한 이상과 원칙을 품고 계시기에 멀고 가까운 곳에 있는 모든 사람들이 찬탄해 마지않고 있습니다. 그 어떤 미덕이 혜원 스님의 그것에 비교되겠습니까? ②매번 발뒤꿈치를 들고 여산을 바라보며 (혜원 스님을) 생각하면 그 덕화가 하늘 끝까지 덮여 있는 구름처럼 넓고 멀리 퍼져 있지만 글로 존경하는 마음을 표현할 방법이 없어 탄식하지 않을 수 없습니다. 거사께서는 하루 종일 혜원 스님을 모시고 있어 필요할 때마다 (가르침을 받을 수 있기에) 깨달음의 즐거움을 누릴 것으로 생각됩니다.

[43] ①即此大衆尋常[432], 什法師如宜[433]. 秦王道性[434]自然, 天機邁俗, 城塹三寶, 弘道是務. 由使異典[435]勝僧[436]方遠而至, 靈鷲之風萃於茲土. 領公[437]遠擧, 乃千載之津梁也. 於西域還, 得方等[438]新經

---

432) 심상尋常은 바로 앞 단락에 나온 승상勝常과 비슷한 의미로 '매우 좋다'는 뜻이다.
433) 여의如宜는 휴의休宜와 비슷한 뜻으로 '모든 점이 다 좋다'는 의미이다.
434) 도성道性은 불교에 대한 독실한 믿음을 말한다.
435) 이전異典은 보기 힘든 경전을 가리킨다.
436) 승승勝僧은 학문이 뛰어난 스님을 가리킨다.
437) 영공領公은 여산 혜원 스님의 제자인 지법령支法領 스님을 말한다. 『고승전』 권제2 「불타발타라전」· 권제6 「혜원전」에 그에 관한 기록이 있다. 혜원 스님의 명을 받아 경전들을 구하러 372년 서역에 갔다.
438) 방등方等은 대승경전을 가리킨다.

二百餘部, 請大乘禪師一人[439], 三藏法師一人[440], 毘婆沙法師二人[441]. 什法師於大石寺[442]出新至諸經, 法藏淵曠, 日有異聞. ②禪師於瓦官寺[443]教習禪道, 門徒數百, 夙夜匪懈, 邕邕蕭蕭[444], 致可欣樂. 三藏法師於中寺[445]出律藏, 本末精悉, 若覩初制. 毘婆沙法師於石羊寺出《舍利弗阿毘曇》[446]胡本, 雖未及譯, 時問中事[447], 發言新奇. ③貧道一生, 猥[448]叅嘉運, 遇茲盛化, 自恨不覩釋迦祇桓[449]之集, 餘復何恨! 而慨不得與清勝君子[450]同斯法集耳.

---

439) 대승 선사는 불타발타라(佛馱跋陀羅, 359-429) 스님을 말한다. 그는 410년 장안에 도착해 선법을 전파했다. 그의 제자들과 구마라집 스님의 제자들 사이에 갈등이 생기자 여산으로 갔다. 그는 여산에서 『달마다라선경達摩多羅禪經』을 한역했다.
440) 삼장 법사는 『십송율十誦律』을 번역한 불약다라弗若多羅 스님이라는 설[원강 스님의 『조론소』]과 『사분율四分律』을 한역한 불타야사佛陀耶舍 스님이라는 주장[『조론중오집해』]이 있다. 그런데 승조 스님이 이 편지를 쓰는 시기는 『유마힐소설경』이 번역된 406년 이후이며 불약다라 스님은 404년 입적하므로 시기적으로 맞지 않는 측면이 있다. 여기서는 '삼장 법사'를 '불타야사 스님'으로 본다.
441) 비바사毘婆沙는 담마야사曇摩耶舍 스님과 담마굴다曇摩掘多 스님을 가리킨다. 이 부분과 연관되는 『고승전』 권제1 「담마야사전曇摩耶舍傳」의 전문은 다음과 같다. "曇摩耶舍, 此云法明, 罽賓人. … 欲遊方授道, 既而踰歷名邦, 履踐郡國. … 耶舍善誦《毘婆沙律》, 人咸號為大毘婆沙."
442) 대석사大石寺는 초당사草堂寺를 말한다. 대사大寺라고도 한다. 구마라집 스님은 401-405년은 소요원[궁사宮寺]에 406-413년은 대석사에 각각 머물렀다.
443) 와관사瓦官寺는 궁사宮寺의 오기로 보인다. 궁사는 소요원逍遙園을 말한다.
444) 옹옹邕邕은 화목한 모습을 표현한 말이다. 소소蕭蕭는 삼가고 공경하는 모습을 형용한 말이다.
445) 후진의 사예교위司隸校尉 요상姚爽이 불타야사 스님을 초청해 중사中寺에 머물게 했다. 불타야사 스님은 중사에서 『사분율』을 번역했다.
446) 『사리불아비담론』은 407년 번역이 시작돼 414년 완성됐다. 승조 스님이 이 편지를 쓸 때인 410년경에는 여전히 번역 중이었기에 "비록 아직 번역되지 않았지만"이라고 한 것이다. 부파불교가 제기한 법상의 이름과 의미를 설명한 논서로 총30권이다.
447) 시문중사時問中事는 때때로 『사리불아비담론』의 내용을 물었다는 의미이다.
448) 외猥는 '외람되이'라는 의미로 자기를 낮추는 말이다.
449) 기환祇桓은 기원정사를 말한다.
450) 청승군자淸勝君子는 품행과 학문이 뛰어난 사람을 말하며, 여기서는 유유민 거사를 가리킨다.

[43] ①여기[장안] 대중들은 모두 잘 있습니다. 구마라집 스님도 잘 지내고 계십니다. 요흥 왕은 타고난 듯 불교를 독실하게 믿으며 자질은 일반인들의 수준을 뛰어넘고, 있는 힘을 다해 불·법·승 삼보를 보호하며, 나랏일이 많음에도 불교를 홍포하는 일을 중요하게 처리하고 있습니다. 왕이 불교를 독실하게 믿으니 보기 힘든 경전과 학문적 소양이 높은 스님들이 멀리서 모여들고 있습니다. 그리하여 영취산의 기풍이 바로 여기 장안에 옮겨진 듯합니다. 지법령 스님이 멀리 서역에 가신 것은 (중생을) 피안으로 인도할 천년동안 이어질 다리와 같은 역할을 하신 것입니다. 서역에서 돌아올 때 그동안 보지 못했던 대승 경전 200여 부를 구해왔으며 대승 선사 한 분, 삼장 법사 한 분, 율에 능한 법사 두 분 등을 초청해 왔습니다. 구마라집 스님은 대석사에서 새로 도착한 여러 경전들을 번역하고 계시는데 역출譯出된 경전들의 내용이 심원深遠해 매일 새로운 가르침을 배웁니다. ②대승 선사[불타발타라 스님]는 와관사에서 참선 수행법을 지도하고 있으며 모여든 학인들만 수백 여 명이나 됩니다. 아침부터 밤까지 게으름 피우지 않고 서로 화목하고 공경하며 매우 즐겁게 배우고 있습니다. 삼장 법사[불타야사 스님]는 중사中寺에서 율장을 번역해냈는데 (내용의) 처음과 끝을 정밀하게 모두 갖춰 마치 처음 제정될 당시의 원문을 보는 듯합니다. 담마굴다와 담마야사 두 스님이 석양사에서 산스크리트어로 된 『사리불아비담론』을 한역漢譯하고 있습니다. 비록 번역이 마무리되지는 않았으나 때때로 『사리불아비담론』의 내용에 대해 질문하면 기존 경전들과 다른 내용이 담긴 답변을 듣습니다. ③저의 일생에서 외람되이 의미 있는 번역 사업에 참여해 이렇듯 융성한 가르침을 받고 있습니다. 석가모니 부처님이 기원정사에서 주도했던 법회에 참석하지 못했음을 한스러워할 뿐 이밖에 또 무슨 여한이 있겠습니까? 그러나 유

거사처럼 학식이 뛰어난 분들과 함께 이런 번역과 학습 활동을 같이 할 수 없다는 것이 정말 유감스러울 따름입니다.

[44] ①生上人[451]頃[452]在此, 同止數年, 至於[453]言話之際, 常相稱詠[454]. 中途還南, 君得與相見, 未更近問[455], 惘悒[456]何言?

[44] ①축도생 스님은 이전에 여기[장안] 있었습니다. 몇 년 동안 같이 머물렀습니다. 대화 중간에 항상 유 거사의 미덕과 수행에 대해 찬탄했습니다. 중간에 헤어져 축도생 스님은 강남으로 돌아갔으니 서로 만났으리라 여겨집니다. 최근 축도생 스님에 관한 소식[편지]을 접하지 못해 망연하고 울적한 그 심사를 어떻게 말로 표현할 수 있겠습니까?

[45] ①威道人[457]至, 得君「念佛三昧詠」, 并得遠法師「三昧詠」及「序」. 此作興寄既高, 辭致淸婉, 能文之士率稱其美, 可謂游涉聖門[458], 扣

---

451) 생상인生上人은 축도생 스님을 가리킨다. 그는 408년 여름 강남의 여산으로 돌아갔다. 승조 스님이 이 편지를 쓴 시기는 410년 8월15일. 헤어진 지 오래되었다. 湯用彤著(1997), 『漢魏兩晉南北朝佛敎史』, 北京: 北京大學出版社, p.434.
452) 경경頃은 '최근에, 근년에'라는 의미이다. 그러나 이 문장에서는 승조 스님이 축도생 스님과 헤어진 지 이미 오랜 시간이 지난 뒤이기에 '최근에' 보다는 '이전에'로 번역하는 것이 더 정확하다.
453) 지어至於에는 ① ⋯ 정도에 이르다, ⋯ 결과에 달하다, ⋯ 할 지경이다; ② ⋯ 로 말하면, ⋯ 에 관해서는, ⋯ 에 대해서는[화제를 바꾸거나 제시할 때 쓰임] 등의 의미가 있다. 여기서는 ②의 뜻으로 사용됐다.
454) 칭영稱詠은 '칭찬하다·찬탄하다'는 뜻이다. "항상 유유민 거사의 미덕과 수행을 칭찬했다."로 번역할 수 있다.
455) 문간은 편지를 말한다.
456) 망읍惘悒에서 망惘은 무엇을 잃어버린 것 같은 기분을, 읍悒은 울적한 심정을 표현한 말이다.
457) 담위曇威 스님을 말한다. 자세한 전기가 전하지 않는다.
458) 성문聖門은 불교 교리에 대한 이해가 깊음을 표현한 말이다.

玄關[459]之唱也. 君與法師當數有文集, 因來何少?

[45] ①담위 스님이 도착했습니다. 그래서 유 거사의 「염불삼매영」, 혜원 스님이 지은 「삼매영」과 「서문」 등을 보았습니다. 이 작품들은 흥과 생각을 높이 불러일으키며 글은 맑고 내용은 깊어 글을 아는 사람들은 모두 그 아름다움을 찬양하고 있습니다. 이 글들은 불교 교리를 깊이 이해하고 체득한 작품들이라고 말할 수 있을 것입니다. 유 거사와 혜원 스님은 필시 많은 작품들이 있을텐데 남북을 왕래하는 사람들이 왜 이리 적게 갖고 왔는지 모르겠습니다.

[46] ①什法師以[460]午年[461]出《維摩經》, 貧道時預聽次. 叅承之暇, 輒復條記成言, 以爲注解[462]. 辭雖不文, 然義承有本. 今因信持一本往南, 君閑詳[463], 試可取看.

[46] ①구마라집 스님은 406년에 『유마힐소설경』을 한역漢譯했습니다. 저도 그 때 역장에 참여했습니다. 번역에 참여해 가르침을 듣던 여가에 때때로 조리있게 기록하고 문장을 만들어 주석했습니다. 비록 글은 매끄럽지 못하나 근거를 가지고 의미를 해석했습니다. 지금 남북을 오가는 관리가 한 권 가지고 강남으로 갔습니다. 유 거사는 글에 능하고 교리에도 밝으니 한 번 보십시오.

---

459) 현관玄關는 불교에 입문하는 문이라는 의미이나, 여기서는 교리에 대한 깊은 이해를 뜻한다.
460) 이以는 재在, 어於와 같은 의미이다.
461) 오년午年은 병오년丙午年으로 406년이다.
462) 『유마힐소설경』을 주석한 『주유마경注維摩經』을 찬술한 것을 가리킨다.
463) 한閑자는 한嫺자와 통하며 '문자에 숙련되다'는 의미이다. 상詳자는 '불교 교리에 밝다'는 뜻이다.

[47] ①來問婉切, 難為郢人⁴⁶⁴⁾. 貧道思不關微, 兼拙於筆語, 且至趣無言, 言必乖趣, 云云不已⁴⁶⁵⁾, 竟何所辨. 聊以狂言⁴⁶⁶⁾, 示誨來旨耳.

[47] ①질문하신 편지는 글이 뛰어나고 표현이 아주 적절합니다. 제가 대답할 수 있을지 모르겠습니다. 저의 생각은 깊지 못하고 글도 매끄럽지 못합니다. 게다가 지극한 이치는 말로 표현할 수 없고 말로 하면 틀림없이 의미와 어긋나고 맙니다. 비록 말은 많지만 그것으로 어떻게 내용을 밝혀 설명할 수 있겠습니까? 그럼에도 의미 없는 이런 저런 말로 주신 질문에 대답하고자 합니다.

[48] [공통 답변]⁴⁶⁷⁾① 「疏」⁴⁶⁸⁾云: 稱⁴⁶⁹⁾"聖心冥寂, 理極同無"⁴⁷⁰⁾, "雖處有名之中, 而遠與無名同. 斯理之玄, 固常彌昧者.⁴⁷¹⁾"⁴⁷²⁾ 以此為

---

464) 『장자』「서무귀徐無鬼」편에 나오는 인물이다. 영인郢人은 본래 '위급한 상황에서도 아주 침착한 사람'을 의미한다. 여기서는 승조 스님의 '답변'을 뜻한다. 솜씨 있는 장인匠人 같은 유유민 거사가 보내온 질문에 승조 스님이 '잘 대답할 수 있을지 모르겠다'는 의미이다.
465) '말이 많아 끝이 없다'는 뜻이다.
466) 광언狂言은 '이런 저런 쓸데없는 말'이라는 뜻으로 겸양을 표현한 단어이다.
467) 이는 유유민 거사가 제기한 「공통 질문」에 대한 답변이다. [공통 답변], [답변 1-1] 등은 역주자가 이해를 돕기 위해 붙인 것이다. 이하 동일.
468) 소疏는 편지를 말한다.
469) 칭稱은 '말하다'는 의미이다.
470) 현행본 「반야무지론」 단락 [34]에 나오는 구절이다.
471) 현행본 「반야무지론」 단락 [34]에 나오는 구절이다.
472) 이 말은 "부처님은 마음에 유지有知와 무지無知를 함께 가지고 있다. 반야지혜로 사물의 본성인 진제를 능히 관찰할 수 있다[有知]. 그러나 범부들처럼 그릇되게 작용하는 지혜는 없다[無知]."는 의미이다. 그래서 유지有知와 무지無知가 마음에 통일되어 있다는 것이다. 그런데 유유민 거사는 유지有知와 무지無知가 통일적으로 존재한다는 것을 이해하지 못하고 있다. 유지有知면 유지有知이고 무지無知면 무지無知이지, 유지有知와 무지無知가 함께 존재한다는 것을 받아들이지 못하는 것이다. 그래서 승조 스님이 바로 다음 구절에서 "어찌하여 범부의 견해로 성인의 마음을 찾느냐?"라고 반문했다.

懷, 自可忘言內得473), 取定474)方寸475), 復何足476)以人情之所異, 而求聖心之異乎?

[48] [공통 답변]①편지에서 "대저 반야지혜는 조금도 집착하지 않는 것이며 이치가 지극해 '무無'와 같다. (그 방법을 운용함은) 비록 세속에 있지만 마치 열반 상태[眞諦]에 있는 것과 같다. (승조 스님이 논의한) 이 이치는 알기 어려워 참으로 항상 이해할 수 없습니다."라고 말했습니다. 만약 앞에서 말한 것을 토대로 반야지혜를 파악하면 자연히 언어문자를 잊고 마음으로 확실하게 (반야지혜를) 체득할 수 있는데 무엇 때문에 다시 범부들의 견해로 다른 반야지혜를 찾습니까?

[49] [답변 1-1]①「疏」曰: 談者謂"窮靈極數, 妙盡冥符, 則寂照之名, 故是定慧之體耳. 若心體自然, 靈怕獨感, 則羣數之應, 固以幾乎息矣." ②意謂妙盡冥符, 不可以定慧爲名; 靈怕獨感, 不可稱羣數以息. 兩言雖殊, 妙用常一. 迹我477)而乘, 在聖不殊也.

[49] [답변 1-1]①편지에 "반야지혜가 사물의 본성을 철저하게 인식해 사물과 서로 완전히 계합되는 것이라면 이는 고요하게 (사물을) 인식하는 것을 말하는 것이기에 지혜의 본체[근본]에 해당됩니다. 만약 반야지혜가 고요하고 평안한 상태를 유지하며 홀로 존재하는 것이라면 사물을 인식하고 중생을 구제하는 등의 활동이 없을 것입니다."라고 질문자는 말했습니다. ②제[승조]가 보기엔 반야지혜가 진제와 이미 현묘하게 계합됐다면 지혜라는 이름으로 부를 수 없습니다. 또한

---

473) 내득內得은 '마음으로 …을 얻다'는 뜻이다.
474) 취정取定은 '확실하게 …을 체득하다'는 의미이다.
475) 방촌方寸은 '마음으로 체득한 인식'이라는 뜻이다.
476) 하족何足은 '… 할 가치가 있나?' '… 할 필요가 있나?' 라는 의미이다.
477) 적迹은 언어를 가리킨다. 적아迹我는 언어에 집착하는 것을 말한다.

'반야지혜가 고요하고 평안한 상태를 유지하며 홀로 존재하면 사물을 인식하고 중생을 구제하는 등의 활동이 없다'고 말해서도 안 된다고 저는 생각합니다. 두 말[妙盡冥符, 靈怕獨感]이 비록 다르나 반야지혜의 작용은 항상 일치합니다. 말에 집착하면 반야지혜를 이해하지 못하게 됩니다. '반야지혜가 진제와 현묘하게 계합되는 것[妙盡冥符]'과 '반야지혜가 고요하고 평안한 상태를 유지하며 홀로 존재하는 것[靈怕獨感]'은 서로 모순되지 않습니다.

[50] [답변 1-2] ①何者? 夫聖人玄心[478]默照[479], 理[480]極[481]同無[482]. 既曰爲同, 同無不極, 何有同無之極而有定慧[483]之名? 定慧[484]之名, 非同[485]外之稱也. 若稱生同內, 有稱非同; 若稱生同外, 稱非我[486]

---

478) 현심玄心은 현묘한 마음.
479) 묵조默照는 '집착 없이 사물을 인식하는 것'을 말한다.
480) 이理는 진제를 가리킨다.
481) 극極은 궁극적인 점, 이극理極은 궁극적인 것을 인식하다는 의미.
482) 무無는 공성空性과 같은 의미이다.
483) 정혜定慧는 '선정'과 '지혜'를 말하는 것이 아니고 '선정禪定으로 인해 발생된 지혜'라는 뜻이다. 유유민 거사가 보기에 성인이 (대상을) 인식하는 것 자체가 바로 '지혜가 있다[有知]'는 증거이다. '이런 지혜'를 유유민 거사는 정혜定慧라고 불렀다. 유유민 거사는 인식과 지혜를 분리해 본 것이다.
484) 승조 스님은 "인식주체도 공적空寂하고 인식대상도 공적空寂하므로 설사 성인이 인식활동을 해도 이것에 지혜라는 이름을 붙일 수 없다. 인식이 바로 지혜이다. 지혜는 강제로 편의상 그렇게 붙인 이름일 뿐이지 근본적인 입장에서 보면 지혜라는 이름도 있을 수 없다."고 생각한다. '지혜가 있다[有知]'고 생각하는 유유민 거사와 승조 스님의 가장 큰 차이점은 바로 여기에 있다.
485) 인식주체와 인식대상이 완전히 일치하는 것을 '동同'이라고 한다.
486) 아我는 반야지혜를 가리킨다.

也. 又, 聖心虛微, 妙絕常境[487], 感[488]無不應, 會[489]無不通, 冥機潛運[490], 其用不勤[491], 群數[492]之應, 亦何為而息耶? ②且夫心[493]之有也, 以其有有. 有不自有, 故聖心不有有. 不有有, 故有無有. 有無有, 故則無無. 無無故, 聖人不有不無. 不有不無, 其神乃虛. 何者? ③夫有也無也[494], 心之影響也[495]. 言也象也, 影響之所攀緣也. 有無既廢, 則心無影響; 影響既淪, 則言象莫測. 言象莫測, 則道[496]絕群方[497]. 道絕群方, 故能窮靈極數. 窮靈極數, 乃曰妙盡[498]. 妙盡之道, 本乎無寄[499]. ④夫無寄在乎[500]冥寂, 冥寂故, 虛以通之; 妙盡存乎極數[501], 極數故, 數以應之. 數以應之, 故動與事會; 虛以通之, 故道超

---

487) 상경常境은 '보통 사람들의 (인식) 경계'를 의미한다.
488) 감感은 '중생들의 요청'을 뜻한다. 이 요청에 불보살이 반응하는 것을 '응감한다'고 말한다.
489) 회會는 중생들의 요구와 만나다는 뜻.
490) 명冥과 잠潛은 '보이지 않게'라는 의미이며, 기機와 운運은 모두 마음의 작용을 말한다.
491) 용用은 보통 사람들의 인식을, 근勤은 인식활동을 가리킨다.
492) 중생들은 수량이 있기에 수數로 표현된다. 군수群數는 중생을 의미한다.
493) 보통 사람들의 마음을 가리킨다.
494) 이 문장의 유유와 무無는 성심聖心, 즉 반야지혜가 있고 없음을 가리키는 것이다.
495) 영影과 향響은 진실한 것이 아니다. 성심聖心이 있다 없다는 것은 보통 사람들의 마음에 나타난 망상妄想이라는 것이다.
496) 도道는 성심聖心을 말한다.
497) 군방群方은 세간의 일체 사물을 가리킨다. 군방은 본래 『주역』「계사전」(상)에 나오는 말이다. "方以類聚, 物以群分[천하의 관념은 분류별로 합해지고 동물과 식물은 같은 무리끼리 구분된다]." 리링李零 지음 · 차영익 옮김(2016), 『리링의 주역강의』, 서울: 글항아리, p.652.
498) 진盡은 사물의 본성에 대해 모르는 것이 없고, 인식하지 못하는 것이 없다는 의미이다. 묘진妙盡은 사물의 궁극적인 본성을 완전히 체득했다는 뜻이다.
499) 기寄는 '집착하다'는 의미이다.
500) 재호在乎에는 ①… 데에 있다, … 에 달려있다; ②관심을 갖다, 마음에 두다 등의 뜻이 있다.
501) 극수極數는 사물의 궁극적인 본성을 인식하는 것을 말한다. 수數는 중생 혹은 사물을 가리킨다.

名外. ⑤道超名外, 因謂之無; 動與事會, 因謂之有. 因謂之有者, 應非[502]眞有, 强謂之然耳, 彼何然哉? 故經云: "聖智無知而無所不知, 無爲而無所不爲." 此無言無相寂滅之道, 豈曰有而爲有, 無而爲無, 動而乖靜, 靜而廢用耶?

[50] [답변 1-2]① 왜 그렇습니까? 무릇 성인이 현묘한 마음으로 집착 없이 사물을 인식해 '사물의 궁극적인 본성[진제]'을 체득하면 공성空性과 일치하게 됩니다[사물의 궁극적인 본성은 공空하므로 성인의 인식 역시 공하게 됩니다]. 인식주체인 성심聖心과 인식대상인 사물의 본성이 완전히 일치되면 '궁극적인 이치[空性]'에 도달되지 않음이 없는데 공성을 체득한 것에 대해 무슨 지혜라는 말을 합니까[말이 있습니까]? (유 거사가 말한) 지혜는 사물의 본성과 완전히 일치된 성인의 인식 이외의 다른 그 무엇이 아닙니다. 만약 인식주체와 인식대상이 완전히 일치된 것, 즉 공성을 체득한 것에 이름을 붙이면 이는 집착이 있음을 의미하며 집착이 있음은 인식주체와 인식대상이 완전히 일치된 것이 아닙니다[有稱非同]. 사물의 본성과 완전히 일치된 성인의 인식 이외의 것에 대해 이름을 붙이면 이 이름은 성심[聖心. 반야지혜]이 아닙니다[稱非我也]. 또한, 반야지혜는 텅 비고 알기 어려운 것이라 보통 사람의 인식 경계를 초월한 것이며 중생의 요청에 응하지 않음이 없고 중생의 막힘을 통하게 하지 않음이 없습니다. 반야지혜는 조용하게 작용하며 보통 사람들의 인식처럼 움직이지는 않습니다. 중생의 요청에 응해 활발하게 구제하는데 왜 활동하지 않는다고 하십니까? ②하물며 보통 사람들이 말하는 '있음[有]'은 인연으로 생긴 사물이 실제로 존재

---

502) '비非'자는 본래 '부夫'자였다. 문맥상 '비非'자가 맞고 감산 덕청 스님도 『조론략주』에서 "'비非'자가 되어야 한다[作非字]."고 주석注釋을 달아 놓았다. 『조론략주』에 의거해 '부夫'자를 '비非'자로 고쳤다.

한다고 생각하는 것입니다. (그러나 인연으로 생긴 사물의) 있음은 '스스로 존재하는 것'이 아닌 임시적인 것이기에 반야지혜는 있음을 '실유實有'로 여기지 않습니다. 있음이 실제로 있는 실유가 아니기에 있음은 없는 것, 즉 가유假有에 지나지 않습니다[故有無有]. 있음이 임시로 있는 것이기에[有無有] 없음도 완전히 없는 것이 아닙니다[故則無無]. 없음이 완전히 없는 것이 아니기에 성인은 만물을 있음도 아니고 없음도 아닌 것으로 인식합니다. (반야지혜 역시) 있음과 없음에 집착하지 않기에 비록 현묘하게 인식 활동을 해도 '공적空寂한 것[非有]'입니다. 왜 그렇습니까? ③대저 반야지혜가 있다 반야지혜가 없다는 것은 (보통 사람들의) 마음에 나타난 '그림자이자 메아리[妄想]'에 지나지 않습니다[진실한 것이 아니다]. 언어나 모습은 그림자나 메아리에 연관되어 작용을 일으키는 것일 뿐입니다[그림자나 메아리에 연관되어 언어나 모습이 생긴다]. 그런데 반야지혜는 있음도 아니고 없음도 아니기에 성심聖心에는 그림자나 메아리가 없습니다. 이미 그림자나 메아리가 없다면 언어나 모습으로 말하거나 나타나게 할 수 없습니다. 언어나 모습으로 측량할 수 없기에 반야지혜는 세간의 일체 사물에서 벗어났습니다. 세간의 일체 사물에서 벗어났기에 능히 사물의 궁극적인 본성을 철저하게 체득하며, 사물의 궁극적인 본성을 완전히 체득했기에 사물을 인식하지 못하거나 사물에 대해 모르는 것이 없습니다. 사물을 인식하지 못하거나 사물에 대해 모르는 것이 없는 반야지혜의 근본은 '집착 없음'에 있습니다[집착이 없다]. ④집착 없음은 마음이 텅 비고 고요함에 달려있고 (마음이) 텅 비고 고요하기에 '허虛'자로 마음[聖心]을 설명합니다. 사물을 인식하지 못함이 없고 사물에 대해 모르는 것이 없는 것은 사물의 본성을 인식하는 것에 달려 있고, 사물의 본성을 인식하기에 일체 사물이 능히 반야지혜와 상응하며, 일체 사물이 능히 반야지혜와 상응하므로 반야지혜가 움직이면 곧바로 사물의 본성과 계합됩니다. '허虛'자로 성심을 설명하기에 성심은 언어와 모습을 초월해 있습니다. ⑤성심[반야지혜]이 언어와 모습을 초월해 있기에 '무無'라고 말합니다. 반야지혜가 움직이면 바로 사물의 본성과 계합되기에 그래서 '유有'라고 일컫습니다. 비록 '있다[有]'고 말하나 '진유[眞有. 實有]'는 아니며 억지로 말해 그렇다는 것이지 그것이 어떻게 '있는 것'이겠습니까? 그래서 경전에 "범부처럼 미혹되게 작용하는 지혜가 없기에 반야지혜는 능히 사물의 본성을 인식할 수 있고 의식적으로 무엇을 하고자 하는 것이 없기에 모든 일들을 할 수 있다."는 말씀이 있습니다. 언어에서 벗어나고 모습도 없어 텅 비고 고요한 반야지혜에 대해 있다고 말한다고 그것이 어떻게 '진짜로 있는 것'이 되며, 없다고 말한다고 그것이 어떻게 '완전히 없는 것[眞無]'이 되며, 인식작용을 한다고 말한들 어떻게 고요함을 벗어나며, 고요하게 있다고 말한들 어떻게 인식작용을 없애는 것이 되겠습니까?

[51] [답변 1-3]①而今談者, 多即言以定旨, 尋大方而徵隅[503], 懷前識[504]以標玄[505], 存所存[506]之必當[507]. 是以聞聖有知, 謂之有心; 聞聖無知, 謂等大虛. 有無之境, 邊見所存, 豈是處中莫二之道[508]乎? 何者? ②萬物雖殊, 然性本常一. 不可而物, 然非不物. 可物於

---

503) 현행본『노자』제41장에 나오는 말이다. "大方無隅[큰 사각형에는 모서리가 없다]."
504) 전식前識은 현행본『노자』제38장에 나오는 말이다. "前識者, 道之華, 而愚之始[남보다 먼저 안다는 것은 깨달음의 화려한 꽃이지만 어리석음의 시작이다]." 여기서 전식은 '미혹되게 집착하는 지혜'를 가리킨다.
505) 현玄은 반야지혜 혹은 반야지혜의 작용을 말한다.
506) 존존은 집착을 가리킨다.
507) 당當은 정확함을 말한다.
508) '처중막이지도處中莫二之道'는 비유비무의 중도를 가리킨다.

物, 則名相異陳; 不物於物[509], 則物而卽眞. 是以聖人不物於物, 不非物於物. 不物於物, 物非有也; 不非物於物, 物非無也. 非有, 所以不取; 非無, 所以不捨. 不捨, 故妙存卽眞; 不取, 故名相靡因. ③名相靡因, 非有知[510]也; 妙存卽眞, 非無知也. 故經云: "般若於諸法, 無取無捨, 無知無不知." 此攀緣之外, 絶心之域[511], 而欲以有無詰者, 不亦遠乎?

[51] [답변 1-3]①그런데 지금 문제를 제기한 분[유유민 거사]은 언어문자에 크게 구속된 채 의미를 확정하고, 반듯한 물건을 찾으며 오히려 모서리를 집어내고, 미혹되게 집착하는 지혜로 반야지혜를 드러내려 하고, 집착하는 마음을 가진 채 오히려 정확하다고 말하고 있습니다. 그래서 '반야지혜에는 지知가 있다'는 말을 들으면 인식하는 마음이 있다고 말하고 '반야지혜에는 지知가 없다'는 말을 들으면 아무 것도 없는 허공과 같다고 말합니다. '있음'과 '없음'의 경계境界는 극단에 집착하는 변견邊見이 있는 것인데 그것이 어떻게 비유비무인 중도이겠습니까? 왜 그렇습니까? ②만물이 비록 모습은 다 다르나 그 본성은 항상 공적하다는 점에서 일치합니다. (여러 인연의 화합으로 생긴 만물은 본래 공적해) 물건이라고 할 수 없지만 그러나 물건이 아닌 것도 아닙니다. 사물에 대해 사물이라고 할 수 있기에 사물의 이름과 모습이 각각 다르게 나타납니다. 사물을 사물이라고 할 수 없기에 사물의 본성을 체득하면 바로 진제와 계합됩니다. 그래서 부처님은 사물을 사물이라고 하지 않고 사물을 사물이 아니라고도 하지 않습니다. 사물을

---

509) '불물어물不物於物'과 비슷한 표현이 『장자』「산목山木」편에 나온다. "物物而**不物於物**, 則胡可得而累邪[만물을 만물로 존재하게 하면서도 물물에 의해 물물로 규정 받지 않는데 어떤 사물이 번거롭게 할 수 있겠는가]?"
510) 유有는 경계境界를 의미한다.
511) 반연攀緣은 망상妄想을, 절심絶心은 망심妄心이 끊어진 것을 의미한다.

사물이라고 하지 않기에 사물은 '참되게 있는 것[眞有]'이 아니며 사물을 사물이 아니라고 하지 않기에 사물은 사물이 아닌 것도 아닙니다[가유假有가 있다]. 실제로 있는 것이 아니기에 집착하지 않으며 아무 것도 없는 것이 아니기에 버리지도 않습니다. 버리지 않기에 (반야지혜는) 사물의 본성인 진제와 완전히 일치될 수 있으며 집착하지 않기에 이름과 모습이 나타날 근본 원인이 없습니다. ③이름과 모습이 나타날 근본 원인이 없기에 '유지有知'가 아닙니다. 반야지혜가 사물의 본성인 진제와 완전히 일치될 수 있기에 '무지無知'도 아닙니다. 그래서 경전에 "모든 존재에 대해 반야지혜는 집착하지도 않고 버리지도 않는다. 반야에는 미혹되게 집착하는 지혜가 없기에 사물의 궁극적인 본성을 인식하지 못함이 없다."는 말씀이 있습니다. 망상에서 벗어났고 망심을 완전히 끊어버린 경계境界를 '유有'와 '무無'로 따져 묻는다면 이는 반야지혜와 거리가 너무 먼 것 아닙니까?

[52] [답변 1-4]①請詰夫陳有無者, 夫智[512]之生也, 極[513]於相[514]內. 法[515]本無相, 聖智何知? 世稱無知者, 謂等木石太虛無情之流. 靈鑒幽燭, 形於未兆, 道無隱機[516], 寧曰無知? ②且無知生於有[517]知, 無無知也, 無有知也. 無有知也, 謂之非有; 無無知也, 謂之非無. 所以虛不失照, 照不失虛, 怕然永寂, 靡執靡拘. 孰能動之令有, 靜之使

---

512) 지智는 범부의 지혜를 가리킨다.
513) 극極은 '국한되다·속박되다'는 의미이다.
514) 상相은 범부의 견해나 경계를 말한다.
515) 법法은 사물 혹은 존재를 가리킨다.
516) 기機는 '아주 작은 것'을 말한다.
517) 이 문장의 '유有'자는 본래 '무無'자였다. 감산 덕청 스님의 『조론략주』에 따라 '유有'자로 바꾸었다. 문맥상으로도 '유有'자가 적합하다.

無耶? 故經云: "真般若者, 非有非無, 無起無滅, 不可說示於人." 何則? ③言其非有者, 言其非是有, 非謂是非有; 言其非無者, 言其非是無, 非謂是非無. 非有, 非非有; 非無, 非非無. ④是以須菩提終日說般若, 而云無所說.[518] 此絶言之道, 知何以傳? 庶[519]叄玄君子[520], 有以會之耳.

[52] [답변 1-4]①반야지혜가 있다 없다 따지는 사람들에게 물어봅시다. 무릇 '그릇된 지혜'가 생기는 것은 '사물의 모습'에 집착해서 입니다. 사물은 본래 특정한 모습이 없고 반야지혜의 본성은 공적해 모양이 없는데 어떻게 그것을 알 수 있단 말입니까? 세상에서 말하는 '무지無知'라는 것은 목석木石이나 빈 허공 혹은 무정물無情物과 같은 그런 종류를 말합니다[아무 것도 아는 것이 없는 것을 말합니다]. 신령스럽게 인식하고 그윽하게 비추는 반야지혜는 (무엇인가) 나타날 조짐이 있기도 전에 아주 작은 사물의 본성조차 남김없이 파악합니다. 그런데 어떻게 '무지[無知. 아무 것도 아는 것이 없음]'라고 말할 수 있겠습니까? ②게다가 '무지[無知. 아는 것이 아무 것도 없음]'는 '유지[有知. 범부의 지혜가 있음]'에 집착해[상대해] 생긴 것이기에 실제로 '무지無知'의 본성도 공적하고 '유지有知'의 본성도 공적합니다[그래서 무지도 유지도 없습니다]. 유지[有知. 범부의 지혜가 있음]가 없는 것을 '비유非有'라 하고 무지[無知. 아는 것이 아무 것도 없음]가 없는 것을 '비무非無'라 합니다. 그래서 반야지혜에 범부의 지혜는 없지만 인식하는 공능은 있고 사물의 본성을 인식하는 공능은 있지만 그릇되게 집착하는 작용은

---

518) 『방광반야경放光般若經』 권제6 「마하반야바라밀무주품摩訶般若波羅蜜無住品」 제28第二十八」에 "須菩提報言: '如是, 如是! 諸天子! 諸如來道者, 皆無所得**亦無所說, 是故諸法亦無說者亦無聞者, 亦無受者亦無得者.**'"라는 구절이 있다.
519) 서庶는 동사로 '희망하다・바라다'는 의미이다.
520) '참현군자叄玄君子'는 반야의 이치를 추구하는 사람이라는 뜻이다.

없습니다. 반야지혜는 고요하게 텅 비어 움직임도 없고 집착하지도 않고 구속되지도 않습니다. 그 누가 반야지혜를 움직이게 해 '존재하도록' 만들지 못하고 고요하게 해 '없도록' 만들 수 있겠습니까? 그래서 경전에 "참다운 반야지혜는 있음도 아니고 없음도 아니며, 태어남도 없고 사라짐도 없으며, 사람들에게 말로 설명해 보여줄 수 없다."는 말씀이 있습니다. 왜 그렇습니까? ③'비유非有'라고 말하는 것은 '실유實有'가 아니라고 말하는 것이며 '있음이 아님[非有]'을 말하는 것은 아닙니다[성공性空적인 존재임을 인정한다]. '비무非無'라고 말하는 것은 '아무 것도 없는 허공과 같은 것이 아님'을 말하는 것이며 '없음이 아님[非無]'을 말하는 것은 아닙니다[가유假有의 존재를 인정한다]. '비유非有'는 '실유實有가 아니라는 것'이며 '비무非無'는 '아무 것도 없는 허공과 같은 것'이 아니라는 의미입니다. ④그래서 수보리 존자가 하루 종일 반야를 설명했지만 '말한 바 없다'고 이야기 할 수 있을 뿐이었습니다. 언어로 설명할 수 없는 반야지혜를 어떻게 전달·전수하겠습니까? 반야지혜를 추구하는 분들은 부디 마음속으로 이치를 체득하시기 바랍니다.

[53] [답변 2]①又云: "宜先定聖心所以應會之道, 爲當唯照無相耶? 爲當咸覩其變耶?" 談者似謂無相與變, 其旨不一, 覩變則異乎無相, 照無相則失於撫會. 然則即真之義, 或有滯也. ②經云: "色不異空, 空不異色. 色即是空, 空即是色." 若如來旨, 觀色空時, 應一心見色, 一心見空. 若一心見色, 則唯色非空; 若一心見空, 則唯空非色. 然則空色兩陳, 莫定其本也. ③是以經云"非色"者, 誠以非色於色, 不非色於非色. 若非色於非色, 太虛則非色, 非色何所明? 若以非色於色, 即非色不異色. 非色不異色, 色即爲非色. 故知變即無相、無相即變. 群情不同, 故教迹有異耳. ④考之玄籍, 本之聖意, 豈復真偽殊

心, 空有異照耶? 是以照無相, 不失撫會之功; 覿變動, 不乖無相之旨. 造⁵²¹⁾有不異無⁵²²⁾; 造無不異有. 未嘗不有, 未嘗不無. 故曰: "不動等覺, 而建立諸法."⁵²³⁾ 以此而推, 寂用何妨? 如之何⁵²⁴⁾謂覿變之知, 異無相之照乎? ⑤恐談者脫⁵²⁵⁾謂空有兩心, 靜躁殊用, 故言覿變之知, 不可謂之不有耳. 若能捨已⁵²⁶⁾心於封內, 尋玄機於事外, 齊萬有於一虛⁵²⁷⁾, 曉至虛⁵²⁸⁾之非無者, 當言至人終日應會, 與物推移, 乘運撫化, 未始為有也. 聖心若此, 何有可取? 而曰未釋不取之理.

[53] [답변 2]①또한 편지에서 "마땅히 먼저 반야지혜가 어떻게 중생을 구제하고 사물의 본성과 계합되는지, 즉 '모양 없는 것[진제]을 인식하는지?' 혹은 '사물의 변화를 관찰하는지?'에 대한 (반야지혜의) 범위를 분명하게 정해야 된다고 생각합니다."라고 말씀하셨는데, 이 말씀을 하신 분은 아마도 '모양 없음을 인식하는 것[진제를 인식하는 것]'과 '사물의 변화를 관찰하는 것'이 서로 다르다고 보시는 듯합니다. (다시 말해) 사물의 변화를 관찰하는 것은 모양 없음을 인식하는 것과 다르고 모양 없음을 인식하면 중생구제 등의 활동을 할 수 없다고 생각하는 듯합니다. 그러한 즉 색色이 곧 공空이라는 진제의 의미를 정확하게 제대로 파악하지 못하는 것 같습니다. ②경전에 "물질적 존재는 성공과 다르지 않고 성공性空은 물질적 존재와 다르지 않다. 물질적 존재

---

521) 조造는 '다가가다'는 뜻이다.
522) 유有는 '생사', 무無는 '열반'을 의미한다.
523) 『방광반야경』 권제20 「마하반야바라밀제법등품摩訶般若波羅蜜諸法等品 제86第八十六」[T8, 140c15]에 "不動於等覺法, 為諸法立處."라는 구절이 있다.
524) '여지하如之何'는 '어째서'라는 의미이다.
525) 탈脫은 '착각하다·잘못 알다'는 의미이다.
526) T45, 156c20; J20, 267a20; WX54, 37b22 등에 '기己'자 대신 '이已'자로 되어있다. '이已'자로 바꾸고 해석했다.
527) 일허一虛는 성공을 말한다.
528) 지허至虛는 '공空의 이치'를 뜻한다.

가 바로 성공적 존재이고 성공이 바로 물질적 존재의 본성이다."는 말씀이 있습니다. 만약 질문해 오신 의미대로 하면 물질적 존재와 성공을 관찰할 때 마땅히 한쪽 마음으로 물질적 존재를 관찰하고 또 한쪽 마음으로 성공을 관찰해야 됩니다. 만약 한쪽 마음으로 물질적 존재만 관찰한다면 오직 물질적 존재만 볼 뿐 본질인 성공을 파악할 수 없습니다. 만약 한쪽 마음으로 성공만 관찰한다면 오직 성공만 볼 뿐 물질적 존재의 본질을 체득할 수 없습니다. 그러한 즉 (물질적 존재의 본질인) 성공과 물질적 존재는 서로 완전히 다른 두 종류가 되어 경전에 나오는 본 뜻과는 어긋나고 맙니다. ③따라서 경전에 보이는 "물질적 존재가 아니다[非色]."는 구절은 진실로 물질적 존재의 본성이 공하다는 것이지 '허공처럼 텅 빈 존재[非色]의 본질이 공하다'고 말하는 것은 아닙니다. 만약 허공처럼 텅 빈 존재의 본질이 공하다면 '아무 것도 없는 빈 것'이 바로 '성공[非色]'이 되고 마는데 그러면 성공의 이치로 무엇을 더 설명할 수 있겠습니까? 만약 물질적 존재의 본성이 공하다고 하면 성공[性空]은 물질적 존재와 다르지 않고 성공[性空]이 물질적 존재와 다르지 않기에 물질적 존재는 곧 '비색[非色, 공한 성질을 가진 존재]'이 됩니다. 따라서 사물의 변화를 관찰하는 것이 바로 '사물의 본성[無相]'을 보는 것이며 사물의 본성을 아는 것이 바로 변화를 관찰하는 것입니다. 중생의 근기가 서로 다르기에 '부처님이 그들을 인도하는 방식[敎迹]'이 다른 것일 뿐입니다. ④경전에 담긴 깊은 의미를 고찰해보고 부처님이 말씀하신 근본 뜻을 따른다면 어떻게 '실지[實智, 진제]'와 '권지[權智, 방편적 지혜]'를 다르게 보며 한쪽 마음으로 성공의 이치를 관찰하고 다른 한쪽 마음으로는 존재를 관찰한다고 생각할 수 있겠습니까? 따라서 '사물의 본질[無相, 진제]'을 인식하며 중생을 구제하는 작용을 멈추지 않고 존재의 변화를 관찰해도 사물의 본질[眞諦]과 모순되지 않습니다. 생사윤회에 머물러도 열반과 다르지 않고 열반에 머물러도 생사윤회와 차이가 없습니다. 중생을 구제하지 않는 것도 아니고 열반을 증득하지 않는 것도 아닙니다. 그래서 "반야지혜를 떠나지 않고 사물의 본성을 인식한다."고 말씀하셨습니다. 이것으로 추리해 보면 반야지혜의 본체[寂]와 작용[用]이 어찌 서로 방해가 되겠습니까? 어째서 '사물의 변화를 관찰해 본성을 파악하는 것'과 '모양 없음[眞諦]'이 같지 않겠습니까? ⑤아마도 질문 하신 분은 성인은 한쪽 마음으로 공空을 보고 한쪽 마음으로 유有를 본다고 착각하고 또한 반야지혜의 움직임과 고요함의 작용은 서로 다르다고 잘못 알아, 만물의 변화를 인식하는 것을 '지혜가 있는 것'으로 이해한 것 같습니다. 만약 능히 속에 있는 '집착하는 마음[封內]'을 버리고 언어와 모습을 넘어 '지극한 이치[玄機]'를 추구하며, 만물이 모두 '성공적인 존재[一虛]'임을 파악하고, '공의 이치[至虛]'가 아무 것도 없는 것이 아니라는 것을 깨닫는다면, 그러면 당연히 '성인은 매일 세속의 일에 참여하고 만물의 변화에 따라 변화하며, 변화 속에서 중생을 구제하는 등의 활동을 해도 결코 범부의 지혜가 있는 것, 즉 유지有知가 아니다'고 말해야 됩니다. 이와 같은 반야지혜가 무엇에 집착하겠습니까? 어떻게 내[승조]가 '집착하지 않는 이치[不取之理]'를 제대로 설명하지 않았다고 말할 수 있습니까?

[54] [답변 3]①又云: "無是乃所以為真是, 無當乃所以為至當." 亦可如來言耳. 若能無心於為是[529], 而是於無是; 無心於為當, 而當於無當者, 則終日是, 不乖於無是; 終日當, 不乖於無當. 但恐有是於無是, 有當於無當, 所以為患耳. 何者? ②若真是可是, 至當可當,

---

529) 시是는 옳음·그름에 대한 판단을 의미한다.

則名相以形, 美惡是生. 生生奔競, 孰與止之? 是以聖人空洞其懷, 無識無知. 然居動用之域, 而止無為之境; 處有名之內, 而宅絕言之鄉. 寂寥[530]虛曠, 莫可以形名得. 若斯而已矣. ③乃曰: 眞是可是, 至當可當. 未喻雅旨也. 恐是當之生, 物謂之然, 彼[531]自不然, 何足以然耳?

[54] [답변 3]①또한 편지에서 "특정한 견해가 없기에 모든 사물의 본성을 정확하게 파악할 수 있는 것을 '진시[眞是. 진정한 견해]'라 하며 하나의 사물을 대상으로 삼지 않기에 모든 사물을 마음의 대상으로 삼을 수 있는 것을 '지당[至當. 지극한 대상]'이라 한다."고 말씀하셨습니다. 이는 말씀하신 그대로입니다. 만약 능히 판단에 집착하지 않고 판단하지 않음에서 판단을 내리고, 사물의 본성에 적응해야 된다고 집착하지 않고 '사물의 본성[無當, 眞諦]'을 인식대상으로 삼는다면 하루 종일 판단해도 판단을 내리지 않는 것과 마찬가지이며 하루 종일 인식해도 인식하지 않는 것과 같습니다. 다만 '무시無是'와 '무당無當'에 집착한다면 근심거리가 생깁니다. 왜 그렇습니까? ②만약 '가장 정확한 판단'과 '가장 정확한 인식'에 집착하면 각종 사물에 대한 이름과 환상이 생기고 좋음과 나쁨이 일어납니다. 그러면 마치 다투듯 생사윤회에 휘둘리게 되는데 누가 그것을 멈추게 할 수 있겠습니까? 그래서 성인은 자신의 마음과 대상을 비게 만들고 생각과 지각도 없앱니다. 그리하여 움직임[動]과 작용[用]의 세속에 있으나 마음은 아무 것에도 집착하지 않는 경지에 머무르고 언어문자의 세계에 있으나 마음은 말이 끊어진 진제眞諦의 본향本鄕에 거주합니다. 소리도 모양도 없고 텅 비어 아주 넓은 광야와 같은 그 경지를 모습과 언어로 표현할 수 없습니다. 다만 그러할

---

530) 적요寂寥에서 적寂은 소리가 없는 것을, 요寥는 모양이 없는 것을 나타낸다.
531) 피彼는 반야지혜를 말한다.

따름입니다. ③그래서 "진정한 판단을 내릴 수 있고 정확한 인식이 가능하다."고 말합니다. (사정이 이러하기에) 유 거사가 말하는 주장의 의미를 알지 못하겠습니다. '견해[是]'와 '인식[當]'이 생긴다고 말하는 것은 아마도 세속의 견해를 받아들여 그렇게 생각하신 것 같은데 반야지혜는 그렇지 않습니다. (반야지혜가) 어떻게 (세속의 견해) 그것과 같겠습니까?

[55] ①夫言迹532)之興, 異途之所由生也. 而言有所不言, 迹有所不迹533). ②是以善言言者, 求言所不能言; 善迹迹534)者, 尋迹所不能迹. 至理虛玄, 擬心已差, 況乃有言? 恐所示轉遠, 庶通心君子有以相期於文外耳.

[55] ①대저 '말'과 '형상'이 생기면 이로 말미암아 '다른 견해'도 만들어집니다. 그러나 말에는 이야기하지 못하는 것이 있고 형상에는 형상화形象化할 수 없는 것이 있습니다. ②그래서 말 잘하는 사람은 말이 표현하지 못하는 것을 추구하고 형상을 잘 고찰하는 사람은 형상화할 수 없는 형상을 탐구합니다. 지극한 이치는 텅 비고 불가사의해 마음이 움직이는 순간 이미 어그러지는데 하물며 말로 표현할 수 있겠습니까? 제가 말씀드린 설명이 오히려 (유 거사를) 이치에서 멀어지게 만들까

---

532) 언적言迹은 '말'과 '형상'이라는 뜻이다. 적迹은 '상象'이라고 원나라 문재 스님은 『조론신소』[T45, 227c19]에서 설명하고 있다. 몽암 스님은 『몽암화상절석조론夢庵和尙節釋肇論』에서 '적迹'을 '의미[義]'로 해석했다. 언적言迹은 『장자』「천운天運」편에 나온다. "夫六經, 先王之陳迹也. 豈其所以迹哉? 今子之所言, 猶迹也[무릇 육경이란 선왕이 남긴 자취이다. 어찌 '그 자취를 만든 참다운 원인[자취 그 자체]'이겠는가? 지금 당신이 하는 말은 오히려 자취와 같은 것이다]."
533) 여기 '적迹'은 동사로 '고찰하다·탐구하다'는 의미이다.
534) 첫 번째 '적迹'은 동사로 '고찰하다·탐구하다'는 뜻이고 두 번째 '적迹'은 '형상'이라는 의미의 명사이다.

두려우니 마음을 깨달은 분께서는 문자를 벗어난 곳에서 (반야지혜의) 본질을 체득하시기 바랍니다.

열반무명론 제4

[1] ①「涅槃無名論」535) 第四.
[1] ①「열반무명론」제4.

[2] ①「奏秦王536)表537)」.
[2] ①「주진왕표」[(승조 스님이) 후진 왕에게 올리는 표문].

---

535) 「열반무명론」은 승조 스님이 413-414년에 지은 글이다. 열반에 관한 여러 의문들을 해소하기 위해 쓴 것이다. 열반은 언어를 초월한 것이고, 태어남과 사라짐이 없으며, 이름도 모습도 없기에 '무명無名'이라 했다. ①승조 스님이 후진의 요흥 왕에게 올리는 「표문表文」; ②가상 인물인 유명有名이 질문하고 무명無名이 대답하는 '구절십연九折十演' 등 두 부분으로 구성된「열반무명론」을 짓게 된 이유를 승조 스님은 표문에서 밝히고 있다. 현대 중국을 대표하는 불교학자 가운데 한 명인 탕용통(湯用彤, 1893-1964)이 『한위양진남북조불교사漢魏兩晉南北朝佛敎史』 제16장「축도생竺道生」편에 수록된「혜관 스님이 주장한 점오의 뜻[慧觀漸悟義]」이라는 글에서 "「열반무명론」은 승조 스님이 쓴 것이 아니다."고 제기한 이래 「열반무명론」이 승조 스님의 친작이냐 아니냐?'에 대한 논란이 일어났다. 탕용통(湯用彤, 1893-1964)과 그의 제자 스쥔(石峻, 1916-1999)은 「열반무명론」 전체가 승조 스님의 친작親作이 아니라고 주장했다. 독일 출신의 동양학자 발터 리벤탈(Walter Liebenthal, 1886-1982)은 '구절십연'의 제8장에서 제14장까지는 개작됐으나 다른 부분은 승조 스님의 친작이라고 지적했다(리벨탈의 글은 초판과 재판의 내용이 조금 다르다). 일본학자 오오쵸 에니치(横超慧日, 1906-1996)는 「열반무명론과 그 배경」이라는 글에서 "「열반무명론」은 승조 스님의 친작親作"이라고 설명했다. 湯用彤(1997), 『漢魏兩晉南北朝佛敎史』, 北京: 北京大學出版社, p.476; W.Libenthal(1948), *THE BOOK OF CHAO*, THE CATHOLIC UNIVERSITY OF PEKING, pp.167-168; W.Libenthal(1968), *CHAO LUN: The Treatises of Seng-chao*, HONG KONG UNIVERSITY PRESS, pp.150-152; 横超慧日(1955), 「涅槃無名論とその背景」, 『肇論研究』, 京都: 法藏館, pp.167-199.
536) 진왕秦王은 후진(後秦, 384-417)의 제2대 왕 요흥(姚興, 366-394-416)을 가리킨다.
537) '표表'는 고대 상소문 문체의 하나. 제갈량의「출사표」가 대표적인 예이다.

[3] ①僧肇言: 肇聞天得一以淸, 地得一以寧, 君王得一以治天下.⁵³⁸⁾ 伏惟陛下, 叡⁵³⁹⁾哲欽明, 道與神會, 妙契環中⁵⁴⁰⁾, 理無不統, 游刃萬機, 弘道終日, 威被蒼生, 垂文作則⁵⁴¹⁾. 所以域中有四大, 而王居一焉.⁵⁴²⁾

[3] ①승조가 아룁니다: '하늘은 하나를 얻어 맑게 되었고, 땅은 하나를 얻어 편안하게 되었고, 군왕은 하나를 얻어 천하를 다스리게 되었다'고 들었습니다. 엎드려 생각하오니 폐하는 지혜가 깊고 존경스러울 만큼 영명하며 깨달음은 신령스런 정신과 하나가 되었고 공의 도리와 신묘하게 계합되셨기에 그 이치로 통섭統攝하지 않음이 없습니다. 게다가 나라의 모든 일들을 능숙하게 처리하시고 매일 부처님 가르침을 펴기에 여념이 없으십니다. 위엄과 덕망을 모든 창생들에게 베풀고 아름다운 글을 내려 세상의 규칙이 되도록 하셨습니다. 그래서 세상에 네 개 있는 큰 것 가운데 하나를 왕이 차지하는 것이라 생각합니다.

[4] ①涅槃之道, 蓋是三乘之所歸, 方等⁵⁴³⁾之淵府, 渺漭希夷⁵⁴⁴⁾,

---

538) 현행본 『노자』 제39장에 나오는 구절이다.
539) '예叡'는 '깊다'는 의미이다. J20, 267c6에는 '준濬'자로 되어 있으나 T45, 157a15와 WX54, 37c18에는 '예叡'자로 되어있다. 두 글자의 의미는 비슷하나 T본과 WX본을 따라 '예叡'자로 바꾸었다.
540) 환중環中은 공空의 이치를 말한다. 『장자』「제물론」편에 나오는 말이다. "樞始得其環中, 以應無窮[지도리가 빈 구멍을 얻으면 무궁한 변화에 대응한다]."
541) 문文은 글과 가르침, 즉 교육을 말한다. 칙則은 규칙을 가리킨다.
542) 현행본 『노자』 제25장에 나오는 구절이다. "域中有四大, 而人居其一焉[세상에는 큰 것이 네 개 있는데 사람이 그 가운데 하나를 차지하고 있다]."
543) 방등은 방광方廣을 말한다. 불전佛典을 내용이나 서술형식에 따라 12가지로 분류한 십이부경 가운데 하나인 '방광'은 산스크리트어 vaipulya를 의역한 것이며 음역音譯하여 비불략秘佛略 · 비부라毘富羅라고도 한다. 방정方正한 내용과 광대廣大한 의미를 담고 있는 경전이라는 의미이다. 여기서는 대승경전을 가리킨다.
544) 묘망渺漭은 수평선의 끝자락을 묘사한 말로 아득해 잘 보이지 않는 상태를 가리킨

絶視聽之域, 幽致虛玄, 殆非群情之所測. 肇以人微, 猥蒙國恩, 得閑居學肆, 在什公門下十有餘載. 雖衆經殊致, 勝趣非一, 然涅槃一義, 常以聽習爲先. ②但肇才識闇短, 雖屢蒙誨喩, 猶懷疑漠漠, 爲竭愚不已, 亦如似有解. 然未經高勝先唱, 不敢自決. 不幸什公去世, 諮叅無所, 以爲永慨. 而陛下聖德不孤[545], 獨與什公神契, 目擊道存[546], 快盡其中方寸, 故能振彼玄風, 以啓末俗. ③一日遇蒙「答安城候姚嵩[547]書」, 問無爲[548]宗極. "何者? 夫衆生所以久流轉生死者, 皆由著欲故也. 若欲止於心, 卽無復於生死. 旣無生死, 潛神玄默, 與虛空合其德, 是名涅槃矣. 旣曰涅槃, 復何容有名於其間哉?" 斯乃窮微言[549]之美, 極象外之談者也. 自非道叅[550]文殊, 德慈侔[551]氏, 孰能宣揚玄道, 爲法城塹[552], 使夫大敎卷而復舒, 幽旨淪而更顯. ④尋玩殷勤[553], 不能暫捨. 欣悟交懷, 手舞弗暇. 豈直當時之勝軌, 方乃累

다. 희이希夷는 현행본 『노자』 제14장에 나오는 말이다. "視之不見名曰夷; 聽之不聞名曰希[보아도 보이지 않는 것을 '이夷'라 하고 들어도 들리지 않는 것을 '희希'라 한다]."
545) 불고不孤는 『논어』 「이인里仁」편에 나오는 말이다. "德不孤, 必有隣[덕은 외롭지 않으니 반드시 이웃이 있다]."
546) 목격도존目擊道存은 『장자』 「전자방」편에 나오는 말이다. "若夫人者, 目擊而道存矣, 亦不可以容聲矣[그 같은 사람은 한번 보기만 해도 도가 있는 사람임을 알 수 있는지라 말로 형용할 수 없다]."
547) 요흥 왕의 동생이다.
548) 무위無爲는 열반을 가리킨다.
549) 미언微言은 경론經論을 가리킨다.
550) 참叅은 합합과 같은 의미이다. 즉 '부합하다'는 뜻이다.
551) 모侔는 '같다, 비등하다, 동등하다'는 의미이다.
552) 성참城塹은 성과 해자, 즉 '불교를 보호한다'는 뜻이다.
553) 심尋은 찾다, 돌이켜 생각하다는 의미. 완玩은 구경하다, 감상하다, 놀다는 뜻. 은근殷勤은 은근慇懃과 같으며 이 단어에는 ①빈틈없다, 세밀하다; ②정성스럽다, 친절하다 등의 뜻이 있다. 여기서는 ①번으로 해석했다.

劫之津梁矣. 然聖旨淵玄, 理微言約, 可以匠彼先進[554], 拯拔高士[555].
懼言題[556]之流, 或未盡上意. 庶[557]擬[558]孔《易》「十翼」[559]之作, 豈貪
豊文, 圖以弘顯幽旨, 輒作「涅槃無名論」.

[4] ①열반의 진리는 성문·연각·보살이 돌아가는 곳이자 대승의 여러 가르침 가운데 가장 궁극적인 것이며, 아득해 볼 수도 들을 수도 없고, 모습도 소리도 사라진 영역이며, 오묘하고 그윽하나 텅 비어 범부들이 알 수 있는 대상이 아닙니다. 저 승조는 미천한 신분으로 외람되이 국가의 은혜를 입어 경전을 번역하는 역장譯場에 참여해 구마라집 스님 밑에서 10여 년을 배웠습니다. 비록 여러 경전들의 이치가 다르고 뛰어난 종지宗旨가 같지 않지만 그러나 열반의 의미를 듣고 배움을 항상 우선으로 삼았습니다. ②다만 저의 재주가 둔하고 식견이 짧아 비록 여러 번 가르침을 받았으나 오히려 회의하고 막막한 심정이었습니다. (그래서) 어리석지만 전력으로 노력해 조금은 이해했습니다. 그러나 지혜가 높고 뛰어난 사람의 검증을 거치지 않았기에 감히 스스로 결정하지 못했습니다. 불행히도 구마라집 스님이 입적하신 뒤에는 의견을 구하고 물어볼 곳도 없어졌기에 그 점을 항상 안타깝게 생각하

---

554) 선진先進은 고승대덕을 가리킨다.
555) 고사高士는 재주와 인격이 뛰어난 세속의 선비를 말한다.
556) '언제言題'는 '언제言提'라고도 한다. 『시경詩經』「대아大雅·탕지십탕之什·억억抑」에 "於乎小子, 未知臧否. … 匪面命之, 言提其耳[오호! 공자님은 너무 젊어 좋음과 나쁨을 알지 못하는 도다! … 대면하여 가르쳐 줄 뿐 아니라 그 **귀를 잡고 말해 주노라**]."라고 나온다. '언제言提'는 어리석은 사람을 의미한다.
557) 서庶는 동사로 '희망하다·바라다'는 의미이다. 그러나 여기서는 부사로 '최근에'라는 뜻이다.
558) 의擬는 동사로 '비교하다·견주다'는 뜻이다.
559) 「십익十翼」은 「상단전上彖傳」, 「하단전下彖傳」, 「상상전上象傳」, 「하상전下象傳」, 「상계사전上繫辭傳」, 「하계사전下繫辭傳」, 「문언전文言傳」, 「설괘전說卦傳」, 「서괘전序卦傳」, 「잡괘전雜卦傳」 등을 말한다. 경전에 대한 주석이나 설명을 '전傳'이라 한다.

고 있습니다. 그런데 폐하의 성스러운 덕행이 외롭지 않아 홀로 구마라집 스님과 더불어 서로 마음이 통하고 눈으로 보면 즉시 이해하는 사이가 되어 마음속에 극진한 즐거움이 있었기에 능히 불교의 가르침을 널리 퍼트려 말세 중생을 깨달음으로 인도하셨습니다. ③하루는 우연히 「안성후 요숭에게 답변한 글」을 읽어 보았습니다. 안성후 요숭이 '열반의 궁극적인 이치'에 대해 묻자 폐하께서는 "왜 그런가? 무릇 중생이 태어나고 죽는 등 이리 저리 윤회하는 까닭은 모두 집착과 욕망 때문이다. 만약 마음에서 욕망을 그치게 한다면 다시는 태어남과 죽음을 겪지 않을 것이다. 이미 태어남과 죽음이 없어지면 정신은 그윽하고 조용한 곳에 잠겨 허공과 그 덕행이 부합符合되는데 이를 일러 열반이라 한다. 이미 열반이라 말했는데 어찌 또 그 사이에 어떤 이름을 용납하겠는가?"라고 하셨습니다. 폐하의 이 말씀은 바로 경론의 뛰어난 가르침을 체득한 것이자 형상을 초월한 고상한 담론의 궁극窮極에 도달한 것입니다. 만약 깨달음이 문수 보살과 부합되지 않고 미륵 보살과 같지 않다면 누가 능히 불교를 널리 펴겠으며 가르침을 보호하겠습니까? (폐하의 이 말씀은) 움츠렸던 불교를 다시 펴게 하고 침몰했던 성교聖敎를 더욱 드러나게 하는 것이라 생각합니다. ④(폐하의 글을) 생각하며 빈틈없이 읽고 또 읽으며 잠시라도 (글을) 버릴 수 없었습니다. 기쁨과 깨달음이 교차하고 (즐거워) 쉴 틈 없이 춤을 추었습니다. 어찌 현세의 뛰어난 모범에 그치겠습니까? 당연히 수많은 세월동안 중생을 고해에서 열반으로 인도하는 다리 같은 역할을 할 문장이라 생각합니다. 그런데 폐하가 내리신 가르침의 내용은 깊고 아득하며 이치는 알기 어렵고 말은 간략합니다. (그럼에도 가르침과 말씀들은) 고승대덕들을 인도할 스승이 되고 세간의 뛰어난 선비들이 품은 의문을 해소할 수 있을 것입니다. 다만 두려운 것은 말에 집착하는 무리들이 폐하의 뜻을 헤아리지 못하는 것입니다. 공자가「십익」을 지어『주역』을 해석한 것에 견주어 최근 특별히「열반무명론」을 썼습니다. 어찌 폐하의 글을 풍부하게 하고자 함이겠습니까? 다만 폐하가 말씀하신 깊은 의미를 널리 드러내고자 할 따름입니다.

[5] ①「論」有九折十演, 博採衆經, 託證成喩, 以仰[560]述陛下無名之致. 豈曰關詣神心, 窮究遠當[561]? 聊以擬議玄門, 班喩學徒耳. 論末章云: "諸家通[562]第一義諦[563], 皆云廓然空寂, 無有聖人. 吾常以爲太甚徑庭, 不近人情. 若無聖人, 知無者誰?" 實如明詔! 實如明詔[564]! ②夫道恍惚窈冥[565], 其中有精, 若無聖人, 誰與道遊? 頃諸學徒, 莫不躊躇道門, 怏怏此旨, 懷疑終日, 莫之能正. 幸遭高判, 宗徒幡然, 扣關之儔, 蔚登玄室. 眞可謂法輪再轉於閻浮, 道光重映於千載者矣. ③今演論之作旨, 曲辨涅槃無名之體, 寂彼廓然, 排方外之談[566]. 條

---

560) 앙앙은 공문에 쓰이던 용어. 상급기관이나 상급자에게 보내는 글에서는 존경의 뜻을, 하급기관이나 하급자에게 부치는 글에서는 명령의 뜻을 나타냈다. 비슷한 용법의 단어로 청청, 기기, 간간 등이 있다.
561) 당당은 '불교 교리와 부합되다'는 의미이다.
562) 통통은 '해석하다'는 의미이다.
563) 제일의제第一義諦는 열반을 가리킨다.
564) 조조는 명사로 '천자의 명령, 칙서, 칙령' 등의 의미이다. 여기서는 가르침으로 번역했다.
565) 황홀요명恍惚窈冥은 현행본『노자』제21장에 나오는 말이다. 황홀恍惚은 뚜렷하지 않은 모습을 요명窈冥은 (의미가) 깊은 것을 상징한다.
566) "排方外之談"과 관련해 당나라 원강 스님은『조론소』[T45, 191b26]에서 "今明六合之外委曲, 故排《莊子》方外不言之說也[지금 (열반에 대한) 형이상학적 논의를 자세하게 해『장자』에 나오는 '육합六合 밖의 일을 논론하지 않는다'는 말을 배척했다.]"로 해설해 놓았다. 열반涅槃은 형이상학적인 논의에 속하므로 '승조 스님은 형이상학적인 논의를 하지 않는다는 의미가 아니고 오히려 자세하게 하겠다'는 뜻이라고 해설한 것이다. 그러나 '형이상학적인 논의는 공리공담空理空談으로 흐를 가능성이 크므로 열반에 대해 실질적인 이야기를 하겠다'는 뜻으로 파악하는 것이 보다 더 문맥에 합당하다고 생각되어 역주자譯注者는 "(공리공담으로 흐를) 형이상

牒如左, 謹以仰呈. 若少叅聖旨, 願勅存記[567], 如其有差, 伏承指授.

[5] ①「열반무명론」에는 아홉 번의 질문과 열 번의 답변[설명]이 있습니다. 여러 경전에서 널리 문장을 인용해 증거로 삼고 비유를 통해 폐하가 말씀하신 이름도 없는 열반의 이치를 기술했습니다. 어찌 감히 폐하의 신묘하신 마음에 관련되고 폐하의 심원한 뜻을 헤아려 교리에 계합됐다고 말할 수 있겠습니까? 그저 그윽한 가르침에 들어가는 문門을 논의하고자 했고 학도들을 깨우쳐 주고자 했을 따름입니다. 폐하께서 안성후에게 내려주신 글 끝 부분에 "여러 대가들이 열반을 해석하는데 모두들 텅 비고 공적해 성인이 없다고 말했다. 나[요흥]는 항상 이 설명이 현실·이치와 크게 동떨어져 사람들의 상식에 어긋난다고 여겼다. 만약 성인[부처님]이 없다면 열반을 아는 사람은 누구인가?"라고 말씀하셨습니다. 이는 진실로 영명하신 가르침입니다! 참으로 영명하신 가르침입니다! ②대저 깨달음은 뚜렷하게 드러나지 않으

학적인 논의를 배척하다."로 번역했다. 한편, 방외지담方外之談과 관련해『장자』「제물론」편에 "六合之外, 聖人存而不論; 六合之內, 聖人論而不議[육합 밖에 대해 성인은 그냥 두고 논하지 않고, 육합 안에 대해 성인은 논하되 세세하게 따지지 않는다]."라는 구절이 있다. 육합은 동·서·남·북·상·하로 '세계'라는 의미이다. 방외지담方外之談은 육합 밖의 일을 논하는 것, '육합외지담六合外之談'과 통하는 말이다. 방외方外라는 단어 자체는『장자』「대종사」편에 나온다. 원문은 "彼遊方之外者也, 而丘遊方之內者也[그는 태두리 밖에서 노니는 사람이고 나 공구는 태두리 안에서 노니는 사람이다]." '구丘'는 공구, 즉 공자孔子를 가리킨다. '방方'은 세속세계, 예법礼法, 테두리 등 다양하게 해석될 수 있으며 방외方外는 '일정한 경계를 벗어난 것'이다. 따라서 방외지담方外之談은 '형이상학적인 논의'로 해석될 수 있다.
567) 양나라 혜교 스님이 찬술한『고승전』권제6「승조전」에 "(「열반무명론」을 읽은 요흥왕은) 정성스럽게 쓴 답변을 내렸으며「열반무명론」을 찬양하는 내용을 (답변에) 많이 덧붙여 놓았다. 명령을 내려「열반무명론」을 베껴 자식과 조카들에게 나누어주도록 했는데 (당시) 요흥 왕이 승조 스님을 소중히 여김이 이와 같았다."는 기록이 있다. "興答旨慇懃, 備加贊述. 則勅令繕寫, 班諸子姪, 其爲時所重如此." [南朝梁] 慧皎著·湯用彤校注(1992),『高僧傳』, 北京: 中華書局, p.252.

나 의미는 매우 깊고 그 가운데 정수가 있습니다. 만약 성인이 없다면 누가 깨달음과 더불어 소요逍遙하겠습니까? 최근 여러 학도들이 (성인이 없다는 말을 듣고) 깨달음에 이르는 문 안으로 들어가지 않고 입구에서 주저하지 않음이 없으며 종지宗旨를 이해하지 못하고 하루 종일 의심하지 않음이 없지만 (누구도) 그것을 바로 잡아 주지 않았습니다. 다행히 폐하의 고귀한 판단을 만나 종도들이 의심을 '확' 찢어버리고, 많은 학도들이 깨달음에 이르는 문을 두드리고, 초목이 무성하게 나듯 다투어 집 안으로 들어가고 (심지어) 그윽한 진리의 방 안에 들어가 앉게 되었습니다. 진실로 진리의 수레바퀴가 인간 세상에 다시 구르고 불교의 가르침이 천년 세월에 걸쳐 환히 비치게 되었다고 말할 수 있을 것입니다. ③지금 폐하의 글에 부연해「열반무명론」을 지은 의미는 열반의 본체는 '고요하고 텅 비어 아무 것도 없다'는 그릇된 주장을 상세하게 밝히고 형이상학적인 논의를 배척하기 위함입니다. 폐하의 논지를 조목별로 정리한「열반무명론」을 표문 뒤에 붙여 삼가 바칩니다. (읽어보시고) 성지聖旨와 조금이나마 같은 부분이 있다면 원컨대 칙령을 내려 기록으로 남겨 주시고 만약 (성지聖旨와) 어긋난다면 엎드려 가르침을 기다리겠습니다.

[6] ①僧肇言: 泥曰、泥洹、涅槃, 此三名前後異出, 蓋是楚夏[568]不同耳. 云涅槃, 音正也.
[6] ①승조는 말합니다: 니왈, 니원, 열반 이 셋은 앞뒤로 다르게 번

---

568) 초하楚夏에서 초楚는 변방지역, 하夏는 중국의 중앙지역을 가리킨다. 중국의 중앙과 변방 지역의 말과 발음이 다르듯 인도에서 중국에 들어온 역경승譯經僧들의 고향이 서로 달라 열반에 관한 발음이나 표기가 다름을 의미한다. 따라서 초하楚夏를 '인도 각 지방의 말'로 번역해도 된다.

역되었습니다. 이는 천축 여러 지방의 말이 달라 그런 것입니다. 열반으로 부르는 게 바른 음입니다.

[7] **九折十演者**[569].
[7] 구절십연자[아홉 번의 질문과 열 번의 답변].

[8] [1][570]**開宗**[571] **第一**.
[8] [1]개종 제1.

[9] [무명 1][572]①**無名曰: 經稱有餘涅槃、無餘涅槃者, 秦言無爲, 亦名滅度. 無爲者, 取乎虛無寂寞, 妙絶於有爲. 滅度者, 言其大患**

---

569) 절折은 '질문하다' 연연演은 '답변하다'는 뜻이다. '개종 제1'은 답변이 아니고 설명이나 답변에 포함시켜 열 번의 답변으로 했다.
570) 구절십연九折十演, 즉 '아홉 번의 질문과 열 번의 답변[설명]'에 대한 이해를 돕기 위해 역주자가 붙인 번호이다.
571) 개종開宗은 '열반무명의 핵심 요지를 밝히다'는 뜻이다.
572) 무명의 설명이 먼저 나온 다음 유명이 아홉 번 질문하고 무명이 아홉 번 답변한다. 이해를 돕기 위해 역주자가 [무명 1]·[유명 1] 등으로 표기했다. 이하 동일.

永滅[573], 超度四流[574]. 斯蓋是鏡像[575]之所歸, 絕稱[576]之幽宅[577]也. 而曰有餘、無餘者, 良是出處[578]之異號, 應物[579]之假名耳.

[9] [무명 1]①무명이 말한다: 경전에 나오는 유여 열반·무여 열반은 후진의 말로 무위 혹은 멸도라 한다. '무위'는 텅 비어 공적하고 유위법을 신묘하게 끊었다는 것에서 그 의미를 가져온 말이다. '멸도'는 큰 걱정을 영원히 소멸시켰고 (또한) 선善을 씻어내는 네 가지 번뇌의 흐름을 초월한 것을 말한다. 이것은 모든 존재가 돌아가는 곳이며 언어가 끊어져 의미를 알기 어려운 그윽한 집과 같다. 그런데 유여 열반·무여 열반이라고 말하는 것은 진실로 부처님이 몸을 드러내는 것[유여 열반]과 숨기는 것[무여 열반]의 '다른 이름'이며 중생의 요

---

573) 대환영멸大患永滅은 '큰 걱정을 영원히 소멸하다'는 의미. 현행본『노자』제13장에 나오는 말이다. "吾所以有大患者, 爲吾有身. 及吾無身, 吾有何患[내가 큰 어려움을 만난 까닭은 나에게 나를 위하는 몸이 있기 때문이다. 내 자신을 위하는 몸이 없다면 나에게 무슨 환난이 있겠는가]?" 그러나 여기서 승조 스님이 말하는 걱정은 생사윤회로『노자』가 말하는 환난과 의미가 다르다.
574) 사류四流는 네 가지 번뇌를 말한다. 마음속의 선善의 성질을 씻어 내기에 폭류暴流라 말한다. 욕류欲流, 유류[有流, 유루有漏], 견류見流, 무명류無明流가 사류다.
575) 경상鏡像은 거울 속에 비친 상. 사물에는 실체가 없음을 설명하는,『마하반야바라밀경』권제1 등에 보이는 열 가지 비유의 하나이다. 따라서 경상은 바로 '모든 존재', 즉 제법諸法을 말한다. "諸法如幻、如焰、如水中月、如虛空、如響、如犍闥婆城、如夢、如影、**如鏡中像、如化**."가 열 가지 비유이다.
576) 칭稱은 말과 언어를 의미한다.
577) 유택幽宅은 '깊고 그윽해 의미를 알기 어려운 집'이라는 뜻이다. 열반을 가리킨다.
578) 『조론신소유인』(권하)[WX54, 311b23], "**出處**者,《易》繫云: '君子之道或出或處.' 儒以仕進名出, 守志名處. 論主以有余名出, 無餘名處. 如下云: '生名有余, 滅名無餘.' 此亦略辨呈槃種類也." 출出은 중생의 요청에 응應하는 것을 처處는 열반의 본성에 돌아가는 것을 의미한다. 따라서 출出은 화신化身·유여有余 열반, 처處는 법신法身·무여無餘 열반에 각각 해당된다. 화신과 법신의 의미는 아니지만『주역』「계사전」(상)에도 용례가 있다. "君子之道, 或出或處, 或默或語[군자의 도리는 나가기도 하고 머물기도 하고 침묵하기도 하고 말하기도 하는 것이다]."
579) 응물應物은 바깥 사물의 요구를 받아들여 구제활동을 벌이는 것을 말한다. 중생의 요구에 응해 그들을 제도하는 것을 가리킨다.

구에 응해 그들을 구제하는 활동을 벌이는 것의 '임시적인 명칭'일 따름이다.

[10] ①余嘗試言之: 夫涅槃之爲道也, 寂寥[580)]虛曠, 不可以形名得; 微妙無相, 不可以有心[581)]知. 超群有[582)]以幽升, 量太虛而永久. 隨之弗得其蹤, 迎之罔眺其首[583)], 六趣[584)]不能攝其生, 力負[585)]無以化其體. 潢漭惚恍[586)], 若存若往. 五目[587)]不覩其容, 二聽不聞其響.

---

580) 적료寂寥에서 적寂은 소리가 없는 것, 요寥는 형상이 없는 것을 가리킨다.
581) 유심有心은 분별심이 있는 범부의 마음을 가리킨다.
582) 군유群有는 욕계 14유[4악취, 4주, 6욕천], 색계 7유[4선천, 대범천, 정거천, 무상천], 무색계 4유[4공처]를 말한다. 중생들이 사는 여러 영역을 의미한다.
583) 현행본 『노자』 제14장에 나오는 말. "迎之不見其首, 隨之不見其後[맞이해 보아도 그 머리가 보이지 아니하고 뒤따라도 그 뒷모습이 보이지 않는다]." 여기서는 '후後'자 대신 '종蹤'자를 사용했다.
584) 육취六趣는 육도六道를 말한다. 지옥, 아귀, 축생, 아수라, 인간, 천상이다.
585) 역부力負는 『장자』「대종사」편에 나오는 말이다. "夫藏舟於壑, 藏山於澤, 謂之固矣. 然而夜半有力者負之而走, 昧者不知也[골짜기에 배를 숨기고 못 속에 산을 감추고는 단단히 간직했다고 말한다. 그러나 밤중에 힘이 센 사람이 지고 가버리면 어리석은 사람은 알지 못한다]." 이 구절에서 역부力負라는 말이 나왔다. 변화라는 뜻이다. 한편, 문장에 나오는 '산山'을 '산汕'으로 보아 '그물·오구'로 해석하는 학자도 있다.
586) 황潢은 물이 모여 저수지가 된 것을, 망漭은 많은 물을 말한다. 여기서는 너무 커 경계를 볼 수 없다는 것을 의미한다. 황홀恍惚은 뚜렷하지 않은 상태를 표현한 말이다.
587) 오목五目은 육안, 천안, 법안, 혜안, 불안을 말한다. 육안은 물질적인 존재들을 보고, 천안은 물질적인 존재들이 아닌 것들을 보고, 법안은 속제俗諦를 파악하며, 혜안은 진제眞諦를 파악하고, 불안은 중도中道를 파악한다. 종밀(宗密, 780-841) 스님이 찬술한 『원각경대소석의초圓覺經大疏釋義鈔』 권제9(지상之上) 「심구윤회장심구륜회장深究輪迴章(미륵보살문미륵보살문彌勒菩薩問)」에 "五眼者: 一肉眼, 謂肉團中, 有淸淨色, 能見障內色; 二天眼, 於肉眼邊, 引淨天眼, 見障外色; 三慧眼, 以根本智, 照見眞理; 四法眼, 以後得智, 說法度人; 五佛眼, 前四在佛, 皆名佛眼, 又見性圓極, 名爲佛眼. 故古德云: '天眼通非礙, 肉眼礙非通, 法眼唯觀俗, 慧眼直緣空, 佛眼如千日照異體還同.'"이라고 나온다.

冥冥窅窅[588], 誰見誰曉? 彌綸[589]靡所不在, 而獨曳於有無之表. ②然則言之者失其眞, 知之者反其愚, 有之者乖其性, 無之者傷其軀. 所以釋迦掩室於摩竭[590], 淨名[591]杜口於毘耶[592], 須菩提唱無說以顯道, 釋梵絶聽而雨華. 斯皆理爲神御, 故口以之而默. 豈曰無辯, 辯所不能言也.

[10] ①내가 시험 삼아 말해 보겠다: 무릇 열반이라는 진리는 소리도 모습도 없으며 텅 비고 활달豁達해 형상이나 이름으로 얻을 수 없다. 의미가 깊고 체득하기 어려워 보통 사람들의 지혜로는 알 수 없다. (열반은) 중생이 사는 여러 영역들을 초월해 멀리 높이 오르고 (열반의) 양量은 허공처럼 넓고 크며 영원히 존재한다. 뒤따르지만 그 종적을 찾을 수 없고 앞에서 맞이하지만 그 머리를 볼 수 없으며, 육도의 삶이 (열반을) 포섭할 수 없으며, 변화도 그 본체를 변화시킬 수 없다. 끝을 알 수 없는 큰 호수 같아 그 모습을 변별할 수 없으며 있는 듯 없는 듯 하다. 다섯 종류의 눈으로도 그 모습을 볼 수 없고 두 귀로는 그 소리조차 듣지 못한다. 깊고 깊으며 멀고 멀기에 그 누가 (열반을) 보며 누가 (열반을) 알 수 있겠는가? 주변에 가득해 없는 곳이 없지만 있음과 없음의 밖에 초월하여 홀로 존재한다. ②그러한 즉 (열반을) 말하는 자는 진신眞身을 잃어버리고 아는 자는 오히려 어리석어진다. 있음으로 (열반을) 대하는 자는 (열반의) 본성과 어그러지고 없음으로 대하는 자는 몸을 다친다. 그래서 부처님은 마가다국에서 문을 닫고 말하지 않

---

588) 명명요요冥冥窅窅에서 명명冥冥은 '깊은 것'을, 요요窅窅는 '먼 것'을 표현한 말이다.
589) 미륜彌綸은 주변에 가득한 것을 표현한 말이다.
590) 부처님 당시 인도에 있었던 나라, 즉 마가다국을 가리킨다.
591) 정명淨名은 『유마힐소설경』의 주인공 유마 거사이다.
592) 인도의 바이샬리 지역을 말한다. 『유마힐소설경』의 주인공 유마 거사가 살았던 곳이다.

았고, 유마힐 거사는 바이샬리에서 입을 닫았으며, 수보리 존자는 말 없음으로 말해 열반을 드러냈고, 제석과 범천은 듣는 것 없음을 통해 꽃비를 내리게 했다. 이 모두는 이치로 정신을 다스려 입을 닫고 침묵한 것이다. 어찌 설명이 없다고 하겠는가? 다만 설명하려 해도 말로 표현할 수 없을 따름이다.

[11] ①經593)云: "眞解脫者, 離於言數594), 寂滅永安, 無始無終, 不晦不明, 不寒不暑, 湛若虛空, 無名無說." 論595)曰: "涅槃非有, 亦復非無. 言語道斷, 心行處滅." 尋夫經論之作, 豈虛構哉? 果有其所以不有, 故不可得而有; 有其所以不無, 故不可得而無耳.

[11] ①경전에 "참다운 해탈은 말과 형상을 떠났고, 모든 것이 완전히 소멸되어 영원히 평안하며, 시작도 끝도 없고, 어둡지도 밝지도 않고, 춥지도 덥지도 않으며, 고요하고 맑기가 허공과 같고, 이름도 없고 말로 설명할 수도 없다."는 말씀이 있다. 논서에도 "열반은 있는 것도 아니며 없는 것도 아니다. 언어로 사유해도 알 수 없고 마음으로 헤아려도 알 수 없다."고 나온다. 경전과 논서에 표명된 의미를 찾아보면 어찌 없는 말을 했겠는가? 과연 이유가 있어 '있지 않음[不有]'이라 하므로 '있음'에 집착해서는 안 되며 이유가 있어 '없지 않음[不無]'이라 하므로 '없음'에 집착해서도 안 된다.

---

593) 경經은 『유마경』 등을 말한다.
594) 언수言數에서 언言은 언어를, 수數는 괘상을 의미한다. 즉 언어와 형상을 초월했다는 것이다.
595) 용수 논사가 지은 『중론』 「관열반품」에 나오는 의미를 인용한 것이다.

[12] ①何者? 本596)之有境, 則五陰永滅597); 推之無鄕, 而幽靈598)不
竭599). 幽靈不竭, 則抱一600)湛然; 五陰永滅, 則萬累都捐601). 萬累都
捐, 故與道通洞602); 抱一湛然, 故神603)而無功604). 神而無功, 故至功605)
常存; 與道通洞, 故沖606)而不改607). 沖而不改, 故不可爲有608); 至功
常存, 故不可爲無609). 然則有無絕於內, 稱謂淪610)於外611), 視聽之所
不曁, 四空612)之所昏昧. 恬焉而夷613), 怕焉而泰614), 九流615)於是乎

---

596) 본本은 '뿌리를 찾다 · 근본을 찾다'는 의미의 동사. 추구하다로 해석했다.
597) 오음영멸五陰永滅은 번뇌가 사라진 것을 의미하기에 상 · 낙 · 아 · 정이라는 열반 4덕 가운데 '낙樂'에 해당된다.
598) 유령幽靈은 반야지혜를 가리킨다.
599) 유령불갈幽靈不竭은 반야지혜가 존재한다는 것이기에 이것은 열반 4덕 가운데 '아我'에 해당된다.
600) 포일抱一은 '진리와 하나가 되다'는 의미. 담연湛然은 불변이라는 뜻. 열반 4덕 가운데 '상常'에 해당된다.
601) 연捐은 '버리다 · 포기하다'는 뜻. 이 구절은 열반 4덕 가운데 정淨에 해당된다.
602) 동洞은 동同과 같다. '진리와 서로 통하다'는 의미.
603) 신神은 동사로 인식하다는 뜻이다.
604) 무공無功은 범부와 같은 그런 인식의 작용, 즉 분별이 없다는 것이다.
605) 지공至功은 성인의 인식작용을 말한다.
606) 충沖은 텅 빈 것을 말한다.
607) 불개불개不改는 불변不變을 가리킨다.
608) 유有는 실체가 있는 있음을 말한다.
609) 무無는 아무 것도 없는 허공과 같은 없음을 말한다.
610) 윤淪은 '소멸되다'는 의미이다.
611) 내內는 본체를, 외外는 모습을 가리킨다.
612) 사공四空은 사공정四空定 · 사무색정四無色定을 닦아 증득한 경지를 말한다. 공무변처, 식무변처, 무소유처, 비상비비상처 등이다. 사공四空을 사공처四空處 · 사무색四無色이라고도 한다.
613) 이夷는 평등함을 말한다.
614) 태泰는 통달한 것을 가리킨다.
615) 구류九流는 제자백가의 학설을 가리킨다. 선진先秦시기 학술사상의 분파에 대해 사마천의 아버지인 사마담(司馬談, 대략 BCE 165-BCE 110)은 육가六家[유, 묵, 도, 법, 명, 음양]로 나누었다. 후한시대 반고(班固, 32-92)가『한서漢書』권30「예문지藝文志」에서 정식으로 춘추전국시대의 학술 유파를 구류십가九流十家로 분류했다. 구류는 유가, 묵가, 도가, 법가, 명가, 음양가, 종횡가, 농가, 잡가를 말하며,

交歸$^{616)}$, 衆聖於是乎冥會$^{617)}$. 斯乃希夷之境, 太玄之鄕, 而欲以有無題榜, 標$^{618)}$其方域$^{619)}$, 而語其神道$^{620)}$者, 不亦邈$^{621)}$哉?

[12] ①왜 그런가? (열반이라는) 대상을 찾아보면 오온은 영원히 소멸됐고[열반을 찾을 수 없다] (열반이) 없다고 생각하면 반야지혜는 존재한다. 반야지혜가 존재하기에 진리와 하나가 된 채 (열반은) 변함없고 오온이 영원히 소멸됐기에 모든 번뇌도 없다. 모든 번뇌가 없기에 진리와 상통相通하며 진리와 하나 된 채 변함이 없기에 인식작용은 하지만 범부와 같은 분별을 하지 않는다. 인식작용을 하나 범부와 같은 분별이 없기에 성인의 인식공능은 항상 존재하며 진리와 상통相通하기에 본성은 텅 비었지만 영원히 변천變遷이 없다. 본성이 비었으나 변천이 없기에 '실체가 있는 있음'은 아니며 성인의 인식작용이 항상 존재하기에 '허공처럼 아무 것도 없는 없음'은 아니다. 그러한 즉 (열반의) 본체는 있음과 없음을 초월해 공적하고, (열반의) 모습은 없기에 이름 붙일 수 없고, 보거나 들을 수 없고, 사무색정四無色定을 닦아 사무색처四無色處의 경지를 증득한 사람도 (열반을) 제대로 알 수 없다. 고요하고 평등하며 담담하고 통달됐기에 (열반은) 모든 학설들이 돌아가는 곳이자 모든 성인들이 계합되는 대상이다. 이것은 보거나 들을 수 있는 대상이 아니며 그윽하고 또 그윽해 알기 어렵다. 그런데 있음과 없

여기에 소설가를 더해 십가十家라 부르기도 한다. 이것은 선진시기 제자백가에 대한 총칭이다. 따라서 여기서 말하는 구류九流는 승조 스님 당시 학술사상의 모든 분파를 포괄하는 말로 해석해도 된다.
616) 교귀交歸는 '귀결되다 · 돌아가다'는 뜻.
617) 명회冥會는 계합하다는 의미.
618) 표標는 '표시하다 · 가리키다'는 뜻.
619) 방역方域은 영역을 말한다.
620) 신도神道는 신령스런 깨달음, 즉 열반을 의미한다.
621) 막邈은 원遠의 의미이다.

음으로 이름을 붙이고 그 영역을 지정하며 그 가르침을 말로 표현하고자 하는 것은 열반으로부터 너무 멀어지는 것 아닌가?

[13] [2]覈體[622] 第二.
[13] [2]핵체 제2.

[14] [유명 1]①有名曰: 夫名號不虛生, 稱謂不自起. 經稱有餘涅槃、無餘涅槃者, 蓋是返本之眞名, 神道之妙稱者也.

[14] [유명 1]①유명이 말한다: 이름과 기호는 근거 없이 태어나지 않고 칭호와 말은 스스로 일어나지 않는다. 경전에 나오는 유여 열반·무여 열반은 근본으로 돌아가는 진정한 이름이며 신묘한 진리를 일컫는 오묘한 칭호이다.

[15] ①請試陳之: 有餘者, 謂如來大覺始興, 法身[623]初建, 澡八解[624]

---

622) 핵覈[核]은 동사로 '세밀히 따져 조사하다'는 의미이다. 따라서 핵체核體는 '열반의 본체를 조사하다'는 뜻이다.
623) 『조론집해령모초』(권하), "法身即五分法身也. 防非止惡名戒, 靜慮靜緣名定, 觀身有無名慧, 淸淨不滯名解脫, 悟達顯了名解脫知見." 궁극의 깨달음을 증득한 성자聖者가 갖추고 있는 다섯 가지 덕성德性을 오분법신五分法身이라 한다. 분分은 분제分齊, 즉 한계限界·차별差別·범위範圍라는 의미이다. 법신은 다섯 가지 법[덕성]을 몸으로 삼은 존재, 무학위無學位의 아라한과 부처님이 이 다섯 가지를 갖추고 있다. 『증일아함경』 권제29 「육중품六重品 제37지1(3)第三十七之一(三)」에도 나온다. "己身戒成就、三昧成就、智慧成就、解脫成就、解脫見慧成就, 復能敎人成此五分法身, 身能敎化, 復能敎人使行其法." 40권본 『대반열반경』 권제36 「가섭보살품迦葉菩薩品 제12지4第十二之四」에도 관련 구절이 있다. "阿羅漢果者即是無學、五分法身-戒、定、慧、解脫、解脫知見-因是五分得到彼岸, 是故名爲到於彼岸. 到彼岸故而自說言: '我生已盡, 梵行已立, 所作已辦, 更不受有'"
624) 팔해八解는 미혹迷惑을 끊은 여덟 가지 해탈을 말한다.

之淸流, 憩七覺⁶²⁵⁾之茂林; 積萬善於曠劫⁶²⁶⁾, 蕩無始之遺塵⁶²⁷⁾; 三明⁶²⁸⁾鏡於內, 神光⁶²⁹⁾照於外; 結僧那⁶³⁰⁾於始心, 終大悲以赴難; 仰攀玄根⁶³¹⁾, 俯提弱喪; 超邁三域⁶³²⁾, 獨蹈大方⁶³³⁾; 啓八正⁶³⁴⁾之平路, 坦衆庶⁶³⁵⁾之夷途⁶³⁶⁾; 騁六通⁶³⁷⁾之神驥, 乘五衍⁶³⁸⁾之安車; 至能出生入死, 與物⁶³⁹⁾推移; 道無不洽⁶⁴⁰⁾, 德無不施; 窮化母⁶⁴¹⁾之始物, 極玄

625) 깨달음 증득에 도움 되는 일곱 가지 수행[사항]을 칠각분이라 한다. 택법擇法, 정진精進, 염念, 정定, 희喜, 사捨, 제除 등 일곱 가지이다.
626) 광겁曠劫은 오랜 세월을 말한다.
627) 유진遺塵은 번뇌를 가리킨다.
628) 삼명三明은 숙명[과거의 일을 아는 것], 천안명[미래의 일을 아는 것], 누진명[현재의 일을 아는 것]을 말한다.
629) 신광神光은 이광二光으로 지광智光과 교광敎光을 말한다.
630) 승나僧那는 사홍서원을 말한다.
631) 현근玄根은 불교의 진리를 가리킨다.
632) 삼역三域은 삼계, 즉 욕계 색계 무색계를 의미한다.
633) 대방大方은 삼계 이외 지역을 말한다. 이 말은 현행본『노자』제41장에 나오는 말이다.
634) 팔정八正은 팔정도를 가리킨다.
635) 중서衆庶는 중생이라는 말이다.
636) 이도夷途는 평평한 길, 즉 진리의 길을 말한다. 탄坦은 동사로 '평탄하게 하다'는 의미이나, 여기서는 '인도한다'로 번역했다.
637) 육통六通은 육신통, 즉 천안통 천이통 타심통 숙명통 신족통 누진통을 가리킨다.
638) 오연五衍은 오승(五乘, 다섯 수레), 즉 사람, 하늘세계의 신, 성문, 연각, 불佛을 말한다.
639) 물物은 세간의 사물 혹은 세간의 변화를 의미한다.
640) 흡洽은 동사로 '윤택하게 하다, 융합하다'는 의미이다.
641) 화모化母는 '변화의 어머니', 즉 인연因緣을 말한다. 인연은 만물을 생성 변화시키는 원동력이다.

樞之妙用[642]; 廓[643]虛宇[644]於無疆, 耀薩雲[645]於幽燭; 將絕朕[646]於九止[647], 永淪太虛, 而有餘緣不盡, 餘迹不泯, 業報猶魂, 聖智尙存, 此有餘涅槃也. 經日: "陶治塵滓[648], 如鍊眞金, 萬累[649]都盡, 而靈覺獨存."

[15] ①시험 삼아 설명해 보겠다: 유여 열반이라는 것은 부처님의 '큰 깨달음'이 비로소 성취되고 '법신'이 처음으로 이뤄지는 것을 말한다. '팔해八解의 깨끗한 물'에서 목욕하고, '일곱 가지 깨달음의 무성한 숲'에서 휴식하는 것이며, 오랜 세월동안 무수한 선을 쌓았고 무시이래의 번뇌를 완전히 없앤 상태이다. 세 가지 신통은 안에서 비추고 두 가지

---

642) 현추玄樞나 묘용妙用은 모두 지혜나 그 작용을 의미하는 말이다.
643) 곽廓은 ①[동사]넓히다, 확장하다; ②[명사]바깥 둘레; ③[형용사]넓다, 광활하다는 의미가 있다. 여기서는 ①동사로 넓히다, 확장하다는 의미로 사용됐다.
644) 허우虛宇는 진리를 말한다.
645) 살운薩雲은 일체지(자)一切智(者)를 말한다. 산스크리트어 Sarvajña를 음역音譯한 말이다.
646) 짐朕은 조짐, 징조를 말한다.
647) 구지九止는 구지九地·구거九居, 즉 중생들이 사는 아홉 지역을 말한다. '구(중생)거九(衆生)居'는 『증일아함경』 권제40 「구중생거품九衆生居品 제44第四十四」에 나온다. "爾時, 世尊告諸比丘: '有九衆生居處, 是衆生所居之處. 云何爲九? 或有衆生, 若干種身, 若干種想, 所謂天及人也; 或有衆生, 若干種身一想, 所謂梵迦夷天, 最初出現也; 或有衆生, 一身若干想, 所謂光音天也; 或有衆生, 一身一想, 所謂遍淨天也; 或有衆生無量空, 所謂空處天也; 或有衆生無量識, 識處天也; 或有衆生不用處, 所謂不用處天也; 或有衆生有想無想, 有想無想處天也; 諸所生之處名爲九也. 是謂, 比丘! 九衆生居處, 群萌之類, 曾居·已居·當居. 是故, 比丘! 當求方便, 離此九處. 如是, 諸比丘! 當作是學'" 이 구지가 바로 욕계오취지欲界五趣地, 이생희락지離生喜樂地, 정생희락지定生喜樂地, 이희묘락지離喜妙樂地, 사념청정지捨念淸淨地, 공무변처지空無邊處地, 식무변처지識無邊處地, 무소유처지無所有處地, 비상비비상처지非想非非想處地 등이다. 요약하면 구지九地는 지옥·아귀·축생·아수라·인人·천天·성문·연각·보살의 아홉 존재들이 머무는 곳을 말한다. 현장 스님이 한역漢譯한 『아비달마집이문족론』 권20 등에는 '구유정거九有情居'로 나온다.
648) 진재塵滓는 찌꺼기, 즉 번뇌를 말한다.
649) 누累는 번뇌를 가리킨다.

지혜는 밖에서 관조한다. 깨달음을 향한 마음을 처음 낼 때 사홍서원을 발원하고 대비大悲의 마음으로 중생을 구제하는 것을 마지막으로 삼는다. 위로는 진리를 추구하고 아래로는 약한 사람을 구제한다. (깨달은 사람은) 삼계를 초월하고 삼계 이외 지역을 독보獨步한다. 팔정도의 평탄한 길을 열어 중생이 진리의 길에 들어오도록 인도한다. 육신통이라는 신이한 천리마를 이끌고 다섯 종류의 편안한 수레를 타며 삶과 죽음에 자유자재로 드나들고 세간의 변화에 따라 변화한다. 부처님 가르침[道]이 윤택하게 하지 않은 지역이 없고 덕행을 베풀지 않은 곳이 없다. 인과 연의 결합으로 시작되는 사물의 본성을 체득했고 반야 지혜의 작용을 다하지 않음이 없다. '진리의 집'의 영역을 끝없이 넓혔고 어두운 곳에 일체지의 밝은 빛을 비추었다. 장차 중생이 거주하는 지역에서 완전히 벗어나 큰 텅 빔 속에 영원히 머물 것이며, 그러나 여전히 중생구제의 임무가 남았기에 남은 흔적[身體]을 완전히 없애지 못했고, 과보를 짊어지는 영혼이 아직 있으며 참다운 지혜도 존재하는 이것을 유여 열반이라 한다. 경전에 "마치 (광석鑛石을) 제련해 순금을 만들듯 찌꺼기를 걸러 없애 모든 번뇌를 소멸시켰지만 신령스런 깨달음은 홀로 존재한다."고 나온다.

[16] ①無餘者, 謂至人教緣都訖, 靈照永滅, 廓爾無朕, 故曰無餘. 何則? 夫大患莫若於有身, 故滅身以歸無; 勞勤莫先於有智, 故絶智以淪虛. 然則智以形倦, 形以智勞, 輪轉修途, 疲而弗已. 經曰: "智650)爲雜毒, 形爲桎梏. 淵默651)以之而遼, 患難以之而起." 所以至人灰身

---

650) 지智는 참된 지혜가 아닌 망령된 지혜를 말한다.
651) 연무淵默, 즉 '그윽하고 공적한 침묵'은 무여 열반을 가리킨다.

滅智, 捐形絶慮; 內無機[652]照之勤, 外息大患之本; 超然與群有永分, 渾爾與太虛同體; 寂焉無聞, 怕爾無兆, 冥冥長往, 莫知所之[653]. 其猶燈盡火滅, 膏明俱竭, 此無餘涅槃也. 經云: "五陰永盡, 譬如燈滅."

[16] ①무여 열반은 성인의 교화敎化 인연도 끝나고 지혜도 영원히 사라져 아무 조짐조차 없이 텅 빈 것을 말한다. 왜 그런가? 무릇 몸이 있는 것보다 더 큰 괴로움은 없기에 육신이 사라져 '무無'로 돌아가며 (분별적) 지혜가 있는 것보다 더 앞서는 힘든 일은 없기에 지혜를 끊어 텅 빔에 몰입한다. 그런데 지혜로 인해 몸은 피곤해지고 몸은 지혜 때문에 애쓰다 삶과 죽음의 길을 돌고 돌아 피곤함이 그칠 날이 없다. 경전에 "망령된 지혜는 무서운 삼독과 같으며 몸은 오히려 질곡이 된다. 그윽하고 텅 빈 깨달음이 이로[몸과 망령된 지혜] 인해 더욱 멀어지고 큰 괴로움이 이 때문에 생긴다."는 구절이 있다. 따라서 깨달은 사람은 몸을 없애고 망령된 지혜를 소멸시키며 형체를 버리고 생각을 끊는다. 안으로 짐작하고 인식하는 수고로움이 없고 밖으로 큰 괴로움의 근본을 없앴다. 초월해 뭇 중생과 영원히 구분되고 혼연히 텅 빔과 하나가 된다. 고요해 소리가 없고 적정寂靜해 흔적의 조짐조차 없다. 고요하고 고요해 영원히 사라져 간 곳을 알 수 없다. 그것은 마치 등잔이 다 타 불이 사라진 것과 같고 기름과 밝음이 함께 다한 것과 같다. 이것이 무여 열반이다. 경전에 "오음이 영원히 소멸되니 비유하자면 등이 완전히 꺼진 것과 같다."고 나온다.

---

652) 기機는 지혜를 가리킨다.
653) 지之는 동사로 '가다'는 의미이다.

[17] ①然則有餘可以'有'稱, 無餘可以'無'名. '無'名立, 則宗虛者欣尙於沖默; '有'稱生, 則懷德[654]者彌仰於聖功. 斯乃誥典[655]之所垂文, 先聖之所軌轍. 而曰"有無絕於內, 稱謂淪於外, 視聽之所不暨, 四空之所昏昧", 使夫懷德者自絕, 宗虛者靡託, 無異杜耳目於胎殼, 掩玄象[656]於霄外, 而責宮商之異, 辯玄素之殊者也. 子徒知遠推至人於有無之表, 高韻絕唱於形名之外, 而論旨竟莫知所歸, 幽途故自蘊而未顯, 靜思幽尋, 寄懷無所, 豈所謂朗大明於冥室, 奏玄響於無聞者哉?

[17] ①따라서 유여 열반에는 '유有'자를 붙일 수 있고 무여 열반에는 '무無'자로 이름을 부를 수 있다. '무無'라는 이름이 있기에 '텅 빔'을 숭상하는 사람들이 공적空寂함을 좋아하고 '유有'라는 이름이 있기에 덕을 중시하는 자들이 공덕을 더욱 우러르고 추구한다. 이것은 경전 등의 가르침[문장]이며 옛 성인들이 따랐던 규범이자 법칙이다. 그런데 "(열반의) 본체는 있음과 없음을 초월해 공적하고, (열반의) 모습은 없기에 이름 붙일 수 없고, 보거나 들을 수 없고, 사무색정四無色定을 닦아 사무색처四無色處의 경지를 증득한 사람도 (열반을) 제대로 알 수 없다."고 말하는 것은 덕을 중시해 공덕을 추구하는 사람들을 갈 곳 없게 만들고 '텅 빔'을 숭상해 공적함을 찾는 사람들을 돌아갈 곳 없게 만드는 것이다. (이는) 태胎와 껍질 속에서 눈과 귀를 막고 하늘 밖에서 해와 달을 가린 채 '궁'음宮과 '상'음의 다름을 따지고 검은 것과 흰 것을 구별하려는 것에 다름 아니다. 그대는 오직 깨달은 사람을[열반을]

---

654) 회덕懷德은 덕을 품다, 즉 '덕을 중시하다'는 뜻이다.
655) 고전誥典은 경전 혹은 경전에 나오는 가르침을 말한다. 『서경書經』의 「요전堯典」· 「순전舜典」·「탕고湯誥」·「강고康誥」등과 같이 중국 고대 제왕의 언행言行을 담은 기록을 전고典誥라 한다. 의미가 전화되어 경서經書나 전적典籍, 전장제도典章制度를 기록한 문자 등을 가리킨다.
656) 현상玄象은 해와 달을 말한다.

유와 무라는 이름 밖으로 밀어냈고 뛰어난 운율을 모습과 이름 밖에서 끊어버렸다. 그리하여 (그대의) 주장은 귀결점을 알지 못하고 열반의 가르침이 그윽해져 스스로 감추어지고 드러나지 못했다. (열반에 대해) 고요하게 생각하고 그윽하게 추구했지만 마음을 의탁할 곳이 없다. 이는 바로 어두운 집안에서 '큰 밝음'을 밝혀 (다른 사람에게) 보도록 하고 아무도 듣는 이 없는 곳에서 '그윽한 노래'를 연주해 (다른 사람에게) 듣도록 하는 것 아닌가?

[18] [3]位體[657] 第三.
[18] [3]위체 제3.

[19] [무명 2]①無名曰: 有餘、無餘者, 蓋是涅槃之外稱, 應物之假名耳. 而存稱謂者封名, 志[658]器象者耽形. 名也, 極於題目; 形也, 盡於方圓. 方圓有所不寫, 題目有所不傳. 焉可以名於無名, 而形於無形者哉? 難序云: "有餘、無餘者, 信是權寂[659]致敎之本意, 亦是如來隱顯之誠跡也. 但未是玄寂絶言之幽致[660], 又非至人環中[661]之妙術耳."

[19] [무명 2]①무명이 말한다: '유여'와 '무여'라는 것은 열반에 대한 표면적인 호칭일 뿐이며 사물에 응應해 붙인 임시적인 이름일 뿐이다.

---

657) 위체位體에서 위는 '자리 잡다'는 동사, 체는 열반의 본체를 가리킨다. 따라서 위체位體는 열반의 본체에게 자리를 잡아준다, 즉 '열반이 무엇인가'에 대한 정의를 내린다는 의미이다.
658) 지志는 '사모하다'는 의미이다.
659) 권적權寂은 방편과 진실을 말한다.
660) 유치幽致는 진리라는 의미이다.
661) 환중環中은 중도中道를 가리킨다.

칭호에 집착하는 사람은 이름에 갇히고 그릇의 모양을 사모하는 사람은 모습에 집착한다. 이름은 제목에서 극치를 이루고 모양은 사각형과 원형에서 절정에 도달한다. 사각형과 원형으로 묘사하지 못함이 있고 제목으로 전하지 못함이 있다. 이름 없는 것에 어찌 이름을 붙이며 모양 없는 것을 어떻게 모습으로 나타내려 하는가? (유명은) 질문의 앞부분에서 "유여와 무여는 확실히 방편적 가르침[權敎]과 진실한 가르침[寂敎]의 근본 뜻이다. 또한 부처님이 나타나고 몸을 숨기는 진정한 흔적이다. 그윽하고 말이 끊어진 진리는 아니며 성인이 깨달은 신묘한 가르침은 아니다."고 말했다.

[20] ①子獨不聞正觀之說歟? 維摩詰言: "我觀如來無始無終, 六入[662]已過, 三界已出; 不在方[663], 不離方; 非有爲, 非無爲; 不可以識識, 不可以智知; 無言無說, 心行處滅. 以此觀者, 乃名正觀; 以他觀者, 非見佛也."[664] 《放光》云: "佛如虛空, 無去無來, 應緣而現, 無有方所."[665] ②然則聖人之在天下也, 寂莫虛無, 無執無競, 導而弗先, 感[666]而後應. 譬猶幽谷之響, 明鏡之像, 對之弗知其所以來, 隨

---

662) 육입六入은 안眼, 이耳, 비鼻, 설舌, 신身, 의意를 말한다.
663) 방方은 방향, 장소를 의미한다.
664) 『유마힐소설경』 권하 「견아축불품見阿閦佛品 제12第十二」에 비슷한 내용이 있다. 의미를 인용한 구절이다.
665) 『방광반야경』 권제20 「탄심품歎深品 제55第五十五」에 비슷한 구절이 있다. 의미를 인용한 구절이다.
666) '느껴 응하다'는 뜻의 감응感應에는 몇 가지 의미가 있다. ①중생의 신심信心·선근善根이 부처님·보살을 통해 나타나는 것, 즉 중생의 신심이 진실하고 절실하게 느껴져 부처님·보살이 답하는 것을 말한다. 감感은 중생이 보내는 것이며 감에 응應하는 것은 부처님·보살이다. 이를 '감응도교感應道交'라 한다. 중생의 감과 부처님·보살의 응이 서로 교류해 하나 되어 융합되는 것이다; ②부처님과 수행자의 마음이 교류하는 것이다; ③정토교에 따르면 구원되도록 염불하는 중생의 마음과 그 중생을 구제하려는 아미타불의 자비심이 하나로 합쳐지는 것이다.

之罔識其所以往. 恍焉而有, 惚焉而亡. 動而逾寂, 隱而彌彰. 出幽入冥, 變化無常. 其爲稱[667]也, 因應而作, 顯迹爲生, 息迹爲滅. 生名有餘, 滅名無餘. ③然則有無之稱, 本乎無名. 無名之道, 於何不名? 是以至人, 居方而方, 止圓而圓, 在天而天, 處人而人. 原[668]夫能天能人者, 豈天人之所能哉? 果以非天非人, 故能天能人耳. 其爲治[669]也, 故應而不爲[670], 因而不施. 因而不施[671], 故施莫之廣; 應而不爲, 故爲莫之大. 爲莫之大, 故乃返於小成[672]; 施莫之廣, 故乃歸乎無名. ④經曰: "菩提之道, 不可圖度, 高而無上, 廣不可極, 淵而無下, 深不可測, 大包天地, 細入無間, 故謂之道."[673] 然則涅槃之道, 不可以有無得之, 明矣. 而惑者覩神變, 因謂之有; 見滅度, 便謂之無. 有無之境, 妄想之域, 豈足以標榜玄道而語聖心者乎?

[20] ①그대는 홀로 '바르게 보는 법[正觀]'에 대한 설명을 듣지 못했는가? 유마힐 거사는 "내가 여래를 관찰해 보니 시작도 없고 끝도 없으며, 안·이·비·설·신·의를 이미 넘어섰고, 욕계·색계·무색계를 뛰어 넘었다. 어떤 특정한 방향·장소에 있지도 않고, 방향·장소를 떠난 것도 아니다. 유위법도 아니고 무위법도 아니다. 분별적인 사고방식으로 알 수도 없고, 지혜로도 알 수 없다. 언어나 개념으로는 설명할 수도 없고, 생각으로 헤아릴 수도 없다. 이렇게 보는 것을 정

---

667) 유여 열반, 무여 열반이라는 칭호를 말한다.
668) 원原은 '조사하다, 탐구하다'는 의미이다.
669) 치치治治는 '교화하다, 구제하다'는 뜻이다.
670) 불위不爲는 '작위적으로, 인위적으로, 억지로 구제하지 않는다'는 의미이다.
671) 불시不施는 '작위적으로, 인위적으로, 억지로 베풀지 않는다'는 뜻이다. 여기서 시施는 가르침을 설명하는 것을 말한다. 즉 법시法施를 가리킨다.
672) 소성小成은 『장자』「제물론」편에 나오는 말이다. "道隱於小成, 言隱於榮華[도는 작은 성취 때문에 희미해졌고 말은 화려한 꾸밈 때문에 희미해졌다]."
673) 『태자서응본기경』권하에 비슷한 구절이 있다.

관正觀이라고 한다. 이와 다르게 보면 부처님[법신]을 볼 수 없다."고 말했다.『방광반야경』에 "부처님은 허공과 같아 옴과 감이 없다. 인연에 응해 나타나고 특정한 방향이나 장소에 있지 않다."는 말씀이 있다. ②그러한 즉 성인은 천하에 계셔도 고요해 없는 것과 같고 집착하지도 않으며 논쟁하지도 않는다. 인도하지만 앞서지 않고 중생의 요청[感]에 따라 응應한다. 마치 깊은 계곡의 메아리 같고 밝은 거울에 비친 모습과 같다. 마주해도 부처님이 온 까닭을 모르고 뒤따라가도 부처님이 가는 까닭을 모른다. 희미하게 없는 듯 있고 아스라이 있는 듯 없다. 움직일수록 더욱 고요하고 숨을수록 더욱 드러난다. 그윽한 곳에서 나왔다 그윽한 곳으로 들어가며 변화해 일정함이 없다. 유여 열반·무여 열반이라는 칭호는 교화하는 대상의 근기가 다름에 따라 만들어진 것이다. 자취가 나타나면 '태어남'이고 자취가 사라지면 '사라짐'이다. '임시적인 이름'이 생기면 유여 열반이라 하고 '임시적인 이름'조차 사라지면 무여 열반이라 한다. ③그러한 즉 유여 열반·무여 열반이라는 칭호는 본래 없는 것이다. 이름 없는 가르침을 어디에선들 이름 붙이지 못하랴? 그래서 깨달은 사람은 모난 곳에 머무르면 모난 모양이 되고 둥근 곳에 머무르면 둥근 모습이 된다. 하늘에 머무르면 하늘이 되고 사람이 있는 곳에 있으면 사람이 된다. 하늘도 될 수 있고 사람도 될 수 있는 사람을 찾아보니 하늘이나 사람이 어찌 그렇게 할 수 있겠는가? 과연 하늘도 사람도 아니기에 능히 하늘도 되고 사람도 될 수 있다. 중생을 교화하기 위해 응하지만 인위적으로 구제하지 않고 가르침을 베풀지만 억지로 설명하지 않는다. 가르침을 베풀지만 억지로 설명하지 않기에 그보다 넓게 가르침을 베푸는 것은 없고 응하지만 인위적으로 구제하지 않기에 그보다 크게 구제하는 것은 없다. 그보다 크게 구제하는 것이 없기에 작은 성취로 되돌아오고 그보다 넓게 베푸는 것이 없기에 이름 없는 곳으로 귀결된다. ④경전에 "깨달음은 생각으로 알 수 없다. 높아서 더 높은 것이 없고 넓어서 끝을 알 수 없다. 깊은 연못 같아 바닥이 없을 정도이며 깊어서 깊이를 헤아릴 수 없다. 거대해 천지를 다 포괄하나 작아서 들어갈 틈도 없다. 이를 일러 깨달음이라 한다."고 나온다. 그러한 즉 열반의 진리는 있음과 없음으로 얻을 수 없음이 분명하다. 그런데 미혹된 사람들은 부처님의 신통변화를 보면 열반은 있다고 말하고 부처님의 입적을 보면 열반은 없다고 말한다. 있음과 없음의 경계는 망상의 영역이다. 이것이[있음과 없음] 어떻게 그윽한 가르침을 드러내고 부처님의 마음을 말할 수 있겠는가?

[21] ①意謂至人寂怕無兆, 隱顯同源, 存不爲有, 亡不爲無. 何則? 佛言: "吾無生不生, 雖生不生; 無形不形, 雖形不形." 以知存不爲有. 經云: "菩薩入無盡三昧[674], 盡見過去滅度諸佛." 又云: "入於涅槃而不般涅槃." 以知亡不爲無. 亡不爲無, 雖無而有; 存不爲有, 雖有而無. 雖有而無, 故所謂非有; 雖無而有, 故所謂非無. 然則涅槃之道, 果出有無之域, 絕言象之徑, 斷矣! 子乃云: "聖人患於有身, 故滅身以歸無; 勞勤莫先於有智, 故絕智以淪虛." 無乃乖乎神極[675], 傷於玄旨[676]者也.

[21] ①내가 생각하건대 깨달은 사람은 고요해 어떠한 조짐도 없고 숨음과 나타남의 근원은 같으며 존재하나 있는 것도 아니고 입적해도 없는 것이 아니다. 왜 그런가? 부처님께서 "여래가 태어날 수 없는 종류의 중생은 없기에 비록 태어나도 태어남이 아니며, 여래가 띨 수 없

---

674) 무진삼매無盡三昧는 열반을 의미한다.
675) 신극神極은 불교가 말하는 최고의 진리를 가리킨다.
676) 현지玄旨는 '열반의 근본 의취意趣'를 말한다.

열반무명론 199

는 종류의 모습은 없기에 비록 모습이 있으나 모습이 아니다."고 말씀하셨다. 그래서 '존재하나 있음이 아님[법신은 비록 여러 모습을 띠나 본체는 항상 고요하고 움직임이 없다]'을 알 수 있다. 경전에 "보살은 열반에 들어도 능히 과거 원적에 든 여러 부처님들을 다 볼 수 있다."는 말씀이 있고 또한 "열반에 들어도 완전히 흔적도 없는 열반에 든 것은 아니다."고 나오기에 '없어도 없음이 아님'을 알 수 있다. 열반에 들어도 없는 것이 아니기에 비록 없으나 있는 것이며 존재하나 있음이 아니기에 비록 있으나 없는 것과 같다. 존재하나 없는 것과 같기에 '비유非有'라고 말하고 비록 존재하지 않으나 있는 것이기에 '비무非無'라 말한다. 그러한 즉 열반의 진리는 진실로 있음과 없음의 영역을 초월했고 언어와 모습의 경로에서 벗어나 있음이 확실하다. 그대는 "몸이 있는 것보다 더 큰 괴로움은 없기에 성인은 육신을 소멸시켜 '무無'로 돌아가고 지혜가 있는 것보다 더 앞서는 힘든 일은 없기에 지혜를 끊어 텅 빔에 몰입한다."고 말했다. 이것이 바로 불교의 진리와 어긋나고 열반의 가르침을 손상시키는 것이다.

[22] ①經曰: "法身無象, 應物而形; 般若無知, 對緣而照." 萬機頓赴而不撓其神[677], 千難殊對而不干其慮. 動若行雲, 止猶谷神[678], 豈有心於彼此, 情係於動靜者乎? ②既無心[679]於動靜, 亦無象[680]於去來. 去來不以象, 故無器而不形; 動靜不以心, 故無感而不應. 然則

---

677) 신神은 정신적인 활동, 즉 사유 혹은 인식작용을 말한다.
678) 곡신谷神에서 곡谷은 골짜기처럼 '텅 빔'을, 신神은 '신묘한 작용'을 의미한다. 이 말은 현행본 『노자』 제6장에 나오는 말이다. "谷神不死, 是謂玄牝[곡신은 죽지 않으니 이를 일러 현빈[신묘한 암컷]이라 한다]."
679) 무심無心은 분별하는 마음이 없는 것을 말한다.
680) 무상無象은 모습에 집착하는 것이 없다는 뜻이다.

心生於有心⁶⁸¹⁾, 象出於有象. 象非我出, 故金石流而不燋⁶⁸²⁾; 心非我生, 故日用而不動⁶⁸³⁾. 紜紜⁶⁸⁴⁾自彼, 於我何爲? ③所以智周萬物而不勞, 形充八極⁶⁸⁵⁾而無患. 益不可盈, 損不可虧. 寧復痾癘⁶⁸⁶⁾中逵, 壽極雙樹, 靈竭天棺, 體盡焚燎者哉? ④而惑者居見聞之境, 尋殊應之迹, 秉執規矩而擬大方, 欲以智勞至人, 形患大聖, 謂捨有入無, 因以名之, 豈謂採微言於聽表, 拔玄根於虛壤⁶⁸⁷⁾者哉?

[22] ①경전에 "법신은 정해진 모습이 없으며 사물에 부응해 모양을 드러내고 반야에는 그릇되게 집착하는 지혜가 없으며 인연 따라 인식한다."고 나온다. 모든 일이 갑자기 달려들어도 (반야의) 인식작용을 교란시키지 못하고 갖가지 어려움이 각각 대들어도 정신을 혼란스럽게 하지 못한다. 움직임은 구름이 흘러가는 듯하고 멈추면 마치 텅 빈 듯 현묘하게 작용하는데 어찌 이것과 저것에 마음이 붙들리며 움직임과 고요함에 마음이 얽매이겠는가? ②이미 움직임과 고요함에 집착하지 않고 또한 옴과 감에 특정한 모습을 띠지 않는다. 옴과 감에 특정한 모양이 없기에 중생이 필요로 하는 것에 따라 모습을 드러내고 움직임과 고요함에 마음이 붙들리지 않기에 중생이 요구하는 바에 따라 능히

---

681) 유심有心은 중생심을 의미한다.
682) 『장자』「소요유」편에 나오는 말이다. 원문은 "大旱金石流土山焦而不熱[크게 가물어 금속이 녹아 흐르고 흙산이 타버리더라도 (지인至人은) 불에 타지 않는다]."이다.
683) 동동動動은 근근勤勤과 같은 의미이다.
684) 운운紜紜은 분운紛紜과 같은 의미. '어지러울 정도로 많다'는 뜻이다.
685) 팔극八極은 팔방[동서남북과 간방間方]의 끝을 가리킨다. 팔황八荒·팔굉八紘 이라고도 한다. 우주宇宙로 이해해도 된다.
686) 아려痾癘는 악성 종양 혹은 돌림병을 말한다.
687) 허양虛壤은 『장자』에 나오는 '무하유지향[無何有之鄕, 아무 것도 없는 텅 빈 고을]'과 비슷한 말이다. '무하유지향無何有之鄕'이라는 말은 『장자』「소요유逍遙遊」편·「응제왕應帝王」편·「열어구列禦寇」편 등 3곳에 나온다. 다만 말은 같아도 내포內包는 다르다.

인식한다[응한다]. 그러한 즉 (열반 경계에 도달한 사람은 본래 집착이 없지만) 중생이 원하는 마음에 따라[중생을 구제하기 위해] 마음을 내며 중생이 필요로 하는 모습에 따라 모습을 드러낸다. 모습은 내가 나타나게 하는 것이 아니기에 (겁초에) 금석이 녹아 흘러도 (성인의 몸은) 타지 않고 마음은 내가 만드는 것이 아니기에 매일 사용해도 힘들지 않다[성인의 마음에는 집착이 없다]. 수많은 만물은 제각기 스스로 형성되는데 (그것이) 법신인 나와 무슨 관계가 있단 말인가? ③그렇기에 지혜가 만물을 휘감아 돌지만 피로하지 않고 모습이 우주에 가득차도 근심이 없다. 더해도 더 차게 할 수 없고 빼도 이지러지게 못한다. (부처님이) 어떻게 길을 가다 병에 걸리겠으며, 사라쌍수에서 수명이 다하고, 관 속에서 신령함이 사라지며, 다비한다고 몸이 사라지겠는가? ④그런데 미혹된 사람들은 머무르고·보고·듣는 경계에서 서로 다르게 교화하는 자취를 찾고, 컴퍼스와 곱자에 집착해 '모서리 없는 큰 사각형'을 재단하려고 하고, 분별적인 지혜로 깨달은 사람을 피곤하게 하려고, 모습을 가지고 큰 성인을 괴롭히려 하며, (나아가) 생사를 버리고 입멸했다고 말하며 이런 저런 이름을 붙이는데 (이렇게 해서야) 어떻게 소리 밖에 있는 '진리의 말[微言]'을 채취하고 '아무 것도 없는 땅[虛壤]'에서 '진리의 본체[玄根]'를 찾아내겠는가?

[23] [4]徵出[688] 第四.
[23] [4]징출 제4.

---

688) 징출徵出에서 징徵은 '책망하여 따지다'는 의미이다. 「위체位體」에서 열반은 유유·무無의 경계를 벗어났다고 무명이 대답했다. 이에 대해 유명이 일체법은 유무有無에 다 포괄되기에 '열반의 본체'도 유무를 벗어날 수 없다고 반박한다.

[24] [유명 2]①有名曰: 夫渾元[689]剖判[690], 萬有叁分[691]. 有既有矣, 不得不無. 無自不無, 必因於有. 所以高下相傾[692], 有無相生[693], 此乃自然之數[694], 數極於是. 以此而觀, 化母[695]所育, 理無幽顯. 恍惚憍怪[696], 無非有也. 有化而無, 無非無也. 然則有無之境, 理無不統. ②經曰: "有無二法, 攝一切法." 又稱三無爲者, 虛空、數緣盡[697]、非數緣盡[698]. 數緣盡者, 卽涅槃也. 而「論」云: "有無之表, 別有妙道, 妙於有無, 謂之涅槃."[699] 請覈妙道之本. 果若有也, 雖妙非無. 雖妙非無, 卽入有境. 果若無也, 無卽無差. 無而無差[700], 卽入無境. ③總而括之, 卽而究之, 無有異有而非無, 無有異無而非有者, 明矣. 而曰: "有無之外, 別有妙道, 非有非無, 謂之涅槃." 吾聞其語, 未卽於心也.

---

689) 혼원渾元은 만물이 아직 구별되지 않은 모양을 형용하는 말이다. 혼돈渾沌과 같은 의미이다.
690) 부판剖判은 분열을 의미한다.
691) 만유萬有는 세상의 모든 존재를, 참분叁分은 '다양한 종류의 사물과 존재'를 말한다.
692) 현행본 『노자』 제2장에 나오는 구절이다.
693) 현행본 『노자』 제2장에 나오는 구절이다.
694) 수數는 이치·법칙이라는 뜻이다.
695) 『조론』의 여러 주석서들은 화모化母를 도道로 해석하고 있다. 그러나 역자가 보기엔 '도道'보다는 '연기의 법칙'이 더 적절한 것 같아 화모를 연기로 해석했다. 「열반무명론」 '핵체 제2'에도 '화모化母'라는 말이 나오는데 연기라는 의미로 해석된다.
696) 『장자』 「제물론」편에 나오는 구절이다. "恍惚憍怪, 道通爲一[엄청나게 큰 것, 법도에 어긋난 것, 속임수, 괴이한 것까지 모두에 대해 도道는 통통해 하나가 되게 한다]."
697) 택멸擇滅을 말한다. 택멸은 올바른 지혜의 분별력에 의해 번뇌를 없애고 깨달음의 구경究竟을 분명하게 아는 것이다.
698) 비택멸非擇滅을 말한다. 비택멸은 인연이 결핍되어 자연스레 소멸되는 것을 말한다.
699) 현행본 「열반무명론」 단락 [22]에 비슷한 내용이 있다.
700) '무차無差'는 '없는 것과 차이가 없다'는 의미이다.

[24] [유명 2]①유명이 말한다: 무릇 혼돈 상태가 분열되어 만물이 각기 자기 모습을 드러냈다. 만물이 이미 있다면 없어지지 않을 수 없다. '없음'은 스스로 없어지지 않고 반드시 '있음'으로 인해 사라진다. 그래서 높음과 낮음이 서로 의지하고 있음과 없음이 생겨나는데 이것이 자연의 이치[법칙]이며 법칙의 극치는 바로 여기에 있다. 이것으로 보건대 연기[변화의 어머니]로 나타난 사물은 그 이치가 그윽함도 드러남도 없다. 광대함 · 기이함 · 기묘함 · 요망함 등은 모두 있음 아님이 없다. 있음이 변해 없음이 되기에 없음은 없음이 아니다. 그러한 즉 있음과 없음의 경계가 통섭하지 못하는 이치는 없다. ②경전에 "있음과 없음의 두 가지로 모든 존재를 포괄한다."고 나온다. 한편 '삼무위'는 허공 · 수연진[택멸] · 비수연진[비택멸]이다. '수연진'이라는 것이 바로 열반이다. 그런데 그대는 「열반무명론」에서 "있음과 없음의 밖에 또 다른 가르침이 있고 있음과 없음을 오묘하게 함이 열반이다."고 주장했다. 오묘한 도의 근본을 조사해 보자! 과연 만약 그것이 있다면 비록 오묘하지만 없는 것은 아니다. 비록 오묘하나 없음이 아니라면 그것은 바로 있음의 경계에 속한다. 과연 만약 없다면 없음은 바로 없는 것과 차이가 없는 것이니, 즉 없음의 경계에 속한다. ③(이런 것들을) 총괄해 연구해보면 있음과 다르지 않으면 없음이 아니며 없음과 다르지 않으면 있음이 아님이 명백하다. 그런데 "있음과 없음 이외에 묘한 깨달음이 별도로 존재하며 있음도 아니고 없음도 아니니 이를 열반이라 말한다."고 했다. 내가 그 말을 들어도 마음에 와 닿지 않는다.

[25] [5]超境[701] 第五.
[25] [5]초경 제5.

[26] [무명 3]①無名曰: 有無之數, 誠以法無不該, 理無不統. 然其所統, 俗諦而已. 經曰: "眞諦何耶? 涅槃道是. 俗諦何耶? 有無法是."[702] 何則? 有者有於無; 無者無於有. 有無所以稱有, 無有所以稱無. ②然則有生於無, 無生於有, 離有無無, 離無無有. 有無相生, 其猶高下相傾, 有高必有下, 有下必有高矣. 然則有無雖殊, 俱未免於有也. 此乃言象之所以形, 是非之所以生, 豈是以統夫幽極, 擬夫神道者乎? ③是以「論」稱'出有無'[703]者, 良以有無之數, 止乎六境[704]之內. 六境之內, 非涅槃之宅, 故借"出"以祛之. 庶悕道之流, 髣髴幽途, 託情絶域, 得意忘言[705], 體其非有非無, 豈曰有無之外, 別有一有而可稱哉? ④經曰"三無爲"者, 蓋是群生紛繞[706], 生乎篤患[707]. 篤患之尤, 莫先於有, 絶有之稱, 莫先於無. 故借無以明其非有, 明其非有, 非謂無也.

[26] [무명 3]①무명이 말한다: 있음과 없음의 이치는 진실로 모든

---

701) '초경超境'에서 초超는 초월하다, 경境은 색·성·향·미·촉·법 등을 가리킨다. '징출 제4'에서 유명有名은 육경은 있음으로, 열반은 없음으로 간주해 있음과 없음으로 모든 존재를 총괄할 수 있다고 주장했다. '초경 제5'에서 무명無名은 유명이 말하는 것은 모두 속제에 해당되는 것일 뿐이라고 논박한다.
702) 구마라집 스님이 한역漢譯한『성실론成實論』권제11에 비슷한 구절이 있다.『중론』「관사제품」의 제8·제9·제10번째 게송도 비슷한 내용을 말하고 있다.
703) 현행본「열반무명론」단락 [21]에 나오는 "涅槃之道, 果出有無之域."를 말한다.
704) 색·성·향·미·촉·법을 말한다.
705)『장자』「외물外物」편에 나오는 말이다. "言者, 所以在意, 得意而忘言. 吾安得夫忘言之人, 而與之言哉[말은 뜻을 알기 위한 도구인지라 뜻을 알고 나면 말을 잊어버린다. 내 어디에서 말을 잊은 사람을 만나 그와 함께 이야기 할 수 있을 것인가]".
706) 분요紛繞는 번뇌라는 의미이다.
707) 독환篤患은 선과 악 등의 업을 말한다.

것을 포괄하며 이 이치가 통괄하지 못하는 것은 없다. 그러나 그들이 통할統轄하는 것은 속제일 따름이다. 경전에 "진제란 무엇인가? 열반의 진리가 이것이다. 속제란 무엇인가? 있음과 없음의 법칙이 이것이다."고 나온다. 왜 그런가? 있음은 없음에 대한 있음이며 없음은 있음에 대한 없음이다. 없음이 있는 것을 있음이라 하며 있음이 없는 것을 없음이라 말한다. ②그러한 즉 있음은 없음에서 태어나며 없음은 있음에서 태어난다. 있음을 떠나서는 없음이 없고 없음을 떠나서는 있음이 없다. 있음과 없음이 서로 (의지해) 태어나기에 그것은 마치 높음과 낮음이 서로 의지하는 것과 같다. 높음이 있으면 반드시 낮음이 있고 낮음이 있으면 반드시 높음이 있다. 그러한 즉 있음과 없음이 비록 다르나 함께 존재함을 피할 수 없다. 이것을 이유로 언어와 형상이 생기며 옳음과 그름이 나타난다. 어찌 이것으로 열반의 그윽한 이치를 통괄하고 열반을 헤아릴 수 있겠는가? ③그래서 「열반무명론」에 나오는 '있음과 없음(의 영역)을 초월했다'는 의미는, (유명 그대가 말한) 있음과 없음의 이치는 사실 육경 안에 머무는 것이고 육경 안에 있기에 열반이 머무는 곳은 아니므로 '출出'자를 빌려 집착하는 마음을 없애려는 것이다. 깨달음을 추구하는 수행자들은 그윽한 길을 걷는 것과 같아 있음과 없음을 분별하는 마음이 완전히 끊어진 곳에 뜻을 의탁해 의미를 깨달으면 말을 잊고 비유비무의 이치를 체득해야 된다. 어떻게 있음과 없음 이외의 다른 어떤 곳에 열반이 있다고 말할 수 있는가? ④경전에 나오는 '삼무위'는 다음과 같은 의미이다. 중생은 끊임없이 삶과 죽음의 길을 왔다 갔다 하며 선과 악 등 여러 업을 짓고 과보를 받는다. 업 가운데 가장 무거운 것이 바로 '있음'에 집착하는 것이다. 있음에 집착하는 것을 끊는 말로 없음보다 더 나은 것은 없다. 그래서 '무無'라는 말을 빌려 '비유[非有, 있지 않음]'를 밝히며 비유를 설명하는 것이 결코 없음을 말하는 것은 아니다.

[27] [6]搜玄[708] 第六.
[27] [6]수현 제6.

[28] [유명 3]①有名曰:「論」自云:"涅槃既不出有無, 又不在有無." 不在有無, 則不可於有無得之矣; 不出有無, 則不可離有無求之矣. 求之無所, 便應都無. 然復不無其道. 其道不無, 則幽途可尋. 所以千聖同轍, 未嘗虛返者也. 其道既存, 而曰不出不在, 必有異旨, 可得聞乎?

[28] [유명 3]①유명이 말한다:「열반무명론」자체에 "열반은 있음과 없음을 벗어나지도 않고 있음과 없음에 있지도 않다."고 나온다. 있음과 없음에 있지 않다면 있음과 없음에서 열반을 증득할 수 없다. 있음과 없음을 벗어나지 않는다면 있음과 없음을 떠나 찾을 수도 없다. 찾아도 없다면 응당 없는 것이다. 그러나 열반이 없는 것은 아니다. 열반이 없는 것이 아니라면 그윽한 길에서 찾을 수 있다. 그래서 많은 성인들이 같은 길을 밟아 갔지만 증득하지 못하고 헛되이 되돌아 온 분은 없다. 열반이 존재하나 있음과 없음에서 벗어나지도 않고 있음과 없음에 있지도 않다면 반드시 다른 가르침이 있을 터인데 그것을 들을 수 있겠는가?

---

708) 수현搜玄에서 수는 찾다, 추구하다는 의미. 현은 현묘함을 말한다. 따라서 수현은 '초경 제5'에서 말한 "열반은 있음과 없음을 떠나지 않고 있음과 없음에 있지도 않다."는 이치를 찾는다는 뜻이다.

[29] [7]*妙存*[709] 第七.
[29] [7]묘존 제7.

[30] [무명 4]①無名曰: 夫言由名起, 名以相生, 相因可相[710]. 無相無名, 無名無說, 無說無聞.[711] 經曰: "涅槃非法, 非非法, 無聞無說, 非心所知." 吾何敢言之, 而子欲聞之耶? 雖然, 善吉[712]有言: "衆人若能以無心而受, 無聽而聽者, 吾當以無言言之." 庶[713]述其言, 亦可以言. ②淨名曰: "不離煩惱, 而得涅槃."[714] 天女曰: "不出魔界[715], 而入佛界."[716] 然則玄道在於妙悟, 妙悟在於即眞. 即眞則有無齊觀, 齊觀即彼已[717]莫二. 所以天地與我同根, 萬物與我一體.[718] 同我則

---

709) 묘존妙存에서 '묘妙'는 "있음과 없음을 벗어나지도 않고 있음과 없음에 있지도 않다."는 것을 말하며 '존存'은 열반의 본체는 존재함을 의미한다.
710) 가상가상可相은 형상에 집착하는 것을 가리킨다. 이 구절 전체는 유명有名의 입장을 대변한 것이다.
711) 이 구절 전체는 무명無名의 입장을 대변한 것이다.
712) 선길善吉은 수보리 존자를 말한다.
713) '서庶'는 동사로 바라다, 희망하다는 뜻이다.
714) 『유마힐소설경』 권상 「제자품弟子品 제3第三」에 비슷한 구절이 있다.
715) 마계魔界는 현실의 세계를 의미한다.
716) 『보녀소문경寶女所聞經』에 있는 구절이다.
717) J20, 270c4; T45, 159b28; WX54, 40b9 등에 모두 '이已'자로 되어있다.
718) "天地與我同根, 萬物與我一體"라는 구절은 승조 스님의 입장인 반야학, 즉 성공性空의 입장에서 번역해야 된다. 이를 도가적道家的으로 해석하면 「열반무명론」의 취지와 어긋난다. 현행본 『부진공론』 단락 [3]의 ①에 나오는 "物我同根"을 설명할 때 지적했지만 중요하므로 한 번 더 되풀이 한다. "物我同根"에서 물物은 외경[인식대상]을 아我는 자아自我 즉 반야지혜[인식주체]를 말한다. 동근同根은 '완전히 일치된다'는 뜻. 만물의 본성도 공적空寂하고 반야의 본성도 공적하므로 만물과 반야의 본성은 공空이라는 견지에서 완전히 일치된다는 의미이다. "天地與我同根, 萬物與我一體" 역시 "하늘과 땅[境, 객관]은 본성상 공적空寂하다는 점에서 '나[心, 주관]'와 일치하며 '본성상 공적하다[性空]'는 점에서 만물과 나는 하나도 다르지 않다." 로 옮겨야 반야학般若學의 입장에 맞다. 이 구절과 비슷한 것이 『장자』 「제물론」편에 나오는 "天地與我並生, 而萬物與我爲一[하늘과 땅은 나와 나란히 태어나고 만

非復有無, 異我則乖於會通. 所以不出不在, 而道存乎其間矣. 何則? ③夫至人虛心[719]冥照[720], 理無不統. 懷六合[721]於胸中, 而靈鑒[722]有餘; 鏡[723]萬有於方寸, 而其神常虛[724]. 至能拔[725]玄根[726]於未始[727],

---

물은 나와 나란히 하나이다]."이지만 함의含意는 완전히 다르다. 사실 불가佛家・유가儒家・도가道家의 근본적 차이는 '성공性空'을 인정하느냐 인정하지 않느냐에 있다. 모든 존재는 인因과 연緣의 결합으로 나타나기에 '본성상 공하다'는 성공性空은 불가佛家의 가장 중요하면서도 가장 필수적인 개념이다. 성공性空의 이치는 불교만이 제기한 것이다. 유가와 도가의 전적典籍들에 나오는 유有와 무無는 실유實有와 실무實無, 즉 '실재론實在論・발생론發生論적인 유有・무無'에 근접된 개념概念들이다. 유가와 도가가 말하는 유有・무無는 불가佛家의 유有・무無와 같은 개념이 절대 아니다. 그래서 불가佛家만의 독특한 개념인 '공空'을 정확하게 이해할 필요가 있다. '공空'은 '무無', 즉 '아무 것도 없는 허공虛空'과 같은 개념이 아니다. 인因과 연緣의 결합으로 나타난 모든 존재는 '임시적인 모습[假有]'을 가지지만 이 임시적인 형태가 '영원히 지속되는 것[常]'이 아님을 설명하는 개념이다. 그렇다고 '아무 것도 없는 것[無]'은 아니다. '임시적 모습[假有]'은 있다. 모든 존재가 '본성상 공[性空]'한 이유는 연기적 존재이기 때문이며 역으로 모든 존재의 본성이 공空하기에 연기緣起가 가능하다. 모든 존재는 공하기에 연기緣起되며 무상無常하다. 『중론中論』「관사제품觀四諦品」의 제18번째 게송에 '衆因緣生法, 我說即是空[無]. 亦爲是假名, 亦是中道義[여러 원인과 조건들의 결합으로 나타난 모든 존재를 나는 공空하다고 말하며, 이것을 가명假名이라고도 하며, 이것이 바로 중도의 의미이다]'라고 설명되어 있다. 따라서 공성空性을 체득하면 중도中道를 체득하며 연기緣起=공空=가유假有=가명假名=중도中道이다. 이들은 모두 동일한 선상에 있는 개념들이다. 불가佛家가 제기한 이치의 핵심은 '(모든 존재는) 실존實存하나 실체實體는 없다'로 요약된다. 실체가 바로 실유實有와 같은 개념이다." 한편 "天地與我同根, 萬物與我一體."라는 구절은 승조 스님이 창작한 것으로 보인다. 『장자』「제물론齊物論」편에 나오는 구절은 "天地與我並生, 而萬物與我爲一."이기 때문이다.

719) 허심虛心은 집착 없는 올바른 지혜를 뜻한다.
720) 명조冥照는 지혜로 이치를 인식하는 것을 말한다.
721) 육합六合은 동・서・남・북・상・하를 가리키나, 여기서는 '객관 대상'을 지칭하는 것으로 봐도 된다.
722) 영감靈鑑은 마음을 의미한다.
723) 경鏡은 비추다, 인식하다는 뜻이다.
724) 허虛는 깨끗하다[淨]는 의미이다.
725) 여기서 발拔은 '뽑다'는 의미보다는 '증득하다'는 뜻에 가깝다.
726) 현근玄根은 열반을 의미한다.
727) 미시未始는 '시작하기 전에'로 번역되나 실은 '무시이래無始以來'라는 뜻에 가깝다.

即群動$^{728)}$以靜心, 恬淡淵默, 妙契自然$^{729)}$. 所以處有$^{730)}$不有, 居無不無. 居無不無, 故不無於無; 處有不有, 故不有於有. 故能不出有無, 而不在有無者也.

[30] [무명 4]①무명이 말한다: 말은 이름으로 인해 일어나고 이름은 모양에 따라 생기며 형상은 모양에 집착하므로 드러난다. (열반은) 모습도 없고 이름도 없으며, 이름도 없고 말할 수도 없고, 말할 수도 없고 들을 수도 없다. 경전에 "열반은 존재가 아니며 존재가 아님도 아니다. 들을 수도 없고 말할 수도 없으며 분별의 마음으로 알 수 있는 것이 아니다."고 나온다. 내가 어떻게 감히 그것을 설명하겠는가? 그런데 그대 유명은 듣고자 하는가? 비록 그렇다 해도 수보리 존자가 "여러 사람들이 능히 집착 없는 마음으로 받아들이고 들음 없이 듣는다면 내 마땅히 말 없음으로 (열반을) 말하겠다."고 했다. (유명 그대가) 말하기를 원한다면 역시 말로 설명할 수 있다. ②유마힐 거사는 "번뇌를 떠나지 않고 열반을 체득한다."고 강조했다. 천녀는 "현실을 벗어나지 않고 부처님의 경계에 들어간다."고 말했다. 그러한 즉 열반의 진리는 신묘한 깨달음에 있고 신묘한 깨달음은 진리를 체득하는 데 있다. 진리를 체득하는 것은 있음과 없음을 나란히 관찰하는 것이며 나란히 관찰하는 것은 그것이 이미 둘 아님을 아는 것이다. 그래서 '하늘과 땅[境, 객관]'은 본성상 공적空寂하다는 점에서 '나[心, 주관]'와 일치하며 '본성상 공적하다[性空]'는 점에서 만물과 나는 하나도 다르지 않다. 본성상 공적하다는 점에서 나와 같기에 있음과 없음이 또 있을 수 없고 본질적으로 나와 다르다면 회통될 수 없다. 그래서 (열반은 있음과 없

---

728) 군동群動은 만물을 말한다. 만물은 항상 변화와 움직임 속에 있기 때문이다.
729) 자연自然은 열반을 의미한다.
730) 여기서 유有는 있음, 세간 등의 의미이다.

음을) 벗어나지도 않고 그곳[있음과 없음]에 있지도 않다. 그러나 열반은 그 사이에 존재한다. 왜 그런가? ③무릇 깨달은 사람은 집착 없는 올바른 지혜로 이치를 인식하기에 그 이치가 만물을 통섭統攝하지 않음이 없다. (깨달은 사람은) 마음에 세계를 품지만 (인식할) 여력은 있고 만물을 마음속으로 관조하나 그 정신은 항상 맑고 깨끗하다. (깨달은 사람은) 무시이래로 열반을 증득했기에[증득한 경지에 이르렀기에] 고요한 마음으로 만물의 본성을 체득하며 (마음은) 평안·담백하고 넓은 연못처럼 조용해 열반 경계에 신묘하게 계합된다. 그래서 있음[세간]에 있어도 있음이 아니며 없음[출세간]에 머물러도 없음이 아니다. 없음에 있어도 없음이 아니기에 없음에 완전히 없는 것은 아니며 있음에 머물러도 있음이 아니기에 있음에 집착하지 않는다. 따라서 능히 있음과 없음의 경계를 벗어나지 않지만 있음과 없음의 경계에 머물지도 않는다.

[31] ①然則法[731]無有無之相, 聖[732]無有無之知, 聖無有無之知, 則無心於內; 法無有無之相, 則無數[733]於外. 於外無數, 於內無心, 彼此寂滅, 物我冥一, 怕爾無朕, 乃曰涅槃. 涅槃若此, 圖度絶矣, 豈容可責之於有無之內, 又可徵之有無之外耶?

[31] ①그러한 즉 열반에는 있음과 없음이라는 모습이 없고 깨달음에는 분별적 지식이나 미혹되게 작용하는 지혜가 없다. 깨달음에 분별적 지식이나 미혹되게 작용하는 지혜가 없기에 안으로는 집착이 없고 열반에는 있음과 없음이라는 모습이 없기에 밖으로는 차별이 없다. 밖

---

731) 법法은 진리·열반을 의미한다.
732) 성聖은 깨달음·성인 등으로 해석하는 것이 더 적합하다.
733) 수數는 차별·차이를 의미한다.

으로 차별이 없고 안으로 집착이 없기에 안과 밖이 공적하고 사물인
'경境'과 관조하는 '심心'이 완전히 계합되며 조용하고 미세해 어떤 조짐
도 없는 것을 바로 열반이라 말한다. 열반이 이와 같은 것이기에 분별
이나 헤아림이 없다. 그런데 어떻게 있음과 없음의 안에서 (열반의 있
음과 없음을) 따지고 있음과 없음의 밖에서 (열반을) 검증하는 것을 용
납하겠는가?

[32] [8]難差[734] 第八.
[32] [8]난차 제8.

[33] [유명 4]①有名曰: 涅槃既絶圖度之域, 則超六境之外. 不出不
在, 而玄道獨存. 斯則窮理盡性, 究竟之道, 妙一無差, 理其然矣. 而
《放光》云: "三乘之道, 皆因無爲而有差別."[735] 佛言: "我昔爲菩薩
時, 名曰儒童[736], 於然燈佛所, 已入涅槃." 儒童菩薩時於七住[737],

---

734) 난難은 '질문하다'는 의미이고 차差는 차별이라는 뜻이다. 무명은 '묘존 제7'에서
마음[心]과 대상[境]은 둘 아니라는 '심경불이心境不二'와 객관[物]과 주관[我]은
하나라는 '물아일여物我一如'를 제창했다. 그런데 '왜 성문·연각·보살의 차이가
있는가?'라고 유명이 질문했다. 차이[差]에 대해 질문[難]했기에 '난차難差'라고 했
다.
735) 『방광반야경放光般若經』 권제16 「마하반야바라밀구화품摩訶般若波羅蜜漚惒品 제
70第七十」에 있는 말이다.
736) 유동 보살에 관한 이야기는 『태자서응본기경太子瑞應本起經』 권상에 자세하다. 유
동 보살은 『대지도론』 권제30·권제35 등에는 수마제[須摩提, 妙意]로, 『불본행집
경』 권제3 「수결정기품受決定記品 제2상第二上」에는 마나바[摩那婆, māṇava, mā
ṇavaka]로, 『과거현재인과경』 권제1에는 선혜善慧로 각각 번역되어 있으나 같은
보살을 다르게 부른 것이다.
737) 칠주七住는 제7지를 말한다. 십지 가운데 제7지는 원행지遠行地이다. 십지는 보살
이 수행해야 되는 52단계 가운데 41위에서 50위까지를 가리킨다. 환희지歡喜地,
이구지離垢地, 발광지發光地, 염혜지焰慧地, 난승지難勝地, 현전지現前地, 원행
지遠行地, 부동지不動地, 선혜지善慧地, 법운지法雲地가 십지이다.

初獲無生忍[738], 進修三位[739]. 若涅槃一也, 則不應有三, 如其有三, 則非究竟. 究竟之道, 而有升降之殊. 衆經異說, 何以取中耶?

[33] [유명 4] ①유명이 말한다: 열반은 이미 분별이나 헤아림의 경계를 벗어났고 육근의 대상인 육경을 초월했다. 있음과 없음을 벗어나지도 않았고 있음과 없음에 머무는 것도 아니지만 현묘한 깨달음은 홀로 존재한다. 이는 바로 이치를 끝까지 증득하고 본성을 완전히 체득한 극치의 가르침이자 신묘한 하나로 차별이 없는 것인데 이치가 과연 그러하다. 그런데 『방광반야경』에 "성문・연각・보살의 가르침은 모두 무위법에 의지해 차별이 있다."고 나온다. 부처님 또한 "내가 옛날 보살이었을 때 이름은 유동이었다. 연등불이 계신 곳에서 이미 열반에 들었다."고 말씀하셨다. 유동 보살이던 당시 제7지에 머물렀고 처음으로 무생법인無生法忍을 체득했으며 계속해 삼지三地를 더 올라갔다. 만약 열반이 하나라면 당연히 셋이 있어서는 안 되며 만약 셋이 있다면 궁극의 경지는 아니다. 궁극의 진리인데 오르고 내려가는 차이가 있다. 여러 경전에서 하는 말이 다른데 어느 것을 표준으로 삼아 올바른 것을 채택해야 하는가?

[34] [9]辯差[740] 第九.

[34] [9]변차 제9.

---

738) 무생법인無生法忍을 말한다. 일체의 존재가 불생불멸不生不滅임을 확실히 증득하는 것을 가리킨다. 인忍은 인認, 즉 '인지認知하다'는 의미이다.
739) 삼위三位는 부동지[不動地. 제8지], 선혜지[善慧地. 제9지], 법운지[法雲地. 제10지]이다.
740) 변차辯差에서 변辯은 '분석하다'는 뜻이고 차差는 차별을 말한다. 따라서 변차는 '차별을 분석한다'는 의미로 '난차 제8'에서 유명有名이 제기한 질문에 대한 답변이다. 구체적으로 성문・연각・보살의 차이를 설명한다.

[35] [무명 5]①無名曰: 然究竟之道, 理無差也.《法華經》云: "第一大道, 無有兩正, 吾以方便, 爲怠慢者, 於一乘道, 分別說三."[741] 三車出火宅, 卽其事也. 以俱出生死, 故同稱無爲. 所乘不一, 故有三名. 統其會歸, 一而已矣. 而難云 "三乘之道, 皆因無爲而有差別." 此以人三, 三於無爲, 非無爲有三也. ②故《放光》云: "涅槃有差別耶? 答曰: 無差別." 但如來結習都盡, 聲聞結習不盡耳. 請以近喩, 以況遠旨. 如人斬木, 去尺[742]無尺, 去寸無寸. 脩短在於尺寸, 不在無也. 夫以群生萬端, 識根不一, 智鑒有淺深, 德行有厚薄, 所以俱之彼岸, 而升降不同. 彼岸豈異, 異自我耳. 然則衆經殊辯, 其致不乖.

[35] [무명 5]①무명이 말한다: 궁극의 진리에 이치상 차이는 없다. 『법화경』에 "최상의 가르침에 두 가지 최상승은 없다. 내가 방편으로 태만히 수행하는 사람들을 위해 일승의 가르침을 셋으로 나누어 설명했다."는 말씀이 있다. 세 마차가 불타는 집에서 나오는 것이 바로 그 일이다. 함께 삶과 죽음에서 벗어났기에 동일하게 무위법이라 부른다.

---

741) 축법호(竺法護, 231-308) 스님이 한역漢譯한『정법화경正法華經』권제6 「약왕여래품藥王如來品 제10第十」에 비슷한 구절이 있다. "佛告諸比丘: '道法一等, 無有二乘, 謂無上正眞道. 往古來今, **無有兩正**, 猶如衆流四瀆歸海合爲一味, 如日所照靡不周遍未曾增減'"

742) 1분分[푼]은 대략 0.33cm이며 10분이 1촌寸이다. 1촌寸[치]은 대략 3.33cm이며 10촌寸이 1척尺[자]이다. 1척尺은 대략 33.3cm이며 10척이 1장丈이다. 1장丈은 약 3.33m가 된다. 원강 스님의『조론소』에 따르면 4척尺이 1인仞이고 2인仞은 1심尋이다. 4척尺은 약 133.2cm=1.332m이며 1인仞 역시 1.332m가 된다. 2인仞은 약 2.6m이며 이것이 1尋이다. 고대 도량형은 분分 → 촌寸 → 척尺 → 장丈 → 인仞 → 심尋 → 상상의 순서로 점점 커진다. 그리고 4척尺=1인仞, 8척尺=2인仞=1심尋, 2심尋=1상상, 16척尺=1장丈6척尺=4인仞=2심尋=1상상=532.8cm = 5.328m이다. 조선 후기의 실학자인 이규경(李圭景, 1788-?)이 지은 『오주연문장전산고五洲衍文長箋散稿』에 따르면 누에고치실 하나의 굵기를 1홀忽이라 하며 이를 기준으로 십진법에 따라 10홀은 1사糸, 10사糸는 1모毛, 10모毛는 1리釐, 10리釐는 1분分[푼], 10분分은 1촌寸, 10촌寸은 1척尺, 10척은 1장丈이라 했다. 우리나라는 1902년부터 미터법을 시행했다.

타는 것이 같지 않기에 세 가지 이름이 있다. 모으고 소통해 총괄하면 하나가 있을 뿐이다. 그런데 질문자[유명]는 "삼승의 가르침이 모두 무위법에 의지해 차별이 있다."고 말했다. 이 세 사람은 무위에서 셋이며 무위법이 셋 있는 것은 아니다. ②그래서 『방광반야경』에 "열반에 차별이 있습니까? 대답한다: 없다."고 나온다. 다만 부처님은 번뇌가 완전히 다 소멸됐고 성문은 번뇌가 완전히 다 소멸되지 않았을 뿐이다. 가까운 비유를 통해 원대한 열반의 종지를 비교 설명해 보겠다. 만약 어떤 사람이 나무를 자를 때 한 자를 자르면 한 자가 잘리고 한 치를 자르면 한 치가 없어진다. 깎아서 짧아지는 것은 자[尺]나 치[寸]에 있으며 '아무 것도 없는 것[無]'에 있지 않다. 무릇 중생의 종류는 많기도 하지만 인식능력과 근기는 같지 않다. 지혜로 인식함에 깊음과 얕음이 있고 덕을 행함에 두터움과 엷음이 있다. 그래서 함께 피안으로 가지만 오름과 내림이 같지 않다. 피안이 어찌 다르랴, 차이는 다만 자신에게 있을 뿐이다. 그러한 즉 여러 경전이 비록 다르게 말해도 그 이치는 서로 어긋나지 않는다.

[36] [10]責異[743] 第十.
[36] [10]책이 제10.

[37] [유명 5]①有名曰: 俱出火宅, 則無患一也. 同出生死, 則無爲一也. 而云 "彼岸無異, 異自我耳." 彼岸則無爲岸也, 我則體無爲者也. 請問我與無爲, 爲一爲異? 若我即無爲, 無爲亦即我, 不得言 "無

---

743) 책이責異에서 책責은 질문하다, 이異는 다름을 말한다. '변차 제9'에서 무명이 깨달음은 하나이나 깨닫는 사람은 셋이 있다고 하자, 차이가 생기는 이유에 대해 질문했다.

爲無異, 異自我也." 若我異無爲, 我則非無爲, 無爲自無爲, 我自常有爲. 冥會之致, 又滯而不通. 然則我與無爲, 一亦無三, 異亦無三. 三乘之名, 何由而生也?

[37] [유명 5]①유명이 말한다: 함께 불난 집에서 나왔기에 근심이 없는 점은 같다. 동시에 삶과 죽음의 윤회에서 벗어났기에 '무위無爲'인 점은 같다. 그런데 "피안은 차이가 없으나 차이는 다만 자신에게 있다."고 말했다. 피안은 바로 무위의 피안이며 나[我]는 무위를 체득한 사람이다. 묻노니 나와 무위는 같은가 다른가? 만약 내가 무위라면 무위가 바로 나이다. (그러면) "무위는 차이가 없으나 다름은 나 자신이다."고 말할 수 없다. 만약 나와 무위가 다르면 나는 무위가 아니고 무위는 무위 자신이고 나는 항상 유위이다. 유위와 무위가 그윽하게 계합된다는 이치는 걸려 통하지 않게 된다. 그러한 즉 나와 무위가 하나라면 셋이 아니며 다르다면 셋이 없다. 성문·연각·보살의 이름은 무슨 연유로 만들어진 것인가?

[38] [11]會異[744] 第十一.
[38] [11]회이 제11.

[39] [무명 6]①無名曰: 夫止此[745]而此, 適彼[746]而彼. 所以同於得者, 得亦得之; 同於失者, 失亦失之.[747] 我適無爲, 我卽無爲. 無爲雖

---

744) '회이會異'는 회통會通과 같은 의미이다. '책이 제10'에서 유명은 삼승의 구분이 없다고 주장했다. 이에 대해 무명은 삼승의 구분은 있으나 종국에는 모두 열반을 증득할 수 있다고 설명한다. 그래서 다름을 회통한다는 뜻의 '회이會異'를 사용한 것이다.
745) 차此는 차안此岸이다.
746) 피彼는 피안彼岸이다.
747) 이 구절과 비슷한 내용이 현행본『노자』제23장에 나온다. "故從事於道者, 同於道;

一, 何乖不一耶? 譬猶三鳥出網, 同適無患之域. 無患雖同, 而鳥鳥各異. 不可以鳥鳥各異, 謂無患亦異. 又不可以無患旣一, 而一於衆鳥也. 然則鳥卽無患, 無患卽鳥. 無患豈異, 異自鳥耳. 如是三乘衆生, 俱越妄想之樊, 同適無爲之境. ②無爲雖同, 而乘乘各異. 不可以乘乘各異, 謂無爲亦異. 又不可以無爲旣一, 而一於三乘也. 然則我卽無爲, 無爲卽我. 無爲豈異, 異自我耳. 所以無患雖同, 而升虛有遠近; 無爲雖一, 而幽鑒有淺深. 無爲卽乘也, 乘卽無爲也. 此非我異無爲, 以未盡無爲, 故有三耳.

[39] [무명 6] ①무명이 말한다: 무릇 (중생이) 차안에 머물면 삶과 죽음의 윤회를 겪는다는 점은 같고[차안에 머물면 차안이고] 피안으로 가면 삶과 죽음의 윤회가 없다는 것은 같다[피안으로 가면 피안이다]. 열반을 증득했다는 점이 같다면 '증득 주체인 사람'이나 '증득 대상인 열반'은 같다. 열반을 증득하지 못했다면 '증득 주체인 사람'과 '증득 대상인 열반'은 다르다. 내가 무위로 가면 내가 곧 무위이다. 무위는 비록 동일하지만 증득 주체인 사람은 어째서 셋인가[다른가]? 비유하자면 세 마리 새가 그물을 벗어나 함께 근심 없는 지역으로 날아갔다고 치자. (그러면) 근심이 없다는 점은 비록 같으나 새는 제각각으로 다르다. 새가 서로 다르기에 근심이 없다는 점도 다르다고 말할 수 없다. 또한 근심이 없다는 점은 같으나 여러 새는 같다고 말할 수도 없다. 그러한 즉 새가 근심이 없다면 근심이 없는 것은 곧 새이다. 근심이 없다

德者, 同於德; 失者, 同於失. 同於道者, 道亦樂得之; 同於德者, 德亦樂得之; 同於失者, 失亦樂得之[따라서 도에 종사하는 자는 그 도와 같아지고, 덕에 종사하는 자는 그 덕과 같아지며, 잃음을 좇아 행하는 자는 잃음과 같아진다. 도와 같이 하는 자는 도 역시 그런 자를 얻는 것을 즐거워할 것이며, 덕에 같이 하는 자는 덕 역시 그런 자를 얻는 것을 즐거워 할 것이며, 잃음에 같이 하는 자는 잃음 역시 그런 자를 얻는 것을 즐거워 할 것이다]."

는 것이 어찌 다르랴. 다른 것은 새 자신일 뿐이다. 이처럼 성문 · 연각 · 보살이 함께 망상의 울타리를 벗어나 동시에 무위의 경계로 갔다. ②무위가 비록 같으나 타고 가는 수레는 각기 다르다. 수레가 다르다고 무위 역시 다르다고 말할 수 없다. 또한 무위가 동일하기에 성문 · 연각 · 보살이 동일하다고 말할 수도 없다. 그러한 즉 내가 무위이면 무위가 바로 나이다. 무위가 어찌 다르랴. 다른 것은 나 자신일 따름이다. 그래서 근심이 없다는 점은 비록 같아도 허공을 날아감에 높음과 낮음이 있다. 무위가 비록 같아도 그윽하게 인식하는 능력에 깊음과 얕음의 차이가 있다. 무위가 바로 수레이며 수레가 바로 무위이다. 이 것은 내가 무위와 다른 것이 아니고 무위의 정도가 미진함에 따라 셋[성문 · 연각 · 보살]이 있는 것이다.

[40] [12]詰漸[748] 第十二.

[40] [12]힐점 제12.

[41] [유명 6]①有名曰: 萬累[749]滋彰, 本於妄想[750]. 妄想旣祛, 則萬累都息. 二乘得盡智[751], 菩薩得無生智[752], 是時妄想都盡, 結縛永除. 結縛旣除, 則心無爲. 心旣無爲, 理無餘翳[753]. 經曰: "是諸聖

---

748) 힐점詰漸에서 힐詰은 '질책하다, 질문하다'는 의미. 점漸은 '회이 제11'에서 무명無名이 "이것은 내가 무위와 다른 것이 아니고 무위의 정도가 미진함에 따라 셋[성문 · 연각 · 보살]이 있는 것이다."고 말했다. '미진함에 따라 셋이 있다'는 것은 점진漸進과 같은 의미이므로 이 점에 대해 유명有名이 질문했다.
749) 누累는 '지말枝末 번뇌'를 가리킨다.
750) 망상妄想은 '근본 번뇌'를 말한다.
751) 진지盡智는 일체의 번뇌를 제거한 지혜로 성문과 연각의 지혜를 말한다.
752) 무생지無生智는 일체법이 불생불멸하는 이치를 체득한 지혜로 보살의 지혜를 가리킨다.
753) 예翳는 장애라는 의미이다.

智, 不相違背, 不出不在754), 其實俱空."755) 又曰: "無爲大道, 平等不二." 既曰無二, 則不容心異. 不體則已, 體應窮微. 而曰"體而未盡", 是所未悟也.

[41] [유명 6]①유명이 말한다: 수많은 지말 번뇌들이 자라는 근본 원인은 망상 때문이다. 망상이 이미 제거되면 지말 번뇌들도 모두 사라진다. 성문과 연각은 번뇌를 제거한 지혜인 진지盡智를 체득하고 보살은 일체법이 불생불멸임을 아는 무생지無生智를 증득한다. 이 때 망상도 모두 소멸되며 번뇌도 영원히 제거된다. 번뇌가 이미 제거된 마음이 바로 무위無爲이다. 마음이 이미 무위이므로 증오證悟한 이치엔 남은 가림이나 장애가 없다. 경전에 "성문·연각·보살의 성스러운 지혜는 서로 어긋나지 않고 삼계를 벗어나지도 않고 삼계에 있지도 않지만 실은 모두 공하다."고 나온다. 또한 "무위라는 큰 가르침은 평등하고 둘이 아니다."는 말씀도 있다. 이미 둘이 아니라면 마음의 다름을 용납하지 않는다. 깨닫지 못했으면 모르나 깨달았다면 미묘함[微]을 완전히 체득한 것이다. 그런데 "체득함이 미진하다."고 말하는 것은 깨닫지 못했다는 것이다.

[42] [13]明漸756) 第十三.

[42] [13]명점 제13.

---

754) 보살은 증득한 뒤에도 삼계를 떠나지 않기에 불출不出이라 하며 성문과 연각은 깨달은 후 삼계를 벗어나기에 부재不在라고 표현한다.
755) 『마하반야바라밀경』 권제1 「습응품習應品 제3第三」에 "是諸衆智無有差別, 不相違背無生性空. 若法不相違背無生性空, 是法無有別異."라는 구절이 있다. 『방광반야경』 권제1 「마하반야바라밀가호품摩訶般若波羅蜜假號品 제3第三」에는 "是諸衆智, 不相違背, **無所出生, 其實皆空**, 無有差別, 不出不生."이라는 구절이 있다.
756) '명점明漸'은 점오漸悟를 밝힌다는 의미이다. '힐점 제12'에서 유명이 점오에 대해 논박했기 때문이다.

[43] [무명 7]①無名曰: 無爲無二, 則已然矣. 結是重惑[757], 可謂頓盡, 亦所未喩. 經曰: "三箭中的[758], 三獸渡河[759]." 中渡無異, 而有淺深之殊者, 爲力不同故也. 三乘衆生, 俱濟緣起之津, 同鑒四諦之的, 絶僞卽眞, 同升無爲, 然則所乘不一者, 亦以智力不同故也. ②夫群有[760]雖衆, 然其量有涯, 正使[761]智猶身子, 辯若滿願[762], 窮才極慮, 莫窺其畔. 況乎虛無之數[763], 重玄之域, 其道無涯, 欲之頓盡耶? 書不云乎: "爲學者日益, 爲道者日損."[764] 爲道者, 爲於無爲者也. 爲於無爲, 而曰日損, 此豈頓得之謂? 要損之又損之, 以至於無損耳. 經喩螢日[765], 智用可知矣.

757) 중혹重惑은 무겁다는 의미보다는 '겹겹이 쌓인 미혹'이라는 의미이다.
758) 『비바사론鞞婆娑論』(권제4), "謂四聖諦的智箭極深入, 如非一切聲聞辟支佛. 作譬喩如一的三人共射, 一者摩訶能伽, 二者鉢騫提, 三者那羅延. 摩訶能伽者, 雖著的不能入, 何況能過? 鉢騫提者, 雖著的能入不能令過. 那羅延者, 射破的徹過入地, 彼的亦不現. 堅軟隨彼力軟中上, 射破的亦有軟中上. 如是三乘射四聖諦的, 佛辟支佛聲聞. 如摩訶能伽, 雖著的不能入, 況當能過, 如是當觀聲聞四聖諦智. 如鉢騫提, 雖著的能入不能令過, 如是當觀辟支佛四聖諦智. 如那羅延, 射破的徹過入地, 如是當觀佛四聖諦智. 此四聖諦, 的亦不現. 堅軟隨彼智力有軟中上, 四聖諦的便有軟中上. 是故說謂四聖諦的, 智箭極深入, 如非一切聲聞辟支佛."
759) 『아비담비바사론阿毘曇毘婆沙論』(권제37), "復次於甚深十二因緣河, 能盡其底者, 是名爲佛. 聲聞辟支佛不爾. 如三獸度河, 謂兔馬象. 兔騰躑乃度, 馬或盡其底, 或不盡底而度. 香象於一切時, 足蹈其底而度. 如兔度河, 聲聞度因緣河, 亦復如是. 如馬度河, 辟支佛度因緣河, 亦復如是. 如香象度河, 佛度因緣河, 亦復如是." 『보요경普曜經』(권제1), "世有三獸: 一, 兔, 二, 馬, 三, 白象. 兔之渡水趣自渡耳; 馬雖差猛, 猶不知水之深淺也; 白象之渡盡其源底. 聲聞緣覺其猶兔馬, 雖度生死不達法本; 菩薩大乘譬若白象, 解暢三界十二緣起, 了之本無, 救護一切莫不蒙濟."
760) 군유군有는 만물을 말한다.
761) 정사正使는 '설사 … 라도'라는 뜻이다.
762) 만원滿願은 부루나 존자를 가리킨다.
763) '허무지수虛無之數'는 무위법을 말한다.
764) 현행본 『노자』 제48장에 나오는 말이다.
765) 『마하반야바라밀경』 권제1 「습응품習應品 제3第三」; 『방광반야경』 권제1 「마하반야바라밀가호품摩訶般若波羅蜜假號品 제3第三」; 『유마힐소설경』 권상 「제자품 제3」 등에 나온다. 『마하반야바라밀경』의 원문은 다음과 같다. "佛告舍利弗: '菩薩摩訶

[43] [무명 7]①무명이 말한다: 무위는 둘이 아니다. 유명 그대가 말한 그대로이다. 번뇌는 겹겹이 쌓여 있다. 일순간에 모두 없앤다고 말할 수 있지만 (이는 실태를) 모르는 것이다. 경전에 "세 개의 화살이 과녁을 명중시키고 세 마리의 짐승이 강을 건넌다."고 나온다. 과녁을 명중시키고 강을 건너는 점은 차이가 없지만 깊음과 얕음의 차이가 있는데 이는 힘이 다르기 때문이다. 성문·연각·보살이 함께 연기의 나루터를 건너 사제의 과녁을 동일하게 인식하고 거짓을 끊고 진리를 체득해 무위에 오르지만 타는 수레가 다른 것은 지혜의 역량이 같지 않기 때문이다. ②대저 만물이 비록 다양하지만 그 수량은 다함이 있다. 설사 지혜제일 사리불 존자나 변재辯才제일 부루나 존자가 온갖 재주를 다하고 아무리 생각해도 만물의 수량을 알 수 없다. 특히 그윽해 알기 어려운 무위법의 가르침은 끝이 없는데 단번에 번뇌를 끊고자 한다고? 책에 "학문은 배우면 배울수록 날마다 알고 싶어지는 것이 많아지고 도는 닦으면 닦을수록 날마다 일이 줄어든다."는 말씀이 있지 않던가? 수행은 무위를 수행하는 것이다. 무위의 수행은 일이 날마다 줄어드는 것인데 이것을 어찌 단번에 체득한다고 말하나? 줄이고 또 줄여 마침내 줄일 것이 없게 되는 것이다. 경전에 반딧불과 태양을 비유로 설명하고 있는데 (여기에서) 지혜의 작용이 서로 다름을 알 수 있다.

薩能作是念:"我當行六波羅蜜乃至十八不共法, 成阿耨多羅三藐三菩提, 度脫無量阿僧祇眾生令得涅槃." **譬如螢火蟲**, 不作是念:"我力能照閻浮提普令大明." 諸阿羅漢, 辟支佛亦如是, 不作是念:"我等行六波羅蜜乃至十八不共法, 得阿耨多羅三藐三菩提, 度脫無量阿僧祇眾生令得涅槃." 舍利弗! 譬如日出時, 光明遍照, 閻浮提無不蒙明者. 菩薩摩訶薩亦如是. 行六波羅蜜乃至十八不共法, 得阿耨多羅三藐三菩提, 度脫無量阿僧祇眾生令得涅槃'"

[44] [14]譏動[766] 第十四.
[44] [14]기동 제14.

[45] [유명 7]①有名曰: 經稱"法身[767]已上, 入無爲境[768], 心不可以智知, 形不可以象測, 體絶陰入[769], 心智寂滅." 而復云: "進修三位, 積德彌廣." 夫進修本於好尙, 積德生於涉求. 好尙則取捨情現, 涉求則損益交陳. 旣以取捨爲心, 損益爲體, 而曰"體絶陰入, 心智寂滅", 此文乖致殊, 而會之一人, 無異指南爲北, 以曉迷夫.

[45] [유명 7]①유명이 말한다: 경전에 "법신 보살 이상의 경지는 열반에 들어섰기에 지혜로 그 마음을 알 수 없고 형상으로 그 모습을 측량할 수 없다. 신체의 오음과 육입이 단절되고 마음과 지혜가 이미 공적하다."고 나온다. 그런데 다시 "삼위[三位, 보살 제8지·제9지·제10지]를 계속 수행하면 덕행을 쌓음이 더욱 광대해진다."는 말씀이 있다. 대저 계속 수행하는 것은 (무엇을) 좋아함과 숭상함에 토대를 두는 것이며 덕행을 쌓음은 구하는 것과 관련해 생긴다. 좋아함과 숭상함은 선택하고 버리는 정식[情識. 분별]이 나타나는 것이며 구하는 것과 관련됨[涉求]은 줄이고 더하는 마음이 교대로 드러나는 것이다. 이미 선택하고 버리는 것을 마음으로 삼고 줄이고 더하는 것을 몸으로 삼고도 "신체의 오음과 육입이 단절되고 마음과 지혜가 공적하다."고 말하는

---

766) 기동譏動에서 기譏는 '힐난하다·질문하다'는 의미이고, 동動은 '움직이다'는 의미. '명점 제13'에서 무명이 '줄이고 또 줄여 마침내 줄일 것이 없게 된다'고 말했다. 유명이 보기에 이것은 마음이 움직이는 것인데, 마음이 움직이면서 '어떻게 부동不動의 경지를 체득할 수 있는가?'라고 논박하는 것이다.
767) 십지十地에 오른 보살을 법신 보살이라 한다. 수행을 거듭한 결과 진여眞如의 진상眞相을 일부분씩 계속해 깨닫는 보살을 말한다.
768) 무위경無爲境은 열반을 의미한다.
769) 음입陰入은 오온[색·수·상·행·식]과 육입[안·의·비·설·신·의]을 가리킨다.

것은 (앞뒤) 문장도 어긋나고 이치도 서로 달라지는 셈이다. 그런데 한 사람에게 그것을 회통시키는 것은 남쪽을 가리켜 북쪽이라 우기며 미혹된 사람들을 깨우치려는 것이다.

[46] [15]動寂[770] 第十五.
[46] [15]동적 제15.

[47] [무명 8]①無名曰: 經稱"聖人無爲[771], 而無所不爲."[772] 無爲, 故雖動而常寂; 無所不爲, 故雖寂而常動. 雖寂而常動[773], 故物莫能一[774]; 雖動而常寂[775], 故物莫能二[776]. 物莫能二, 故逾動逾寂; 物莫能一, 故逾寂逾動. 所以爲卽無爲, 無爲卽爲, 動寂雖殊, 而莫之可異也. ②《道行》曰: "心亦不有, 亦不無."[777] 不有者, 不若有心之有; 不無者, 不若無心之無. 何者? 有心則衆庶是也, 無心則太虛是也. 衆

---

770) 동적動寂은 '기동 제14'에서 유명이 제기한 질문에 대한 무명의 답변으로 동動이 곧 적寂임을 설명한다.
771) 무위無爲는 적寂, 무불위無不爲는 동動을 의미한다.
772) 비슷한 내용의 구절이 『방광반야경』 권제16 「마하반야바라밀구화품摩訶般若波羅蜜漚惒品 제70第七十」에 있다. 구화漚惒는 방편을 음역音譯한 말이다. 이 구절은 현행본 『노자』 제37장에 나오는 "無爲而無不爲[아무 일도 하지 않지만 하지 않는 일이 없다]."와 비슷하나 함의含意가 다르다.
773) '무불위無不爲'이다.
774) 당나라 원강 스님은 『조론소』에서 이 구절을 "物莫能一者, 人不能令其常寂也[물막능일이라는 것은 사람들이 그것을 항상 적멸의 상태로 있게 할 수 없음이다]."라고 했다.
775) '무위無爲'이다.
776) 당나라 원강 스님은 『조론소』에서 이 구절을 "物莫能二者, 人不能令其常動也[물막능이라는 것은 사람들이 그것을 항상 움직이게 할 수 없음이다]."라고 했다.
777) 『도행반야경』 권제1 「도행품道行品 제1第一」에 나오는 구절이다. "須菩提言: '心亦不有, 亦不無, 亦不能得, 亦不能知處.'"

庶止於妄想, 太虛絕於靈照. 豈可止於妄想, 絕於靈照, 標其神道[778] 而語聖心[779]者乎? ③是以聖心不有, 不可謂之無; 聖心不無, 不可謂 之有. 不有, 故心想都滅; 不無, 故理無不契. 理無不契, 故萬德斯 弘; 心想都滅, 故功成非我. 所以應化無方, 未嘗有爲; 寂然不動, 未 嘗不爲. ④經曰: "心無所行[780], 無所不行."[781] 信矣. 儒僮[782]曰: "昔 我於無數劫, 國財身命, 施人無數, 以妄想心施, 非爲施也. 今以無 生心, 五華施佛, 始名施耳." 又空行菩薩[783]入空解脫門[784], 方言 "今 是行[785]時, 非爲證[786]時." 然則心彌虛, 行彌廣, 終日行, 不乖於無 行者也. ⑤是以《賢劫》稱無捨之檀, 《成具》美不爲之爲, 《禪典》唱無 緣之慈[787], 《思益》演不知之知. 聖旨虛玄, 殊文同辯, 豈可以有爲便有

---

778) 신도神道는 열반의 가르침을 말한다.
779) 성심聖心은 성인의 마음이라 해도 되고, 반야지혜로 사물의 본성을 인식하는 작용 으로 번역해도 된다.
780) 행행은 신업·구업·의업이 지은 업의 작용을 말한다. 따라서 소행所行은 의意로 해석하는 것이 정확하며, 심무소행心無所行은 범부의 마음이 없는 상태를 표현한 말이다.
781) 『마하반야바라밀경』 권제12 「무작품無作品 제43」에 비슷한 내용이 나온다.
782) 석가모니불의 전생前生의 이름이다.
783) 『방광반야경』 권제14 「마하반야바라밀문상행원품摩訶般若波羅蜜問相行願品 제61 第六十一」에 나오는 구절이다. "菩薩行空、無相、無願三昧等, 今正是行五波羅蜜時, 非是證時, 皆顯動寂無妨." 『대지도론』 권제37 「대지도론석습상응품大智度論釋習 相應品 제3지여第三之余」에도 나오는 내용이다.
784) '입공해탈문入空解脫門'은 '공해탈문에 들어갔다'는 의미가 아니고 만물의 본성인 '공을 체득했다'는 뜻이다.
785) 행행은 '인식하다'는 의미이다.
786) 증證은 '집착해 머문다'는 뜻이다. '불(형)증不(形)證'은 '깨달음에 집착하지 않고 보살행을 펼치는 것'을 말한다. 현행본 「종본의」 단락 [4]에 나온다.
787) 『좌선삼매경』 권하에 비슷한 구절이 있다. "是慈三昧略說有三種緣: 生緣、法緣、無 緣. 諸未得道, 是名生緣. 阿羅漢辟支佛, 是名法緣. 諸佛世尊, 是名無緣, 是故略說 慈三昧門."

爲, 無爲便無爲哉? 菩薩住盡不盡平等法門[788], 不盡有爲, 不住無爲[789], 即其事也. 而以南北爲喻, 殊非領會之唱.

[47] [무명 8] ①무명이 말한다: 경전에 "성인은 적멸[열반] 상태에 있으면서도 행하지 않음이 없다."는 말씀이 있다. 적멸寂滅 상태에 있기에 비록 움직이나 항상 고요하며 행하지 않음이 없기에 비록 적멸 상태에 있으나 항상 행하고 있다. 비록 적멸 상태에 있으나 항상 행하기에 (사람들이) 그것을 적멸 상태에 있게 할 수 없고 비록 움직이나 항상 적멸 상태에 있기에 사람들이 그것을 움직이게 할 수 없다. 그것을 항상 움직이게 할 수 없기에 움직이면 움직일수록 고요해지고 항상 적멸 상태에 있게 할 수 없기에 고요하면 할수록 움직인다. 그래서 행함은 적멸이고 적멸이 곧 행함이며 움직임과 적멸이 비록 다르나 움직임과 적멸을 서로 다르게 할 수 없다. ②『도행반야경』에 "마음은 있지도 않고 없지도 않다."고 나온다. 있지 않다는 것은 '실체가 있는 마음이 있다'는 것과 다르며 없지 않다는 것은 '목석처럼 마음이 없다'는 것과 다르다. 왜 그런가? 집착하는 마음이 있는 것은 중생이며 집착하는 마음도 없는 것은 목석木石과 같은 것이기 때문이다. 중생의 마음은 망상이고 목석같은 마음은 신령스런 인식작용을 할 수 없다. 어찌 망상을 정지시키고 신령스런 작용을 끊어야만 열반의 가르침을 표현하고 성인의 마음을 말하는 것이겠는가? ③그래서 '성인의 마음이 있지 않다'는 것을 '완전히 없다'고 말할 수 없으며 '없지 않다'는 것을 '있다'고 말 할 수 없다. 있지 않기에 분별의식이 모두 소멸됐고 없지 않기에 이치와 (모든 일에서) 계합되지 않음이 없다. 이치와 계합되지 않음이 없기에 모든 덕행

---

788) '진부진평등법문盡不盡平等法門'은 유위법과 무위법에 동등하게 머무르는 것을 말한다.
789) 유위는 세간을, 무위는 열반을 의미한다.

이 널리 펼쳐진다. 분별의식이 모두 소멸됐기에 일을 이뤄도 나의 공적이라고 집착하지 않는다. 따라서 중생을 구제하기 위해 가지 않는 곳이 없지만 '집착하며 행하는 일[有爲行]'은 없고 공적空寂해 움직임이 없지만 하지 않음도 없다. ④경전에 "범부와 같은 집착이 없으면 일체 사물의 본성을 확연히 체득한다."고 나온다. 진실로 그러하다. 유동 보살은 "옛날 나는 무수한 시간 동안 나라의 재산이나 나의 몸과 목숨 등을 사람들에게 무수히 베풀었다. (그러나) 망상을 품고 보시했기에 진정한 보시가 아니었다. 지금 집착 없는 마음으로 다섯 송이 꽃을 부처님께 바친 이것이 바로 참 보시라 할 수 있다."고 말했다. 공행 보살이 사물의 본성인 공을 체득하고 비로소 "지금은 공을 펼칠 때이며 열반에 머무를 때가 아니다."고 강조했다. 그러한 즉 마음에 집착이 없을수록 덕행은 더욱 넓어지며 하루 종일 덕행을 베풀어도 집착 없이 행하는 것과 어긋나지 않는다. ⑤그래서 『현겁경』에 '집착하지 않은 보시'를 칭찬하는 구절이 있고 『성구광명정의경』에도 '무엇을 한다고 의식하지 않은 행함'을 찬미하는 문장이 있다. 『좌선삼매경』에는 '조건 없는 자비'를 강조하는 구절이 있고 『사익경』에는 '그릇되게 작용하는 앎이 없는 지혜[不知之知]'를 설명하는 글이 있다. 부처님 가르침은 그윽하고 심오해 비록 글이 달라도 논변하는 내용은 같다. 그런데 어떻게 유위有爲라고 반드시 유위有爲이며 무위無爲라고 반드시 무위無爲이겠는가? 보살은 유위법[세간]에도 머무르고 무위법[열반]에도 머무르지만 세간을 떠나지도 않고 열반에 집착하지도 않는다는 것이 바로 이것이다. 따라서 남쪽과 북쪽의 비유는 (이런 이치를) 알고 제기한 주장은 결코 아닐 것이다.

[48] [16]窮源[790] 第十六.
[48] [16]궁원 제16.

[49] [유명 8]①有名曰: 非衆生無以御[791]三乘, 非三乘無以成涅槃. 然必先有衆生, 後有涅槃, 是則涅槃有始, 有始必有終. 而經云: "涅槃無始無終, 湛若虛空." 則涅槃先有, 非復學而後成者也.

[49] [유명 8]①유명이 말한다: 중생이 아니면 삼승으로 나아갈 수 없고 삼승이 아니면 열반을 성취할 수 없다. 따라서 먼저 반드시 중생이 있고 그런 뒤 열반이 있다. 다시 말해 열반에는 시작이 있고 시작이 있으면 반드시 끝이 있다. 그런데 경전에 "열반은 시작도 끝도 없다. 고요하기가 마치 허공과 같다."고 나온다. 만약 이와 같다면 열반은 먼저 존재하는 것이기에 수행해 성취하는 것이 아니다. ·

[50] [17]通古[792] 第十七.
[50] [17]통고 제17.

---

790) '궁원窮源'에서 궁窮은 '깊이 검토하다'를 원源은 '근원'을 뜻한다. '동적 제15'에서 무명이 하는 말을 듣고 유명은 동과 적이 둘 아님을 알았다. 그래서 유명은 '증득 주체인 사람'과 '증득 대상인 열반' 가운데 어느 것이 먼저인지 검토할 필요가 있다고 문제를 제기하는 것이다. 먼저인 것이 원源이라는 것이다.
791) 어御는 나아가다, 다스리다는 의미이다.
792) 통고通古에서 통通은 동同과 같으며 고古는 선先과 같은 의미이다. 당나라 원강 스님은 『조론소』에서 "涅槃之法, 古今同一, 故云通古也[열반의 가르침은 옛날과 지금이 똑같기에 그래서 통고라 한다]."라고 해석했다.

[51] [무명 9]①無名曰: 夫至人空洞無象, 而萬物無非我[793]造, 會[794] 萬物以成已[795]者, 其唯聖人乎! 何則? 非理不聖, 非聖不理, 理而爲 聖者, 聖不異理也. 故天帝曰: "般若當於何求?" 善吉[796]曰: "般若不 可於色中求, 亦不離色中求."[797] ②又曰: "見緣起爲見法, 見法爲見 佛." 斯則物我不異之效[798]也. 所以至人戢[799]玄機[800]於未兆[801], 藏[802] 冥運[803]於卽化[804], 總六合[805]以鏡心, 一去來[806]以成體. 古今通, 始 終同, 窮本極末, 莫之與二, 浩然大均, 乃曰涅槃. ③經曰: "不離諸 法[807]而得涅槃."[808] 又曰: "諸法無邊, 故菩提無邊."[809] 以知涅槃之 道, 存乎妙契; 妙契之致, 本乎冥一. 然則物不異我, 我不異物, 物我

---

793) 아我는 마음이라는 뜻이다.
794) 회會는 '모으다'는 의미가 아니고 '만물의 본성과 계합되다'는 뜻이다.
795) 성이成已는 '하나가 되다'는 의미. '만물의 본성과 계합돼 만물과 하나가 되다'는 뜻이다.
796) 선길善吉은 수보리 존자를 말한다.
797) 이 구절의 의미는 "중생은 마음과 대상을 별개로 여기기에 대상 속에서 반야를 구할 수 없지만 성인은 대상과 마음을 별개로 보지 않기에 대상 속에서 반야지혜를 증득한다."는 뜻이다. 『마하반야바라밀경』 권제8 「산화품散花品 제29第二十九」와 『도행반야경』 권제1 「난문품難問品 제2第二」에 비슷한 내용의 구절이 있다.
798) 효效는 '증거'라는 의미이다.
799) 집戢은 동사로 '거두어 넣다·그만두다'는 뜻이다.
800) 현기玄機는 지혜라는 의미이다.
801) '미조未兆'는 조짐이 나타나기 전, 즉 미래라는 뜻이다.
802) 장藏은 감추다, 즉 모습이 없다는 뜻.
803) 명운冥運은 지혜라는 뜻이다.
804) 즉화卽化는 이미 변화가 일어난 상태, 즉 과거를 의미한다.
805) 육합六合은 우주를 의미한다.
806) 거래去來에서 거去는 과거, 내來는 미래.
807) 제법諸法은 현실세계, 즉 세간을 말한다.
808) 『유마힐소설경』 권상 「제자품弟子品 제3第三」에 "不斷煩惱, 而入涅槃."이라는 구절이 있다.
809) 『방광반야경』 권제20 「마하반야바라밀법상품摩訶般若波羅蜜法上品 제89第八十九」에 비슷한 내용의 구절이 있다.

玄會, 歸乎無極[810]. 進之弗先, 退之弗後, 豈容終始於其間哉? 天女曰: "耆年[811]解脫, 亦如何久?"[812]

[51] [무명 9]①무명이 말한다: 무릇 깨달은 사람의 상태는 빈 동굴과 같고 특정한 모습이 없다. 그러나 만물은 내 마음이 만들지 않은 것이 없고 만물의 본성과 계합돼 하나가 된 사람은 오직 깨달은 사람뿐일진저! 왜 그런가? 이치에 통달하지 않으면 성인의 지혜가 드러나지 못하고 성인의 지혜가 아니면 이치에 통달하지 못한다. 이치에 통달해 성인이 되므로 성인은 이치와 결코 다르지 않다. 그래서 천제天帝가 "반야지혜를 어디에서 구해야 합니까?"라고 묻자 수보리 존자가 "(중생은) 대상[境] 속에서 반야지혜를 구할 수 없지만 (성인은) 대상을 떠나 반야지혜를 찾지 않는다."고 대답했다. ②또한 "연기법을 체득한 사람은 진리를 증득하며 진리를 증득하는 사람은 부처님의 경계를 증오證悟한다."고 말했다. 이것은 대상인 사물과 주관인 마음이 다르지 않음을 보여주는 증거이다. 그래서 깨달은 사람은 미래를 예견하고, (사라져) 모양 없는 과거의 일도 파악하며, 우주에 존재하는 만물을 한 마음으로 능히 인식하고, 과거·현재·미래를 하나로 융합해낸다. (그래서) 옛날과 지금에 걸쳐 같고, 처음과 끝이 다르지 않으며, 근본과 지말枝末이 둘 아님을 완전히 체득하며, 수많은 만물이 모두 본질상 평등함을 깨닫는 것, 이것을 열반이라 부른다. ③경전에 "세간을 떠나지 않고 열반을 증득한다."고 나온다. 또한 "세상에 존재하는 사물이 끝없이 많듯 깨달음도 끝이 없다."는 말씀이 있다. 그래서 열반의 진리는

---

810) 무극無極은 마음을 의미한다. 마음은 광대무변廣大無邊하기 때문이다.
811) '기년耆年'은 사리불 존자를 가리킨다. 부처님의 제자 가운데 그의 나이가 제일 많기 때문이다.
812) 『유마힐소설경』 권중 「관중생품觀衆生品 제7第七」에 나오는 말이다.

(만물의 본성과) 오묘하게 계합되는 데 있음을 알 수 있다. 오묘하게 계합되는 이치의 근본은 (대상과 마음이) 하나 되는 것이다. 그러한 즉 사물은 내 마음과 다르지 않고 내 마음 역시 사물과 차이가 없다. 사물과 마음이 현묘하게 계합되면 마음으로 돌아간다. 나아가도 앞서지 않고 물러나도 뒤떨어지지 않는데 어떻게 시작과 끝을 거기에 용납하겠는가? 천녀가 "사리불 존자께서는 깨달음을 얻은 지 얼마나 오래 되었습니까?[열반에는 오래됨과 오래되지 않음이 없다.]"라고 물었다.

[52] [18]考得[813] 第十八.
[52] [18]고득 제18.

[53] [유명 9]①有名曰: 經云: "衆生之性[814], 極於五陰之內." 又云: "得涅槃者, 五陰都盡, 譬猶燈滅." 然則衆生之性, 頓盡於五陰之內; 涅槃之道, 獨建於三有之外. 貌然殊域, 非復衆生得涅槃也. 果若有得, 則衆生之性, 不止於五陰. 必若止於五陰, 則五陰不都盡. 五陰若都盡, 誰復得涅槃耶?

[53] [유명 9]①유명이 말한다: 경전에 "중생의 몸은 오온 이내에 국한된다[오온으로 구성된다]."고 나온다. 또한 "열반을 증득한 사람은 오온이 모두 소멸된다. 마치 등불이 타서 사라지듯."이라는 말씀도 있다. 그러한 즉 중생의 몸은 오온에서 순식간에 사라지고 열반의 진리는 욕계·색계·무색계 밖에서 성취된다. (중생과 열반은 이처럼) 완전히 다른 영역이기에 중생은 열반을 증득할 수 없다. 중생이 만약 정

---

813) '고득考得'에서 고考는 '조사하다'를 득得은 '증득'을 뜻한다. '열반이 어떻게 증득되는지를 탐색한다'는 의미이다.
814) 여기서 성성은 체體이다.

말 열반을 증득한다면 중생의 몸은 오온에 그치지 않는다. 반드시 오온 이내에 그친다면 오온은 없어지는 것이 아니다. 만약 오온이 다 사라진다면 누가 열반을 증득하는가?

[54] [19]玄得[815] 第十九.
[54] [19]현득 제19.

[55] [무명 10]①無名曰: 夫眞由離起, 僞因著生. 著故有得, 離故無名.[816] 是以則[817]眞者同眞, 法僞者同僞. 子以有得爲得, 故求於有得耳. 吾以無得爲得, 故得在於無得也. 且談論之作, 必先定其本. 旣論涅槃, 不可離涅槃而語涅槃也. ②若卽涅槃以興言, 誰獨非涅槃而欲得之耶? 何者? 夫涅槃之道, 妙盡常數[818], 融冶二儀, 蕩滌萬有; 均天人, 同一異; 內視不己見, 返聽不我聞; 未嘗有得, 未嘗無得. ③經曰: "涅槃非衆生, 亦不異衆生." 維摩詰言: "若彌勒得滅度者, 一切衆生亦衆滅度. 所以者何? 一切衆生本性常滅, 不復更滅."[819] 此名滅度在於無滅者也. 然則衆生非衆生, 誰爲得之者? 涅槃非涅槃, 誰爲可得者? ④《放光》云: "菩提從有得耶? 答曰: 不也. 從無得耶? 答曰: 不也. 從有無得耶? 答曰: 不也. 離有無得耶? 答曰: 不也. 然則都無得耶? 答曰: 不也. 是義云何? 答曰: 無所得故爲得也. 是故得

---

815) '고득 제18'에서 유명은 딜레마적인 논법으로 무명을 공격했다. 무명은 '현득玄得 제19'에서 '얻음이 없으면서 얻는 것'이 '참다운 얻음[眞得]'이라며 오히려 말과 글의 표면적인 의미에 집착하는 유명을 논박한다. 참다운 얻음이 바로 현득玄得이다.
816) 이 구절에 대해 감산 덕청 스님은 "謂涅槃眞理, 由超情離見而顯; 分別妄僞, 由執著名相而生. 故執名相者爲有得, 離情見者故無名."이라고 주석을 붙여 놓았다.
817) 칙則은 동사로 '본뜨다·본받다·따르다'는 뜻이다.
818) 수數는 모양[相]으로 해석해도 된다.
819) 『유마힐소설경』 권상 「보살품 제4」에 나오는 구절이다.

無所得也."[820] 無所得謂之得者, 誰獨不然耶? ⑤然則玄道在於絕域, 故不得以得之. 妙智[821]存乎物外, 故不知以知之. 大象隱於無形, 故不見以見之. 大音匿於希聲, 故不聞以聞之. 故能囊括終古, 導達群方, 亭毒[822]蒼生, 疎而不漏[823]. 汪哉洋哉, 何莫由之哉! ⑥故梵志曰: "吾聞佛道, 厥義弘深, 汪洋無涯, 靡不成就, 靡不度生." 然則三乘之路開, 眞僞之途辯, 賢聖之道存, 無名之致顯矣.

[55] [무명 10]①무명이 말한다: 열반의 진리는 분별된 견해를 초월하는 데서 드러나고 분별과 거짓은 언어와 형상에 집착하는 데서 생긴다. 언어와 형상에 집착하므로 얻음이 있으며 분별된 견해에서 벗어나면 이름조차 없다. 그래서 진실을 따르는 사람은 진리와 계합되고 거짓을 모방하는 사람은 거짓이 된다. 그대는 '얻음 있음'을 진리로 여기기에 '얻음 있음'에서 (열반의 진리를) 구했다. 나는 '얻음 없음'을 진리로 여기기에 '얻음 없음'에서 (열반의 진리를) 찾았다. 논의를 시작했으면 먼저 근본을 정해야 된다. 열반에 대해 논의한다면 열반을 떠나 열반을 말해서는 안 된다. ②만약 열반을 체득하는 것으로 말을 하면 누가 열반이 아닌데 그것을 증득하고 싶어 하겠는가? 왜 그런가? 열반의 진리는 특정한 모양이 없고, 하늘과 땅의 구분이 없으며, 만물을 모두 쓸어버렸다. 하늘과 사람을 균등하게 대하고 같음과 다름을 동일시

---

820) 『방광반야경』 권제16 「마하반야바라밀구화품摩訶般若波羅蜜漚恝品 제70제칠십」에 나오는 구절이다. 구화漚恝는 산스크리트어 upāya를 음역音譯한 말로 '방편方便'이라는 의미이다. 단락 [55]의 인용문과 원문의 글자가 완전히 동일하지는 않다.
821) 『조론집해령모초』(권하), "妙智即中道智也[묘지妙智는 중도의 이치를 체득한 지혜를 말한다]."
822) 정독亭毒은 '기르다·양육하다'는 의미이다. 현행본 『노자』 제51장에 나온다. "亭之毒之[이루어주고 익혀준다]."
823) '소이불루疎而不漏'는 현행본 『노자』 제73장에 나오는 "疏而不失[성긴 것 같으나 결코 빠트리는 것이 없다]."과 의미가 비슷하다. '소疎'자는 '소疏'자의 이체자이다.

한다. (열반에는 특정한 모습이 없기에) 안으로 모습이 없고 (열반에는 소리가 없기에) 돌이켜 들어도 소리가 없다. (열반의 모습은) 적막하고 텅 비어 얻을 것이 있지도 않고 (열반의 신묘한 본체는 항상 존재하기에) 얻을 것이 없지도 않다. ③경전에 "열반의 본체는 태어남과 사라짐에서 벗어났기에 중생처럼 생멸生滅이 없고 중생은 본래 공적空寂한 존재이기에 중생과 열반이 다른 것도 아니다."고 나온다. 유마힐 거사는 "만약 미륵 보살이 열반을 증득하면 모든 중생도 열반을 증득한다. 왜 그런가? 일체 중생의 본성은 항상 공적空寂해 더 이상 소멸될 것이 없기 때문이다."고 말했다. '소멸이 없는 곳'에 있으므로 멸도滅度라 부른다. 그러한 즉 중생은 본래 중생이 아닌데 누가 열반을 증득한단 말인가? 열반은 열반이 아닌데 누가 (열반을) 얻는다는 것인가? ④『방광반야경』에 "깨달음은 있음에서 얻는 것인가? 대답한다: 아니다. 없음에서 얻는 것인가? 대답한다: 아니다. 있음과 없음에서 얻는 것인가? 대답한다: 아니다. 있음과 없음을 떠나 얻는 것인가? 대답한다: 아니다. 그러면 얻는 것이 없는가? 대답한다: 아니다. 왜 그러한가? 대답한다: 얻음이 없기에 얻음이라 한다. 그래서 얻음 없음을 증득한다."고 나온다. 얻은 바 없음을 일러 증득證得이라 하는데 누가 홀로 그렇지 않다고 하는가? ⑤그러한 즉 현묘한 열반은 형상이 없는 곳에 있기에 얻지 못함으로 얻는다. 오묘한 지혜는 사물을 벗어난 곳에 있기에 그릇되게 집착하지 않는 지혜로 안다. 큰 형상은 모습이 없기에 '보지 않음'으로 본다. 큰 소리는 들리지 않는 소리에 묻혀 있기에 '듣지 않음'으로 듣는다. 그래서 열반은 옛날과 지금을 포괄하고, 모든 중생을 인도하며, 창생을 양육하고, 성긴 것 같으나 (어느 것 하나) 새도록 놔두지 않는다. 넓은 강을 가득 채우고 넘실넘실 거침없이 흘러가는 물처럼 왕성하고 바다처럼 넓도다! 열반이여! 그 어떤 수행도 반드시 열반을 거치지 않음이 없도다[중생도 성인도 반드시 열반을 경유한다]! ⑥그래서 외도 수행자가 "부처님 가르침을 들으니 그 의미가 매우 넓고 깊으며 광대하고 광대해 끝이 없습니다. 이루지 못하는 것이 없고 제도하지 못할 중생이 없습니다!"고 말했다. 이리하여 성문·연각·보살의 길을 열었고, 진리와 거짓의 길을 논변論辨했으며, 현인과 성인의 가르침을 보존했고, 이름도 형상도 없는 이치를 드러냈다.

| 참고문헌 |

[한국] 유협 지음 · 최동호 역편(1994), 『문심조룡』, 서울: 민음사.
[한국] 이태승 지음(2006), 『을유불교산책』, 서울: 정우서적.
[한국] 이태승 지음(2007), 『인도철학산책』, 서울: 정우서적.
[한국] 이충구 등 역주(2004), 『이아주소爾雅注疏』(전6권), 서울: 소명출판.
[한국] 임동석 역주(2009), 『논어』(1 · 2 · 3 · 4), 서울: 동서문화사.
[한국] 임동석 역주(2009), 『노자』, 서울: 동서문화사.
[한국] 임동석 역주(2009), 『열자』, 서울: 동서문화사.
[한국] 안병주 · 전호근 공역(2001), 『장자』(1 · 2 · 3 · 4), 서울: 전통문화연구회.
[한국] 김학주 옮김(2008), 『순자』, 서울: 을유문화사.
[한국] 김원중 옮김(2016), 『한비자』, 서울: 휴머니스트.
[한국] 이기동 역해(2007), 『주역강설』, 서울: 성균관대학교 출판부.
[한국] 정범진 등 옮김(1994-1996), 『사기』(전7권), 서울: 까치.
[한국] 신정근 역주(2005), 『백호통의』, 서울: 소명출판.
[한국] 유안劉安 지음 · 이석명 옮김(2010), 『회남자』(1 · 2), 서울: 소명출판.
[한국] 정이천程伊川 지음 · 심의용 옮김(2015), 『주역』, 서울: 글항아리.
[한국] 굴원屈原 등 지음 · 권용호 옮김(2015), 『초사楚辭』, 서울: 글항아리.
[한국] 범선균 역주(1997), 『이소離騷의 이해』, 서울: 新雅社.
[한국] 리링李零 지음 · 차영익 옮김(2016), 『리링의 주역강의』, 서울: 글항아리.
[한국] 김만원 역주(2018), 『백호통의 역주』, 서울: 역락.
[한국] 후쿠나가 미츠지福永光司 지음 · 정우봉 등 옮김(2020), 『장자 내편』, 대전: 문진.
[한국] 정현鄭玄 지음 · 손홍철 등 옮김(2021), 『정현의 주역』, 서울: 예문서원.
[戰國] 呂不韋著 · 王曉明注譯(2010), 『呂氏春秋通詮』(上 · 下), 南昌: 江西人民出版社.
[戰國] 公孫龍著 · 王琯懸解(1992), 『公孫龍子懸解』, 北京: 中華書局.
[戰國] 韓非著, (淸)王先愼撰 · 鍾哲点校(1998), 『韓非子集解』, 北京: 中華書局.
[前漢] 司馬遷撰 · 韓兆琦譯注(2010), 『史記』(全九冊), 北京: 中華書局.
[前漢] 司馬遷撰(2010), 『史記』(全九冊), 北京: 中華書局, 韓兆琦 譯注.
[前漢] 司馬遷撰(1999), 『簡體字本二十四史1 · 2 · 3 史記』, 北京: 中華書局.
[後漢] 班古撰(1999), 『簡體字本二十四史4 · 5 · 6 漢書』, 北京: 中華書局.
[南朝宋] 范曄撰(1999), 『簡體字本二十四史7 · 8 · 9 後漢書』, 北京: 中華書局.
[西晉] 陳壽撰(1999), 『簡體字本二十四史10 三國志』, 北京: 中華書局.
[唐] 房玄齡撰(1999), 『簡體字本二十四史11 · 12 · 13 晉書』, 北京: 中華書局.

[北齊] 魏收撰(1999), 『簡體字本二十四史19・20 魏書』, 北京: 中華書局.
[後漢] 班古撰, (清)陳立疏證・吳則虞点校(1994), 『白虎通疏證』(上・下), 北京: 中華書局.
[後秦] 僧肇撰, 『肇論』, 嘉興大藏經本 第20冊.
[後秦] 僧肇撰, 『肇論』, 大正新脩大藏經 第45冊.
[後秦] 僧肇撰, 『肇論』, 大藏新纂卍續藏經 第54冊.
[後秦] 僧肇等撰(2011), 『注維摩詰所說經』(佛學名著選刊), 上海: 上海古籍出版社.
[南朝宋] 劉義慶撰・張萬起等譯注(1998), 『世說新語譯注』, 北京: 中華書局.
[南朝梁] 慧皎撰・湯用彤校注(1992), 『高僧傳』, 北京: 中華書局.
[南朝梁] 僧祐纂輯・蘇普仁等点校(1995), 『出三藏記集』, 北京: 中華書局.
[南朝梁] 劉勰撰・周振甫譯注(2005), 『文心雕龍』(修訂本), 南京: 江蘇教育出版社.
[南朝陳] 惠達撰, 『肇論疏』, 大藏新纂卍續藏經 第54冊.
[唐] 元康撰, 『肇論疏』, 大正新脩大藏經 第45冊.
[唐] 元康撰, 『肇論疏』, 大藏新纂卍續藏經 第54冊.
[唐] 神淸撰・富世平校注(2014), 『北山錄校注』(上・下), 北京: 中華書局.
[北宋] 遵式撰, 『注肇論疏』, 大藏新纂卍續藏經 第54冊.
[北宋] 秘思講述, 『肇論中吳集解』, 羅振玉輯 『宸翰樓叢書』影印本.
[北宋] 秘思講述, 『肇論中吳集解』, 續修四庫全書[第1274冊] 子部 宗敎類.
[北宋] 淨源撰, 伊藤隆壽・林鳴宇校釋(2008), 『肇論集解令模鈔校釋』, 上海: 上海古籍出版社.
[南宋] 夢庵講述(2010), 『夢庵和尙節釋肇論』, 『肇論校釋』收錄本.
[元] 文才撰, 『肇論新疏』, 大藏新纂卍續藏經 第54冊.
[元] 文才撰, 『肇論新疏游刃』, 大藏新纂卍續藏經 第54冊.
[元] 文才撰(2018), 『肇論新疏』, 台灣 佛陀敎育基金會.
[明] 憨山撰, 『肇論略注』, 大藏新纂卍續藏經 第54冊.
[明] 憨山撰, 『肇論略注』, 福建 莆田 廣化寺.
[淸] 郭慶藩撰・王孝魚点校(1961), 『莊子集釋』(上・中・下), 北京: 中華書局.
[淸] 許愼撰・段玉裁注(1988), 『說文解字注』, 上海: 上海古籍出版社.
[淸] 許愼撰・段玉裁注(2007), 『說文解字注』(上・下), 南京: 鳳凰出版社.
[台灣] 陳鼓應注譯(2007), 『莊子今注今譯』(上・下), 北京: 商務印書館.
[台灣] 陳鼓應注譯(2008), 『老子今注今譯』, 北京: 商務印書館.
[中國] 樓宇烈校釋(1980), 『王弼集校釋』(上・下), 北京: 中華書局.
[中國] 王卡点校(1993), 『老子道德經河上公章句』, 北京: 中華書局.
[中國] 《十三經注疏》整理本委員會(2000), 『十三經注疏整理本』(全26冊), 北京: 北京大學出版社.
[中國] 金良年撰(2004), 『十三經譯注 論語譯注』, 上海: 上海古籍出版社.

[中國] 程俊英撰(2004), 『十三經譯注 詩經譯注』, 上海: 上海古籍出版社.
[中國] 李夢生撰(2004), 『十三經譯注 左傳譯注』(上), 上海: 上海古籍出版社.
[中國] 李民·王健撰(2004), 『十三經譯注 尙書譯注』, 上海: 上海古籍出版社.
[中國] 楊天宇撰(2004), 『十三經譯注 礼記譯注』(上·下), 上海: 上海古籍出版社.
[中國] 胡奇光·方環海撰(2004), 『十三經譯注 爾雅譯注』, 上海: 上海古籍出版社.
[中國] 黃壽祺·張善文撰(2004), 『十三經譯注 周易譯注』, 上海: 上海古籍出版社.
[中國] 程俊英撰(2004), 『十三經譯注 詩經譯注』, 上海: 上海古籍出版社.
[中國] 杜建民編著(2007), 『中國歷代帝王世系年表』, 齊南: 齊魯書社.
[中國] 鄭天挺等主編(2010), 『中國歷史大辭典』(全6冊), 上海: 上海辭書出版社.
[中國] 張岱年主編(2014), 『中國哲學大辭典』(修訂本), 上海: 上海辭書出版社.
[中國] 張春波校釋(2010), 『肇論校釋』, 北京: 中華書局.
[中國] 楊伯俊譯注(2009), 『論語譯注』, 北京: 中華書局.
[中國] 楊伯俊譯注(2010), 『孟子譯注』, 北京: 中華書局.

Ⅲ. 마무리 글

공空사상, 현학玄學 그리고 『조론』*

조 병 활

1. 승조 스님과 그의 시대
2. 현학에서 불학佛學으로의 전환
3. 자성自性과 공사상의 탄생
4. 무엇 때문에 지었을까?
5. 임종게에 대한 오해와 진실
6. 우리나라에 끼친 영향

---

* 이 글은 성철사상연구원이 발행하는 월간 『고경』 제62호[2018년 6월호]에 실린 「『조론』은 어떤 책인가?」, 제64호[2018년 8월호]에 실린 「'승조 시대' 중국사상의 흐름」, 제66호[2018년 10월호]에 실린 「자성自性과 공空사상의 탄생」 등을 토대로 대폭 수정하고 보완한 것이다.

1. 승조 스님과 그의 시대

후진(後秦. 384-417)의 승조(僧肇. 384-414) 스님이 저술한『조론肇論』[1]은 중국불교 역사상 가장 중요한 전적典籍 가운데 하나이다. 인도불교 중관파의 개조 용수(대략 150-250) 논사와 서역 구자[龜玆, 庫車]국[2] 출신의 명승名僧 구마라집(鳩摩羅什. 343-413) 스님의 반야 · 중관사상을 계승한 승조 스님은『조론』으로 삼론종三論宗 개창에 필요한 사상적인 기반을 제공했고[3] 인도사상과 중국사상의 교류 및 범어梵語와 중

---

1) 현재 유행하는 판본[이하 현행본으로 약칭]의『조론』은「종본의宗本義」,「물불천론物不遷論」,「부진공론不眞空論」,「반야무지론般若無知論」,「열반무명론涅槃無名論」순서로 편집되어 있다. 그런데 위진남북조시대 남조 양나라(梁, 502-557)와 진나라(陳, 557-589) 시기에 걸쳐 활동한 것으로 추정되는 혜달惠達 스님이 찬술한『조론소肇論疏』의 목차는 현행본과 많이 다르다.「열반무명론」·「부진공론」은 권상卷上에「반야무지론」·「물불천론」은 권중卷中에 각각 배치된 형태이다.「열반무명론」,「부진공론」,「반야무지론」,「물불천론」순서로 편성되어 있고「종본의」는 아예 없다. 그래서「종본의」가 승조 스님의 친작親作인지에 대해서는 논란이 있다. 또한 현대 중국을 대표하는 불교학자 가운데 한 명인 탕용퉁(湯用彤, 1893-1964)이『한위양진남북조불교사漢魏兩晉南北朝佛敎史』제16장「축도생竺道生 · 혜관 스님이 주장한 점오의 뜻[慧觀漸悟義]」에서 "열반무명론은 승조 스님이 쓴 것이 아니다."고 제기한 이래「열반무명론」에 대한 진위眞僞문제가 불거졌다. 그럼에도 대부분의 학자들은 네 편의 글을 함께 다루고 혜달 스님의『조론소』에「종본의」는 없으므로 여기서도「종본의」를 제외한 네 편의 글을 중심으로 논의論議를 전개한다.
2) 구마라집 스님의 고향인 구자龜玆의 중국어 발음은 치우츠[Qiu1ci2]이며 청나라 건륭乾隆 23년[1758] 현재의 명칭인 쿠처[庫車, ku4che1]로 바뀌었다. 당나라 당시 이곳에 안서도호부安西都護府가 있었고 고구려 유민 고사계高舍鷄의 아들인 고선지(高仙芝, ?-756) 장군이 747년 안서절도사安西節度使로 활약했었다.
3)「百論序疏」(T42, 232a10), "若肇公名肇, 可謂玄宗之始." 대만학자 양훼이난楊惠南은 삼론종의 법맥에 대해 ①구마라집 스님 - ②승조 스님 - … ③승랑 스님 - ④승전 스님 - ⑤법랑 스님 - ⑥길장 스님"이라는 계보를 제시했다. "②와 ③ 사이에 ' … '를 표시한 것은 반세기 정도의 시간이 지나 삼론학이 다시 부흥돼 ②와 ③의 전승관계가 다소 불명확하기 때문"이라고 설명했다. 楊惠南著(1989),『吉藏』, 臺北: 東大圖書公司, p.41; 李勇著(2007),『三論宗佛學思想硏究』, 北京: 宗敎文化出版社, p.13. 반면 일본 측 자료에는 "구마라집 스님 - 도생道生 스님 - 담제曇濟 스님 - 도랑道朗 스님

국어의 회통會通에 새로운 모범을 보였다. 『조론』은 중국사상사中國思想 史에서도 없어서는 안 될 귀중한 위치를 차지하고 있다. 실재론實在論 적인 노장철학老莊哲學[4]의 유有·무無 개념으로 유학儒學을 새롭게 해석 하며 형이상학적인 논의를 진행하던 '위진현학魏晉玄學'의 물줄기를 성 공性空을 통해 공空·유有를 탐구하는 '수당불학隋唐佛學'으로 돌리는 인 도자 역할을 했기 때문이다.

그래서 명말청초 사대고승四大高僧[5] 가운데 한 명인 우익 지욱蕅益智 旭 스님은 각종 경전과 논서論書들을 열람하고 지은 『열장지진閱藏知津』 에서 "중국에서 찬술된 저서 가운데 승조 스님, 남악 혜사 스님, 천태 지의 스님 등의 것이 유일하게 순일하고 순일하다. 진실로 인도의 마 명 논사, 용수 논사, 무착 논사, 세친 논사 등의 저술에 비교해도 부끄 럽지 않다. 이 때문에 특별히 대승종론大乘宗論에 포함시켰다. 나머지 여러 스님들의 저작들은 순일한 맛은 있으나 흠이 있기에 다만 잡장雜 藏에 넣었다."[6]며 승조 스님을 인도의 마명·용수 논사와 어깨를 나란 히 하는 인물로 기록했다. 불교·도교에 관한 사항을 거의 기재記載하 지 않은 이십사사[二十四史. 중국의 정사正史]에도 구마라집 스님과 승

- 승전 스님 - 법랑 스님 - 길장 스님" 순서로 되어있다. 『望月佛敎大辭典6』, 「附錄- 諸宗派系譜·三論宗」, p.28. 일본 측의 '삼론종 법맥'에 대해 현대 중국을 대표하는 불교학자 가운데 한 명인 탕용통(湯用彤, 1893-1964)은 『한위양진남북조불교사』 제 18장 「반야 삼론의 점진적 흥기般若三論之漸興」에서 오류라며 강하게 비판했다. 湯 用彤著(1997), 『漢魏兩晉南北朝佛敎史』, 北京: 北京大學出版社, p.523.
4) 노장철학 전반에 대해서는 다음을 참고하라. 陳鼓應著(2008), 『老莊新論』(修訂版), 北京: 商務印書館; 진고응 지음·최진석 옮김(2013), 『노장신론』, 서울: 소나무.
5) 운서 주굉(雲棲祩宏, 1535-1615) 스님, 자백 진가(紫柏眞可, 1543-1603) 스님, 감 산 덕청(憨山德淸, 1546-1623) 스님, 우익 지욱(蕅益智旭, 1599-1655) 스님 등 네 명을 일컫는 칭호이다.
6) "此土述作, 唯肇公及南嶽天台二師, 醇乎其醇, 眞不愧馬鳴龍樹無著天親, 故特收入大 乘宗論. 其餘諸師, 或未免大醇小疵, 僅可入雜藏中." [明]智旭撰·楊之峰點校(2015), 『閱藏知津』, 北京: 中華書局, p.5.

조 스님에 대한 기록이 있다. 『위서魏書』 권114 「지지 제20第二十・석로지釋老誌」[7]에 다음과 같은 내용이 전한다.

"그때 후진의 요흥 왕은 구마라집 스님을 존경했다. 장안 초당사에 교리를 연구하는 사문 8백여 명을 소집해 경문을 새로이 번역시켰다. 구마라집 스님은 총명하고 또한 깊은 사상이 있었다. 인도와 중국 등 여러 나라의 말에 능통했다. 당시 사문 도융・승략・도항・도표・승조・담영 등은 구마라집 스님과 서로 상의하고 탁마하며 부처님 가르침의 깊은 뜻을 밝혔다. 여러 심오한 의미가 담긴 10여 부 경전과 논서의 문장을 가다듬었으며 말의 뜻을 드러내 통하도록 했다. 지금도 여전히 불교도들이 익히는 경전과 논서가 이것들이다. 도융 스님 등은 모두 학식이 대단히 넓고 깊었다. 그 가운데에서도 승조 스님은 특히 뛰어났다. 구마라집 스님이 글을 쓰고 경전을 번역할 때 승조 스님이 항상 붓을 잡고 기록했으며 여러 단어와 문장의 뜻을 확정했다. 『유마경』을 주석한 『주유마경』 등 (승조 스님의)[8] 저술이 수십 여 종에 이른다. 저술들 모두에 절묘한 의미가 담겼기에 불법佛法을 배우는 사람들이 승조 스님을 존경했다."[9]

---

7) 명나라 송렴(宋濂, 1310-1381) 등이 찬술한 『원사元史』 권202 「열전列傳 제89第八十九」에도 「석로전釋老傳」이 있다.
8) 인용문이나 번역문의 ( ) 안의 구절은 원문에는 없는 것으로 이해를 돕기 위해 필자가 넣은 것이다. 이하 동일.
9) "是時, 鳩摩羅什爲姚興所敬, 於長安草堂寺集義學沙門八百人, 重譯經本. 羅什聰辯有淵思, 達東西方言. 時沙門道肜, 僧略, 道恒, 道標, 僧肇, 曇影等, 與羅什共相提挈, 發明幽致. 諸深大經論十有餘部, 更定章句, 辭義通明, 至今沙門共所祖習. 道肜等皆識學洽通, 僧肇尤爲其最. 羅什之撰譯, 僧肇常執筆, 定諸辭義, 注《維摩經》, 又著數論, 皆有妙旨, 學者宗之." [北齊]魏收撰(1999), 『簡體字本二十四史20 魏書』, 北京: 中華書局, p.2015. 간체자를 모두 번체자로 고쳤다.

역사서가 출가자에게 이처럼 높은 평가를 내리는 경우는 극히 드물다. 중국불교사에서 승조 스님이 차지하는 위치가 그만큼 높다는 것을 보여주는 분명한 증거라 할 수 있다.

"사람들이 존경했던" 승조 스님에게 반야·중관사상을 정확히 가르쳐 준 구마라집 스님은 401년 12월20일 후진의 수도 장안長安[10]에 도착했다. 국가적인 후원과 조직화된 팀 등을 두 축으로 삼아 곧바로 체계적인 경전 번역에 착수했다. 장안에 도착하기 전 머물렀던 감숙성 고장姑藏[11]엔 불법佛法을 전파할 여건이 제대로 갖춰지지 않았다.『고승전』권제2「구마라집전」에 보이는 "구마라집 스님이 양주에 체류한 지 여러 해 여광呂光과 그의 아들 여찬呂纂은 불법佛法을 홍포하지 않았다. (그래서 구마라집 스님은) 불교에 대한 심오한 이해를 갖고도 가르침을 펴고 교화할 수 없었다."[12]는 기록에서 당시의 정황을 알 수 있다. 시대와 지역을 뛰어넘는 탁월한 학승인 그가 고장에 머무른 데는 사정이 있었다.

십육국시대(304-439)[13]를 대표하는 영명한 군주 가운데 한 명인 전

---

10) 지금의 중국 섬서성陝西省 서안西安 시市이다.
11) 지금의 중국 감숙성甘肅省 무위武威 시市이다.
12) "什停涼積年, 呂光父子旣不弘道, 故蘊其宗海, 無所宣化." [南朝梁]慧皎撰·湯用彤 校注(1992),『高僧傳』, 北京: 中華書局, p.51.
13) 위나라(魏. 220-265)의 건국부터 서진(西晉, 265-316)이 삼국을 통일한 280년까지를 삼국시대, 산서성山西省에 거주하던 흉노족 맹주 유연(劉淵, ?-304-310)이 산서성 이석(離石, 지금의 산서성 여량呂梁 시市)에서 자립해 한(漢, 304-329)을 건립한 304년부터 북위(北魏, 386-534)가 화북지방을 통일한 439년까지를 십육국시대, 439년부터 수나라(隋. 581-618)가 중국을 통일한 589년까지를 남북조시대라 각각 부른다. 위진남북조는 삼국(220-280), 십육국(304-439), 남북조(439-589) 등의 시대를 아울러 표현한 개념이다. 유연이 세운 한漢은 후일 나라 이름이 '조趙'로 바뀐다. 사서史書에는 이를 전조前趙, 석륵(石勒, 274-319-333)이 세운 나라를 후조(後趙, 319-351)로 각각 부른다. 한편, 십육국이 아니라 십구국十九國이라 주장하는 학자도 있다.

진(前秦, 350-394)의 부견(苻堅, 338-357-385)[14] 왕은 382년 휘하의 장군 여광(呂光, 338-386-399)[15]을 서역에 파견했다. 이미 사해四海에 이름이 쟁쟁한 명승名僧 구마라집 스님을 구자龜玆국에서 장안으로 모셔오기 위해서였다. 서역 여러 나라의 조공을 받으려는 목적도 있었다. 구마라집 스님을 데려오자는 계획은 불도징(佛圖澄, 232-348) 스님의 제자인 도안(道安, 312-385) 스님의 건의에 따른 조치였다. 『고승전』 권제5 「도안전」에 "도안 스님은 구마라집 스님이 서역에 있다는 소식을 먼저 들었다. 경론을 함께 강의하고 그 뜻을 토론하고 싶었다. 매번 부견 왕에게 구마라집 스님을 모셔올 것을 권했다."[16]는 기록에서 사실을 확인할 수 있다.

물론 도안 스님이 제안하기 전에 부견 왕은 이미 구마라집 스님을 장안에 초치招致할 생각이 있었다. 『고승전』 권제2 「구마라집전」에 보이는 "전진 건원 13년[377] 정축년 정월에 태사가 아뢰었다. '정축년 정월의 별자리와 상응하는 외국의 어느 곳에 별이 나타났습니다. 필시 덕이 높은 지혜로운 분이 우리나라에 들어와 보좌하게 될 것입니다.' 부견 왕이 말했다. '짐이 들으니 서역에 구마라집 스님이, 양양에 도안

---

14) 『삼국사기』 권제18에 따르면 고구려 소수림왕 2년[372] 우리나라에 불교를 처음으로 전해준 왕이 바로 전진의 부견 왕이다. "小獸林王二年. 夏六月, 秦王苻堅, 遣使及浮屠順道, 送佛像經文. 王遣使廻謝, 以貢方物[소수림왕 2년. 여름 6월에 후진의 부견 왕이 사신과 순도 스님을 파견해 불상과 경문을 보내왔다. 소수림왕이 사신을 보내 감사를 표하고 답례품으로 토산물을 보냈다]." 정구복 등 감교(2011), 『역주 삼국사기1 · 감교원문편』, 성남: 한국학중앙연구원출판부, p.288. 한편, 부견 왕과 그의 시대에 대해서는 다음을 참조하라. 박한제 지음(1988), 『중국 중세 호한胡漢체제 연구』, 서울: 일조각; 박한제 지음(2003), 『박한제 교수의 중국 역사기행 1-영웅시대의 빛과 그늘』, 서울: 사계절.
15) 여광은 후일 고장古藏에서 후량(後涼, 386-403)이라는 나라를 세운다.
16) "安先聞羅什在西國, 思共講析, 每勸堅取之." [南朝梁]慧皎撰 · 湯用彤校注(1992), 『高僧傳』, 北京: 中華書局, p.184.

스님이라는 분이 있다고 한다. 아마 이들이 아니겠는가?' 즉시 사신을 파견해 그들을 찾게 했다."[17]는 구절이 이를 증명한다. 전진前秦의 10만 대군이 양양襄陽을 공략하고 68세의 도안 스님을 장안으로 데려간 것이 379년, 부견 왕은 377년에 이미 구마라집 스님과 도안 스님의 존재를 알고 있었다. 도안 스님의 제안이 없었더라도 언젠가는 구마라집 스님을 장안으로 초치招致할 계획이었던 것이다.

그러나 안타깝게도 383년 8월 안휘성 비수淝水 부근에서 벌어진 동진과의 전투에서 부견 왕의 87만 대군이 대패하고 말았다. 불행은 여기서 끝나지 않았다. 비수대전이 끝난 뒤 2년만인 385년 10월 부견 왕의 부하였던 강족羌族 출신의 요장(姚萇, 330-384-394)은 부견 왕을 살해하고 그의 나라마저 위협했다. 결국 저족氐族 부홍(苻洪, 285-350-350) 왕이 350년 장안에 건립한 전진은 394년 역사에서 사라진 반면 부견 왕의 신하였던 선비족鮮卑族 모용수(慕容垂, 326-384-396)는 지금의 하북성 정현定縣에서 후연(後燕, 384-407)을, 요장은 장안에서 후진(後秦, 384-417)을 각각 세웠다.

서역을 떠나 장안으로 향하던 여광은 감숙성 양주凉州에서 이 소식을 들었다. 그곳에서 자립해 후량(後凉, 386-403)을 세우고 장안에 들어가지 않았다. 여광은 본래 구자국에 머물고 싶어 했다. 송의 사마광(司馬光, 1019-1086)이 1084년 편찬한 『자치통감資治通鑑』 권제106 「진기晉紀 28」에 관련 기록이 있다. "구자국이 풍족하고 안락하기에 여광은 그곳에 오랫동안 머물러 있을 생각이었다. 천축 사문 구마라집이 여광에게 말했다. '여기는 흉조와 망조가 든 땅입니다. 오랫동안 머물기엔 적합

---

17) "至符堅建元十三年歲次丁丑正月, 太史奏云: '有星見於外國分野, 當有大德智人入輔中國.' 堅曰: '朕聞西域有鳩摩羅什, 襄陽有沙門釋道安, 將非此耶.' 即遣使求之." [南朝梁]慧皎撰·湯用彤校注(1992), 『高僧傳』, 北京: 中華書局, p.49.

하지 않습니다. 장군은 동쪽으로 회군하다보면 중간에 유복한 땅을 만날 것인데 거기에 머무르면 됩니다.' 이에 여광은 여러 장수들을 불러 큰 잔치를 열고 머무를 것인지 회군할 것인지를 토론하게 했다. 모든 이들이 돌아가고 싶어 했다. 2만 마리의 낙타에 서역의 보배들을 싣고 1만여 마리의 준마를 몰아 동쪽을 향해 회군했다."[18]

구마라집 스님이 조국을 "흉조와 망조가 깃든 땅"이라고 말한 이유는 외국 군대가 자기 나라에 오래 머무는 것이 싫었고 게다가 장안에 들어가 불교를 포교하고픈 생각도 있었기 때문이었다. 이와 관련된 기록이 『고승전』 권제2 「구마라집전」에 있다. "구마라집 스님의 어머니가 인도로 돌아가며 그에게 말했다. '대승의 심오한 가르침을 마땅히 진단[중국]에 크게 알려야 한다. 동토東土에 그 가르침을 전하는 것은 오직 너의 힘에 달렸다. 다만 너 자신에겐 이익이 없다. 어떻게 할 것이냐?' 구마라집 스님이 대답했다. '대승 보살의 가르침은 자신의 몸을 버려 중생을 이익 되게 하는 것입니다. 만약 그 가르침을 널리 전파해 몽매한 습속을 씻어 없애고 깨닫게 할 수 있다면 모름지기 저의 몸이 난로와 가마솥에 들어가 태워지고 삶기는 고통을 당해도 원한이 없을 것입니다.' 이에 구마라집 스님은 구자국의 신사新寺에 머물렀다."[19] 그러나 구마라집 스님이 장안에 들어갈 수 있는 길은 여광이 죽은 후 서자庶子 여찬(呂纂, ?-399-401)이 형제 여소呂紹를 살해하고 왕위를 찬

---

18) "呂光以龜玆饒樂, 欲留居之. 天竺沙門鳩摩羅什謂光曰: '此凶亡之地, 不足留也; 將軍但東歸, 中道自有福地可居.' 光乃大饗將士, 議進止, 衆皆欲還. 乃以駝二萬餘頭載外國珍寶奇翫, 驅駿馬萬餘匹而還." [北宋]司馬光編撰·何建章等校注(1998), 『資治通鑒新注』(第4冊), 西安: 陝西人民出版社, p.3552.

19) "什母臨去謂什曰: '方等深教, 應大闡真丹, 傳之東土, 唯爾之力. 但於自身無利, 其可如何?' 什曰: '大士之道, 利彼忘軀. 若必使大化流傳, 能洗悟矇俗, 雖復身當爐鑊, 苦而無恨.' 於是留住龜玆止于新寺." [南朝梁]慧皎撰·湯用彤校注(1992), 『高僧傳』, 北京: 中華書局, p.48.

탈·계승했어도 열리지 않았다. 후진의 2대 왕 요흥(姚興, 366-394-416)이 여륭(呂隆, ?-401-403-?)[20]을 격퇴하기까지 무려 15년 동안 구마라집 스님은 양주에서 중국의 말과 문자를 배우며 후일을 기약할 수밖에 없었다.[21] 큰일을 이루기 위해선 준비기간이 필요했던 것이리라.

구마라집 스님이 후진後秦의 장안에 들어오기 전인 384년 장張씨 성을 가진 장안의 한 빈한한 집에 아이가 태어났다. 승조 스님이다. 출가 전의 승조 스님은 생계를 위해 다른 사람을 대신해 글을 써주는 일을 했다. 책을 베껴 써 주는 일 등을 하다 여러 경서들을 두루 읽었다. 그는 『노자』와 『장자』에 특히 관심이 많았다. 일찍이 『노자』를 읽은 뒤 "(내용이) 좋기는 하나 정신이 머무르고 세속의 번뇌를 털어내는 방법이 되기에는 오히려 부족함이 있다."며 탄식했다. 그러던 어느 날 삼국시대(220-280) 손권이 세운 오나라(吳, 222-280)에서 활동한 지겸支謙 거사가 번역한 『유마경』을 읽고는 머리로 그 책을 받들며 기뻐했다. 그런 뒤 "비로소 귀의할 곳을 찾았다."며 출가했다.

---

20) 여광呂光 사후 서자庶子 여찬(呂纂, ?-399-401)은 태자로 책봉된 여소呂紹를 죽이고 왕위에 올랐으나 얼마 가지 못하고 여초呂超에게 살해된다. 여초는 여륭呂隆을 왕으로 추대했다. 401년부터 403년까지 후량의 왕으로 재위했던 여륭의 태어난 해와 죽은 해가 명확하지 않다.
21) 이에 대해 승조 스님은 현행본 「반야무지론」 단락 [3]에서 다음과 같이 표현했다. "有天竺沙門鳩摩羅什者, 少踐大方, 硏機斯趣, 獨拔於言象之表, 妙契於希夷之境, 齊異學於迦夷, 揚淳風於東扇, 將爰燭殊方而匿耀涼土者, 所以道不虛應, 應必有由矣. 弘始三年, 歲次星紀, 秦乘入國之謀, 擧師以來之, 意也, 北天之運數其然也[천축 출신 구마라집 스님은 어려서 대승의 여러 경전들을 연구했고 반야학의 가르침을 깊고 세밀하게 파헤쳤다. 언어문자의 표면적 의미를 홀로 넘어서고 보고 듣는 수준을 뛰어넘는 현묘한 경지에 이르렀다. 천축의 그릇된 학설들을 평정했고 중국에까지 진실한 반야지혜의 바람을 불어오게 했다. 이에 진리의 불을 다른 지방에 옮기고자 노력하다 양주에서 빛을 숨기고 있었는데 진리를 전파할 때는 당연히 시절인연에 부응해야 되고 시절인연의 도래에는 반드시 연유가 있어야 되기 때문이다. 홍시 3년 [401] 신축년辛丑年 후진이 구마라집 스님의 입국을 준비하고 군사를 일으켜 그를 장안에 모셔왔는데 (이는) 하늘의 뜻이자 후진의 운명이 그러했다]."

타고난 총명으로 대승의 여러 경전과 율장·논장을 두루 섭렵했고 20세쯤엔 이미 관중關中 지방[지금의 서안西安 일대]22)에 이름을 드날렸다. 명성이 높아지자 시기심 많고 논쟁을 좋아하는 무리들이 양식까지 짊어지고 찾아와 도전했다. 그러나 승조 스님의 예리한 논변에 상대방이 격퇴되는 것이 정해진 결론이었고 승조 스님의 명성을 올려주는 것이 그들이 할 수 있는 유일한 역할이었다. 후일 구마라집 스님이 고장에 있다는 것을 알게 된 그는 스스로 찾아가 그를 스승으로 모셨고 구마라집 스님 또한 승조 스님을 지극히 아꼈다. 그러다 401년 12월 20일 스승을 따라 다시 고향 장안으로 돌아왔다.23)

우여곡절 끝에 장안에 온 구마라집 스님은 401년부터 405년까지 후진왕 요흥의 별장격인 소요원[逍遙園, 궁사宮寺·소요관逍遙觀]에 머물렀고 406년부터 413년까지는 초당사[草堂寺, 대석사大石寺·대사大寺]에 주석했다. 장안에 도착한 구마라집 스님을 요흥 왕은 어떻게 대우했을까? 『자치통감資治通鑑』 권제114 「진기晉紀 36」에 당시 상황을 전해주는 기록이 남아있다. "후진 왕 요흥은 구마라집 스님을 국사로 삼아 마치 신을 섬기듯 존경했다. 친히 여러 대신들 및 스님들과 함께 구마라집 스님의 경전 강의를 들었다. 또한 서역에서 들어온 경전과 논서 3백여 권을 번역하도록 구마라집 스님에게 요청했다. 대량의 탑과 절

---

22) 관중關中지방은 당나라 때까지 중국 문명의 중심지였던 장안長安 등 지금의 섬서성 위수渭水분지 일대를 가리키는 옛 명칭이다. 동으로 함곡관函谷關, 서로 대산관大散關, 남으로 무관武關, 북으로 소관蕭關에 싸여 있는 중심 지역이라는 의미이다. 수도 주변 지역을 보輔 혹은 기畿라 부른다. 그래서 장안 일대를 관보關輔·삼보三輔·삼진三秦이라 칭하기도 했다. 한 무제 당시부터 후한에 이르기까지(BCE 104-CE 220) 경조윤京兆尹·좌빙익左憑翊·우부풍右扶風 등 세 명의 관리가 장안 지역을 다스렸는데 이들 세 명의 관리들이 관할하던 지역 역시 경조·좌빙익·우부풍 지방으로 불렸다. 수隋·당唐이후 이 지역을 '보輔'라 칭했다.
23) [南朝梁]慧皎撰·湯用彤校注(1992), 『高僧傳』, 北京: 中華書局, pp.248-249.

을 지었으며 그 곳에는 수행하는 출가자의 수가 항상 천 명 이상을 웃돌았다. 조정의 대소신료들도 모두 불교를 믿었다. 이로 인해 모든 지방에 불교를 믿는 분위기가 퍼졌으며 열에 아홉은 불교를 믿었다."[24]

물론 요흥 왕이 지극한 정성으로 구마라집 스님을 대한 것은 사실이지만 해서는 안 될 일도 시켰다. 결혼을 강요한 것이다. 『고승전』권제2 「구마라집전」에 관련 기록이 있다. "요흥 왕은 항상 구마라집 스님에게 말했다. '대사의 총명함과 뛰어난 깨달음은 세상에 둘도 없다. 대사가 타계한 후 가르침을 이을 법의 종자가 없어서야 되겠는가?' 핍박해 마침내 기녀 열 명을 받아들이게 했다. 그 때부터 구마라집 스님은 사찰에 머물지 않았다. 모든 것을 풍족하게 공급 받으며 별도로 관사를 짓고 살았다. 강의할 때마다 구마라집 스님은 '냄새나는 진흙 속에서 연꽃이 피는 것과 같다. 단지 연꽃만 취하고 진흙의 냄새를 취하지 마라'며 비유를 들어 먼저 말했다."[25]

여광이 구자국을 점령했을 때도 비슷한 일이 있었다. 역시 『고승전』권제2 「구마라집전」에 전한다. "여광은 구마라집 스님을 사로잡은 뒤 그의 지혜가 얼마쯤인지 알지 못했다. 단지 나이가 어린 평범한 사람으로만 보고 희롱했다. 강제로 구자국의 왕녀를 부인으로 맞이하게 했다. 구마라집 스님은 제안을 받지 않고 심히 괴로움을 드러내며 간절한 말로 거절했다. 여광이 말했다. '도사의 지조는 당신의 죽은 아버지

---

24) "秦王興以鳩摩羅什爲國師, 奉之如神, 親帥群臣及沙門聽羅什講佛經, 又命羅什翻譯經、論三百餘卷, 大營塔寺, 沙門坐禪者常以千數. 公卿以下皆奉佛, 由是州郡化之, 事佛者十室而九." [北宋]司馬光編撰·何建章等校注(1998), 『資治通鑒新注』(第4册), 西安: 陝西人民出版社, p.3812.

25) "姚主常謂什曰:'大師聰明超悟, 天下莫二, 若一旦後世, 何可使法種無嗣.' 遂以妓女十人, 逼令受之. 自爾以來, 不住僧坊, 別立廨舍, 供給豐盈. 每至講說, 常先自說譬喻:'如臭泥中生蓮花, 但採蓮花, 勿取臭泥也.'" [南朝梁]慧皎撰·湯用彤校注(1992), 『高僧傳』, 北京: 中華書局, p.53.

보다 나을 것이 없지 않느냐? 왜 한사코 거절하느냐?' 이에 독한 술을 먹여 여자와 함께 밀실에 가둬버렸다. 핍박당하기를 이런 정도에 이르러 마침내 절개가 훼손되고 말았다."26) 인용한 두 기록을, 십육국시대의 중국인들이 불교를 믿기는 했지만 여전히 '세상에 태어나면 결혼하고 아이를 낳아야 한다'는 전래의 사고방식에서 벗어나지 못했음을 보여주는 하나의 실례實例로 보아도 크게 틀리지는 않을 것이다.

그나마 다행인 것은 구마라집 스님과 승조 스님이 역경에 종사할 그 시기의 장안 일대엔 전쟁이나 큰 소란이 없었다는 점이다. 413년 구마라집 스님이 입적入寂하고 414년 승조 스님이 스승을 뒤따르고 416년 후진 왕 요흥이 죽은 뒤 장안과 그 부근은 다시금 전란의 소용돌이 속으로 빠져들기 때문이다.

한편, 당시 구마라집 스님 밑에서 공부하기 위해 몰려든 문도는 3천여 명. 그들 가운데 입실한 사람은 오직 8명 정도였다. 나이 많은 사람 중에서는 도융(道融, 372-445) 스님과 승예僧叡 스님, 젊은 사람 사이에서는 축도생(竺道生, 365-434)27) 스님과 승조 스님이 으뜸이었다.28) 이들을 '구마라집 스님 문하의 사대 제자[什門四聖]'로 부르기도 한다. 구마라집 스님은 이들과 함께 401년부터 413년까지 양과 질에 있어서 그 누구도 따라오기 힘든 방대한 역경譯經 작업을 진행했다. 당연히, 구마라집 스님의 역경에 승조 스님도 참여했다. 『고승전』 권제6 「승조전」에

---

26) "光既獲什, 未測其智量, 見年齒尚少, 乃凡人戲之, 強妻以龜茲王女, 什距而不受, 辭甚苦到. 光曰: '道士之操, 不踰先父, 何可固辭.' 乃飲以醇酒, 同閉密室. 什被逼既至, 遂虧其節." [南朝梁]慧皎撰・湯用彤校注(1992), 『高僧傳』, 北京: 中華書局, p.50.
27) 축도생 스님의 생졸년에 대해서는 다양한 주장이 있지만 365-434년으로 파악한다. 余日昌著(2003), 『實相本體與涅槃境界』, 成都: 巴蜀書社, p.3-8.
28) 「中論序疏」(T42, 1a7), "什至長安, 因從請業. 門徒三千, 入室唯八, 叡為首領. 文云: '老則融叡, 少則生肇.'"

"요흥 왕은 승조 스님과 승예 스님에게 소요원에 들어가 구마라집 스님을 도와 경론을 자세히 가다듬도록 시켰다."29)는 구절에서 확인할 수 있다. 역경사업을 통해 반야·중관을 비롯한 대승불교의 핵심 사상들이 중국인들에게 명료하게 소개됐다.

흉노凶奴·갈羯·선비鮮卑·저氐·강羌 등 다섯 민족이 번갈아 십육국을 세웠다는 십육국 시대에 주로 활약했던 육가칠종[六家七宗. 반야사상에 대한 이해 방식이 서로 달랐던 일곱 개의 학파]에 소속된 학승·학자들이 대략 '도가道家의 실재론적 무無와 비슷한 그 무엇'30)으로

---

29) "姚興命肇與僧叡等, 入逍遙園, 助詳定經論." [南朝梁]慧皎撰·湯用彤校注(1992), 『高僧傳』, 北京: 中華書局, p.249.
30) 현행본 「부진공론」 단락 [3]의 ①에 나오는 "物我同根"은 가장 많이 그리고 가장 흔하게 도가적道家的으로 해석되는 구절의 하나이다. 반야·중관의 입장에서 보면 물物은 외경[인식대상]을, 아我는 자아自我, 즉 반야지혜[인식주체]를 말한다. 동근同根은 '완전히 일치된다'는 뜻. 만물의 본성도 공적空寂하고 반야의 본성도 공적하므로 만물과 반야의 본성은 공空이라는 견지에서 완전히 일치된다는 의미이다. 비슷한 표현이 『장자』「제물론」편에 나오는 "天地與我竝生, 而萬物與我爲一[하늘과 땅은 나와 나란히 태어나고 만물은 나와 나란히 하나이다]."라는 구절이다. 「제물론」편의 이 구절과 "物我同根"이라는 말에 내포된 함의含意는 완전히 다르다. 두 구절을 같은 논조로 해설하거나 설명하면 불교와 도가의 사상적 차이가 완전히 사라지게 된다. 특히 "物我同根"이라는 구절을 도가적道家的으로 해석하면 승조 스님이 지향한 성공性空과 거리가 현격懸隔해진다. "物我同根"을 굳이 도가적으로 해석해 승조 스님의 사상을 '도가화道家化한다'거나 '불교와 도가사상의 습합을 강조하는 근거'로 삼으려고 한다면 막을 방법은 없다. 그러나 그 누구보다 정확하게 중관사상의 요체要諦를 꿰뚫은 구마라집 스님과 그 제자 승조 스님의 사상을 오도誤導하는 지름길이 바로 이런 식의 오독誤讀임을 인식할 필요가 있다. 저자의 사상과 앞뒤 문장의 맥락脈絡에 따라 고전 한문의 내용을 정확하게 파악하려 노력하지 않고 '서당식書堂式 한문 독법讀法'이나 '한국식·일본식 한문 독법'에 따라 근거 없이 해석하는 태도를 지양止揚할 필요가 있다. 그래서 원나라 문재(文才, 1241-1302) 스님은 『조론신소肇論新疏』에서 현행본 「열반무명론」 단락 [26]의 ④를 해설하며 "恐儒、老之流, 計有無遍攝一切[아마도 유가儒家·도가道家는 있음과 없음이 모든 것을 포괄한다고 그릇되게 생각하는 것 같다]."라고 지적했다. 이 구절을 통해 문재 스님이 강조하는 점은 다음과 같다고 역주자譯注者는 생각한다. 즉 불가佛家·유가儒家·도가道家의 근본적인 차이는 '성공性空'을 인정하느냐 인정하지 않느냐에 있다. 모든

개념·내용을 오해했던 공空사상은 이때서야 비로소 '그 얽힘'을 풀고 나올 수 있을 정도였다. 구마라집 스님의 역경사업은 또한 불교의 핵심적인 교의敎義들에 대한 정확한 이해를 제공해 중국불교의 전성기인 수당불학 형성에 중요한 지적 토대를 마련해 준 것으로 평가된다.

이러한 때인 404년 구마라집 스님이『대품반야경[마하반야바라밀경]』번역을 마무리했다.[31] 역경에 참여했던 승조 스님은 '마음으로 체득한 반야사상에 대한 견해'와 '스승으로부터 배운 학식學識'을 바탕으

존재는 인因과 연緣의 결합으로 나타나기에 '본성상 공하다'는 성공性空은 불가佛家의 가장 중요하면서도 가장 필수적인 개념이다. 성공性空의 이치는 불교만이 제기한 것이다. 유가와 도가의 전적典籍들에 나오는 유有와 무無는 실유實有와 실무實無, 즉 '실재론實在論·발생론發生論적인 유有·무無'에 근접된 개념概念들이다. 유가와 도가가 말하는 유有·무無는 불가佛家의 유有·무無와 같은 개념이 절대 아니다. 그래서 불가佛家만의 독특한 개념인 '공空'을 정확하게 이해할 필요가 있다. '공空'은 '무無', 즉 '아무 것도 없는 허공虛空'과 같은 개념이 아니다. 인因과 연緣의 결합으로 나타난 모든 존재는 '임시적 모습[假有]'을 갖지만 이 임시적 형태가 '영원히 지속되는 것[常]'이 아님을 설명하는 개념이다. 그렇다고 '아무 것도 없는 것[無]'은 아니다. '임시적 모습[假有]'은 있다. 모든 존재가 '본성상 공[性空]'한 이유는 연기적 존재이기 때문이며 역으로 모든 존재의 본성이 공空하기에 연기緣起가 가능하다. 모든 존재는 공하므로 연기緣起가 이뤄지며 무상無常하다.『중론中論』「관사제품觀四諦品」의 제18번째 게송은 '衆因緣生法, 我說卽是空[無]. 亦爲是假名, 亦是中道義[여러 원인과 조건들의 결합으로 나타난 모든 존재를 나는 공空하다고 말하며, 이것을 가명假名이라고도 하며, 이것이 바로 중도의 의미이다]'라고 강조한다. 따라서 공성空性을 체득하면 중도中道를 체득하며 연기緣起=공空=가유假有=가명假名=중도中道이다. 이들은 모두 동일한 개념들이다. 불가佛家가 제기한 이치의 핵심은 '(모든 존재는) 실존實存하나 실체實體는 없다'로 요약된다. 실체가 바로 실유實有와 같은 개념이다. 한편, 현행본「열반무명론」단락 [30]의 ②에 "天地與我同根, 萬物與我一體."라는 완정完整된 구절이 있다. 이 구절은 승조 스님이 창작한 것으로 보인다.『장자』「제물론」편에 나오는 구절과도 다르다.

31)『출삼장기집』권제8에 수록되어 있는「대품경서大品經序 제2第二」에 따르면 '홍시 6년[404] 4월23일' 번역이 마무리됐다. "以弘始五年, 歲在癸卯, 四月二十三日, 於京城之北逍遙園中出此經. … 與諸宿舊義業沙門 … 等五百餘人, 詳其義旨, 審其文中, 然後書之. 以其年十二月十五日出盡. 校正檢括, 明年四月二十三日乃訖." 번역은 403년 마무리됐으나 검토하고 문장을 다듬는 과정 등을 거쳐 404년 4월23일 끝났다'는 내용이다.

로 유명한 「반야무지론般若無知論」[32]을 지어 구마라집 스님에게 보였다. 글을 본 구마라집 스님이 승조 스님에게 "불교경전에 대한 이해와 해설은 내가 그대와 비교해도 손색이 없지만 그것을 글로 표현하는 데 있어서는 내가 자네보다 못하다."[33]며 칭찬했다. 특히 "공사상을 제일 잘 이해한 사람은 바로 승조 스님이다."[34]라고 구마라집 스님이 말한 데서도 반야·중관사상에 대한 승조 스님의 이해가 얼마나 깊었는지를 짐작할 수 있다. 당시 승조 스님의 동학同學인 축도생 스님이 408년 여름 즈음 「반야무지론」을 여산의 혜원(慧遠. 334-416) 스님과 은사隱士 유유민(劉遺民. ?-410) 거사 등에게 전달했다.[35] 이를 읽은 유유민 거사는 "스님 가운데 뜻밖에도 평숙平叔이 있을 줄이야!"[36]라며 감탄했고 혜원 스님은 찻잔을 올려놓은 탁자를 어루만지며 "(이런 글은) 일찍이 없었다."[37]며 찬탄을 연발했다.

스승이 칭찬했던 「반야무지론」에 이어 410년 즈음엔 「부진공론不眞空論」과 「물불천론物不遷論」을 잇따라 발표했다.[38] 413년 스승 구마라집 스

---

32) 선학先學들의 연구를 종합하면 「반야무지론」은 404-408년 저술됐다. 조병활(2019), 「「조론서」 연구」, 『한국불교학』 제91집, 서울: 한국불교학회, p.220.
33) "吾解不謝子, 辭當相挹" [南朝梁]慧皎撰·湯用彤校注(1992), 『高僧傳』, 北京: 中華書局, p.249.
34) 「肇論序」(WX54, 31a17), "解空第一, 肇公其人." 이 말은 길장(吉藏, 549-623) 스님이 지은 『정명현론淨名玄論』 권제6 「제일성가문第一性假門」[T38, 892a19]과 「백론서소百論序疏」[T42, 232a9] 등에도 있다.
35) 「般若無知論」(J20, 265a10), "去年夏末, 始見生上人示「無知論」."
36) "不意方袍, 復有平叔." [南朝梁]慧皎撰·湯用彤校注(1992), 『高僧傳』, 北京: 中華書局, p.249. 평숙은 하안何晏의 자. 후한말의 대장군 하진의 손자로 190년 즈음 태어난 하안은 후일 조조의 사위가 된다. 노장사상을 유학에 접목시켜 "천하 만물은 무를 근본으로 한다[天下萬物, 以無爲本]."고 주장하며 왕필과 함께 위진현학魏晉玄學의 한 파인 귀무파貴無派를 창도하는데 앞장섰다. 249년 고평릉사변高平陵事變을 일으켜 권력을 장악한 사마의(司馬懿, 179-251)에게 살해됐다.
37) "未常有也." [南朝梁]慧皎撰·湯用彤校注(1992), 『高僧傳』, 北京: 中華書局, p.249.
38) 선학先學들의 연구를 종합하면 「부진공론」과 「물불천론」은 409-413년 저술됐다.

님이 입적한 그 해 승조 스님은 마지막 글로 보이는「열반무명론涅槃無
名論」을 지었다.39) 이 글들을 통해 승조 스님은 인도의 반야·중관사상
을 중국에 정확하게 소개했다. 동시에 공空사상을 잘못 이해한 기존 학
설들의 단점을 지적해 동시대인과 후대인들에게 불교사상 이해의 문
을 활짝 열어주었다.40) 따라서 당연히,『조론』이 후대 중국불교·사상
계에 끼친 영향 역시 지대至大하다. 위진남북조·당나라·송나라·원
나라·명나라 등 시대마다『조론』을 주석한 책들이 나온 데서 이를 분
명히 확인할 수 있다.

『조론집해령모초肇論集解令模鈔』에 따르면 당나라부터 북송 때까지 출
간된『조론』주석서는 20여 종이나 됐다.41) 물론 명나라 때 저술된 것
도 적지 않다. 이들 가운데 위진남북조 시대 남조 진나라(陳. 557-589)
의 혜달惠達 스님이 지은『조론소肇論疏』3권, 당나라 원강元康 스님이
627-649년 찬술한『조론소肇論疏』3권, 북송(北宋, 960-1127)의 원의 준
식(圓義遵式. 1042-1103) 스님이 저술한『주조론소注肇論疏』42) 6권, 북송의

조병활(2019),「『조론서』연구」,『한국불교학』제91집, 서울: 한국불교학회, p.220.
39) 선학先學들의 연구를 종합하면「열반무명론」은 413-414년 저술됐다. 조병활
(2019),「『조론서』연구」,『한국불교학』제91집, 서울: 한국불교학회, p.220.
40) 구마라집 스님의 열반을 애도한「구마라집법사뢰鳩摩羅什法師誄」라는 제목의 문장
도 현존한다. 이 글은『광홍명집』권23에 수록돼 있지만 승조 스님의 친작親作 여부
에 대해서는 논란이 있다. 승조 스님이 저자로 되어 있는『보장론寶藏論』이라는 제
목의 저서도 현존하나 이 책은 위작僞作으로 보는 것이 중론衆論이다.『보장론寶藏
論』이 위작僞作이라는 지적에 대해서는 다음의 책들을 참조하라. 湯用彤(1997),『漢
魏兩晉南北朝佛教史』, 北京: 北京大學出版社, pp.233-234; 鎌田茂雄(1965),『中國
華嚴思想史の研究』, 東京: 東京大學出版會, pp.375-401.
41) "始自有唐終於炎宋, 疏鈔注解二十餘家." [北宋]淨源撰, 伊藤隆壽·林鳴宇校釋(2008),
『肇論集解令模鈔校釋』, 上海: 上海古籍出版社, p.36.
42) 천태종 출신의 학승 자운 준식(慈雲遵式, 964-1032) 스님이 저술한 것으로 알려졌
으나 최근의 연구에 의하면 원의 준식 스님이 편찬한 책이다. 吉田剛(2000),「宋代に
おける『肇論』の受容形態について」,『印度學佛教學研究』第49卷第1號, pp.99-102.

비사(秘思. 994-1056) 스님이 1053년 즈음 강술한 내용을 토대로 북송의 정원(淨源. 1011-1088) 스님이 1058년 집해集解한『조론중오집해肇論中吳集解』3권, 정원 스님이 1061년 찬술한『조론집해령모초肇論集解令模鈔』2권, 남송의 몽암夢庵 스님이 강술한『몽암화상절석조론夢庵和尙節釋肇論』2권, 원나라의 문재(文才. 1241-1302) 스님이 저술한『조론신소肇論新疏』3권, 원나라의 문재 스님이 주해注解한『조론신소유인肇論新疏游刃』3권, 명나라의 감산 덕청(憨山德淸. 1546-1623) 스님이 1616년 짓고 1617년 출간한『조론략주肇論略注』6권 등이 대표적이다.

이밖에 명나라 월천 진징(月川鎭澄. 1547-1616) 스님이 1588년 발표한『물불천정량론物不遷正量論』, 명나라 환거 진계幻居眞界 스님이 1597년 저술한『물불천론변해物不遷論辯解』, 명나라 도형道衡 스님이 1603년 찬술한『물불천정량논증物不遷正量論證』, 명나라 용지 환유(龍池幻有. 1549-1614) 스님이 저술한『박어駁語』(1606년)·『성주석性住釋』(1606년)·『물불천제지物不遷題旨』등 적지 않은 주석서들이 현존한다. 중국불교의 어느 시대에도『조론』에 대한 관심이 사그라지지 않았음을 충분히 확인할 수 있다. 물론 영명 연수(永明延壽. 904-976) 스님의『종경록宗鏡錄』, 도원道原 스님이 1004년 편찬한『경덕전등록景德傳燈錄』, 만송 행수(萬松行秀. 1166-1246) 스님의『종용록從容錄』,『분양무덕선사어록汾陽無德禪師語錄』,『허당화상어록虛堂和尙語錄』등에도『조론』의 구절들이 인용되어 있다.

중국사상사와 중국철학의 발전이라는 견지에서 보면 "『조론』은 위진 현학의 종결終結이자 중국불교철학의 시작을 알리는 저작"[43]이라 할 수 있다. 당시 학술계의 흐름을 비판적으로 극복하고 종합한 결과물이

---

43) 湯一介著(2009),『郭象與魏晉玄學』(第三版), 北京: 北京大學出版社, p.31; 張岱年主編(2014),『中國哲學大辭典』(修訂本), 上海: 上海辭書出版社, p.155.

바로 『조론』이라는 것이다. 하안(何晏, 190?-249)과 왕필(王弼, 226-249)의 귀무론貴無論 현학, 완적(阮籍, 210-263)과 혜강(嵇康, 223-262)의 자연론自然論 현학, 배위(裵頠, 267-300)의 숭유론崇有論 현학과 곽상(郭象, 252-312)의 독화론獨化論 현학 등을 개괄해보면 이 점은 보다 분명하게 드러난다.

2. 현학에서 불학佛學으로의 전환

'분열과 전쟁'·'전쟁과 분열'이 끊이지 않았던 십육국시대였지만 학문과 사상분야에선 어김없이 새로운 사조思潮가 나타나 이어지다 사라졌다. 위진남북조시대의 주류 사상은 불학佛學이 아닌 현원지학玄遠之學, 즉 현학玄學이었다.[44] 현학은 형이상학形而上學[45]이라고도 한다. 추상적인 개념과 사변思辨으로 경험세계를 넘어서는 유有·무無와 본本·말末[만물의 근원, 즉 본체론本體論], 재능才能과 성질性質[인성人性 탐구], 일一과 다多[사회가 존재하는 근거], 성인聖人의 조건[이상적 인격] 등을 주요한 주제로 다루었다.

위진남북조시대를 현학의 시기로 파악하는 것은 중국철학을 연구하는 학자들 사이에선 이미 공인된 사실이다. 현대중국을 대표하는 철학자 가운데 한 명인 펑유란(馮友蘭, 1895-1990)은 「『중국철학사신편』서론」에서 "중국역사상 정치·경제·문화 등 각 방면에 근본적인 영향을 끼

---

44) 우리말로 번역된 현학사상에 관한 책으로 '쉬캉성許抗生 등 지음·김백희 옮김 (2013), 『위진현학사』(상·하), 서울: 세창출판사'가 주목된다.
45) 중국에 현존하는 문헌기록상 『주역』 「계사전」(상)에 형이상학이라는 말이 처음으로 나타난다. "形而上者謂之道, 形而下者謂之器[형체로 나타나기 이전의 상태를 도라 하고 형체로 나타난 이후의 상태를 기라 한다]."

친 변화가 세 번 있었다. … 한 번은 고대, 한 번은 근대, 한 번은 현대에 일어났다. 춘추전국시대의 변화가 첫 번째, 봉건사회에서 반半식민지·반半봉건사회로의 전환이 두 번째, 반半식민지·반半봉건사회에서 사회주의로의 변화가 세 번째이다. … 세 번의 변화를 중심으로 중국역사를 나누면 춘추전국시대 이전[古代], 춘추전국시대 이후부터 봉건사회말기까지[中古], 반半식민지·반半봉건사회부터 신민주주의 혁명시기[近代], 사회주의 혁명과 사회주의 건설시기[現代] 등이 그것이다. … 중고中古시대는 다시 세 부분으로 나눌 수 있다. 전한과 후한, 위진남북조시대부터 수·당까지, 송·원·명·청시대 등이다."46)고 전제한 뒤 위진남북조의 중심철학을 현학, 수·당의 중심사상을 불학佛學으로 각각 규정했다. 머우종산(牟宗三. 1909-1995) 역시 『재성才性과 현리玄理』, 『불성佛性과 반야般若』 등을 통해 현학은 위진남북조시대를, 불학은 수당시기를 대표하는 사상임을 밝혔다.47) 런지위(任繼愈. 1916-2009)가 중심이 되어 편찬한 『중국철학발전사』 또한 위진남북조시대의 주된 철학은 현학, 수당시기의 중심은 불학으로 파악했다.48) 라오쓰광(勞思光. 1927-2012)도 『신편중국철학사』에서 현학과 불학을 각각 위진남북조시대와 수당시대의 주류 사상으로 보았다.

'현학'이라는 단어는 서진(西晉, 265-316) 시기에 이미 사용됐다. 용례가 『진서晉書』 권54 「열전列傳 제24第二十四·육운전陸雲傳」에 보인다.

---

46) 馮友蘭著(2001), 『三松堂全集』(第八卷), 鄭州: 河南人民出版社, pp.49-50.
47) 머우종산은 『불성과 반야』 서문에서 "『재성과 현리』는 주로 위진남북조시대의 도가 현리玄理를 밝혔으며 『심체心體와 성체性體』는 송·명의 유학을 해석한 것이며 『불성과 반야』는 위진남북조·수·당의 불학을 조명한 것이다."고 밝히고 있다. 毛宗三著(2004), 『佛性與般若』, 臺北: 學生書局, 序文.
48) 任繼愈主編(1988), 『中國哲學發展史』(魏晉南北朝), 北京: 人民出版社, 目次·序文; 任繼愈主編(1994), 『中國哲學發展史』(隋唐), 北京: 人民出版社, 目次·序文.

"처음 육운(262-303)은 친구 집에 머물기 위해 길을 가고 있었다. 날이 어두워 길을 잃었다. 어느 곳인지 알지 못했다. 풀이 가득 우거진 곳에 불빛이 보였다. 불빛을 찾아가다 한 집에 도착했다. 그 곳에서 한 소년을 만났다. 용모가 아름답고 거동에서 품격이 풍겨 나왔다. 함께 『노자老子』에 대해 토론했는데, 그의 말에는 심원한 의미가 들어 있었다. 날이 밝아오자 이별하고 십리쯤 걸어가 친구 집에 도착했다. 친구가 근처 십리 이내에 집이 없다고 말했다. 육운은 비로소 느끼는 바가 있었다. 어젯밤 머물렀던 곳을 찾으니 바로 왕필王弼의 무덤이었다. 육운은 본래 현학玄學을 공부하지 않았는데, 그 때부터 『노자』의 내용을 토론함에 대단한 성취가 있었다."[49]

「육운전」에서 보듯 위진현학은 노장철학과 관련이 있다. 그래서 당시 사람들은 현학을 '노자와 장자의 학문[老莊之學]' 혹은 '현종 · 현허의 학문[玄宗 · 玄虛之學]'으로 부르기도 했다. 이와 관련해 남조 양梁나라 때부터 수隋나라까지 살았던 안지추(顔之推. 531-591)가 지은 『안씨가훈』 권제3 「면학勉學 제8」에 주목할 만한 기록이 있다.

---

[49] [唐]方玄齡等撰(1999), 『簡體字本二十四史12 晉書』 卷54 「列傳 第二十四 · 陸雲傳」, 北京: 中華書局, p.983. 「육운전」에 나오는 '현학'이라는 용어는 그저 "현학을 논의한 질문[談玄學問]"에 불과하며 학과나 학문적 의미의 현학이라는 말은 『남사南史』 권2 「송본기중제2宋本紀中第二 문제文帝」 '十六年春正月' 기사에 나오는 "立玄素學"이라는 말이 최초라는 주장도 있다. [唐]李延壽撰(1999), 『簡體字本二十四史25 南史』 卷2 「宋本紀中第二. 文帝」, 北京: 中華書局, p.30; 康中乾著(2003), 『有無之辨-魏晉玄學本體思想再解讀』, 北京: 人民出版社, pp.3-4.

"『노자』·『장자』는 대체로 참[眞]을 온전히 보존하고 근본 성품을 기르며 외물이 자신을 옭아매는 것을 싫어하는 내용들이다. … 하안何晏과 왕필王弼은 이런 현학을 '근본적인 가르침[玄宗]'으로 삼아 이어가며 서로 과장하고 숭상했으며, '형체에 붙은 배경이나 바람 따라 눕는 풀[景附草靡]'을 대하듯 했다. 신농神農씨와 황제黃帝의 교화가 모두 자신의 몸에 있다고 여겼으며 주공周公과 공자孔子의 가르침을 버렸다. 그런데 하안은 조상曹爽과 무리를 짓다 (사마의에게) 살해 됐으니 이는 권세의 그물에 걸려 죽은 것이다. 왕필은 남 비웃기를 잘해 사람들이 그를 질시했으니 이는 남 이기기를 좋아하는 함정에 빠진 것이다. … 남조 양나라 때 이런 풍조가 다시 일어나 『장자』·『노자』·『주역』을 묶어 삼현이라 했다."[50]

안지추가 현학을 상당히 비판적으로 보고 있음이 인용문에 여과 없이 드러나 있다. 그의 기록에 나오는 현종玄宗은 노자·장자의 사상을 연구하는 현학을 말한다. 특히 "『장자』·『노자』·『주역』을 묶어 삼현이라 했다."는 부분에서 위진현학과 노자·장자 철학이 깊은 관련이 있음을 분명하게 알 수 있다. 『세설신어』「문학 제4」편에 전하는 대화 역시 음미할 만하다.

"완선자(완수阮修. 270?-312?)는 당시 명성을 얻고 있었다. 태위 왕이보(왕연王衍. 256-311)가 그를 만나자 질문했다. '노자·장자의 말과 성인[공자]의 가르침은 같은가 다른가?' 완선자가

---

50) [北齊]顔之推著·王利器撰(1993), 『顔氏家訓集解』, 北京: 中華書局, pp.186-187.

'아마 같지 않겠습니까[將無同]'라고 답변했다. 대답이 훌륭하다고 생각한 왕이보는 완선자를 발탁해 연掾이라는 관직을 내렸다. 그래서 세상 사람들은 그를 삼어연[三語掾. 세 마디 말에 연이라는 관리가 되었다는 의미]이라 불렀다. 위개가 이 소식을 듣고 비웃으며 말했다. '한 마디면 될 것을 세 마디씩이나 할 필요가 있나!' 완선자가 말했다. '만약 천하에 덕망이 널리 퍼진 사람이라면 말없이 발탁되는 법! 어찌 한마디라도 말 할 필요가 있나!' 마침내 위개와 완선자는 친구가 되었다."[51]

노장철학과 공자의 가르침이 다르지 않고 본질적으로 같다는 완선자의 말은 위진현학의 지향점을 잘 보여준다. 그러나 시간이 흐를수록 위진현학이 주요하게 다룬 문제들이 지적知的인 놀이의 대상으로 전락되고 있음을 인용문을 통해 간접적으로 파악할 수 있다. 전후 맥락이 생략된 채 전하는 단편적인 기록만으로 전반적인 상황을 판단하기는 어렵지만 그럼에도 몇 마디 말에 관리나 친구가 됐다는 점에서, 현학을 통해 진리를 탐구하기보다는 '관념적인 말놀이'만 즐겼다는 느낌이 강하게 다가오기 때문이다.

사실 대화에 등장하는 왕이보王夷甫, 즉 왕연은 서진 영가 5년[311] 동해왕 사마월(司馬越, ?-311)[52]이 죽자 여러 사람들에 의해 원수元帥로

---

51) [南朝宋]劉義慶著 · 張萬起等譯注(1998), 『世說新語譯注』, 北京: 中華書局, p.177.
52) 사마월은 이른바 '팔왕의 난(八王之亂, 291-306)'의 승리자라 할 수 있다. 서진(西晉, 265-316) 무제 사마염(司馬炎, 236-265-290)이 병으로 죽고 적자嫡子인 혜제 사마충(司馬衷, 259-290-306)이 즉위한 뒤인 원강元康 원년[291], 대신 가충(賈充, 217-282)의 딸이자 '역사상 가장 못생긴 황후'로 유명한 황후 가남풍賈南豊이 당시 권력자 양준을 척살하고 권력을 잡았다. 여기서 촉발된 권력 투쟁은 광희光熙 원년[306] 동해왕 사마월(司馬越, ?-311)이 하간왕 사마옹司馬顒을 죽이고 그해 즉위한 회제 사마치(司馬熾, 284-306-313)의 보정補政이 되어 실권을 장악하며 끝

추대됐으나 석륵[53]과의 전투[54]에서 패해 포로가 된 바로 그 사람이다.[55] 명사名士로 이름이 쟁쟁했던 왕연이었기에 석륵은 그를 만나고 싶었다. 석륵이 그에게 진나라의 사정을 물었다. 왕연이 말하길 자신은 국사에 참여한 적이 없다는 등 핑계로 일관했다. 오히려 목숨을 부지하기 위해 석륵에게 황제가 될 것을 권했다. 화가 난 석륵은 그를 칼로 죽이지 않고 밤에 사람을 보내 담을 무너뜨려 압사壓死시켰다. 죽음에 임해서야 왕연은 탄식했다. "아아! 내 비록 (능력이) 옛 사람들에 미치지 못하나, 만약 '내용 없고 허무한 것'을 숭상하지 않고 전력을 기울여 나라를 바로잡았더라면 오늘 이 같은 일을 당하지 않았으리라!"[56] 당시 그의 나이는 56세. 지적知的인 놀이로 즐긴 '공허한 말'의 폐단을 왕연은 죽을 때 비로소 절실히 깨달았던 것이다.

아무튼 본本·말末과 유有·무無의 문제를 주요하게 다룬 현학자들 대부분은 고위관료이거나 당시를 대표하는 학자들, 즉 명사名士들이었

나기 때문이다. 여덟 명의 사마 씨 왕들 사이에 벌어진 내전을 팔왕의 난이라 부른다. 조왕趙王 사마륜司馬倫, 여남왕汝南王 사마량司馬亮, 동해왕東海王 사마월, 하간왕何間王 사마옹司馬顒, 제왕齊王 사마경司馬冏, 성도왕成都王 사마영司馬穎, 장사왕長沙王 사마예司馬乂, 초왕楚王 사마위司馬瑋 등이 팔왕이다. 이들은 모두 사마의와 그의 형제들의 직계 후손들이다.

53) 후조(後趙, 319-351)를 건국한 그 석륵(石勒, 274-319-333)이다. 갈족羯族 출신인 석륵은 본래 전조前趙의 장수였다가 차츰 독립해 319년 양국[襄國.지금의 하북성 남부 형태邢台 시市]에서 '조趙'라는 나라를 세웠다. 329년 전조前趙의 마지막 왕 유요(劉曜, ?-318-329)를 격파하고 330년 황제라 칭했다. 석륵이 세운 나라를 '후조後趙'라 부른다.

54) 311년 전조前趙의 유요劉曜가 서진西晉의 수도 낙양을 공격했던 전투이다. 당시 전투에 석륵도 참여했다. 한편, 이 전투에 패배한 서진은 수도를 장안[지금의 서안]으로 옮겼지만 316년 유요가 다시 장안을 공격해 서진을 멸망시킨다.

55) 이에 대한 자세한 내용은 성철사상연구원이 발행한 월간 『고경』 제63호[2018년 7월호]에 수록된 「승조와 그의 시대」를 참조하라.

56) [唐]方玄齡等撰(1999), 『簡體字本二十四史12 晉書』 卷43 「列傳 第13·王衍傳」, 北京: 中華書局, p.815.

다.⁵⁷⁾ 그들은 존재의 근본 등을 탐구하며 '세상의 일[世務]'과 '세상의 사물[世物]'에서 벗어나 '깨끗하고 맑은 담론[淸談]'을 추구했다. 청담을 통해 현학가들은 노장철학이 중시한 자연[自然. 만물 존재의 근거, 즉 도道 혹은 본체本體. 우주만물의 자연 질서. 이상세계]과 공자의 가르침인 명교[名敎. 유교가 중시하는 사회적 준칙. 인간 사회의 도덕질서. 현실세계]를 일치시킴으로써 이상과 현실을 합리적으로 설명하려고 노력했다. 노장철학을 기본으로 삼아 유가와 도가의 조화를 꾀하고, 자연과 명교를 회통시키려 한 철학사조가 바로 위진현학이라 할 수 있다.⁵⁸⁾

위진현학도 다른 사상들처럼 시대적 변화와 요청에 응해 나타난 사조思潮라 할 수 있다. 전한(前漢, BCE 206-CE 25) 무제(武帝, BCE 156-BCE 141-BCE 87) 이래 유학은 정치 현실을 지배해온 중심사상이었다. 『한서漢書』 권6 「무제기武帝紀 제6」에서 반고班固는 "탁월한 식견으로 잡가雜家의 학설을 내쫓고 육경六經의 지위를 확립했다[卓然罷黜百家, 表章六經]."⁵⁹⁾며 무제를 높이 평가했다. 『한서』 권56 「동중서전董仲舒傳」에서도 반고는 "동중서(BCE 179 -BCE 104)가 대책을 올려 공자의 학문을 높이고 백가百家의 주장을 억제하고 물리쳤다[及仲舒對冊, 推明孔氏, 抑黜百家]."⁶⁰⁾며 유학이 무제 이래 주된 사상이 됐음을 지적했다. 한나라 당시 발전한 학문이 경학經學인데 현실 정치에 활용할 수 있는 방안으로 삼

---

57) 위진현학의 명사名士들에 대해서는 다음을 참고하라. 콩이孔毅 지음 · 정용선 옮김 (2014), 『죽림칠현과 위진 명사』, (경기도)구리: 인간의기쁨.
58) 湯一介著(2009), 『郭象與魏晉玄學』(第三版), 北京: 北京大學出版社, p.10; 張岱年主編(2014), 『中國哲學大辭典』(修訂本), 上海: 上海辭書出版社, p.155.
59) [後漢]班固撰(1999), 『簡體字本二十四史4 漢書』 卷6 「武帝紀 第六」, 北京: 中華書局, p.150.
60) [後漢]班固撰(1999), 『簡體字本二十四史5 漢書』 卷56 「董仲舒傳」, 北京: 中華書局, p.1919.

고자 유교 경전 속의 이론을 연구하는 것을 말한다. 단순히 문자의 의미를 해석하는 훈고訓詁를 위해서가 아니라 문장에 담긴 큰 뜻[大義]을 밝혀내려는 학문적 작업이었다.

그러나 시간이 흐름에 따라 동중서가 『춘추번로春秋繁露』에서 제안한 "하늘과 인간은 서로 통하며 반응한다."[61]는 천인감응설天人感應說[62]과 전한 말부터 시작되어 후한이 망할 때까지 통치자들이 창도倡導한 일종의 미래 예언술預言術인 참위설讖緯說[63]은 점차 속화俗化되어 경세치용의 역할을 담당할 수 없게 되었다. 황당하면서도 번잡한 신비주의 학설로 둔갑해 버렸다. 후한 말기 유가儒家 사상의 쇠퇴가 두드러지자 법가 음양가 도가 등의 사상이 유가독존儒家獨尊의 틀을 뚫고 세력을 얻었다. 한漢·위魏 교체기에 유가의 지위를 이은 것이 도가道家사상, 즉 노장사상이었다. 비교적 정제된 노장사상으로 명교[유교의 삼강오륜 등]를 새롭게 해석하는 현학은 이러한 사상적 흐름 속에서 출현했다.

여기에 힘을 보탠 것이 '청의淸議'였다. 부패한 정치 현실을 비판하며 사인士人 계층 사이에 형성된 '정치적 여론'을 청의라 한다. 청의의 형성은 한나라의 관리 선출방식과 관련이 있다. 당시의 관리 선출은 지역사회 사인士人들의 인물평[鄕論]을 참작해 중앙정부 고관들이 인재를 천거했다. 이것이 '지방에서 추천된 인재 가운데 선택한다'는 향거리선鄕擧里選. 특히 후한 명제(明帝, 28-57-75) 이래 유교는 국교였기에 지방의 우수한 학도들을 명경明經 혹은 효렴孝廉이라는 이름으로 중앙정

---

61) 『春秋繁露』(「陰陽義」), "天地之陰氣起, 而人之陰氣應之而起, 人之陰氣起, 而天地之陰氣亦宜應之而起, 其道一也." 張岱年主編(2014), 『中國哲學大辭典』(修訂本), 上海: 上海辭書出版社, p.144.
62) 이에 대해서는 '중국철학회 지음(1999), 『역사 속의 중국철학』, 서울: 예문서원, pp.135-161'을 참고하라.
63) 張岱年主編(2014), 『中國哲學大辭典』(修訂本), 上海: 上海辭書出版社, p.154.

부에 등용했다. 그 결과 후한 말기에 이르러 지방과 중앙에는 유교 지식인층이 광범위하게 형성되어 있었다. 이들은 인물평론 등을 통해 자연스레 환관정치의 부패상을 비판하며 자신들의 여론을 만들어나 갔다.

그런데 환관의 사주를 받은 환제(桓帝, 132-146-167)가 조정을 비판하는 유생 200여 명을 검거하고 이들을 당인黨人이라 부르며 관리임용을 금지시켰다. 166년에 일어났던 제1차 당고사건이다. 당고黨錮는 당파黨派로 지목된 유생들의 관리 임용을 금한다는 의미이다. 환제 사후 영제(靈帝, 156-168-189) 때 환관들이 정변을 일으켜 대신 두무竇武와 진번陳蕃을 살해하고 그 당파黨派로 지목된 사람 100여 명을 죽였으며 600-700여 명을 금고禁錮에 처했다. 이것이 169년에 벌어졌던 제2차 당고사건이다. 관리로 등용되어 이상을 실현하기 위해 유학을 연구하던 사람들에게 금고禁錮는 가장 무거운 형벌이다. 인재등용의 문이 닫힌 그 틈을 비집고 관직을 팔고 사는 매관매직이 성행했고 지식인들은 더더욱 환관들이 발호하는 중앙정부를 불신하게 되었다. 당고의 화禍를 당해 직접 정부를 비판하는 것이 어려워지자 지식인들은 점차 추상적인 인물평론 나아가 사람들의 본질적인 재능과 본성을 논의하기 시작했다. 이렇게 시작된 인물평론은 결국 '노장철학을 논의하는 청담' - 이를 현담玄談이라고도 한다 - 으로 연결되어 현학사조의 발전을 촉진시켰다.[64]

시대적 · 사상적 흐름 속에서 탄생된 위진현학은 몇 단계를 거치며

---

64) 현학 발생에 대한 보다 자세한 설명은 다음을 참조하라. 湯一介著(2009), 『郭象與魏晉玄學』(第三版), 北京: 北京大學出版社, pp.10-22; 張岱年主編(2014), 『中國哲學大辭典』(修訂本), 上海: 上海辭書出版社, pp.155-168; 余敦康著(2004), 『魏晉玄學史』, 北京: 北京大學出版社, pp.3-54.

전개됐다. 당시 사람들이 현학의 전개과정을 어떻게 파악했는지를 보여주는 기록이 『세설신어』「문학 제4」편에 있다.

"원굉(袁宏, 대략 328-376)[65]은 하후태초[하후현夏侯玄]·하평숙[하안何晏]·왕보사[왕필王弼] 등을 정시(正始, 240-249)의 명사로 하고, 완사종[완적阮籍]·혜숙야[혜강嵇康]·산거원[산도山濤]·상자기[상수向秀]·유백륜[유령劉伶]·완중용[완함阮咸]·왕준중[왕융王戎] 등을 죽림의 명사라 보았다. 또 배숙칙[배해裵楷]·악언보[악광樂廣]·왕이보[왕연王衍]·유자숭[유개庾凱]·왕안기[왕응王應]·완천리[완첨阮瞻]·위숙보[위개衛玠]·사유여[사곤謝鯤] 등을 중원[西晉] 시대의 명사로 삼았다."[66]

동진시대(東晉, 317-420)를 살았던 원굉이 나눈 현학의 단계는 정시시기(240-249) 현학; 죽림시기(255-262) 현학; 서진시기(265-316) 현학 등이다. 이 구분에는 원굉 자신이 살았던 동진시대와 그 이후의 남북조시대(439-589)가 빠져있다. 동진·남북조시대는 현학과 불학이 서로 사상적 영향을 주고받았던 시기였고, 특히 『조론』이 "위진현학의 종결이자 중국불교철학의 시작을 알리는 저작"임을 고려할 필요가 있다. 그러면 인물·사상·시기 각각의 관점에서 중심인물로 하안·왕필 → 혜강·완적 → 배위·곽상郭象 → 승조·도생道生; 사상적으로 하안·왕필의 귀무론貴無論 현학 → 완적·혜강의 자연론自然論 현학 → 배위의 숭유론崇有論 현학·곽상의 독화론獨化論 현학 → 승조의 비유비무

---

65) 원굉은 동진 시기의 문학가이자 사학가.『후한기後漢紀』(전30권)를 찬술했고 이 책은 현존한다.
66) [南朝宋]劉義慶著·張萬起等譯注(1998),『世說新語譯注』, 北京: 中華書局, p.241.

론[非有非無論, 중도사상, 즉 반야학]·도생의 열반학涅槃學; 시대적으로 정시正始시기 현학(240-249) → 죽림竹林시기 현학(255-262) → 원강元康시기 현학(291-299) → 불학佛學주도시기로 현학·불학의 전개단계를 구분해도 큰 무리는 없을 것이다.[67]

정시현학의 대표자는 하안(190?-249)과 왕필(226-249)이다.[68] 하안은 후한(後漢, 25-220)의 대장군 하진의 손자이자 조조의 사위였다. 이들 사상의 핵심이『진서晉書』권43「열전 제13·왕연전王衍傳」에 기록되어 전한다.

"위나라 정시 연간에 하안과 왕필은『노자』와『장자』에 관한 주석注釋을 지어 말했다: '천하 만물은 모두 무無를 근본으로 한다. 무라는 것은 만물의 이치에 두루 통하는 것이자 공功을 이루는 것이며 존재하지 않는 곳이 없다. 무에 의지해 음과 양의 변화가 있고, 무에 의지해 만물이 형성되며, 현명한 사람은 무에 의지해 덕을 펴며, 현명하지 못한 사람도 무에 의지해 어려움을 면하고 몸을 지킨다. 비록 높은 벼슬[爵]을 가지지 않았음

---

67) 현학의 단계 구분과 관련해 탕이제(湯一介, 1927-2014)는 하안·왕필을 중심으로 한 정시시기, 혜강·완적을 중심으로 한 죽림시기, 배위·곽상을 중심으로 한 원강시기, 장담張湛을 중심으로 한 동진시기로 구분했다. 湯一介著(2009),『郭象與魏晉玄學』(第三版), 北京: 北京大學出版社, p.85. 장따이녠이 중심이 되어 편찬한『中國哲學大辭典』의 시기 구분도 탕이제湯一介와 비슷하다. 張岱年主編(2014),『中國哲學大辭典』(修訂本), 上海: 上海辭書出版社, p.155. 반면 위뚠캉은 정시현학[하안·왕필의 귀무론 현학], 죽림현학[완적·혜강의 자연론 현학], 서진현학[배위의 숭유론 현학·곽상의 독화론 현학], 동진 불현佛玄합류시기[육가칠종·구마라집·승조·도생] 등으로 나누었다. 余敦康著(2004),『魏晉玄學史』, 北京: 北京大學出版社, 目錄.
68) 하안과 왕필의 생애와 사상에 대해서는 다음을 참고하라. 林麗眞 지음·김백희 옮김(1999),『王弼의 철학』, 성남: 청계; 王曉毅著(1996),『王弼評傳-附何晏評傳』, 南京: 南京大學出版社; 林麗眞著(2008),『王弼』, 臺北: 東大圖書公司.

에도 무의 작용은 귀하고 귀한 것이다.' 왕연은 이 말을 중시했지만 배위는 이 말에 반대해 글을 지어 비판했다. 그러나 왕연은 그 비판에 대해 아무렇지도 않은 듯 행동했다."[69]

무를 중시하는 하안과 왕필의 현학사상[貴無論]이 인용문에 분명히 드러나 있다. "천하 만물은 모두 무를 근본으로 한다."는 말이 그것이다. 『세설신어』「문학 제4」편에 나오는 "하안은 어려서부터 기이한 재주가 있었으며『주역』과『노자』를 말하는 데 뛰어났다."[70]; 『삼국지』권9「위서魏書9 · 조진전曹眞傳」에 보이는 "(하안은) 어렸을 때부터 재주가 뛰어나 유명했다. 『노자』와『장자』의 말을 좋아했으며, 『도덕론』과 여러 문文 · 부賦 등 수십 편을 저술했다."[71]; 『삼국지』권28「위서28 · 종회전」에 있는 "처음 종회가 어렸을 때 산양 사람 왕필과 함께 이름이 알려졌다. 왕필은 유가와 도가의 이치를 잘 논했고 글 쓰는 재주가 있고 변론도 뛰어났다. 왕필은『주역』과『노자』에 주석을 달았으며 일찍이 상서랑에 임명되었고 나이 20여 세에 세상을 떠났다."[72]는 등의 기록을 통해 하안과 왕필이『노자』·『장자』·『주역』등에 많은 관심을 가지고 있었고 내용 해석에 뛰어났음을 알 수 있다. 무無가 만물의 근본이라는 생각은『노자』제40장에 대한 왕필의 주注에 특히 두드러진다. "천하의 사물은 모두 유有로써 생겨나지만 유의 시작은 무無를 근본으

---

69) [唐]方玄齡等撰(1999), 『簡體字本二十四史12 晉書』 卷43 「列傳 第13 · 王衍傳」, 北京: 中華書局, p.814.
70) [南朝宋]劉義慶著 · 張萬起等譯注(1998), 『世說新語譯注』, 北京:中華書局, p.167.
71) [晉]陳壽撰 · [南朝宋]裵松之注(1999), 『簡體字本二十四史10 三國志』 卷9 「魏書9 · 曹眞傳」, 北京: 中華書局, p.219.
72) [晉]陳壽撰 · [南朝宋]裵松之注(1999), 『簡體字本二十四史10 三國志』 卷28 「魏書28 · 鍾會傳」, 北京: 中華書局, p.591.

로 한다. 유를 온전히 하고 싶으면 반드시 무로 돌아가야만 한다."73)고 지적하고 있기 때문이다. 게다가 "비록 높은 벼슬을 가지지 않았음에도 무의 작용은 귀하고 귀한 것이다."74)는 구절에서 무는 인격신人格神도 의식意識도 아니며, 다만 사물이 존재하는 근거 혹은 도리라는 것을 확인할 수 있다.

그런데 『노자』·『주역』·『논어』 해석에 있어서는 왕필이 하안보다 더 빼어났고 독창적인 면도 많았다. 『세설신어』「문학 제4」편에 전하는 "하평숙[하안]이 『노자주』를 완성하고 왕보사[왕필]를 찾아갔다. 왕필의 주注가 너무 정묘한 것을 보고 마음속으로 깊이 탄복하며 말했다. '이런 사람이라면 하늘과 사람 사이의 일을 함께 토론할 수 있겠다!' 그리고는 자신의 주석을 『도덕이론』으로 이름을 바꾸었다."75)는 기록에서 저간의 사정을 충분히 알 수 있다. 왕필은 특히 무를 본체론本體論적인 도道로 해석했다. 이는 왕필이 지은 『논어석의論語釋疑』에 남아있는 "도道라는 것은 무無를 말하는 것이다. 무는 통하지 않음이 없고 무無로 말미암지 않음이 없다. 하물며 무를 도라고 말하는 것은 텅 빈 본래 그대로의 모습이어서 형체가 없고 모양으로 만들 수 없다. 이 도道는 형체로 드러낼 수 없기에 다만 마음과 뜻으로 흠모할 따름이다."76)는 구절에서 분명히 추론할 수 있다. 아무튼 무無에서 유有가 나오고 무가 바로 도라는 하안과 왕필의 이론은 발생론發生論·실재론實在論적인 의취意趣가 강하다.

귀무론에 이어 등장한 현학사조는 죽림시기의 자연론自然論이다. 대

---

73) 樓宇烈校釋(1980), 『王弼集校釋』(上), 北京: 中華書局, p.110.
74) "故無之爲用, 無爵而貴矣." [唐]方玄齡等撰(1999), 『簡體字本二十四史12 晉書』卷43 「列傳 第13·王衍傳」, 北京: 中華書局, p.814.
75) [南朝宋]劉義慶著·張萬起等譯注(1998), 『世說新語譯注』, 北京: 中華書局, p.168.
76) 樓宇烈校釋(1980), 『王弼集校釋』(下), 北京: 中華書局, p.624.

표자는 완적(阮籍, 210-263)과 혜강(嵇康, 223-262)이다.[77] 둘 다 죽림칠현에 포함된다. 『세설신어』「임탄任誕 제23」편에 '대나무 숲 속의 일곱 현인[竹林七賢[78]]'에 대한 기록이 있다.

"진류 출신 완적, 초국 출신 혜강, 하내 출신 산도 등 세 사람은 나이가 비슷했다. 혜강의 나이가 조금 적었다. 그들의 교제에 참여했던 사람은 패국 출신 유령, 진류 출신 완함, 하내 출신 상수, 낭야 출신 왕융이었다. 일곱 사람은 항상 대나무 숲에 모여 마음껏 즐기며 술을 마셨다. 이 때문에 세상 사람들은 그들을 '대나무 숲 속의 일곱 현인'이라고 불렀다."[79]

완적과 혜강은 하안(190-249) · 왕필(226-249)과 동시대 사람이다. 완적은 건안 15년[210]에 태어나 경원景元 4년[263]에, 혜강은 황초黃初 4년[223]에 태어나 경원 3년[262]에 각각 타계他界했다. 249년에 죽은 하안과 왕필에 비해 두 사람이 13-14년을 더 살았다. 완적과 혜강의 현학사상은 전기와 후기가 다르다. 전기, 즉 정시(正始. 240-249) 이전

---

77) 완적과 혜강의 생애와 사상에 대해서는 다음 책들을 참고하라. 심규호 옮김(2012), 『완적집阮籍集』, 서울: 동문선; 심우영 옮김(2015), 『혜강시집嵇康詩集』, 서울: 지식을 만드는지식[지만지]; 高晨陽著(1994), 『阮籍評傳』, 남경: 南京大學出版社.
78) 현대 중국을 대표하는 역사학자 가운데 한 명인 천인췌(陳寅恪, 1890-1969)는 "칠현七賢의 칠七이라는 숫자는 (『논어』「헌문憲問」편에 나오는) '作者七人[실행한 사람이 일곱이었다]'에서 취한 것이며, 죽림竹林은 (불교 최초의 사찰인) 죽림정사竹林精舍의 '죽림竹林'에서 의미를 취해 지은 이름이다. 참으로 그 지역에 죽림이 있어 그 밑에서 담소談笑를 나눈 것이 아니다."고 지적했다. 陳寅恪(2015), 「清談與清談誤國」, 『陳寅恪集-講義及雜稿』, 北京: 三聯書店, p.450.
79) [南朝宋]劉義慶著 · 張萬起等譯注(1998), 『世說新語譯注』, 北京: 中華書局, p.716. 죽림칠현竹林七賢이라는 말은 혜강의 전기『진서晉書』권49「열전列傳 제19 · 혜강전」에도 나온다.

엔 자연과 명교의 결합을 추구했다. 반면 정시 이후, 즉 후기엔 자연이 근본이고 명교는 지말枝末에 지나지 않는다는 견해를 보인다.

이미 설명했듯 자연과 명교는 위진시기 개념을 분류할 때 자주 사용하는 한 쌍의 철학적 범주範疇이다. '자연自然'이라는 말에는 여러 가지 뜻이 담겨 있다. '자연스럽다'는 뜻의 자연; 만물존재의 근거라는 의미의 자연[道]; 우연偶然이라는 의미의 자연; 필연必然이라는 뜻의 자연 등등. 대체적으로 존재의 상태 혹은 만물 존재의 근거라는 의미, 즉 도道의 또 다른 명칭, 본체本體·근본根本이라는 뜻으로 자연이라는 말을 주로 사용했다. 반면 명교名敎는 삼강·오륜 등 사회생활의 준칙이라는 의미를 가졌다. 이 때문에 유가는 명교를 숭상했고 도가는 자연을 근본으로 여겼다.

완적·혜강은 본래 자연과 명교의 결합을 추구했다. 이상적인 자연질서에 근거한 도덕 질서의 확립을 주장했다. 완적은 「통로론通老論」에서 다음과 같이 강조했다.

"하늘과 사람의 이치에 밝고, 자연의 분수에 통달했으며, 다스림과 교화의 본체를 꿰뚫고, 크게 삼가는 가르침을 깊이 살핀 이가 바로 성인이다. 그래서 임금과 신하는 손을 내려 맞잡아 [예절이 있었다] 본래 그대로의 질박함을 온전히 갖추었고, 백성들은 기뻐하며 보편적으로 본성[性]과 생명[命]의 조화를 보전했다. 도道라는 것은 저절로 그러함을 본받아 변화하는 것이니 제후와 왕이 능히 그것을 지킬 수 있다면 만물은 장차 저절로 교화될 것이다. 이것을 『주역』은 태극太極, 『춘추』는 원元,

『노자』는 도道라고 불렀다."⁸⁰⁾

혜강 역시 「성무애락론聲無哀樂論」에서 자연과 명교의 조화를 추구했다.

"옛날의 왕은 하늘의 가르침을 이어 만물을 다스렸고, 반드시 간단함과 쉬움의 가르침을 높이 받들었으며, 함이 없는[無爲] 다스림을 시행했다. 임금은 위에서 조용히 다스렸고, 신하는 아래에서 순응했다. … 마음을 조화시켜 내부를 만족시키고, 기를 다스려 외부를 살폈다. 그래서 노래로 뜻을 밝혔고, 무용으로 심정을 널리 드러냈다. 그렇게 한 뒤에 그것을 글로 지어 문장을 모았고 … 마음[心]이 이치[理]를 이치가 마음을 서로 따르도록 했으며, 기氣가 소리[聲]에 소리가 기에 상응하도록 했다. … 큰 가르침[大道]의 융성함이 이보다 더 성대한 적이 없었고, 지극한 편안함이 이보다 더 드러난 적이 없었다."⁸¹⁾

이처럼 완적과 혜강의 전기 사상은 자연과 명교의 조화로운 발전에 강조점이 있었다. 그러나 249년 사마의(司馬懿, 179-251)가 '고평릉사변高平陵事變'을 통해 권력을 장악하고 조 씨와 사마 씨 간의 정쟁政爭에서 사마 씨가 우위를 점하자 상황은 달라지기 시작했다. 특히 사마의의 둘째 아들 사마소(司馬昭, 211-265)를 중심으로 한 사마 씨 집단이 명

---

80) [三國魏]阮籍著·陳伯君校注(2015), 『阮籍集校注』, 北京: 中華書局, pp.159-160.
81) [三國魏]嵆康著·戴明揚校注(2016), 『嵆康集校注』(下卷), 北京: 中華書局, p.357.

교를 이용해⁸²⁾ "염치없이"⁸³⁾ 사회질서를 어지럽히기 시작하자 둘의 사상도 서서히 변해갔다. 정치가 마땅히 그러해야 될 질서[自然]를 어그러뜨리자 자연과 명교가 대립되기 시작했으며 점차 자연을 숭상하고 명교를 비판하는 경향으로 기울어졌다. 명교가 천지의 근본 질서를 어지럽히고 만물의 본성에 위배됨이 분명해졌기 때문이다. 촉나라를 멸망시키는 데 일조한 종회(鍾會, 225-264)의 참소⁸⁴⁾와 사마소의 견제牽制⁸⁵⁾ 등으로 (사마소에게) 무고無辜하게 살해된 혜강은 「태사잠太

---

82) 余敦康著(2004), 『魏晉玄學史』, 北京: 北京大學出版社, p.300.
83) 왕부지(王夫之, 1619-1692)는 『독통감론讀通鑑論』 권11에서 "서진의 무제가 처음 들어섰을 때 … 당시 임용된 사람들, 즉 가충, 임개, 풍욱, 순심, 하증, 석포, 왕개, 석숭, 반악 등은 모두 '청렴도 없고 부끄러움도 모르며[寡廉鮮恥]' 이익과 사치를 탐욕처럼 추구한 '비열한 인간들[鄙夫]'이다."고 비판했다. [明]王夫之著(2011), 『船山全書』 第10冊 『讀通鑑』 卷11, 長沙: 岳麓書社, p.421. 왕부지의 평가는 당시 사마 씨 집단에 가담했던 인물들의 "염치없는" 성향과 행태를 잘 보여준다.
84) 종회가 혜강을 참소한 것은 혜강의 지혜가 뛰어났기 때문인 것으로 보인다. 『세설신어』 「문학 제4」편에 일화가 전한다. "종회는 『사본론四本論』 쓰기를 마치고 혜강에게 한 번 보여 주고 싶었다. 책을 품고 혜강의 집에 갔으나 비판받을까 두려웠다. 품속의 책을 감히 꺼내지 못하고 문밖 멀리서 (혜강의 집에) 던져놓고는 급히 뛰어 나왔다." [南朝宋]劉義慶著·張萬起等譯注(1998), 『世說新語譯注』, 北京: 中華書局, p.167. 『세설신어』 「간오簡傲 제24」편 제3장의 주注에 『위씨춘추魏氏春秋』 기록을 인용해 종회가 혜강을 참소한 사실이 기록되어 있다. 『삼국지』 권21 「위서21·혜강전」에도 비슷한 기록이 있다. [南朝宋]劉義慶著·張萬起等譯注(1998), 『世說新語譯注』, 北京: 中華書局, p.763; [晉]陳壽撰·[南朝宋]裴松之注(1999), 『簡體字本二十四史10 三國志』 卷21 「魏書21·嵇康傳」, 北京: 中華書局, p.452.
85) 사마소가 혜강을 죽이고 싶어 했다는 기록이 『삼국지』에 붙은 배송지(裴松之, 372-451)의 '주注'에 있다. [晉]陳壽撰·[南朝宋]裴松之注(1999), 『簡體字本二十四史10 三國志』 卷21 「魏書21·嵇康傳」, 北京: 中華書局, pp.452-453. 한편, 혜강의 부인은 장락長樂 정주[亭主. 제후인 왕들의 딸을 부르는 칭호의 하나]이다. 장락 정주는 조조의 열 번째 아들인 조림(曹林, ?-256)의 딸[혹은 손녀]이며, 조림은 하안何晏의 아내인 금향金鄕 공주와 동복同腹 남매이다. 다시 말해 혜강은 위나라 왕실과 인척관계일 뿐 아니라 하안과는 친척관계에 있었다. 이런 인연으로 정치에 관심도 없었던 혜강은 위나라 왕실 쪽으로 감정이 기울었고 사마 씨 측에 대해서는 비협조적인 태도를 취했었다. 조림曹林의 어머니는 두부인杜夫人으로 미모가 빼어났던 그녀는 본래 여포의 부하 장수인 진의록秦宜祿의 아내였다. 여포 세력을 격파한 조조가 그

師箴」에서 일그러진 명교를 강하게 비판했다.

> "옛날에는 천하를 위했는데 지금은 한 사람의 몸만 위한다. 아래 사람은 위 사람을 질투하고 군주는 신하를 의심한다. 사나움과 난잡함이 더욱 많아지고 이 때문에 나라도 망하고 무너지게 되었다."[86]

그리하여 혜강은 마침내 명교를 버리고 자연을 높이기 시작한다. 이는 혜강의 「석사론釋私論」과 완적의 「대인선생전大人先生傳」에서 분명히 드러난다.

> "무릇 군자는 옳음과 그름에 마음을 두지 않으며 행동은 도道에 어긋나지 않은 사람이다. 무엇 때문인가? 대저 기氣가 안정되고 정신이 비어있는 사람은 자랑과 높임에 관심을 가지지 않는다; 몸이 밝고 마음이 통달한 사람은 정식情識이 원하는 바[所欲]에 묶이지 않는다. 자랑과 높임이 마음에 없기에 능히 명교를 뛰어 넘어 자연에 모든 것을 맡기며[越明教而任自然], 정식이 욕망에 묶이지 않기에 능히 귀함과 천함을 살펴 사물의 이치에 통달한다. 자연스럽게 사물의 이치에 통달하기에 큰 가르침[大道]과 어긋나지 않으며 명교를 뛰어넘어 자연에 맡기기에 옳음과 그름에 마음을 두지 않는다."[87]

녀를 첩으로 삼았고 둘 사이에 조림, 조곤(曹袞, ?-235), 금향 공주 등이 태어났다.
86) [三國魏]嵇康著·戴明揚校注(2016), 『嵇康集校注』(下卷), 北京: 中華書局, p.534.
87) [三國魏]嵇康著·戴明揚校注(2016), 『嵇康集校注』(下卷), 北京: 中華書局, p.402.

"옛날 하늘과 땅이 열리고 만물이 함께 생겨났다; 큰 것이 그 성품을 안정시키고 세밀함이 그 형체를 고요하게 만들었다; 음은 그 기氣를 감추었고 양은 그 정精을 발양시켰다; 해롭게 함이 없었으며 이익을 다투지도 않았다; 놓아도 잃어버리지 않았고 거두어도 가득차지 않았다; 없어져도 중간에 요절하지 않았고 남아 있어도 장수하지 않았다; 복을 얻을 곳도 없었고 화를 당할 잘못도 없었다; 각자는 그 명命에 따라 법도를 서로 지켰다. 현명한 사람은 지혜로 승리를 구하지 않았고 어리석은 사람은 어리석음 때문에 패배하지 않았다; 약한 사람은 핍박받고 두려워 할 필요가 없었고 강한 사람은 힘으로 모든 것을 다하지 않았다; 군주가 없어도 사물들의 질서가 잡혔고 신하가 없어도 모든 일들이 이치대로 이뤄졌다; 몸을 보존하고 본성을 닦음에 그 기강紀綱에 어긋나지 않았다; 오직 이와 같을 뿐이었기에 능히 오래도록 유지되었다. (그런데) 지금 너희들이 음音으로 성聲을 어지럽히고 색깔을 지어 형체를 속이고 있다; 밖으로 그 용모를 바꾸고 안으로 그 감정을 숨기고 있다; 욕심을 품어 많음을 구하고 속임수로 이름을 추구하고 있다; 군주가 세워지자 학대가 많아지고 신하의 서열이 정해지자 도적이 생겨났다; 앉아서 예법을 만들어 백성들을 속박하고 어리석은 사람을 속이고 둔한 사람을 기만한다. … 너희들 군자의 예법은 실로 천하를 비천하게 만들고 천하를 어지럽히고 천하를 망하게 하는 술책일 따름이구나!"[88]

---

88) [三國魏]阮籍著・陳伯君校注(2016), 『阮籍集校注』, 北京: 中華書局, pp.170-171.

현실 정치의 준칙인 명교를 비판하고 자연을 강조한 이 사상은 사실 하안·왕필의 귀무론 현학의 발전적인 형태라 할 수 있다. 귀무론에 이미 '무[無. 자연]'를 중시하고 '유[有. 명교]'를 낮게 보는 것, 즉 근본[無]을 중시하고 지말[有]을 천시하는 요소가 있고 게다가 "명교를 뛰어넘어 자연에 모든 것을 맡긴다[越明敎而任自然]."는 혜강의 제언提言에 보이듯 '자연론 현학'에서 '자연自然'의 지위는 '귀무론 현학'에서 '무無'의 지위와 비슷하기 때문이다. 따라서 완적·혜강의 자연론 현학 역시 귀무론貴無論처럼 '본체론本體論'적인 현학에 포함된다.

그런데, 자연을 존중하고 명교를 낮춰보는 자연론 현학의 신봉자들은 시간이 지남에 따라 방탕한 생활에 빠져들었다. 술에 취해 제멋대로 행동하는 것을 마치 사리에 통달한 양 여기는 풍조가 지나쳐 폐단이 나타나기 시작했다. 『세설신어』「덕행 제1」편에 이와 관련해 눈길을 끄는 구절이 있다.

> "왕평자王平子와 호무언국胡毋彦國 등은 모두 멋대로 방종한 행동을 했다. 그 가운데 어떤 사람은 나체로 있기도 했다. 악광樂廣이 웃으며 말했다. '명교名敎에도 즐거운 경지에 도달할 수 있는 것이 있는데 저렇게 할 필요까지 있을까?'"[89]

무無를 중시하는 귀무론과 방종한 생활을 소요유逍遙遊인양 호도하는 자연론 현학의 말류적 폐단이 지나치자 원강元康시기(291-299) 배위(裵頠, 267-300)가 『숭유론崇有論』을 지어 이들을 비판했다. 『진서』권35 「열전列傳 제5第五·배위전裵頠傳」에 관련 기록이 있다. 다소 길

---

[89] [南朝宋]劉義慶著·張萬起等譯注(1998), 『世說新語譯注』, 北京: 中華書局, p.20.

지만 전부 인용했다.

"배위는 당시 풍속의 방탕함과 유교적 가르침을 존중하지 않는 것을 심히 우려했다. 하안·왕필은 본래부터 명성이 있었다. 그들의 말은 과장되고 허무하며 (그들은) 예법을 존중하지 않았다. 일 하지 않으며 국록을 받고 과분한 은총까지 누렸다. 관리된 자들도 이를 본받아 해야 될 일을 하지 않았다. 왕연과 그 무리들은 특히 유명했다. 그들의 직위는 높고 권세도 대단했다. 그러나 정무政務를 살피지 않고 서로 모방하며 풍속과 법도를 쇠퇴하게 만들었다. 이에 배위가 「숭유론崇有論」을 지어 귀무론의 폐단을 설명하고 비판했다. '무릇 함께 모여 있는 만물 이외 다른 지고무상한 도道는 없다. 사물의 차이를 활용해 각각의 종류를 정하며, 형체와 모양이 있는 물체들은 모두 같지 않다. 이로 인해 성장하고 변화하는 일체의 실체가 있다. 사물의 변화와 감응작용은 매우 복잡하며, 이 복잡한 것이 바로 질서와 이치를 만드는 근원이다. 만물이 서로 구별되는 다른 종류이기에 종류마다 자기의 특징이 있다. 스스로의 특징이 있기에 만물은 서로 의존하며 존재한다. 만물이 생기고 변화하는 것을 탐구할 수 있는데 이것이 바로 이치[理]이다. 이치는 있음[有]에 의해 드러난다. 사물이 존재하는 데 필요한 조건을 자資라 하며, 조건이 그 사물의 존재에 적합한 것을 의宜라고 하며, 적당한 조건을 선택하는 것을 정[情. 실정에 맞음]이라고 한다. 지식 있는 사람이 관리가 되든 은퇴하든 그 모습은 같지 않고, 침묵하고 말하는 방식도 다르다. 그러나 고귀한 생명을 유지하기 위한 조건을 찾는다는 그 정황情況은 모두에게 다르지 않다. 사물의 여러 이치가 동시에 존재하지만 해를 끼치지 않기에 귀함과 천함도 나타난다. 귀함과 천함의 차이가 있는 그 곳에 얻음과 잃음이 존재하므로 좋은 징조와 나쁜 징조가 드러난다. … 유有를 천시하면 반드시 형체를 도외시하게 되며, 형체를 도외시하면 제도를 잃어버린다. 제도를 버리면 방지하는 것을 소홀히 하게 되고, 방지하는 것을 소홀히 하면 반드시 예禮를 상실한다. 예와 제도가 없으면 정치를 할 수가 없다. …『노자』를 보면 넓은 가르침이 있다. 그런데『노자』는 무無에서 유有가 생긴다고 말했다. 이는 아무 것도 없는 허무를 주主로 한 것으로 한 쪽의 말을 일방적으로 세운 것에 지나지 않는다. 어찌 그러한 연유가 있겠는가! … 대저 아무것도 없는 지극한 허무는 그 무엇도 만들어 낼 수 없다[夫至無者, 無以能生]. 따라서 태어남의 시작은 자생自生이다. 자생은 반드시 체體인 유有를 필요로 한다. 유有를 버리면 생존마저 위태롭다. 이미 존재하는 사물이 유有를 존재의 근거로 하므로 아무 것도 없는 허무虛無는 단지 유有가 없어진 상태에 지나지 않는다. 따라서 조건에 따라 키워져 이미 존재하는 유有를 무無의 작용이 능히 보전할 수 있는 것은 아니다; 다스림의 이치에 의해 이미 존재하는 여러 사람을 무위無爲가 능히 교화하고 길들일 수 있는 것은 아니다. 마음[心]은 일이 아니다. 그러나 일을 할 때는 반드시 마음에 의지해야 한다. 일을 하는 마음이 일 자체가 아니라고 마음을 무無로 간주해서는 절대 안 된다. 장인匠人은 그릇[器]이 아니지만 그릇을 만들 때는 반드시 장인에 의지해야 되는 것과 같다. 그릇 만드는 장인이 그릇과 같지 않다고 장인이 존재하지 않는다고 여겨서는 안 되는 것과 똑 같다. 깊은 물속에 있는 고기와 용을 편안히 누워서 잡을 수는 없다; 높은 벽 위에 있는 날짐승을 공손하게 손을 맞잡은 채 잡을 수는 없다; 정성을 다해 물고기 잡는 미끼를 거는 것을 무지無知가 능히 할 수는 없다; 이로 보건대 유를 숭상하는 숭유崇有가 이미 있는데 허무虛無가 민중에게 무슨 좋은 영향을 끼친다는 것인가!'"90)

인용문은 많은 사실을 알려 준다. 귀무론과 자연론 현학의 영향으로 관리들은 제대로 일을 하지 않았고 유교적 예법은 방치되어 정치가 바르게 이뤄지지 않아 숭유론 현학이 등장했다는 사실이 첫 번째이다. "무에서 유가 생긴다."는『노자』의 구절을 편향된 가르침으로 치부했다는 점이 두 번째이다. 배위가 자생론自生論을 제창했다는 점은 인용문이 알려주는 세 번째 사실이다. 만물의 탄생은 자생自生, 즉 스스로 생기며 비록 스스로 생기지만 유有를 본체로 한다. 유有와 자생自生은 체體와 용用의 관계이며 허무虛無는 유有가 결핍된 상태라는 주장도 주목할 필요가 있다. 바로 여기서 네 번째 사실이 도출된다. 배위가 이해한 무無는 생성론生成論・본체론本體論적인 무無가 아니다. 의도적이든 의도적이지 않든 배위는 귀무론 현학이 주장한 '본체론적인 무'를 '허무[虛無. 부존재不存在. 아무 것도 없는 것]'로 끌어내렸다. 동시에 '본체론本體論적인 유有'를 제안했다.91) 그래서 배위는 현학의 관심을 관념적인 문제에서 현실적인 사물事物로 옮겨 놓았다. 명교名敎를 세울 본체론적인 근거를 제시했다는 점과 자생론自生論으로 곽상의 독화론獨化論

---

90) [唐]方玄齡等撰(1999),『簡體字本二十四史11 晉書』卷35「裵頠傳」, 北京: 中華書局, pp.683-685.
91) 湯一介著(2009),『郭象與魏晉玄學』(第三版), 北京: 北京大學出版社, pp.217-218.

현학이 태어날 기초를 마련했다는 점 등도 인용문을 통해 직·간접적으로 알 수 있다.

배위에 이어 현학사상의 무대에 등장한 곽상(郭象. 253-312)[92]은 무無가 유有를 만들어낸다는 점도 유有가 능히 무를 생기게 한다는 점에도 동의하지 않았다. 다만 만물은 "홀로 스스로 생겨난다[塊然而自生]."고 주장했다. 『장자집석莊子集釋』에 이와 관련된 곽상의 주注가 있다.

[1] "무無는 이미 없는 것이다. 그래서 유有를 낳을 수 없다; 유는 아직 생기지 않았기에 생성이 불가능하다. 그러면 생生을 생기게 하는 것은 누구인가? 홀로[塊然] 스스로 생겨난다[自生]. 스스로 생기는 것이며 내가 생기게 하는 것이 아니다. 내가 사물事物을 생기게 할 수 없기에 사물 또한 나를 생기게 할 수 없다. 내 스스로 그러하다. 스스로 그러하니[自己而然] 이를 일러 천연天然이라 한다. 천연일 따름이니 함[爲]이 하는 것은 아니다."[93]

[2] "사물을 만드는 조물주造物主는 있는가 없는가? 없다면 누가 사물을 만들어 내는가? 있다면 물物로 여러 모양의 물건을 나오게 하는 것은 불가능하다. 따라서 여러 모양의 물건이 있은 연후에 비로소 조물이라는 말을 할 수 있다. 물건이 있는 영역에 관련해서는, 비록 다시 그림자 옆의 그늘이라도 그윽한 어둠 속에서 홀로 변화해 태어나지[獨化] 않음이 없다. 조물주는 없고 물건 각자가 스스로를 만든다. 물건 (스스로가) 스스

---

92) 곽상에 대해서는 다음을 참고하라. 湯一介著(2009), 『郭象與魏晉玄學』(第三版), 北京: 北京大學出版社; 王曉毅著(2006), 『郭象評傳』, 南京: 南京大學出版社.
93) [淸]郭慶藩撰·王孝魚點校(1961), 『莊子集釋』(上), 北京: 中華書局, p.50.

로 만들뿐 다른 것에 의지해 만들어지는 것이 아닌, 이것이 천지의 올바름이다."⁹⁴⁾

[3] "그런즉 무릇 '그것을 얻음[得之]'은 밖으로 도道의 도움을 받지 아니하고 안으로 자기에게서 말미암은 것이 아니다. 홀로 스스로 얻어 변화해 태어나는[獨化] 것이다. 대저 태어남의 어려움이란 오히려 홀로 변화해 스스로 얻음 때문이다. 이미 그 생生을 얻었으면 다시 무엇 때문에 생生을 얻지 못해 (그것을) 얻으려 근심하는가!"⁹⁵⁾

인용문에서 보듯 무無는 이미 없는 것이기에 유有를 만들어 내는 것이 불가능하다. 유有는 자기 자신이 한계적 존재이기에 다른 한계가 정해진 존재물을 만들어 낼 능력이 없다. 무와 유가 만물을 만들어 내지 못하기에 만물은 단지 스스로 변화해 태어난다[獨化]. 모든 사물은 스스로 자기 존재의 근거일 따름이다. 조물주라는 말도 할 수가 없다. 만물은 모두 '스스로 태어나는 것[自生]'이기 때문이다. 이처럼 곽상의 독화설獨化說은 만물 스스로 태어나기에 다른 실체적 존재를 필요로 하지 않는다는 점에서 '유有'라는 실체를 근거로 전개된 배위의 자생설과 다르다.

곽상 이후 동진시기(317-420)를 살았던 장담(張湛. 370-?)⁹⁶⁾이 현학을 새롭게 구성하려 했으나 귀무론·숭유론 등을 종합하는 정도였으며 새로운 돌파구를 만들지는 못했다고 평가된다.⁹⁷⁾ 중국에 전래된 지 오

---

94) [淸]郭慶藩撰·王孝魚點校(1961), 『莊子集釋』(上), 北京: 中華書局, pp.111-112.
95) [淸]郭慶藩撰·王孝魚點校(1961), 『莊子集釋』(上), 北京: 中華書局, p.251.
96) 장담의 현학사상을 알려주는 책이 최근 우리말로 번역됐다. 장담 지음·임채우 옮김(2022), 『장담의 열자주列子注』, 서울: 한길사.
97) 湯一介著(2009), 『郭象與魏晉玄學』(第三版), 北京: 北京大學出版社, p.156.

래되어 어느 정도 세력을 형성하고 있던 불교가 체계적이고 독자적인 사상과 학설을 유포하고 있었던 점도 적지 않게 영향을 끼쳤을 것이다.[98] 실재론에 가까운 현학의 무無·유有 개념을 대체할 새로운 사유 방식이 필요한 시점이기도 했다. 무엇보다 '귀무貴無'에서 '숭유崇有'로 '숭유崇有'에서 '독화獨化'로 발전한 현학사조가 더 이상 오를 곳이 없다는 점이 주요한 이유였으리라.

이러한 때인 홍시弘始 11년[409] 구마라집 스님이 『중론中論』을 중국어로 번역했다. 특히 "반드시 존재한다고 하면 상주론常住論에 빠지고 반드시 존재하지 않는다고 하면 단멸론斷滅論에 떨어진다. 따라서 지혜로운 사람은 마땅히 유有와 무無에 집착해서는 안된다."[99]는 『중론中論』「관유무품觀有無品」의 열 번째 게송과 "여러 원인과 조건들의 결합으로 나타난 모든 존재를 나는 공空하다고 말하며, 이것을 가명假名이라고도 하며, 이것이 바로 중도의 의미이다."[100]는 『중론』「관사제품觀四諦品」의 열여덟 번째 게송은 위진현학의 실재론적 유·무 개념을 뛰어 넘는 새로운 활로를 열었다. 인과 연의 결합으로 출현한 존재[사물·개념·관념]는 유有라고 말할 수 없고 무無라고 말할 수도 없다는 비유비무非有非無에 입각해 지은 글이 바로 승조 스님이 409-413년 발표한

---

[98] 『세설신어』「문학 제4」편 등에 이를 방증傍證하는 기록이 적지 않다. 지도림 스님의 『장자』「소요유」이해가 현학가 곽상과 상수를 뛰어넘었다는 것; 지도림 스님이 『장자』「소요유」에 대해 이야기하자 고관高官들이 떠날 줄을 몰랐다는 일화; 동진의 명사名士들이 모두 지도림 스님의 말과 생각에 관심을 갖고 즐겼다는 기록; 동진의 간문제(簡文帝, 321-371-372)가 개최한 재회齋會에서 지도림 스님이 한 가지 해석을 내릴 때마다 모임에 참석한 모든 사람들이 마음속으로 만족해했다는 일화; 『유마경』・『성실론』・삼승三乘・돈오頓悟・십지十地・육가칠종六家七宗 등 불교와 관련된 경전과 술어들이 『세설신어』곳곳에 기록되어 있다는 점 등에서 동진 이후의 남조南朝 사회에서 불교의 사회적·사상적 영향력이 점증漸增했음을 알 수 있다.
[99] "定有則著常, 定無則著斷. 是故有智者, 不應著有無."
[100] 『中論』(卷第4. T30, 33b11), "衆因緣生法, 我說即是無[空]. 亦爲是假名, 亦是中道義."

「부진공론不眞空論」이다. 만물은 본질적으로 공空한 성질性質[空性]을 갖고 있으며 모든 존재는 성질상 공한 성품[性空]에서 벗어날 수 없다는 정통 반야·중관사상이 구마라집 스님과 함께 인도에서 중국으로 전파되며 귀무론·자연론·숭유론·독화론 등 현학사상의 토대는 점차 흔들리다 무너지기 시작했다. 대신 승조 스님의 『조론』에 표현된 공空사상이 그 공간을 채웠다. 자연스레 사상계의 흐름도 현학에서 불학 쪽으로 점점 옮겨갔다. 공사상은 어떻게 나타난 것일까?

3. 자성自性과 공사상의 탄생

승조 스님이 『부진공론』에서 논구論究한 '사물은 본성상 공하다'는 성공性空은 불교사상의 특색 가운데 하나이다. 부처님이 가르침을 펼 당시 공사상이 없었던 것은 아니었지만 중심적인 주제는 아니었다. 부처님의 교설教說이 보다 넓은 지역으로 전파되는 과정에 공사상의 외연外延도 점차 확대됐고 내포內包 또한 더욱 깊어졌다. 공의 영향력도 점점 커졌다. 결국 부처님을 공왕空王, 불교를 공문空門으로 부를 정도에 이르렀다. 대승이든 부파불교든, 유有를 주창하든 무無를 내세우든 공을 말하지 않을 수 없게 됐다. 공과 공성空性은 불교의 중요한 술어 가운데 하나로 자리 잡았다.

교리가 발전되는 과정에 자성自性이라는 말이 부각되자 공도 자연히 강조되기 시작했다. 체계적인 공사상의 탄생은 자성 개념의 정립과 어느 정도 관련이 있다고 할 수 있다. "다른 어떤 것에도 의존하지 않고 홀로 자립할 수 있는 존재"를 의미하는 자성은 '자기 안에 자기의 존립 근거를 모두 구비'하고 있다. 그러나 "다양한 인因과 연緣의 결합에 의해 출현한 세간의 모든 존재는 항상 변화 속에 있을 뿐 불멸하는 자성을 가지고 있지 않으며 '자기 존재의 본질本質을 결정하는 자기自己'를 가질 수 없다."는 것이 불교의 핵심적인 가르침의 하나이다. 불변하는 존재인 아트만을 반대한 불교에 자성이라는 단어가 생긴 것은 무엇 때문일까? 어떤 과정을 거쳐 자성이라는 개념이 정립됐을까? 자성 개념은 불교 성경聖經의 집성集成과 부파部派의 분열, 부파의 독자적인 교설 해석에서 실마리를 찾을 수밖에 없다.

보리수 밑에서 증득한 깨달음에 토대를 둔 '교설[敎說. 經]'과 필요에 따라 제정된 '행동 규칙[律]'은 부처님 당시 이미 상당한 분량에 달했다. 출가자 개개인이 모두를 암송하기는 사실상 불가능했다. 출가자들이 들은 내용과 외우고 있는 부분이 서로 다를 수도 있었다. 그래서 부처님이 입적하기 전부터, 어쩔 수 없는 상황과 필요에 의해 경과 율 암송에 분업방식이 도입됐다. 기억력이 뛰어난 제자인 다문자多聞者, 교설을 암송하고 그 의미를 잘 이해한 지법자持法者·지경자持經者, 계율 항목을 잘 외우고 있는 지율자持律者 등이 출현했다.[101] 지혜제일 사리불 존자, 다문제일 아난 존자 등은 이런 사실을 알려주는 칭호라 할 수 있다. 『중아함경』에 이와 관련된 기록이 전한다. "아난아! 근처에 함께 머무르고 있는 비구 가운데 경을 아는 비구, 율 조항을 외우는 비구, 본모本母를 암송하고 있는 비구가 있다면 그 비구들이 사는 곳에 가서 다투는 이 일을 이야기하라."[102] 부처님이 열반에 들기 전부터 경·율 암송에 분업이 이뤄졌음을 알 수 있다.

특히 주의할 것은 '본모를 암송하고 있는 비구'라는 부분이다. 본모本

---

101) 印順著(2002), 『原始佛敎聖典之集成』, 臺北: 正聞出版社, p.12.
102) 『中阿含經』(T1, 755a16), "阿難! 相近住者, 於中若有比丘持經, 持律, 持母者, 此比丘共往至彼, 說此諍事."

母는 경과 율의 '대강과 세목[綱目]', 즉 목차 · 제목을 말한다. 연구주제로 선정된 것 혹은 연구제목으로 이해해도 무방하다. 논모論母라 부르기도 하며 산스크리트어 mātṛkā를 의역한 말이다. 마달리가摩呾履迦 · 마질리가摩窒里迦 · 마다라가摩多羅迦 · 마득륵가摩得勒伽 등으로 음역됐다. 『근본설일체유부비나야잡사』 권제40에 본모에 대한 설명이 있다.

"마질리가는 … 소위 사념처, 사정근, 사신족, 오근, 오력, 칠보리분, 팔성도분, 사무외, 사무애해, 사문사과 … 이와 같은 모든 것을 마질리가라고 한다."[103]

『근본설일체유부비나야잡사』가 설명한 본모가 숫자와 결합됐을 때는 법수法數로, 숫자가 붙지 않았을 때는 법상法相으로 각각 불려지기도 한다. 본모는 "경과 율의 모체母體"라는 뜻이며 부처님 제자들은 경모經母와 율모律母에 의거해 경과 율의 내용을 암송했다. '사념처'라고 말하면 사념처와 관련된 경의 내용을 머리에 떠올리며 읊조렸다. 본모는 대개 낮은 숫자에서 높은 숫자로, 즉 1, 2, 3, 4, 5, 6 식으로 정리됐기에 외우기 편했다. 그래서 제목 · 목차의 역할을 했다.

이런 상황에서 부처님이 열반에 든 그 해[BCE 486년] 마가다국의 수도 왕사성에 위치한 칠엽굴에서 마하가섭 존자가 주도해 제1차 결집이 이뤄졌다. 오백여 명의 비구가 참여해 경과 율을 정리했다. 경모[經母. 경의 목차]와 율모[律母. 율의 목차]도 확정했다. 물론 문자로 기록된 것은 아니었다. 결집된 경과 율이 불교도 사이에 전파됐다. 아쇼카

---

103) 『根本說一切有部毘奈耶雜事』(卷第四十. T24, 408b6), "摩窒里迦 … 所謂四念處、四正勤、四神足、五根、五力、七菩提分、八聖道分、四無畏、四無礙解、四門四果 … 如是總名摩窒里迦."

286 조론

[BCE 268년 즉위. BCE 264년 관정灌頂. BCE 230년 타계][104] 왕이 통치하던 시기 이후부터 경과 율이 점차 문자로 기록되기 시작했다.

부처님이 열반에 든 지 110년 정도 지난 뒤인 BCE 370년 무렵 제2차 결집이 진행됐다. 남전南傳불교 자료인 『도사島史』·『대사大史』·『논사論事』 등에 의하면 바이샬리 비구들이 신도들로부터 금과 은을 직접 받는 등 '계율과 맞지 않는 열 가지 일'[105]이 문제가 되어 비구 칠백여 명이 바이샬리에 모여 경과 율의 내용을 결집했다. 당시 열 가지 일이 법에 맞지 않다고 주장한 사람들은 상좌부, 이들의 결정에 반대한 사람들은 대중부를 형성했다. 이를 계기로 '조화로운 하나의 맛[一味和合]'을 유지하던 교단은 점차 분열되기 시작했다. 북전北傳불교 자료인 『아비달마대비바사론』(권제99)·『이부종륜론』 등에 따르면 대천大天이라는 이름을 가진 비구가 주장한 '다섯 가지 일'[106]에 대한 관점의 차이로 교단은 서서히 갈라지기 시작했다. 아무튼 BCE 370년 무렵부터 150년 경 대승불교가 유행할 때까지 18부[남전 자료] 내지 20부[북전 자료] 정도의 부파가 생겼다. 이 때를 부파불교部派佛敎 시기라 부른다.[107]

각 부파는 독자적인 경·율·론 삼장을 가졌다. 모든 부파가 삼장을 가진 것은 아니었지만 중요하다고 생각되는 부분[경이든 율이든 논이든]은 갖고 있었다. 현장 스님이 인도에서 중국으로 돌아올 때 각 부파

---

104) 呂澂著(2005), 『印度佛學源流略講』, 上海: 上海世紀出版集團, p.27.
105) 이를 십사비법十事非法이라 한다. 십사비법에 대해서는 『미사색부화혜오분률彌沙塞部和醯五分律』 권30 「오분률五分律 제오분지십第五分之十 칠백집법七百執法」[T22, 192ab]을 참조하라.
106) '대천의 다섯 가지 일[大天五事]'에 대해서는 『아비달마대비바사론』 권제99[T27, 510c23-511c20]와 『이부종륜론』[T49, 15a18] 등을 참조하라.
107) 부파불교의 분열에 대해서는 다음을 참조하라. 印順著(2005), 『印度佛敎思想史』, 臺北: 正聞出版社, pp.38-56; 印順著(2006), 『說一切有部爲主的論書與論師之研究』, 臺北: 正聞出版社, pp.12-18; 呂澂著(2005), 『印度佛學源流略講』, 上海: 上海世紀出版集團, pp.23-35.

의 삼장을 가지고 왔다는 기록에서 이를 확인할 수 있다.[108] 이들 부파가 정력을 쏟은 대상은 본모本母, 즉 법상法相의 연구였다. 특히 상좌부와 여기서 갈라져 나온 설일체유부說一切有部는 '법상 연구'를 아비달마라 불렀다. 부처님의 가르침을 담은 경은 '법法'이며, 이 법法을 연구하는 것을 '대법對法'이라는 의미를 지닌 아비달마로 명명했다.[109] 『아함경』이 집성되기 이전부터 아비달마라는 용어는 이미 불교계에 널리 알려져 있었다.[110] 아비달마라는 말은 원래 "경과 율을 찬탄한다." 혹은 "찬탄할 만한 최고의 구경법究竟法"이라는 의미였다.

부파 가운데 대중부는 부처님이 말한 모든 교설은 요의了義라고 판단해 모든 경을 아비달마라고 불렀다. 반면 여러 부파 가운데 가장 강력한 세력을 지녔던 설일체유부는 어떤 경은 요의경이지만 어떤 경은 불요의경이라고 보았다. 그래서 "찬탄할 가치가 있는 최고의 구경법을 설한 경"[111]을 아비달마라고 명명했다. 설일체유부는 특히 깨달음에 이르는 가르침을 설명한 법을 아비달마로 지칭했다. 사념처·사정근·사신족·오근·오력·칠각지·팔정도[이상 37도품道品] 등 성도聖道의 실천을 위주로 한 것이 그것이다.

---

108) 『大唐大慈恩寺三藏法師傳』(卷第六, T50, 252c4), "又安置法師於西域所得大乘經二百二十四部, 大乘論一百九十二部, 上座部經·律·論一十五部, 大衆部經·律·論一十五部, 三彌底部經·律·論一十五部, 彌沙塞部經·律·論二十二部, 迦葉臂耶部經·律·論一十七部, 法密部經·律·論四十二部, 說一切有部經·律·論六十七部, 因論三十六部, 聲論一十三部, 凡五百二十夾, 六百五十七部, 以二十匹馬負而至."
109) 아비달마의 형식에 대해서는 다음을 참조하라. 呂澂著(2005), 『印度佛學源流略講』, 上海: 上海世紀出版集團, p.15.
110) 印順著(2006), 『說一切有部爲主的論書與論師之研究』, 臺北: 正聞出版社, p.33.
111) 『阿毘達磨大毗婆沙論』(卷第一, T27, 3a2b21), "問: '阿毘達磨, 自性云何?' 答: '無漏慧根.' … 此中何者, 甚深阿毘達磨? 謂滅定退及如實覺. 又如佛告阿難陀言: '我有甚深阿毘達磨, 謂諸緣起, 難見難覺不可尋思非尋思境. 唯有微妙聰叡智者, 乃能知之. …'"

아비달마의 또 다른 특징은 부처님 가르침을 간단하게 해설하던 것에서 점차 내용이 깊어지고 상세한 분석으로 나아갔다는 점이다. 부처님이 말한 연기에 대해 설일체유부가 육인六因・사연四緣・오과五果 등으로 상세하게 분석한 것 등이 대표적인 예이다. 그러면 설일체유부는 법상法相을 어떤 방식으로 연구했을까?

불학佛學이 현상을 관찰해 진리를 파악하는 방식에는 크게 두 가지가 있다. 하나는 '일체설一切說'이다. 분석을 통하지 않고 직관적인 방식으로 요점을 파악하는 것이다. 반야계 경전이 주창하는 성공性空이 대표적이다. 하나하나 분석하지 않는다. 직관으로 파악한다. 『반야심경』의 첫 구절에 나오듯 "관자재보살이 깊은 반야바라밀을 수행할 때 오온이 공함"을 '곧바로' 철견徹見한다. 다른 하나는 '분별설分別說'이다. 현상을 하나하나 분석하고 분별한 뒤 진리에 접근한다. 분석공分析空이 여기에 속한다. 오온・십이처・십팔계 하나하나를 나누어 분석한 뒤 '삼세실유三世實有 법체항유法體恒有'를 주장한다. 그런데 부처님은 분석하고 분별하는 방식으로 제자들을 가르쳤다. 양 극단을 분석한 뒤 중도의 관점을 결택決擇했다.[112] 『아함경』에 직관보다는 분석적인 방식으로 가르침을 설하는 장면이 더 많이 나온다는 것이 이를 증명한다. 설일체유부도 분석적인 방식으로 법상을 연구했다. 법상을 하나하나 분별해 연구하는 것을 '법상분별法相分別'이라 하며 이 과정에서 실체實體를 가진 자성이라는 개념이 형성되고 실유론實有論이 모습을 드러낸다.[113]

문제는 '설일체유부가 분석한 법상[범주範疇라 불러도 좋다]이 무엇'이며 '무엇에 근거해 이들 법상을 도출했는가?'이다. 이 문제는 결국

---

112) 呂澂著(2005), 『印度佛學源流略講』, 上海: 上海世紀出版集團, p.18.
113) 羅因著(2003), 『空、有與有、無』, 臺北: 國立臺灣大學出版委員會, p.58.

부처님의 원음을 전하는 가장 원초적인 경전이 무엇인가로 연결된다. 그 성전聖典에서 부파불교가 분석한 법상을 찾아내야 한다. 결론적으로 말해 가장 일찍 결집된 성전은 『잡아함경雜阿含經』이며[114], 네 종류의 아함경 가운데 『잡아함경』이 근본이다.[115] 이는 『유가사지론』(섭사분攝事分) 권제85에서 증명된다:

"'법상에 들어맞고 합당한 경전[事契經]'[116]은 네 가지 『아함경』을 가리킨다. 첫 번째는 『잡아함경』, 두 번째는 『중아함경』, 세 번째는 『장아함경』, 네 번째는 『증일아함경』이다. 이 가운데 『잡아함경』은 부처님이 중생을 교화할 때 널리 설법한 것으로 '부처님이 말씀하신 것'과 '제자들이 말한 것'을 종류별로 분류한 것을 말한다. 온·계·처에 따라 분류한 것, 연기·식·제에 따라 분류한 것, 사염주·사정단·사신족·오근·오력·칠각지·팔정도·들숨과 날숨·학처·깨끗함을 증득함 등에 따라 분류한 것이다. 팔중설에 따라 분류한 것 …… 즉 저[彼] 일체의 법상을 가르침에 따라 분류한 것, 차례대로 분류했기에 『잡아함경』이라 한다; 법상에 따라 분류한 가르침 가운데 중간 길

---

114) 呂澄著(1991), 『呂澄佛學論著選集』 卷1 「雜阿含經刊定記」, 濟南: 濟魯書社, p.17; 印順著(2009), 『印順法師佛學著作全集』 第20卷 『雜阿含經會編』(上), 北京: 中華書局, 自序.
115) 印順著(2009), 『印順法師佛學著作全集』 第20卷 『雜阿含經會編』(上), 北京: 中華書局, p.6.
116) 네 가지 조건이 맞아야 계경契經으로 불린다. ①어디에서 누구를 대상으로 설명한 것인가? 이를 '계합처契合處'라 한다; ②세속제와 승의제의 모든 모습[相]과 본성[性]을 설명한 것인가? 이를 '계합상契合相'이라 한다; ③오온·십이처·십팔계 등을 설명한 것인가? 이를 '계합법契合法'이라 한다; ④깊고 알기 어려운 의미를 설명한 것인가? 이를 '계합의契合義'라 한다. 내용과 구절이 계합처, 계합상, 계합법, 계합의 등 네 가지 조건에 합당한 경전을 계경契經이라 한다.

이에 해당 하는 것을『중아함경』이라 한다; 법상에 따라 분류한 가르침 가운데 긴 길이에 해당하는 것을『장아함경』이라 한다; 법상에 따라 분류한 가르침 가운데 일·이·삼 등 점차 숫자가 증가하는 방식으로 설명했기에『증일아함경』이라 한다. 스승과 제자가 네 종류를 서로 전하고 전해 지금에 이르렀다. 이런 이치로 말미암아 이를『아함경』이라 말하고 '법상에 들어맞고 합당한 경전[事契經]'이라 부른다."[117]

설일체유부의 송본誦本인[118]『잡아함경』의 '잡雜'은 '잡되다' '혼합되다'는 의미가 아니다. '법상에 따라 분류했다' '차례대로 분류했다'는 뜻이다.『잡아함경』이 현존하는 경전 가운데 가장 오래된 것이 입증된 이상 남은 문제는『잡아함경』의 본모는 무엇인가'이다. 현대 중국을 대표하는 불교학자 가운데 한 명인 뤼청(呂澄. 1896-1989)은 1924년『내학內學』제1집에 발표한「잡아함경간정기雜阿含經刊定記」에서『유가사지론』(섭사분攝事分) 권제85와『잡아함경』을 비교해 본모를 찾아냈다.[119] 대만의 인순(印順. 1906-2005) 스님이 이를 토대로 연구해 "『잡아함경』이 능설能說·소설所說·소위설所爲說의 세 부분으로 편집됐음"을『원시불교 성

---

117)『瑜伽師地論』(卷第85. T30, 772c9), "事契經者, 謂四《阿笈摩》, 一者,《雜阿笈摩》; 二者,《中阿笈摩》; 三者,《長阿笈摩》; 四者,《增一阿笈摩》.《雜阿笈摩》者, 謂於是中, 世尊觀待彼彼所化, 宣說如來及諸弟子所說相應, 蘊、界、處相應, 緣起、食、諦相應, 念住、正斷、神足、根、力、覺支、道支, 入出息念、學、證淨等相應; 又依八眾說眾相應. … 即彼一切事相應教, 間廁鳩集, 是故說名《雜阿笈摩》; 即彼相應教, 復以餘相處中而說, 是故說名《中阿笈摩》; 即彼相應教, 更以餘相廣長而說, 是故說名《長阿笈摩》; 即彼相應教, 更以一二三等漸增分數道理而說, 是故說名《增一阿笈摩》. 如是四種師弟展轉傳來于今, 由此道理是故說名《阿笈摩》, 是名事契經."
118) 印順著(2009),『印順法師佛學著作全集』第20卷『雜阿含經會編』(上), 北京: 中華書局, p.8.
119) 呂澄著(1991),『呂澄佛學論著選集』卷1「雜阿含經刊定記」, 濟南: 濟魯書社, pp.17-29.

전의 집성原始佛敎聖典之集成』에서 구체적으로 밝혔다.[120]

남은 문제는 본모[법상]를 밝혀내는 것이다. 앞의『유가사지론』인용문에서 '법상에 들어맞고 합당한 경전[事契經]'이 네 가지『아함경』임을 알았다. 그러면『아함경』이 말하는 법상[事]은 무엇을 가리킬까?『유가사지론』(본지분本地分) 권제3에 해답이 있다.

"마땅히 알아라! 모든 부처님의 말씀은 아홉 가지 법상에 포함된다. 아홉 가지 법상이란 무엇인가? 첫 째는 유정 법상; 둘째는 수용 법상; 셋째는 생기 법상; 넷째는 안주 법상; 다섯째는 염정 법상; 여섯째는 차별 법상; 일곱째는 설자 법상; 여덟째는 소설 법상; 아홉째는 중회 법상이다. 유정 법상은 오온을 말하며, 수용 법상은 십이처이다. 생기 법상은 십이인연과 연생이며, 안주 법상은 사식을 가리킨다. 염정 법상은 사성제이며, 차별 법상은 무량계를 말함이다. 설자 법상은 부처님과 그 제자들을 가리키며, 소설사는 사념처 등 보리분법을 가리킨다. 중회 법상은 소위 8중을 말함이다. 8중은 찰제리, 바라문, 장자, 사문, 4대천왕, 33천, 염마천, 범천 등 여덟을 가리킨다."[121]

---

120) 印順著(2002),『原始佛敎聖典之集成』, 臺北: 正聞出版社, pp.629-702. 이 책의 초판은 1971년 발행됐다.
121)『瑜伽師地論』(卷第3. T30, 294a20), "又復應知諸佛語言, 九事所攝. 云何九事? 一、有情事; 二、受用事; 三、生起事; 四、安住事; 五、染淨事; 六、差別事; 七、說者事; 八、所說事; 九、眾會事. 有情事者, 謂五取蘊; 受用事者, 謂十二處; 生起事者, 謂十二分事緣起及緣生; 安住事者, 謂四食; 染淨事者, 謂四聖諦; 差別事者, 謂無量界; 說者事者, 謂佛及彼弟子; 所說事者, 謂四念住等菩提分法; 眾會事者, 所謂八眾. 一、剎帝利眾; 二、婆羅門眾; 三、長者眾; 四、沙門眾; 五、四大天王眾; 六、三十三天眾; 七、焰摩天眾; 八、梵天眾."

『잡아함경』의 내용은 모두 아홉 가지로 분류됨을 알 수 있다. 『유가사지론』(섭사분攝事分) 권제85에 따르면 아홉 가지 내용은 다시 크게 세 가지로 나눌 수 있다.

"마땅히 알아라! 이처럼 내용에 따라 분류한 (부처님의) 모든 가르침은 대략 세 가지 모습[三相]으로 나눌 수 있다. 세 가지란 무엇인가? 첫 번째는 능설能說; 두 번째는 소설所說; 세 번째는 소위설所爲說이 그것이다. 부처님과 그 제자들은 '능히 설법할 수 있기에' 부처님이 설법한 것과 제자들이 설명한 것이 능설이다; 이해되는 것과 이해할 수 있는 것이 소설所說인데 예를 들면 오온·육처·인연에 관한 내용과 37도품道品에 대한 내용이 그것이다; 만약 비구·천·마귀 등이 말했다면 이것이 소위설이다. 이런 내용으로 『잡아함경』을 결집했다."[122]

『유가사지론』에 근거해 대만의 인슌印順 스님은 법상法相의 순서에 맞춰 『잡아함경』을 새롭게 편집한 『잡아함경회편雜阿含經會編』을 펴냈다. 『잡아함경회편』의 총목록이 바로 법상法相인 것이다.[123] 그래도 해결해야 될 문제가 있다. 『잡아함경』의 법상이 가장 원시적인 형태를 간직하고 있느냐가 그것이다. 현존하는 『잡아함경』은 설일체유부가 원하는 방향으로 내용이 편집되었을 가능성이 있다. 때문에 『잡아함경회

---

122) 『瑜伽師地論』(卷第85, T30, 772c16), "當知如是一切相應, 略由三相. 何等爲三? 一是能說; 二是所說; 三是所爲說. 若如來, 若如來弟子, 是能說, 如弟子所說, 佛所說分; 若所了知, 若能了知, 是所說, 如五取蘊, 六處, 因緣相應分, 及道品分; 若諸苾芻, 天, 魔等衆, 是所爲說, 如結集品."
123) '총목록'의 내용에 대해서는 다음을 참조하라. 印順著(2009), 『印順法師佛學著作全集』 第20卷 『雜阿含經會編』(上), 北京: 中華書局, 總目錄.

편』과 남전불교의 『상응부경전』을 비교해 원형을 추측하는 방법을 사용할 수밖에 없다. 연구결과에 따르면 음陰상응, 입入處처상응, 인연因緣상응, 제諦상응, 계界상응, 수受상응, 염처念處상응, 정단正斷상응, 여의족如意足상응, 근根상응, 역力상응, 각지覺支상응, 성도분聖道分상응 등은 『상응부경전』에도 들어있다.[124] 따라서 오온五蘊, 십이처十二處, 십팔계十八界, 십이연기十二緣起, 사성제四聖諦, 삼수三受[125], 사념처四念處, 사정단四正斷[126], 사신족四神足[127], 오근五根, 오력五力, 칠각지七覺支, 팔정도八正道 등의 본모[本母, 법수, 법상]는 초기 모습을 그대로 유지하고 있다는 유추가 가능하다.[128] 그러면 이들 본모와 관련된 『잡아함경』의 경문을 분석해 설일체유부의 '실유론實有論'이 등장하는 과정을 추적할 수 있다.

주지하다시피 불교에서 가장 중요한 것은 실천수행이다. 사변적인 논의가 불교의 목표는 결코 아니다. 그래서 초기불교 이래 수행이 중시됐다. '여실관如實觀'은 초기불교의 특색을 보여주는 수행법이다. 여실如實하게 일체법을 관찰해나가는 과정에서 관찰 대상이 진실로 존재한다는 생각이 점차 생겨났다.[129] 오온 가운데 색온과 관련된 『잡아함

---

124) 羅因著(2003), 『空、有與有、無』, 臺北: 國立臺灣大學出版委員會, p.69.
125) 삼수三受는 낙樂, 고苦, 불고불락不苦不樂을 말한다.
126) 사정단四正斷은 사정근四正勤을 말한다. 이미 생긴 악惡을 없애도록 노력하는 것, 악惡이 생기지 않도록 힘쓰는 것, 선善이 생기도록 힘쓰는 것, 이미 생긴 선善을 늘리고 힘쓰는 것 등 네 가지이다.
127) 네 가지 자재력自在力을 얻기 위한 수행법. 신神은 신통, 족足은 선정禪定을 의미한다. 뛰어난 명상을 얻고자 바라는 것[欲神足], 뛰어난 명상을 얻으려고 노력하는 것[勤神足], 마음을 다스려 뛰어난 명상을 얻고자 하는 것[心神足], 지혜로 사유 관찰해 뛰어난 명상을 얻는 것[觀神足] 등이 사신족이다. '사여의족四如意足'이라고도 한다.
128) 羅因著(2003), 『空、有與有、無』, 臺北: 國立臺灣大學出版委員會, p.69.
129) 羅因著(2003), 『空、有與有、無』, 臺北: 國立臺灣大學出版委員會, p.80.

경』의 여실관을 보자.

"부처님이 여러 제자들에게 말씀하셨다: '색은 무상하다, 무상하기에 괴로움이다. 괴로움은 내가 아니며, 내가 아닌 즉 나의 것도 아니다. 이렇게 관찰하는 것을 진실정관眞實正觀이라고 한다. 이처럼 수·상·행·식도 무상하며, 무상하기에 괴로움이고, 괴로움은 내가 아니며, 내가 아니기에 내 것도 아니다. 이렇게 관찰하는 것을 진실정관이라고 한다. 이렇게 관찰하는 성스러운 제자들은 색을 멀리하고, 수·상·행·식도 멀리한다. 멀리하기에 쾌락을 추구하는 것이 아니다. 쾌락을 추구하지 않기에 해탈을 얻는다. 해탈을 얻었기에 "나의 생[윤회]은 이미 다했다, 수행을 이미 성취했기에 해야 할 바를 이미 마쳤다. 다시 태어나지 않음을 스스로 깨달아 안다."는 진실지가 생긴다.' 그 때 여러 비구들이 부처님의 말씀을 듣고 기뻐하며 받들어 모셨다."130)

"나는 이처럼 들었다. 어느 때 부처님이 사위성의 기수급고독원에 계셨다. 그 때 부처님이 비구들에게 말씀하셨다: '칠처선七處善·삼종관의三種觀義가 있다. … 무엇이 칠처선인가? 비구들이여! 여실히 색을 알고, 색이 생겨나는 원인을 알며, 색의 멸함을 알며, 색이 멸한 길을 알며, 색이 주는 맛·색이 주

---

130) 『雜阿含經』(卷第1, T2, 2a2), "世尊告諸比丘: '色無常, 無常即苦, 苦即非我, 非我者亦非我所; 如是觀者, 名眞實正觀. 如是受、想、行、識無常, 無常即苦, 苦即非我, 非我者亦非我所; 如是觀者, 名眞實觀. 聖弟子! 如是觀者, 厭於色, 厭受、想、行、識, 厭故不樂, 不樂故得解脫, 解脫者眞實智生, 我生已盡, 梵行已立, 所作已作, 自知不受後有.' 時諸比丘聞佛所說, 歡喜奉行."

는 근심·색에서 벗어남을 여실히 아는 것이다. (이것이) 여실지如實知이다. 이처럼 수·상·행·식, 수·상·행·식의 원인, 수·상·행·식의 멸함, 수·상·행·식이 멸한 길을 알며, 수·상·행·식의 맛을 알고, 수·상·행·식이 주는 근심을 알며, 수·상·행·식에서 벗어남을 여실히 아는 것이다. (이것이) 여실지이다. … 무엇을 삼종관의라 하는가? 비구들이여! 한적한 곳, 나무 밑, 탁 트인 곳 등에서 음陰·계界·입入 등을 관찰하고 올바른 방편을 사용해 그 의미를 생각하는 것을 비구의 삼종관의라 부른다.'"131)

"무엇이 색여실지色如實知인가? 모든 색은 지·수·화·풍 사대와 사대가 만들어낸 것으로 이를 색이라 한다. 이렇게 수행하는 것은 색여실지라 부른다. 무엇을 색집여실지色集如實知라 하는가? 애욕이 색을 일으키는 원인이다. 이렇게 색집色集을 관찰하는 것을 색집여실지라 부른다. …… "132)

이처럼 객관세계나 관찰하는 대상을 진실하게 인지하는 것을 여실지如實知 혹은 여실관如實觀이라고 한다. 그런데, 비구들이 '생각을 없애는 방식[無思無慮]'으로 수행하는 것이 아니고, 사물의 실제 모습을 자

---

131) 『雜阿含經』(卷第2, T2, 10a4), "如是我聞, 一時, 佛住舍衛國祇樹給孤獨園. 爾時, 世尊告諸比丘: '有七處善、三種觀義, … 云何比丘七處善? 比丘! 如實知色、色集、色滅、色滅道跡、色味、色患、色離, 如實知. 如是受、想、行、識, 識集、識滅、識滅道跡、識味、識患、識離, 如實知. … 云何三種觀義? 比丘! 若於空閑、樹下、露地, 觀察陰、界、入, 正方便思惟其義, 是名比丘三種觀義.'"
132) 『雜阿含經』(卷第2, T2, 10a12), "云何色如實知? 諸所有色, 一切四大及四大造色, 是名為色, 如是色如實知. 云何色集如實知? 愛喜是名色集, 如是色集如實知. … ."

세하게 분석하는 태도로 관법觀法을 진행했다는 점에 주목해야 된다. 색을 하나하나 분석해 지·수·화·풍으로 구성된 것을 색이라 한다거나 색집色集·색멸色滅·색리色離 등을 상세하게 구별해 관찰하는 점 등은 모든 법法을 하나하나 분별分別해 논구하는 아비달마의 분석법과 비슷하다. 주의할 것은 『잡아함경』의 본모는 여전히 목차 정도의 역할, 즉 경문을 암송할 때 편리함을 제공하는 제목에 불과하다는 점이다.

아무튼 『잡아함경』에 보이는 여실관如實觀 수행법은 "짐승들은 숲과 늪으로 모여들고 새는 허공으로 날아가듯 성스러움은 열반에 귀착되고 법法은 분별分別에 돌아간다."[133]는 부처님의 말씀과 함께 부파불교 시기에 두드러지는 법상분별法相分別에 큰 영향을 미쳤다. 본모本母를 하나하나 분별해 법상法相을 연구하는 방식은 당연히 '아비달마 논서'의 발달로 연결됐다. 부파들 가운데 상좌부와 거기서 분파된 설일체유부가 특히 논서論書를 중시했다.

알려진 것처럼 남전南傳불교 상좌부[134]에도 7부 논서가 있다.[135] 『법집론法集論[담마상가니]』, 『분석론分析論[위방가]』, 『계론界論[다꾸까타]』, 『인시설론人施設論[뿍갈라빤냣띠]』, 『쌍론雙論[야마까]』, 『발취론發趣論[빳타나]』, 『논사論事[까타왓투]』가 그것이다. 북전北傳불교 설일체유부

---

133) 『阿毘達磨大毘婆沙論』(卷第28. T27, 145c18), "獸歸林藪, 鳥歸虛空. 聖歸涅槃, 法歸分別."
134) 인슌 스님은 남방의 상좌부는 상좌부 → 설일체유부 → 분별설부에서 분파되어 나온 동섭부銅鍱部라고 주장한다. 산스크리트어로 Tāmraśaṭīya 팔리어로는 Tambapaṇṇīya이다. 印順著(2006), 『說一切有部爲主的論書與論師之研究』, 臺北: 正聞出版社, pp.19-22; 印順著(2003), 『初期大乘佛教之起源與開展』, 臺北: 正聞出版社, pp.330-341; 印順著(2004), 『印度之佛教』, 臺北: 正聞出版社, pp.97-122.
135) 남방의 '아비담마 7론'에 대해서는 다음을 참조하라. 대림 스님·각묵 스님 공동번역(2002), 『아비담마 길라잡이』(상), 울산: 초기불전연구원, pp.48-59; 아누룻다 지음·빅쿠 보디 해설·김종수 옮김(2019), 『아비담마 종합 해설』, 서울: 불광출판사, pp.45-58.

에도 '육족발지六足發智'라는 7부 논서가 있다. 『아비달마법온족론』, 『아비달마집이문족론』, 『아비달마시설족론』, 『아비달마품류족론』, 『아비달마계신족론』, 『아비달마식신족론』, 『아비달마발지론』 등이다. 남전 상좌부와 북전 설일체유부는 서로 관계없이 발전했지만 모두 7부 아비달마론으로 자파의 교의를 확립했다. 이것은 결코 우연이 아니다. 남·북전 공통의 연원인 『사리불아비담론舍利弗阿毘曇論』[136]을 저본으로 자파自派 논서의 체계를 세웠기 때문이다.[137]

아비달마는 본래 부처님이 말씀하신 내용, 즉 경經을 해석한 것이다. 부처님도 자신이 말한 내용에 대해 때때로 설명하곤 했다. 제자들 가운데는 사리불·목건련·가전연 존자 등 세 사람이 부처님이 하신 말씀에 대해 주로 해설했다. 사리불 존자나 목건련 존자의 해석이 특히 각광받았다. 두 사람이 부처님의 생각을 가장 잘 이해하고 있었기 때문이다. 다른 제자들도 사리불 존자나 목건련 존자에게 부처님이 설명한 법法의 의미를 묻곤 했다. 『사리불아비담론』이 사리불 존자와 밀접한 관련이 있는 논서論書로 추정되는 것도 이 때문이다.

상좌부와 설일체유부 뿐만 아니라 독자부·정량부·밀림산부·현주부·법상부·법장부·설산부 등도 모두 『사리불아비담론』을 토대로 자파의 논서를 정립했다.[138] 따라서 『사리불아비담론』이 법상을 연구한 방법을 파악하면 각 부파 논서들의 연구·수행방법론도 자연히

---

136) 전30권의 『사리불아비담론』은 407년 한역漢譯이 시작돼 414년 완성됐다. 『사리불아비담론』과 관련해 현행본 「반야무지론」 단락 [43]의 ②에 다음과 같은 기록이 있다. "毘婆沙法師於石羊寺出《舍利弗阿毘曇》胡本, 雖未及譯, 時間中事, 發言新奇[담마굴다와 담마야사 두 스님이 석양사에서 산스크리트어로 된 『사리불아비담론』을 한역漢譯하고 있습니다. 비록 번역이 마무리되지는 않았으나 때때로 『사리불아비담론』의 내용에 대해 질문하면 기존 경전들과 다른 내용이 담긴 답변을 듣습니다]."
137) 印順著(2006), 『說一切有部爲主的論書與論師之硏究』, 臺北: 正聞出版社, pp.20-22.
138) 印順著(2006), 『說一切有部爲主的論書與論師之硏究』, 臺北: 正聞出版社, p.21.

알 수 있다. 이 책이 사용한 방법도 분별법[分別法. 분석법]이다. 법상 [본모]을 하나하나 구별해 관찰·분석하는 『잡아함경』의 여실관如實觀 수행법과 큰 차이가 없다. 여기서 말하는 '법法'은 당연히 부처님이 설명한 '가르침', 즉 오온, 십이처, 십팔계, 십이연기, 사성제, 삼수, 사념처, 사정단, 사신족, 오근, 오력, 칠각지, 팔정도 등의 본모[本母. 법수, 법상]를 말한다. 이들[법수·법상·본모]을 분석해 논구하는 방법이 분별법이다. 분별법은 아비달마 논서가 주류를 이룬 부파불교 시대에 이르러 보다 세분됐다. 법상 혹은 법수의 하나하나를 자상自相·공상共相·상섭相攝·상응相應·인연因緣 등으로 나누어 깊이 논구했다. 다섯 가지는 아비달마의 근본적인 논제論題였고 이것에 통달해야 진정한 아비달마 논사論師로 대접 받았다.[139] 그러면 도대체 어떻게 연구하는 것이 분별법인가? 『사리불아비담론』 권제3을 보자.

> "무엇이 색음[色陰. 색온]인가? 만약 색법이라면 그것을 색음이라 한다. 무엇을 색음이라 하는가? 지·수·화·풍과 그것이 만들어낸 색色을 색음이라 한다. … 무엇이 사대四大[140]인

---

139) 印順著(2006), 『說一切有部爲主的論書與論師之硏究』, 臺北: 正聞出版社, p.65.
140) 『아비달마구사론』에 따르면 극미는 '대종大種'과 '소조색所造色'으로 구분된다. '제1차 기본입자基本粒子'를 대종이라 한다. 지地·수水·화火·풍風 밖에 없다. 이를 사대종四大種이라 한다. 지·수·화·풍이라는 사대종의 극미는 반드시 4개가 한 세트가 되어 나타나며 지·수·화·풍이 개별적으로 나타나지 않는다. '제2차 가변입자可變粒子'인 소조색 극미는 '사대종에다 다른 입자粒子가 결합된 것[사대종+하나의 입자]'이다. 예를 들어 '안근眼根'이라는 극미가 있으면 이것은 '사대종'에다 '안근眼根의 입자'가 결합된 것이다. '파랑'이라는 극미가 있다면 이것은 '사대종四大種'과 '파랑의 입자'가 결합된 것이다. 이런 극미를 소조색이라 부른다. 소조색에는 ①색깔[色]의 극미[사대종+색깔=5개의 극미], ②향기[香]의 극미[사대종+향기=5], ③맛[味]의 극미[사대종+맛=5], ④촉각[觸]의 극미[사대종+촉각=5] 등 네 종류가 있다. 물질의 최소 형태는 8종류[사대종+색향미촉]의 극미가 모인 것이다. 사대종의 극미 입자 넷[4]과 색·향·미·촉이라는 소조색의 극미 입자 넷[4]

가? 지대·수대·화대·풍대를 사대라 한다. 무엇을 '사대소
조색四大所造色'이라 부르는가? 눈·귀·코·혀·몸·색깔·
소리·향기·맛, 몸과 입으로 지으며 계율에 어긋나는 무표색
[身口非戒無教], 유루의 몸과 입으로 지으며 계율에 어긋나지 않
은 무표색[有漏身口戒無教], 유루신이 발달하는 것, 유루신이 사
라지는 것, 정어, 정업, 정명, 올바른 몸이 발달하는 것[正身進],
올바른 몸이 사라지는 것[正身除=輕安] 등을 사대소조색四大所造
色이라 부른다."[141]

    인용문에서 알 수 있듯 아비달마 논서의 분별법은 주제별로 깊이 파
고 들어가는 연구법이다. 색온을 이야기 하고, 이어서 지·수·화·풍
을 분석하고, 계속해 사대四大가 만들어낸 색을 분석한다. 매우 엄밀한
방법으로 하나씩 하나씩 분석한다. 색온이 끝나면 수·상·행·식온
에 대해 같은 방식으로 분별·분석한다. 이런 방법으로 오음·십이
처·십팔계 각각의 자상自相과 공상共相을 경계 지은 뒤, 법상과 법상
사이의 상섭相攝·상응相應 관계를 천착한다. 그래도 법상[본모]은 여
전히 분석대상이지 '실체를 가진 존재'는 아니다.

    "만약 포섭하는 방식을 세우면 일체를 포섭하고 포섭하지 않
는 법을 당연히 안다. 오음·십이처·십팔계로 일체법을 포섭

등 8종류의 극미[20개의 입자로 구성]가 모인 것이 물질의 최소 형태이다. 사사키
시즈카 지음·법장 옮김(2017), 『과학의 불교』, 서울: 모과나무, pp.47-60.
141) 『舍利弗阿毘曇論』(卷第3. T28, 543a6), "云何色陰? 若色法是名色陰. … 云何色陰?
四大, 若四大所造色是名色陰. … 云何四大? 地大, 水大, 火大, 風大, 是名四大. 云
何四大所造色? 眼耳鼻舌身色聲香味, 身口非戒無教, 有漏身口戒無教, 有漏身進,
有漏身除, 正語, 正業, 正命, 正身進, 正身除, 是名四大所造色."

하는 것, 오음·십이처·십팔계로 일체법을 포섭하지 않는 것, 오음·십이처·십팔계와 같은 법상으로 일체법의 작은 부분을 포섭하는 것, 오음·십이처·십팔계와 같은 법상으로 일체법의 작은 부분도 포섭하지 못하는 것이다. 자성自性은 자성을 포섭하나 자성이 타성他性을 포섭하지는 못한다. 자성이 자성에 연계될 수는 있으나 자성이 타성에 연계될 수는 없다. 마찬가지로 포섭하는 것과 포섭하지 못하는 것, 포섭하는 것이 아닌 것과 포섭하지 않는 것이 아닌 것 등이 있다."[142]

인용문에 나오는 '자성自性'은 '자상自相'을 가리킨다. 불학에서 사용하는 상相과 성性은 비슷한 의미를 가지는 경우가 많다. '본질적이고 불변하는 특성[性]'은 '그에 상응하는 모습[相]'으로 나타나기 때문이다. 소[牛]의 특성을 가진 생물체는 암소든 숫소든 얼룩소든 젖소든 소의 성질을 가진 모습을 띤다. 사람의 성질·본성을 가진 존재가 소의 모습으로 나타날 수는 없다. 자상은 자성과 거의 같은 의미를 가진 말이다.

분별법分別法으로 법상을 세밀하게 논구하고 분석하는 과정에 마침내 자성이라는 말이 등장했다. 물론 『사리불아비담론』에 보이는 자성이라는 단어는 설일체유부가 주창하는 '불변하는 실체'로서의 자성은 아니다. 문자만 같을 뿐이다. 『사리불아비담론』의 자성은 분류학적인 의미가 강하다. '저것과 다른 이것' 혹은 '다른 것과 구별되는 성격을 가진 존재'라는 정도의 뜻을 가진 자성일 따름이다. 반면 설일체유부의

---

[142] 『舍利弗阿毘曇論』(卷第21, T28, 661a15), "一切攝非攝法, 當知若立攝門便知: 陰、界、入攝一切法; 陰、界、入不攝一切法; 陰、界、入如事攝一切法少分; 陰、界、入不攝一切法少分. 自性自性攝, 自性非他性攝, 自性繫於自性, 自性非他性繫, 亦攝非攝, 亦非攝非不攝."

주요한 논서 가운데 한 권인 『아비달마품류족론』에서 법상은 '실체를 가진 불변하는 존재'를 뜻하는 자성自性에 한 발 더 다가간다.

『아비달마품류족론阿毘達磨品類足論』「변오사품辯五事品 제1第一」에 제시된 5위67법[143]은 5온·12처·18계로 일체법을 포괄하던 이전 시기의 그것보다 더 세밀하고 더욱 정치精緻하게 일체법을 분류했다. 법상[범주] 개념이 보다 세분화됐다. 5위는 색법, 심법, 심소법, 심불상응행법, 무위법 등 다섯이다. 색법에 15법, 심법에 6법, 심소법에 27법, 심불상응행법에 16법, 무위법에 3법이 각각 포함된다. 67법은 이론상 현실에 실존하는 법[존재]이다. 따라서 일대일 대응관계를 만들 수 있는 존재이기에 이들 법상은 『사리불아비담론』보다 훨씬 더 '실체實體 개념概念'에 다가갔다고 봐도 된다. 그럼에도 일체법을 구성하는 5위67법에는 여전히 '분류학적인 의미'가 농후하며 '실체 개념'이 되기에는 2% 정도 부족하다.

경과 율을 외우는 데 도움을 주기 위해 제정된 '본모'가 부파불교시기를 거치며 존재의 모습을 가리키는 '법상法相'으로 개념이 확대되고, 『아비달마품류족론』에서 법상法相은 5온·12처·18계를 대신해 세계에 실재實在하는 '일체법'을 가리키는 존재로 보다 구체화 된다. 그

---

[143] 『阿毘達磨品類足論』(卷第1, T26, 692b20), "有五法: 一、色; 二、心; 三、心所法; 四、心不相應行; 五、無為. 色云何? 謂諸所有色, 一切四大種及四大種所造色. 四大種者, 謂地界、水界、火界、風界. 所造色者, 謂眼根、耳根、鼻根、舌根、身根、色、聲、香、味、所觸一分及無表色. 心云何? 謂心意識. 此復云何? 謂六識身, 即眼識、耳識、鼻識、舌識、身識、意識. 心所法云何? 謂若法心相應. 此復云何? 謂受、想、思、觸、作意、欲、勝解、念、定、慧、信、勤、尋、伺、放逸、不放逸、善根、不善根、無記根、一切結、縛、隨眠、隨煩惱、纏、諸所有智、諸所有見、諸所有現觀. 復有所餘, 如是類法, 與心相應, 總名心所法. 心不相應行云何? 謂若法心不相應. 此復云何? 謂得、無想定、滅定、無想事、命根、眾同分、依得、事得、處得、生、老、住、無常性、名身、句身、文身, 復有所餘, 如是類法, 與心不相應, 總名心不相應行. 無為云何? 謂三無為: 一、虛空; 二、非擇滅; 三、擇滅."

러다 『아비달마품류족론』을 지나 『아비달마대비바사론』에 이르러 법상은 불변하는 실체를 가진 자성自性으로 개념이 전화轉化된다. 『아비달마대비바사론阿毘達磨大毘婆沙論』 권제8에 다음과 같은 구절이 있다.

"질문한다: '가르침을 잘 설명하시는 분 역시 모든 존재는 실체·성상性相·아사我事가 있다고 말씀하시나 악견惡見은 아니다. 외도가 아我는 실제로 있다고 말하면 무엇 때문에 악견이 되는가?' 대답한다: '아我에는 두 종류가 있다. 하나는 법아法我이고 다른 하나는 보특가라아補特伽羅我이다. 가르침을 잘 설명하시는 분은 오직 법아法我가 있고 법성法性이 실제로 존재한다고 제대로 파악하시기에 악견이 아니다. 외도는 보특가라아補特伽羅我가 실재한다고 말한다. 보특가라는 실제로 있는 것이 아닌 허망한 견해이기에 악견이라 말한다.'"[144]

인용문에 보이는 '법아法我'의 '법法'은 『잡아함경』·『사리불아비담론』·『아비달마품류족론』이래로 분별·논구의 대상이던 본모 혹은 법상法相을 가리킨다. 여기에 이르러 '제법諸法의 실체實體' 혹은 '불변하는 실체實體를 가진 존재'로 의미가 전화轉化됐다. 그래서 "법아가 있다."고 말한 것이다. 인용문에 나오는 보특가라아, 즉 인아人我는 윤회의 주체를 말한다. 법상은 불변하는 실체적 존재이지만 윤회의 주체인 인아는 실재하지 않는다는 것이 설일체유부의 주장이다. 아我는 단지

---

144) 『阿毘達磨大毘婆沙論』(卷第8, T27, 41a16), "問: '善說法者, 亦說諸法常有實體, 性相, 我事而非惡見. 何故外道說有實我, 便是惡見?' 答: '我有二種: 一者, 法我; 二者, 補特伽羅我. 善說法者, 唯說實有法我, 法性實有, 如實見故, 不名惡見. 外道亦說, 實有補特伽羅我. 補特伽羅非實有性, 虛妄見故, 名為惡見.'"

오온이 집적된 임시적인 존재이기 때문이다. 이런 생각은 『아비달마대비바사론』 권제9에서도 확인된다.

> "모든 존재[諸有]에는 두 종류가 있다. 하나는 실물이 있는 것[實物有]으로 온蘊·계界 등이다. 다른 하나는 임시로 존재하는 것[施設有]으로 남자·여자 등이다."[145]

오온·십이처·십팔계는 실체가 있는 존재이고 남자·여자는 임시적인 존재에 지나지 않는다. 왜 그럴까? 설일체유부에 따르면 색온·수온·상온·행온·식온·안근·이근·비근·설근·신근·의근·안식·의식 등은 진실로 존재하는 것이고, 우리 몸은 오온이 임시로 합해져 존재하는 임시적인 것에 지나지 않는다. 『잡아함경』에서는 단지 번뇌를 끊는 수행을 위해 일체법을 오온 등으로 나누어 관찰했을 뿐 오온 자체가 실체적實體的 존재는 아니었다. 부파가 분화되고, 경전에 대한 해석과 이해가 다양한 방식으로 이뤄지고, 논서가 발달하는 과정 등을 거쳐 『아비달마대비바사론』에 이르러 오온·십이처·십팔계는 실제로 있는 존재, 즉 '불변하는 실체'를 가진 자성自性적인 법체法體로 위상位相이 격상되고 말았다. 이것만이 아니다. 인因과 연緣도, 열반도, 과거·현재·미래도 실체적인 존재라고 설일체유부는 주장한다.

> "인因과 연緣은 실유적인 존재가 아니라고 집착해 말하는 사람들이 있다. 비유론자들이 그들이다. 그들의 뜻을 꺾기 위해 인과 연은 성性에서든 상相에서든 모두 실유實有임을 나타내고자

---

[145] 『阿毘達磨大毘婆沙論』(卷第9, T27, 42a24), "然諸有者, 有說二種: 一, 實物有, 謂蘊界等. 二, 施設有, 謂男女等."

한다."146)

"어떤 이들이 집착해 말한다: 택멸·비택멸·무상멸은 실체가 있는 존재가 아니라고. 비유론자들이 바로 그들이다. 그들의 집착을 없애주기 위해 세 가지 멸滅은 모두 실체가 있음을 밝힌다."147)

"질문한다: '무엇 때문에 이 논을 지었는가?' 대답한다: '다른 종파의 그릇된 견해를 불식시키고 올바른 뜻을 드러내기 위해서이다. 어떤 이들은 과거와 미래는 실유적인 존재가 아니며 현재는 비록 존재하나 찰나에 불과하다고 말한다. 그들의 견해를 불식시키고 과거·미래는 실제로 존재하며 현재 또한 실재實在함을 밝힌다. 과거·현재·미래 모두 삼세에 포섭되기 때문이다.'"148)

"스스로를 설일체유부라고 말하면 과거·미래가 반드시 실제로 있다고 동의해 과거·현재·미래가 실유實有임을 말해야 된다. 설일체유부임을 인정하는 그 사람은 삼세가 실유함을 말해야만 비로소 설일체유부에 소속된다."149)

---

146) 『阿毘達磨大毘婆沙論』(卷第16. T27, 79a19), "有作是說: 有執因緣非實有物, 如譬喻者. 為止彼意, 顯示因緣, 若性若相, 皆是實有."
147) 『阿毘達磨大毘婆沙論』(卷第31. T27, 161a10), "謂或有執: 擇滅, 非擇滅, 無常滅, 非實有體, 如譬喻者. 為遮彼執, 顯三種滅, 皆有實體."
148) 『阿毘達磨大毘婆沙論』(卷第23. T27, 116c1), "問: '何故作此論?' 答: '為止他宗, 顯正義故. 謂或有執過去, 未來, 體非實有, 現在雖有而是無為. 為止彼宗, 顯過去, 未來, 體是實有, 現在是有為, 世所攝故.'"
149) 『阿毘達磨俱舍論』(卷第20. T29, 104b22), "若自謂是說一切有宗, 決定應許實有去、

마지막 인용문은 설일체유부가 왜 설일체유부로 불리게 되었는지를 잘 보여준다. "삼세실유를 인정하지 않으면 설일체유부의 일원이 될 수 없다."는 말은 설일체유부가 높이 들고 흔드는 '독특한 표지'이다. 법상法相이 모두 실재하고 과거·현재·미래도 실유實有한다는 설일체유부의 이론에 따르면 『아비달마품류족론』이 분류한 5위67법은 모두 실존하는 실체적인 존재, 즉 '실재하는 자성自性'이다. 자성은 '일체법의 본체本體'이기에 '법체法體'라고도 한다. 이들 5위67법이 화합해 다른 존재를 만들어 낸다. 5위67법은 '불변하는 법체法體'이며 다른 존재는 이들 법체가 결합해 만들어낸 '임시적인 존재'에 불과하다. 오온이 결합돼 출현한 사람의 몸은 임시적이나 사람의 신체를 만드는 5위67법은 '불변하는 내재적 본질本質인 자성'을 가진 법체로 항상 실재實在한다.

법체는 왜 항상 존재할 수 있을까? 인과 연의 결합으로 만들 수 없을까? 극미極微 때문이다. 물질을 분석하다 끝에 이르면 최소단위인 극미極微만 남는다. "물질의 최소 단위를 일一극미라 한다."[150]; "극미는 가장 작은 색色이다. 자를 수 없고, 부술 수 없고, 관통할 수 없다."[151]고 『아비달마대비바사론』은 주장한다. 극미란 무엇인가? 설일체유부는 다음과 같이 설명한다.

"이미 자성을 말했다. 그래서 지금 말한다. 질문한다: '무엇 때문에 온이라고 부르는가?' 대답한다: '온은 모으다, 합하다, 쌓

來世, 以說三世皆定實有故. 許是說一切有宗, 謂若有人說三世實有, 方許彼是說一切有宗."
150) 『阿毘達磨大毘婆沙論』(卷第136. T27, 701a25), "色之極少, 謂一極微."
151) 『阿毘達磨大毘婆沙論』(卷第136. T27, 702a4), "極微是最細色, 不可斷截破壞貫穿."

는다는 뜻이다.' … 묻노라: '많이 증대하는 말이 온이 증대한다는 말이라면 하나의 극미極微를 색온이라 말할 수 있는가?' 어떤 이는 말한다: '하나의 극미로는 색온이 되지 않는다. 만약 색온을 만들려면 많은 극미가 필요하다.' 또 어떤 이는 말한다: '하나하나의 극미가 온의 모습을 갖고 있기에 하나하나의 극미로 색온의 모습을 만들 수 있다. 만약 하나의 극미가 색온의 모습을 갖지 않으면 여럿을 모아도 역시 온이 아니다.' 아비달마 논사가 말한다: '만약 가온假蘊을 보면 하나의 극미는 일계・일처・일온의 작은 부분[少分]이라고 말해야 된다; 만약 가온을 보지 못한다면 하나의 극미가 일계・일처・일온이라고 말해야 된다. 곡식이 많은 무더기에서 어떤 사람[A][152]이 한 알의 곡식을 집었다, 이것을 본 다른 사람[B]이 당신은 어느 곳에서 (곡식을) 집었느냐고 물으면, 만약 A가 곡식 무더기를 보았다면 나는 곡식 무더기에서 한 알의 낱알을 집었다고 말하고, 만약 A가 곡식 무더기를 보지 못했다면 나는 지금 곡식을 집었다고 말하는 것과 같다.' 수온・상온・행온・식온도 하나하나 찰나의 심소가 모인 것이 색온과 마찬가지이다."[153]

---

152) A・B는 구분을 위해 필자가 편의상 넣은 것이다.
153) 『阿毘達磨大毘婆沙論』(卷第74. T27, 383c15), "已說自性, 所以今當說. 問: '何故名蘊, 蘊是何義?' 答: '聚義是蘊義, 合義是蘊義, 積義是蘊義, 略義是蘊義.' … 問: '若多增語是蘊增語者, 為有一極微名色蘊不?' 有作是說: '非一極微可立色蘊, 若立色蘊要多極微.' 復有說者: '一一極微有蘊相故, 亦可各別立為色蘊. 若一極微無色蘊相, 眾多聚集亦應非蘊.' 阿毘達磨諸論師言: '若觀假蘊應作是說: 一極微是一界一處一蘊少分; 若不觀假蘊應作是說: 一極微是一界一處一蘊. 如人於穀聚上取一粒穀, 他人問言: 汝何所取? 彼人若觀穀聚應作是答: 我於穀聚取一粒穀. 若不觀穀聚應作是答: 我今聚穀.' 乃至識蘊一一剎那問答亦爾."

"질문한다: '푸른색을 띤 하나의 극미가 있는가?' 대답한다: '있다. 다만 눈으로 인식할 수는 없다[볼 수 없다]. 만약 하나의 극미가 푸른색이 아니라면 여러 극미가 모여도 푸른색이 아니다. 황색 등도 마찬가지이다.' 질문한다: '긴 모양의 극미가 있는가?' 대답한다: '있다. 다만 눈으로 식별할 수는 없다. 긴 모양의 극미가 없다면 극미 여럿을 모아도 긴 모양이 되지 않는다.'"154)

"질문한다: '극미의 양을 어떻게 알 수 있나?' 대답한다: '극미는 가장 작은 색色이다. 자를 수 없고, 부술 수 없고 … 극미라 한다. 가장 작은 극미 7개가 모여 하나의 미세한 먼지[微塵]를 만든다. 이것이 눈으로 볼 수 있는 가장 작은 것이다.'"155)

"질문한다: '무엇 때문에 대종[大種. 지 · 수 · 화 · 풍이라는 네 종류의 극미]은 만들어질 수 없는가?' 대답한다: '만들 수 있는 것[能造]과 만들어지는 것[所造]이 서로 다르기 때문이다. 원인과 결과가 다르듯 이룰 수 있는 것과 이루어지는 것은 성격이 다르다.' … 질문한다: '대종과 조색造色은 서로 다른가?' 존자 세우가 이렇게 말했다: '원인은 대종이고 결과는 조색이다. 만드는 것은 대종이고 만들어지는 것은 조색이다. 소의所

---

154) 『阿毘達磨大毘婆沙論』(卷第13. T27, 64a25), "問: '為有一青極微不?' 答: '有. 但非眼識所取. 若一極微非青者, 眾微聚集亦應非青, 黃等亦爾.' 問: '為有長等形極微不?' 答: '有. 但非眼識所取, 若一極微非長等形者, 眾微聚集亦應非長等形.'"
155) 『阿毘達磨大毘婆沙論』(卷第136. T27, 702a4), "問: '彼極微量復云何知.' 答; '應知極微是最細色, 不可斷截, 破壞, … 是最細色. 此七極微成一微塵, 是眼眼識所取色中最微細者.'"

依는 대종이고 능의能依는 조색이다. … 능히 건립할 수 있는 것은 대종이고 건립되어지는 것은 조색이다.'"[156]

앞의 여러 인용문에서 알 수 있듯 '감각기관으로 인지할 수는 없지만 형태와 색깔을 가진' 극미가 법체의 실유實有를 보증하며, 일체법의 본체인 법체가 실유實有하기에 자성 역시 불변하는 실체實體적 존재가 된다. 지・수・화・풍이라는 극미極微, 즉 사대종四大種은 물질세계나 정신세계[관념. 무표색]의 본체本體이자 세계를 만들어내는 조인造因이다. 다른 어떤 것도 사대라는 극미를 만들어낼 수 없다. 사대라는 극미는 인연의 결합으로 탄생되는 것이 아니다. 그 자체로 존재할 뿐이다. 세계를 만들어내는 근본 요소, 즉 본체本體이다.

결국 '삼세실유三世實有 법체항유法體恒有' 혹은 '화합된 것은 임시적인 것[和合假]이고 임시적인 것은 실체에 의존한다[假依實]'는 설일체유부의 이론은 여실하게 일체법을 관찰하는 『잡아함경』의 여실관如實觀과 본모本母를 세밀하게 구별해 연구하는 아비달마의 분석법, 즉 오온・십이처・십팔계・5위67법에 속한 모든 법의 자상自相과 공상共相을 획정劃定한 후 법상과 법상 사이의 상섭相攝・상응相應 관계를 천착한 본모의 분별적 연구가 낳은 결과물이다. 보다 쉽게 경과 율을 암송하기 위해 고안된 '본모[법상]'가 일체법을 포괄하는 5온・12처・18계로 의미가 확대되고, 5온・12처・18계는 다시 5위67법으로 법상法相이 보다 세밀하게 나누어진 뒤, 5위67법 개개는 마침내 항상 실

---

156) 『阿毘達磨大毘婆沙論』(卷第127. T27, 664bc), "問: '何故大種非所造耶?' 答: '能造所造性各別故, 因果異故, 能成所成性各別故.' … 問: '大種造色相別云何?' 尊者世友作如是說: '因是大種, 果是造色, 能生是大種, 所生是造色, 所依是大種, 能依是造色, … 能建立是大種, 所建立是造色.'"

존하는 실체적인 존재, 즉 '일체법의 본체本體인 법체法體'이자 '불변하는 실체를 가진 자성自性'이 되었다.

자성의 존재는 무아·연기의 가르침과 근본적으로 어긋난다. 설일체유부는 왜 자성의 존재를 주장할까? 자성이 무아를 뒷받침하고 있기 때문이다. 무아를 이론적으로 설명하려는 과정에 자성이 등장했다.[157] 특히 인무아人無我를 설명하고자 자성·법체·극미를 만들었다. 오온·십이처·십팔계·5위67법 가운데 인아人我에 속하는 주체는 없다. 사람의 현실적인 생명은 단지 5위67법의 조합 혹은 오온의 화합에 지나지 않는다. 오온·십이처·십팔계·5위67법의 실체성實體性을 승인하면 과거·현재·미래도 자성적인 존재로 인정해야 된다. 오온·십이처·십팔계·5위67법이 삼세에 걸쳐 실재實在하는데 어떻게 과거·현재·미래를 실체적 존재로 인정하지 않을 수 있겠는가! 부처님의 가르침인 무아를 설명하고 논증하려다 자성自性·법체法體의 존재를 인정하고 말았다. 설일체유부가 인아人我를 부정하고 법아法我를 극력 인정하는 것도 피할 수 없는 선택임을 알 수 있다.

그러나 자성의 존재는 연기법과 어긋난다.[158] 무아를 설명하려다 자성에 도달하고 말았다. 이를 어떻게 해결할 것인가? 이 때 공사상이 등장한다. 동시에 대승불교도 힘을 발휘한다. 자성을 논파하는 과정에서 부파불교의 유물론적唯物論的 경향을 완전히 탈색시킨 공사상은 '유심론唯心論 중심의 대승불교'로 방향을 돌리는 역할도 한다. "모든 것은 마음이 결정한다."는 '일체유심조' 혹은 "객관은 없고 주관만 있다."는 '유식무경唯識無境' 역시 공사상이 만들어낸 부산물이라 할 수 있다. 공사상이 절대적인 중심어로 등장하는 경전은 『반야경』이다. 대승경전

---

157) 呂澄著(2005), 『印度佛學源流略講』, 上海: 上海世紀出版集團, p.46.
158) 『중론』「관유무품 제15」에 자성自性에 관한 게송이 있다.

가운데 가장 먼저 출현한 경전은 반야계이며[159], 반야계 경전 중에서도 가장 일찍 등장한 것은 『도행반야경』「도행품道行品」으로 BCE 50년 전후에 편찬된 것으로 추정된다.[160] 반면 반야계 경전의 공사상을 체계적으로 연구·선양한 중관파는 2-3세기경 성립된다. 때문에 반야계 경전의 공사상과 중관파의 학설을 구별해 분석할 필요가 있다.

당연한 말이지만 공사상의 원천 역시 부처님의 교설敎說이다. '공삼매空三昧'[161]에 그 연원이 닿아있다. 『잡아함경』 권제3에 공삼매에 대한 기록이 있다.

"그때 부처님이 비구들에게 말씀하셨다. '…만약 어떤 비구가 공삼매를 얻지 않고도 무상·무소유·교만을 떠난 지견을 얻었다고 말한다면 이런 말을 하지마라! 왜 그러냐? 공삼매를 얻지 못한 자가 무상·무소유·교만을 떠난 지견을 얻는 일은 있을 수 없다. 만약 어떤 비구가 공삼매를 얻고서 무상·무소유·교만을 떠난 지견을 일으킬 수 있다고 말하는 것은 제대로 말한 것이다. 이유가 무엇이냐? 공삼매를 증득했다면 무상·무소유·교만을 떠난 지견을 능히 일으킬 수 있기 때문이다. 이런 일은 있을 수 있다.'"[162]

---

159) 呂澄著(2005), 『印度佛學源流略講』, 上海: 上海世紀出版集團, p.79.
160) 印順著(2000), 『空之探究』, 臺北: 正聞出版社, p.139. 지루가참 스님은 179년 『도행반야경』을 중국어로 번역했다. 한편, 구마라집 스님은 401년 12월20일 장안에 도착했으며 404년에 『대품반야경』을, 405년에 『대지도론』을, 409년에 『중론』을 각각 한역漢譯했다. 이들을 번역할 때 참여했던 승조 스님은 409-413년 『부진공론』을 저술했다.
161) 공삼매에 대해서는 다음을 참조하라. 印順著(2000), 『空之探究』, 臺北: 正聞出版社, pp.56-67.
162) 『雜阿含經』(卷第3. T2, 20a26b5), "爾時, 世尊告諸比丘: ' … 若有比丘作是說: 我於空三昧未有所得, 而起無相·無所有·離慢知見者, 莫作是說. 所以者何? 若於空未

공삼매를 증득해야만 무상삼매, 무소유삼매, 교만을 떠난 지견을 얻는 삼매를 일으킬 수 있다. 공삼매를 얻지 못하면 다른 삼매를 일으킬 수 없다. 그러면 공삼매란 무엇인가?

"만약 비구가 고요한 곳이나 나무 아래에서 색의 무상·사라짐·애욕의 여읨 등을 제대로 관찰하고, 이처럼 수·상·행·식의 무상·사라짐·애욕의 여읨 등도 잘 관찰하고, 오온의 무상·사라짐·견고하지 않음·변해감 등을 잘 관찰한다면 마음이 즐겁고 깨끗해지고 해탈된다. 이를 공空이라 한다. 그러나 교만을 떠난 깨끗한 지견을 얻지는 못한다."163)

공空삼매를 증득하면 마음이 즐겁고 깨끗해지지만 '교만을 떠난 지견'을 얻지는 못한다. 무상無相삼매·무소유無所有삼매도 마찬가지로 '교만을 떠난 지견'을 깨닫지는 못한다. 무아無我·무아소[無我所. 나의 것은 없다]삼매를 얻어야만 '교만을 떠난 깨끗한 지견知見'을 얻을 수 있다.164) 그런데 오온의 무상無常을 증득하는 공삼매, 색·성·향·

得者, 而言我得無相、無所有、離慢知見者, 無有是處! 若有比丘作是說: '我得空, 能起無相、無所有、離慢知見者, 此則善說. 所以者何? 若得空已, 能起無相、無所有、離慢知見者, 斯有是處!'"

163) 『雜阿含經』(卷第3. T2, 20b8), "若比丘於空閑處, 樹下坐, 善觀色無常、磨滅、離欲之法. 如是觀察受、想、行、識, 無常、磨滅、離欲之法. 觀察彼陰無常、磨滅、不堅固、變易法, 心樂、清淨、解脫, 是名爲空. 如是觀者, 亦不能離慢、知見清淨."

164) 결국은 무상無常을 관찰해 무아無我와 무아소[無我所. 나의 것은 없다]를 체득한다. 역으로 무아와 무아소를 증득해야 '교만을 떠난 지견'을 얻을 수 있다. 그래서 인슌 스님은 말한다. "무상無常하므로 괴롭다[苦], 무상無常이 괴로움이므로 내가 없고[無我] 나의 것도 없다[無我所]. 바로 공空이다. 이것이 해탈의 불이문不二門이다. 옛사람들은 무상無常, 고苦, 무아無我에 의거해 삼해탈문三解脫門을 세웠다. 이것만 봐도 공空이 선정[定], 지혜[慧], 닦음[修], 증득[證] 등의 과정에 얼마나 중요한지 알 수 있다." 印順著(2000), 『空之探究』, 臺北: 正聞出版社, p.18.

미·촉·법 등 육경六境에 대해 집착을 일으키지 않는 무상無相삼매, 탐·진·치 등 삼독을 완전히 떨쳐버린 무소유삼매, 나아가 인식작용의 무상無常을 통해 '나'와 '내 것'이 없음을 증득하는 무아·무아소삼매 등은 사실 무상無常·고苦·무아無我를 깨닫는 것에 다름 아니다.[165] 이 모든 것의 토대가 공삼매를 증득하는 것이다. 공이 수행에서 대단히 중요함을 알 수 있다.『잡아함경』이 말하는 공삼매는 '오온의 무상無常을 증득하는 것'에 머물지 않고 행·주·좌·와의 모든 과정 속에서 '나와 나의 것이라는 집착'에서 벗어나 마침내 '계박에 얽매이지 않고 모든 집착을 없애는 것'에까지 나아간다.

공삼매·무상삼매·무소유삼매는 나중에 공空삼매·무상無相삼매·무원無願삼매[166]로 변한다. 무소유 대신 무원삼매가 들어간 이유는 무엇일까? 세간의 일체 유위법에 집착하는 것은 괴로움에 연결된다. 유위법에 집착하는 것에서 벗어나 해탈을 얻고 더 '이상 태어나지 않는 것', 즉 '후유後有가 없음을 증득하는 것'은 초기불교 당시 모든 수행자들의 목표였다. 때문에 세간에서 벗어나고자 하는 '염리심厭離心'을 일으키는 것은 너무도 당연하다. 무원은 바로 염리厭離를 나타낸다. 세간에 대해 원하는 것이 없다는 것이 무원이다.[167]

삼삼매三三昧 가운데 제일 중요한 공삼매는『반야경』에 이르러 의미가 더욱 크게 발양된다.『마하반야바라밀경[대품반야경]』권제1에 다음과 같은 구절이 있다.

---

165) 羅因著(2003),『空、有與有、無』, 臺北: 國立臺灣大學出版委員會, pp.131-133.
166) 이를 삼해탈문 혹은 삼삼매三三昧라고 한다.
167) 印順著(2000),『空之探究』, 臺北: 正聞出版社, p.61·p.65.

"보살은 처음 마음을 내 육바라밀을 실천하고 공·무상·무작법無作法[168]에 머문다."[169]

"여러 상응[수미일관 되는 것. 이치에 맞는 것] 가운데 반야바라밀상응이 최고이며, 제일 존귀하고, 제일 뛰어나며, 제일 신묘하고, 위없는 상응이다. 왜 그런가? 보살이 반야바라밀상응을 행하는 것은 소위 공·무상·무작無作을 행하는 것이기 때문이다."[170]

"보살마하살의 여러 상응 가운데 제일 존귀하고 제일 첫째가는 상응은 공空상응이다. 그래서 공空상응은 다른 여타의 상응보다 뛰어나다."[171]

공상응[空相應. 공삼매]이 바로 반야바라밀상응이다. 이것이 여러 상응 가운데 최고이며, 제일 존귀하다. 공삼매를 수행하는 수행자는 『잡아함경』이 강조한 대로[172] 행·주·좌·와의 일상생활을 영위하는 가

---

168) 무작無作은 '바라거나 구하는 것이 없다'는 무원無願의 의미이다. 무작無作=무원無願이다.
169) 『摩訶般若波羅蜜經』(卷第1. T8, 222b15), "菩薩摩訶薩從初發意, 行六波羅蜜, 住空無相無作法."
170) 『摩訶般若波羅蜜經』(卷第1. T8, 224c21), "諸相應中, 般若波羅蜜相應爲最第一, 最尊最勝最妙, 爲無有上. 何以故? 是菩薩摩訶薩行般若波羅蜜相應, 所謂空無相無作故."
171) 『摩訶般若波羅蜜經』(卷第1. T8, 225a12), "菩薩摩訶薩於諸相應中, 爲最第一相應, 所謂空相應, 是空相應勝餘相應."
172) 『雜阿含經』(卷第9. T2, 57b9), "佛告舍利弗: '今入何等禪住?' 舍利弗白佛言: '世尊! 我今於林中入空三昧禪住.' 佛告舍利弗: '善哉! 善哉! 舍利弗, 汝今入上座禪住而坐禪. 若諸比丘欲入上座禪者, 當如是學. 若入城時, 若行乞食時, 若出城時, 當作是思惟: 我今眼見色, 頗起欲·恩愛·愛念著不? 舍利弗! 比丘作如是觀時, 若眼識於色有愛念染著者, 彼比丘爲斷惡不善故, 當勤欲方便, 堪能繫念修學. 譬如有人, 火燒頭

운데 외경外境에 대해 좋아함·물듦·집착하는 마음 등을 내서는 당연히 안 된다. 『반야경』은 이것을 부주不住사상[집착하지 않음]으로 승화시켰다. 『마하반야바라밀경』 권제7에 다음과 같은 내용이 있다.

"그때 석제환인이 수보리 존자에게 물었다: '무엇이 반야바라밀을 행하며 집착하지 않는 것입니까?' 존자가 말했다: '… 보살은 마땅히 색에 집착하지 말아야 합니다. 집착하면 얻음이 있기 때문입니다. 또한 수·상·행·식에도 집착하지 말아야 합니다. 얻음이 생기기 때문입니다. 안眼에도 집착하지 말아야 합니다. 의意에도 마땅히 집착하지 말아야 합니다. … 아라한과·벽지불과·보살도·불도佛道·일체종지에도 집착하지 말아야 합니다. 얻음이 있기 때문입니다.'"173)

육근六根·육경六境·육식六識에 집착하지 말아야 할 뿐 아니라 아라한과·벽지불과·보살도·불도佛道·일체종지에도 집착하지 말라는 사상은 『잡아함경』과 다르다. 『잡아함경』은 육근·육경·육식에 집착하지 말라고 했지만 아라한과에도 집착하지 말라는 가르침을 펴지는 않았다. 반면 대중부가 편집한 『증일아함경』에는 『마하반야바라밀경』과 비슷한 사상이 들어있다. "열반에도 집착하지 말고 열반에 대한 생

衣, 爲盡滅故, 當起增上方便, 勤敎令滅. 彼比丘亦復如是, 當起增上勤欲方便, 繫念修學. 若比丘觀察時, 若於道路, 若聚落中行乞食, 若出聚落, 於其中間, 眼識於色, 無有愛念染著者, 彼比丘願以此喜樂善根, 日夜精勤, 繫念修習, 是名比丘於行、住、坐、臥淨除乞食, 是故此經名清淨乞食住."
173) 『摩訶般若波羅蜜經』(卷第7, T8, 274b13), "爾時, 釋提桓因問須菩提: '云何般若波羅蜜中所不應住?' 須菩提言: ' … 菩薩摩訶薩不應色中住, 以有所得故. 不應受想行識中住, 以有所得故. 不應眼中住, 乃至不應意中住. … 乃至阿羅漢果、辟支佛道、菩薩道、佛道、一切種智中不應住, 以有所得故.'"

각도 내지마라."[174]가 그것이다. 윤회에도 머물지 말고 열반에도 집착하지 마라는 무주열반無住涅槃사상을 『반야경』이 계승한 것이다. "불도에도 집착하지 마라[佛道中不應住]."는 부주不住사상은 결국 "마땅히 공에 머물러야 된다."는 사상으로 연결된다. 『마하반야바라밀경』에 아래와 같은 구절이 있다.

> "교시가여! 보살이 반야바라밀을 행할 때는 마땅히 이처럼 머물러야 한다. 보시바라밀부터 반야바라밀, 내공內空부터 무법유법공無法有法空에 이르기까지 모두 공이다. 사념처, 십팔불공법, 일체삼매문, 일체 다라니문, 성문승, 벽지불승, 불승, 성문, 벽지불, 보살, 불 역시 이와 같이 공하다. 일체종지도 공이며, 보살도 공이며, 일체종지공과 보살공은 둘이 아니고 다르지도 않다. 교시가여! 보살이 반야바라밀을 행할 때는 마땅히 이처럼 머물러야 한다."[175]

일체법이 공空하다는 것을 증득할 주체는 보살이며, 일체법을 통해 공함을 증득하기에 객체는 제법諸法이다. 반야바라밀을 행하는 주체인 보살도 공空하고 관조 대상인 객체, 즉 육근·육경 등이 모두 공하다. 주관과 객관이 모두 공하기에 둘은 결코 둘이 아니며 다르지도 않다. 성공이라는 본성에서 본다면 물物과 아我는 다르지 않다. 공空이라는

---

174) 『增壹阿含經』(卷第40, T2, 766b4), "亦不著於涅槃, 不起涅槃之想."
175) 『摩訶般若波羅蜜經』(卷第7, T8, 274b6), "憍尸迦! 菩薩摩訶薩般若波羅蜜中, 應如是住. 檀那波羅蜜乃至般若波羅蜜, 內空乃至無法有法空, 四念處乃至十八不共法, 一切三昧門、一切陀羅尼門, 聲聞乘、辟支佛乘、佛乘、聲聞、辟支佛、菩薩、佛亦如是, 一切種智一切種智空. 菩薩菩薩空. 一切種智空、菩薩空不二不別. 憍尸迦! 菩薩摩訶薩般若波羅蜜中, 應如是住."

하나의 뿌리에서 태어난 것처럼 '본성적으로 공하다'는 점에서 둘은 전혀 차이가 없다. 물아동근物我同根이다. 이처럼 『잡아함경』의 공삼매에서 시작된 공사상은 『반야경』에 이르러 완전히 탈태 환골한다. 『잡아함경』의 공삼매는 무상無常을 관찰해 애욕·집착에서 벗어나 청정함을 추구했다. 그런데 이를 계승한 『반야경』은 단순히 무상無常을 관조하는 수준에 머물지 않았다. 일체제법의 실상實相을 곧바로 직관直觀하는 단계에 도달했다. 법상을 하나하나 분석하다 불변하는 실체實體인 법체·자성·극미를 찾았으나 거기에 걸리고 만 부파불교시기의 '분석공分析空 방식'이 아니라 지혜로 일체법의 본성을 전체적으로 통찰해 존재[法]가 성공性空임을 한 순간에 파악하는 '일체설一切說 방식'으로 공성空性을 증득했다.

따라서 『반야경』은 지혜로 분석해 공을 파악하라고 하지 않고 일체제법이 본래 공하다고 강조한다. 이것이 바로 자성공自性空·본성공本性空이다. 현장 스님이 한역한 『대반야바라밀다경大般若波羅蜜多經』을 보자.

"태어남도 없고 사라짐도 없다. 자기의 본성이 모두 공하다."[176]

"그렇다! 그렇다! 일체법이 모두 평등하며, 평등한 본성은 바로 본성이 공하기 때문이다. 일체법의 본성이 공하다는 이것은 능히 만들어 낼 수 없고 만들어 질 수도 없다."[177]

---

[176] 『大般若波羅蜜多經』(卷第403, T7, 12b20), "無生無滅, 自性皆空."
[177] 『大般若波羅蜜多經』(卷第478, T7, 425b18), "如是! 如是! 一切法等, 平等之性, 皆本性空, 此本性空於一切法, 非能所作."

일체법이 공하다는 점은 만들어진 것도 아니고 만들어 낼 수도 없다. 본성상 공하기 때문이다. 일체법 자신의 본성이 공하다는 자성공自性空이 바로 공성이다. 깊고 미묘한 의미를 지닌 공성은 적멸·법성·열반과 서로 통한다. 일체법이 공한 것이 바로 열반이다. 『마하반야바라밀경』은 강조한다.

"부처님 스스로 말씀하신 것처럼 제법은 평등하다. 이는 성문이 만든 것도 아니고, 벽지불이 만든 것도 아니며, 보살마하살이 만든 것도 아니고, 여러 부처님들이 만든 것도 아니다. 부처님이 계시든 계시지 않든 제법의 본성은 항상 공하며 본성상 공함[性空]이 바로 열반이다."[178]

"수보리여! 깊고 미묘한 것은 공空의 뜻이다. 모습이 없고 만들 수도 없으며, 일어남도 없고, 태어남도 없고, 물듦도 없고, 적멸상태에 있으며, 모든 것에서 떠나 있으며, 그러함[如]이며, 법성이며, 실제實際이며, 열반이다. 이러한 것들이 공의 깊고 미묘한 의미이다."[179]

열반은 부처님 스스로 증득한 자내증自內證의 경계이다. 『반야경』의 가르침대로 제법실상이 열반이라면 일체법의 실상이 부처님에 다름 아니다. 그래서 『마하반야바라밀경』 권제22에는 다음과 같은 설명이

---

178) 『摩訶般若波羅蜜經』(卷第27. T8, 416a6), "如佛自說, 諸法平等, 非聲聞作, 非辟支佛作, 非諸菩薩摩訶薩作, 非諸佛作, 有佛無佛, 諸法性常空, 性空即是涅槃."
179) 『摩訶般若波羅蜜經』(卷第17. T8, 344a3), "須菩提! 深奧處者, 空是其義. 無相, 無作, 無起, 無生, 無染, 寂滅, 離, 如, 法性, 實際, 涅槃, 須菩提! 如是等法, 是為深奧義."

있다.

"제법의 실제적인 의미를 아는 것이 부처님이다. 또한 제법의 본모습을 얻는 것이 부처님이다. 제법의 실제 의미를 통달하는 것이 부처님이다. 일체법을 제대로 아는 것을 부처님이라 한다. … 공의 의미가 깨달음의 뜻이다. '그러함[如]'의 의미와 법성·실제의 의미가 깨달음의 뜻이다. … 제법실상은 속이지도 않고 다르지도 않으므로 깨달음이라 부른다. 수보리여! 이 깨달음과 이 제불諸佛이 있으므로 깨달음이라 한다. 수보리여! 제불諸佛이 두루 바르게 알기에 깨달음이라 부른다."[180]

제법의 실상을 말이나 글로 설명할 수 없다. 설명할 수 있는 것은 실상이 아니고 깨달음도 마찬가지이다. 다만 가르침을 위해 임시로 그렇게 이름 붙였을 따름이다. 그래서 "단지 이름만 있을 뿐이다."고 설명한다. 『마하반야바라밀경』 권제2에 관련 설명이 있다.

"반야바라밀은 단지 이름만 있다. 이름 붙여 반야바라밀이라 부른다. 보살과 보살이라는 글자 역시 이름만 있다. … 예를 들어 '나'라는 이름은 여러 인연들의 화합으로 있다. 그래서 '나'라는 이름은 태어남도 사라짐도 없다. 다만 세간의 이름이기에 말할 뿐이다. … 예를 들어 색·수·상·행·식 역시 인연

---

[180] 『摩訶般若波羅蜜經』(卷第22, T8, 379a15), "知諸法實義故名為佛. 復次, 得諸法實相故名為佛. 復次, 通達實義故名為佛. 復次, 如實知一切法故名為佛. … 空義是菩提義, 如義, 法性, 實際義是菩提義. … 諸法實相, 不誑不異, 是菩提義, 以是故名菩提. 復次, 須菩提! 是菩提是諸佛所有故名菩提. 復次, 須菩提! 諸佛正遍知故名菩提."

들의 화합으로 존재하며 태어남도 사라짐도 없고, 단지 세간의 이름으로 말할 따름이다. 수보리여! 반야바라밀, 보살, 보살이라는 글자 역시 이와 같다. 모두 인연의 화합으로 존재하며, 태어남도 사라짐도 없다. 단지 세간의 이름으로 말한다."181)

인용문을 통해 '제법이 왜 공空'한지 알 수 있다. 인연들의 화합으로 잠시 존재하는 것이기 때문이다. 그래서 태어남도 사라짐도 없다. 다만 세간의 이름으로 그렇게 말할 따름이다. 여러 인연들이 화합해 있기에 일체법은 공상空相이다. 여러 인연들이 화합해 존재하기에 공이고, 단지 이름만 있고, 임시로 설치된 존재들이다. 임시로 설치된 존재물이기에 꿈과 같고 영사기가 보여주는 그림과 같다. 제법의 이름 이면에 법체라든가 극미極微라든가 자성이라든가 하는 실체는 없다.

그런데 아쉽게도 "일체는 단지 이름만 있고 실체實體는 없다."는 이 사실이 어떤 작용을 할 수 있는지, 인연들이 화합해 공이라고만 말할 뿐, 공인 이유에 대한 보다 심층적인 설명이 부족하다. 이 해답을 용수 논사가 제시한다. 『대지도론』과 『중론』은 그래서 중요하다. 『마하반야바라밀경』은 "인연의 화합으로 존재하기에 제법이 공하며 단지 이름만 있다."고 설명했는데, 이 경의 주석서인 『대지도론』은 제법이 공한 이유를 뭐라고 설명할까? 『중론』은 또 어떻게 해설할까?

---

181) 『摩訶般若波羅蜜經』(卷第2, T8, 230c7), "般若波羅蜜亦但有名字, 名為般若波羅蜜. 菩薩、菩薩字亦但有名字, … 譬如說我名, 和合故有, 是我名不生不滅, 但以世間名字故說. … 譬如色受想行識亦和合故有, 是亦不生不滅, 但以世間名字故說. 須菩提! 般若波羅蜜、菩薩、菩薩字亦如是, 皆是和合故有, 是亦不生不滅, 但以世間名字故說."

"마치 건달바성乾闥婆城[182]처럼 해가 뜨면 성문과 누각이 보이고 행인들이 성문으로 출입한다. 해가 점점 높아지면 누각과 성과 행인들은 사라지고 없다. 건달바성은 눈으로 볼 수는 있으나 실제로 존재하는 것은 아니다. 그래서 건달바성이라고 부른다. 어떤 사람이 처음에는 건달바성을 보지 못하다가 새벽에 동쪽으로 향하면 건달바성을 보게 된다. 저 성은 정말 즐거운 곳이라고 생각해 그곳으로 질주한다. 가까이 다가갈수록 건달바성이 없어진다. 해가 높이 뜨면 완전히 사라지고 없다. 그래서 배는 한층 더 고프고, 갈증에 목은 더욱 탄다. … 지혜가 없는 사람도 이와 같다. 공空한 5온·12처·18계에서 나[我]와 제법諸法을 본다. … 만약 지혜로 무아를 깨닫고 실체가 없음을 안다면, 이때 (신기루 같은 건달바성을 보고 그곳에서 물을 마시겠다는) 잘못된 생각도 사라진다."[183]

"거울에 비치는 모습처럼 거울에 비치는 모습은 거울이 만드는 것도 아니고, 거울의 면이 만드는 것도 아니고, 거울을 잡고 있는 사람이 만드는 것도 아니고, 자연적으로 생기는 것도

---

182) 건달바乾闥婆와 건달바성乾闥婆城은 완전히 다른 개념을 내포한 말이다. 건달바는 산스크리트어 gandharva를 음역한 말로 인도 신화에 나오는 요정의 이름이며 불교에 도입되어 천룡팔부중天龍八部衆의 하나가 됐다. 건달바성의 산스크리트어는 gandharva-nagara이며 실재하지 않는 허망한 것을 비유적으로 표현할 때 사용된다. 한편, 서진(西晉, 265-316) 이전에는 주로 건답화乾沓和·건답화乾沓惒·건답화揵沓惒 등으로 번역됐다. 반면 구마라집 스님은 주로 건달바乾闥婆로 현장 스님은 대개 건달박乾達縛·健達縛으로 각각 한역했다.
183) 『大智度論』(卷第6. T25, 103b1), "如揵闥婆城者, 日初出時, 見城門, 樓櫓, 宮殿, 行人出入, 日轉高轉滅, 此城但可眼見而無有實, 是名揵闥婆城. 有人初不見揵闥婆城, 晨朝東向見之, 意謂實樂, 疾行趣之, 轉近轉失, 日高轉滅, 飢渴悶極, … 無智人亦如是, 空陰、界、入中見吾我及諸法, … 若以智慧知無我、無實法者, 是時顚倒願息."

아니고, 원인 없이 생기는 것도 아니다. … 제법도 이와 같다.
스스로 만드는 것도 아니고, 다른 무엇이 만드는 것도 아니고,
자기와 다른 그 무엇이 함께 만드는 것도 아니고, 원인과 조건
없이 만들어지는 것도 아니다. … 거울에 비친 모습처럼 참다
운 공空은 태어남도 사라짐도 없지만 중생의 눈을 속이고 미혹
시킨다. 일체제법이 이와 같이 실체가 없다. 태어남도 사라짐
도 없지만 중생의 눈을 속이고 미혹시킨다. … 제법諸法은 인
연에서 생기기에 자성이 없다[無自性]. 마치 거울 속의 모습처
럼."184)

"여러 원인과 조건들의 결합으로 나타난 모든 존재를 나는
공空하다고 말하며, 이것을 가명假名이라고도 하며, 이것이 바
로 중도의 의미이다."185)

"원인들에 의하지 않고 생겨난 것은 결코 존재하지 않는다. 그
러므로 모든 사물·현상은 공 아닌 것이 없다."186)

인용문에서 보듯 제법諸法이 공空한 것은 연기 때문이다. 원인과 조
건의 결합에 의해 나타났기에 일체의 사물과 현상은 공空하며 실체를
가진 자성이 없다. 연기緣起=공空=가명假名=중(도)中(道)의 등식이 성

---

184) 『大智度論』(卷第6. T25, 104b18), "如鏡中像者, 如鏡中像非鏡作, 非面作, 非執鏡
者作, 亦非自然作, 亦非無因緣. … 諸法亦如是, 非自作, 非彼作, 非共作, 非無因緣.
… 復次, 如鏡中像實空, 不生不滅, 誑惑凡人眼, 一切諸法亦復如是, 空無實, 不生不
滅, 誑惑凡夫人眼. … 諸法從因緣生, 無自性, 如鏡中像."
185) 『中論』(卷第4. T30, 33b11), "衆因緣生法, 我說即是無[空]. 亦爲是假名, 亦是中道義."
186) 『中論』(卷第4. T30, 33b13), "未曾有一法, 不從因緣生. 是故一切法, 無不是空者."

립된다. 그런데 사실 '연기緣起가 곧 중(도)中(道)'이라고 강조한 경전은 『반야경』이 아니고 『잡아함경』이다.[187] 인슌 스님의 분석에 따르면 아래 인용된 『잡아함경』은 『중론』 첫머리에 나오는 귀경게歸敬偈의 팔부중도八不中道, 즉 불상부단중도不常不斷中道[①], 불일불이중도不一不異中道[②], 불래불출중도不來不出中道[③], 불생불멸중도不生不滅中道[④]를 각각 표현한 구절들이다.

①"부처님이 바라문에게 말씀하셨다. '스스로 짓고 스스로 느끼면[과보를 받으면] 상견에 떨어진다. 다른 사람이 짓고 다른 사람이 느끼면 단견에 떨어진다. 의미의 견지에서 말하나 존재의 견지에서 말하나 이 양변兩邊을 떠나 중도에 입각해 진리를 말한다. 이른바 이것이 있음으로 저것이 있고 이것이 일어남으로 저것이 일어난다.'"[188]

②"만약 명命이 바로 몸[身]이라고 말하면 그 수행자는 존재하지 않는다. 만약 다시 명命은 몸[身]과 다르다고 말하면 수행자는 존재하지 않는다. 이 양변兩邊에 마음이 따라가지 않고 바로 중도로 향한다. 현인과 성인은 세상을 벗어나 여실하게 전도되지 않고 바르게 파악한다."[189]

③"비구들이여! 눈[안식]이 생길 때 온 곳이 없고 사라질 때 간

---

187) 印順著(2000), 『空之探究』, 臺北: 正聞出版社, p.210.
188) 『雜阿含經』(卷第12, T2, 85c10), "佛告婆羅門: '自作自覺, 則墮常見; 他作他覺, 則墮斷見. 義說, 法說, 離此二邊, 處於中道而說法, 所謂此有故彼有, 此起故彼起.'"
189) 『雜阿含經』(卷第12, T2, 84c20), "若見言: '命即是身.' 彼梵行者所無有. 若復見言: '命異身異.' 梵行者所無有. 於此二邊, 心所不隨, 正向中道. 賢聖出世, 如實不顛倒正見."

공사상, 현학 그리고 『조론』 323

곳이 없다."190)

④"이것은 (의미가) 매우 심오한 곳으로 연기라 말하며 특히 매우 심오해 파악하기 어렵다. … 이처럼 두 존재는 유위와 무위를 말한다. 유위가 태어나고 머무르고 변하고 소멸된다면 무위는 태어나지 않고 머무르지 않고 변하지 않고 소멸되지 않는다. 이를 비구의 '변하는 괴로움[行苦]'이 사라진 적멸·열반이라 한다. 괴로움의 원인[集] 때문에 괴로움[苦]이 있고 괴로움의 원인[因]이 소멸[滅]되므로 괴로움이 소멸된다."191)

따라서 『잡아함경』의 연기緣起와 『반야경』의 공성空性이 결합돼 연기의 심오한 의미가 천명闡明된 책이 용수 논사의 『중론』이라는 것이 인슌 스님의 지적이다.192) 연기緣起와 공성空性이 연계돼 공사상이 보다 분명하게 설명되자 설일체유부가 건립한 자성自性과 법체法體는 허상虛像임이 완전히 드러났다. 자성自性은 연기와 어긋나기 때문이다. 용수 논사는 "연기이기에 공하며 공이므로 자성이 없다."는 명제로 '제법諸法에 자성·타성이 있다'는 주장을 논파하고 나아가 '사물이 실제로 존재한다'는 실유實有와 '아무 것도 없다'는 단멸공斷滅空마저 이치적理致的으로 깨트려 버렸다. 모든 존재[一切法]가 비로소 제대로 이뤄지게 됐다[成立].

---

190) 『雜阿含經』(卷第13. T2, 92c16), "諸比丘! 眼生時無有來處, 滅時無有去處."
191) 『雜阿含經』(卷第12. T2, 83c15), "此甚深處, 所謂緣起, 倍復甚深難見, … 如此二法, 謂有為、無為. 有為者, 若生、若住、若異、若滅; 無為者, 不生、不住、不異、不滅. 是名比丘諸行苦寂滅涅槃. 因集故苦集, 因滅故苦滅."
192) 印順著(2000), 『空之探究』, 臺北: 正聞出版社, pp.209-212.

용수 논사의 논리적 공격을 받은 설일체유부의 교세는 점점 약해졌다. 대신 설일체유부와 여기서 분파된 경량부의 영향을 받은 한 무리의 학승들이 그 공간을 비집고 성공性空에 토대를 둔 새로운 유종有宗, 즉 유식파를 4-5세기경 건립한다. 유물론적 경향을 가진 부파불교의 영향력은 점차 줄어들고 대신 유심론 중심의 대승불교가 주류의 지위에 올라선다. 이처럼 『반야경』과 중관파의 출현은 불교사상사에서 큰 전환점이 됐다. 그들은 불교를 해석하는 새로운 틀을 제공했으며 주관과 객관을 어떻게 볼 것인가에 대해서도 깊이 있는 철학적 관점을 제시했다. 중관파의 관점과 해석은 구마라집 스님의 역경과 승조 스님의 『조론』을 통해 동아시아에도 큰 영향을 미쳤고 지금도 미치고 있다.

4. 무엇 때문에 지었을까?[193]

승조 스님은 무엇을 말하고자 『조론』을 썼을까? 감산 덕청(憨山德清, 1546-1623) 스님은 『조론략주肇論略注』에서 "「물불천론」은 속제에 합당하고 「부진공론」은 진제에 적합하며 속제·진제인 이제는 객체인 보여지는 대상이 되고, 「반야(무지론)」는 주체인 관찰하는 마음이 된다. 「물불천론」·「부진공론」·「반야무지론」 등 세 편은 인因이 되고 「열반무명론」은 과果가 된다."[194]; "앞의 「물불천론」과 「부진공론」은 속제와 진제가 둘 아닌 진리임을 밝혔다."[195]; "앞의 「물불천론」과 「부진공론」은 대

---

193) '역주의 글'에 수록되어 있는 『조론』을 독자들이 직접 읽고 내용을 파악하는 것이 제일 좋겠다는 생각에 간략하게 기술했다.
194) 『肇論略注』(WX54, 330c21), "不遷當俗, 不真當真, 二諦為所觀之境, 般若為能觀之心, 三論為因, 涅槃為果."
195) 『肇論略注』(WX54, 341c2), "以前不遷, 不真二論, 以顯真俗不二之真諦."

상인 경境을 밝힌 것이고「반야무지론」은 관찰하는 지혜를 설명한 글로 세 편 모두 원인[因]에 해당된다. 이들 원인에 대해「열반무명론」은 결과[果]인 깨달음이 된다. 따라서 전체는 한 편의 논論이 된다."[196)고 설명했다.

속제·진제·지혜·열반, 즉「물불천론」,「부진공론」,「반야무지론」,「열반무명론」등은 결국 서로 다른 각도에서 반야·중관사상을 설명한 글이라 할 수 있다.「물불천론」은 사물과 현상의 불거불래不去不來를 통해 중도·공사상을 밝혔고,「부진공론」은 비유비무非有非無라는 존재의 본성을 통해 연기緣起·공空·중도中道 사상을 설명했으며,「반야무지론」은 고요하나 (공성空性을) 인식하며 인식하나 고요한 반야의 특성을 드러내 반야에는 그릇되게 작용하거나 집착하는 지혜가 없음을 말했고,「열반무명론」은 언어[言]·형상[象]·있음[有]·없음[無]으로는 태어나지도 않고[不生] 소멸되지도 않는[不滅] 열반을 얻을 수 없고 오직 '얻음 없음[無得]'으로 (열반을) '증득해야 됨[妙得]'을 천명闡明했다.

그리하여 "그러면 깨달음은 멀리 있는가? 사물의 본성[空性]을 체득體得하는 그것이 바로 진리[中道]를 증득하는 것이다. 성스러움은 멀리 있는가? 중도를 체험하는 그것이 곧 신령스러움이다."[197)며 존재에 내재된 공성을 증득하는 '바로 이것'이 깨달음이라고 강조했다. 무엇보다 "미륵 보살이 열반을 증득하면 모든 중생도 열반을 증득한다."[198)는『유마힐소설경』권상「보살품 제4」에 나오는 구절이 현행본「열반무명론」단락 [55]에 인용되어 있는 점이 주목된다. 중생을 무한히 긍정하

---

196) 『肇論略注』(WX54, 352b11), "前不遷,「不真」為所觀之境,「般若」為能觀之智, 三皆是因. 以此「涅槃」乃所證之果, 故以為論."
197) 「不眞空論」(T45, 153a4), "然則道遠乎哉? 觸事而真; 聖遠乎哉? 體之即神."
198) 「涅槃無名論」(T45, 161b10), "若彌勒得滅度者, 一切眾生亦當滅度.";『維摩詰所說經』(卷上, T14, 542b17), "若彌勒得滅度者, 一切眾生亦應滅度."

는 정신이 『조론』에 내포돼 있음을 보여주기 때문이다.

5. 임종게에 대한 오해와 진실

『경덕전등록』 권제27 「제방잡거징염대별어諸方雜舉徵拈代別語」에 승조 스님이 요흥 왕으로부터 사형을 언도받고 집행되기 직전에 지었다는 게송, 즉 "사대는 원래 주인이 없고 오온은 본래 공하다. 칼날이 머리를 베어 떨어뜨리는 것은 마치 봄바람을 베는 것과 같다[四大元無主, 五陰本來空. 將頭臨白刃, 猶似斬春風].".는 이른바 '임종게臨終偈'[199]가 실려 있다. 정말 승조 스님이 지은 것일까? 청나라(淸, 1636-1911) 세종 옹정제(雍正帝, 1678-1722-1735)는 승조 스님의 게송이 아니라고 설명했다. 『어선어록御選語錄』 권제1 「대지원정성승조법사론大智圓正聖僧肇法師論」에 있는 내용이다.

"『전등록』에 '승조 스님은 요흥 왕에게 사형을 언도받았다. 승조 스님은 7일의 휴가[假]를 얻어 『보장론』 집필을 마쳤다. 사형이 집행되기 직전 "사대는 원래 주인이 없고 오온은 본래 공하다. 칼날이 머리를 베어 떨어뜨리는 것은 마치 봄바람을 베는 것과 같다."는 게송을 읊었다'고 나온다. 이 게송은 결코 승조 스님이 지은 것이 아니다. 승조 스님은 구마라집 스님의 뛰어난 제자로 요흥 왕의 명령을 받고 소요원에 들어가 구마라집 스님이 경전과 논서의 내용을 세심하게 살펴 확정하는 것

---

199) 『景德傳燈錄』(T51, 434b1), "僧肇法師遭秦主難, 臨就刑說偈曰: '四大元無主, 五陰本來空. 將頭臨白刃, 猶似斬春風.'"

을 도왔다. 요흥 왕은 승조 스님을 특별히 존경하고 예우했다.
『십육국춘추』「승조전」에 '후진 홍시 16년 장안에서 입적했다.
동진 의희 10년이다'고 기록되어 있다. 하물며 형벌을 받을 사
람에게 휴가를 주어『보장론』을 짓도록 할 이치가 어디 있겠는
가? 즉 승조 스님은 상서롭게 입적했음이 틀림없다. 사형을 당
했다는 점이 이미 없는 사실이므로 게송은 결코 승조 스님이
지은 것이 아니다. 잘못 전해진 것으로 보인다."200)

게송은 승조 스님의 친작이 아니라는 것이 옹정제의 생각이다. 탕용
통(湯用彤, 1893-1964) 역시 『한위양진남북조불교사』 제10장 「승조략전僧
肇略傳」에서 "『경덕전등록』 제27권에 '승조 스님이 요흥 왕에게 사형을
당할 때 게송을 지었다'는 기록이 있다. 당나라 이전에 이런 말이 없는
것처럼 보이고 게송의 단어도 속되고 천박해 필히 정확한 것이 아니
다."201)며 옹정제의 주장에 동조했다. 일본학자 마키타 타이료(牧田諦亮,
1912-2011)도 「『조론肇論』의 유전流傳에 대하여」라는 글에서 "(이 게송은)
선가禪家에서 사실과 다르게 전해진 것 같다."202)고 지적했다.

특히『고승전』권제6「승조전」에 "당시 승조 스님이 (요흥 왕으로부
터) 받은 존경이 이와 같았다."203)는 구절이 있는데 "승조 스님이 요흥

---

200) 『御選語錄』(WX68, 526a13), "《傳燈錄》載, 僧肇在姚秦問大辟, 師乞七日假, 著《寶
藏論》畢, 臨刑時說偈曰: '四大元無主, 五陰本來空. 將頭臨白刃, 猶似斬春風.' 然此
偈非肇所作也. 肇為鳩摩羅什高弟, 秦王姚興命入逍遙園, 助什詳定經論, 尊禮有加.
《十六國春秋》「僧肇傳」云: '以姚秦弘始十六年卒於長安, 時晉義熙十年也.' 況典刑之
人豈有給假著《論》之理? 則肇法師之以吉祥滅度, 信矣. 事既子虛, 偈非師作, 蓋訛
傳焉." 佛光大藏經編修委員會(1994), 『佛光大藏經‧禪藏』, 『御選語錄』(1), 高雄: 佛
光出版社, p.8.
201) 湯用彤著(1997), 『漢魏兩晉南北朝佛教史』, 北京: 北京大學出版社, pp.231-232.
202) 牧田諦亮(1955), 「肇論の流傳について」, 『肇論研究』, 京都: 法藏館, p.276.
203) "其爲時所重如此." [南朝梁]慧皎撰‧湯用彤校注(1992), 『高僧傳』, 北京: 中華書局,

왕으로부터 사형을 언도받았다."는 『경덕전등록』의 기록은 「승조전」의 이 내용과도 어긋난다. 게다가 게송에 사용된 단어와 그 내용이 『조론』의 유려하고 화려한 문체文體나 심오한 내용에 비해 상당히 거칠고 정제되지 못한 느낌을 주는 것도 사실이다. 위작僞作이거나 잘못 전해진 게송偈頌일 가능성이 매우 크다는 지적에 동의하지 않을 수 없다.

6. 우리나라에 끼친 영향

한편 우리나라 불교도 『조론』의 영향을 적지 않게 받았다는 점을 기억할 필요가 있다. 『삼국유사』 권제4 「의해義解」편 '이혜동진二惠同塵'조에 『조론』이 등장한다. "혜공 스님이 일찍이 『조론』을 보고 '이것은 내가 옛날에 지은 것이다'고 말했다. 혜공 스님이 승조 스님의 후신임을 이로써 알 수 있다."204)는 문장이 그것이다. 원효(元曉, 617-686) 스님이 찬술한 『금강삼매경론』 권하 「총지품 제8」에는 「부진공론」의 마지막 구절, 즉 "승조 스님이 말한 것과 같다. '그러면 깨달음은 멀리 있는가? 사물의 본성[空性]을 체득體得하는 그것이 바로 진리[中道]를 증득하는 것이다. 성스러움은 멀리 있는가? 중도를 체험하는 그것이 곧 신령스러움이다.'"205)는 구절이 인용되어 있다.

『조론』과 관련된 기록이 있는 또 다른 문헌은 고려 대각 국사 의천(義天, 1055-1101)의 문집이다. 의천 스님은 1085년 5월 각종 불교서적을 구

---

p.252.
204) "(惠空)嘗見《肇論》曰: '是吾昔所撰也.' 乃知僧肇之後有也." 최광식·박대재(2009), 『점교 點校 삼국유사三國遺事』, 서울: 고려대학교출판부, p.200.
205) 『金剛三昧經論』(H1, 674b17), "如肇法師言: '道遠乎哉? 觸事而眞; 聖遠乎哉? 體之卽神矣.'" 현행본 「부진공론」 단락 [11]에 있는 구절이다.

하고 화엄종·천태종 교학연찬을 위해 송나라에 들어갔다가 1086년 6월 귀국한 적이 있다. 당시 의천 스님은 송나라 화엄학의 중흥조로 평가받는 항주의 진수 정원(晉水淨源, 1011-1088) 스님에게 화엄교학에 관해 물었다. 송대의 『조론』 주석서로 유명한 『조론중오집해肇論中吳集解』(전3권, 현존)를 집해集解하고 『조론집해령모초肇論集解令模鈔』(전2권, 현존)와 『조론중오집해과肇論中吳集解科』(전1권) 등을 찬술한 바로 그 정원 스님이다.

귀국한 의천 스님은 정원 스님과 여러 번 편지를 교환했다. 이 글들이 『대각국사문집』과 『대각국사외집』에 남아 전한다. 그래서인지 의천 스님이 1090년 편찬한 『신편제종교장총록新編諸宗敎藏總錄』(전3권, 1,010부 4,857권 수록) 권제3에 정원 스님이 펴낸 세 권의 『조론』 주석서를 포함해 적지 않은 『조론』 주석서들의 이름이 기록되어 있다.206) 대부분 현존하지 않는 주석서들이다. 게다가 『대각국사문집大覺國師文集』 권제20에 실려 있는 「해 좌주를 전송하며[送海座主]」라는 시의 제4구에 "강산이 비록 멀지만 마음이 계합되면 바로 이웃이 된다."는 「반야무지론」 구절이 협주夾注로 부기附記되어 있다. 이 구절은 유유민 거사가 보낸 편지에 승조 스님이 답변하며 쓴 것이다. 원문은 "江山雖緬, 理契即隣."207)이지만 『대각국사문집』 권제20에는 "《肇論》云: '江山雖繞, 道契即隣.'"208)으로 되어있다. 『금강삼매경론』, 『대각국사문집』, 『신편제종교

---

206) 『新編諸宗敎藏總錄』(H4, 695c4), "《肇論》一卷, 僧肇述.《注》一卷, 亡名, 或云叡法師注待勘.《夾科》二卷, 元康科.《疏》三卷, 元康述.《注》三卷, 光瑤注.《注》三卷, 瑤等三注.《注》三卷, 好直注.**《中吳集解》三卷〈卷三第10張〉,《中吳集解科》一卷,《令模鈔》二卷, 已上淨源述.**《寶藏論》一卷, 僧肇述.《注》三卷, 法滋注." 강조체로 된 부분이 정원 스님의 저서이다.
207) J20, 265c8.
208) H4, 565b21.

장총록』,『삼국유사』등에『조론』과 관련된 기록이 있다는 점에서 신라시대 이래 해동의 불교인들도 이 책을 적지 않게 읽었음을 알 수 있다.

| 찾아보기 | 사람 이름 · 땅 이름 · 나라 이름 · 책 이름

【ㄱ】

가섭마등迦葉摩騰 스님
[섭마등攝摩騰 스님]
20, 21

감산 덕청憨山德淸 스님
44, 54, 57, 165, 230, 243, 257, 325

감숙성
46, 48, 110, 245, 247

강거국康居國
23

강승회康僧會 스님
25, 35

『개원석교록開元釋敎錄』
19

『거사전居士傳』
137

건달바
321

건달바성
321

『경덕전등록』
51, 52, 57, 257, 327, 328

경모經母
286

『계론界論』
297

『고승법현전高僧法顯傳』
38, 39, 40

『고승전』
18, 19, 20, 26, 29, 32, 33, 34, 35, 36,
38, 40, 42, 46, 47, 49, 50, 52, 53, 54,
67, 70, 71, 72, 93, 110, 152, 153, 180,
245, 246, 247, 248, 250, 251, 252, 253,
255, 328

고장姑藏
46, 49, 245, 246, 250

곽상郭象
58, 258, 267, 268, 280, 281, 282, 283

곽흑략郭黑略
33

관보關輔
250, 289

관중關中지방
49, 250

『광명삼매경光明三昧經』
23

『광홍명집廣弘明集』
54, 256

구마라집 스님
25, 28, 37, 44, 45, 46, 47, 48, 49, 50,
51, 53, 54, 66, 67, 71, 72, 95, 98, 100,
109, 110, 111, 112, 113, 140, 153, 154,
156, 177, 205, 242, 243, 244, 245, 246,
247, 248, 249, 250, 251, 252, 253, 254,
255, 256, 283, 284, 311, 321, 325, 327

「구마라집법사뢰鳩摩羅什法師誄」
54, 256

구자龜玆국
46, 246

궁사宮寺
48, 112, 153, 250

332 조론

귀무파貴無派
54, 255

『근본설일체유부비나야잡사根本說一切
有部毘奈耶雜事』
286

『금강삼매경론』
58, 60, 329, 330

『금명관총고초편金明館叢稿初編』
93

기환祇桓
153

길기트
38

길장吉藏 스님
25, 53, 70, 93, 94, 242, 243, 255

『까타왓투』
297

【ㄴ】
남악 혜사 스님
44, 243

『노자』
49, 68, 77, 86, 110, 118, 119, 131, 136,
144, 151, 163, 175, 176, 179, 183, 184,
190, 200, 203, 216, 220, 223, 232, 249,
260, 261, 268, 269, 270, 273, 279, 280

『노장신론老莊新論』
243

『논사論事』
297

『논어』
65, 81, 83, 176, 270, 271

『논어석의論語釋疑』
270

【ㄷ】
『다꾸까타』
297

『달마다라선경達摩多羅禪經』
153

담가가라曇柯迦羅 스님
34, 35

담마굴다曇摩掘多 스님
88, 153, 154

담마야사曇摩耶舍 스님
88, 153, 154, 298

담영曇影 스님
45, 244

『도사島史』
287

도선道宣 스님
65

도안道安 스님
20, 22, 23, 26, 28, 29, 33, 40, 41, 46,
47, 66, 246, 247

도원道原 스님
57, 257

도융道融 스님
45, 50, 244, 252

『도행반야경』
24, 25, 37, 40, 78, 103, 109, 114, 223,
225, 228, 311

『담마상가니』
297

담무참曇無讖 스님
36

담위曇威 스님
155, 156

『대각국사문집』
59, 60, 330

『대각국사외집』
59, 330

『대반야바라밀다경』
317

『대반열반경』
64, 189

『대사大史』
287

대사大寺
48, 112, 153, 250

대석사大石寺
48, 112, 153, 154, 250

「대인선생전大人先生傳」
275

『대지도론』
28, 82, 83, 98, 99, 104, 125, 212, 224,
311, 320, 321

도표道標 스님
45, 244

도항道恒 스님
45, 93, 244

『도행반야경』
24, 25, 37, 40, 78, 103, 109, 114, 223,
225, 228, 311

도형道衡 스님
57, 257

『독통감론讀通鑑論』
274

동중서董仲舒
264, 265

【ㄹ】

라오쓰광勞思光
259

런지위任繼愈
259

뤼청呂澂 · 呂澂
21, 291

【ㅁ】

마명 논사
44

마키타 타이료牧田諦亮
52, 328

『마하반야바라밀경』
37, 53, 100, 109, 120, 124, 134, 219,
220, 224, 228, 313, 315, 316, 318, 319

『마하승기율摩訶僧祇律』
39

만송 행수 스님
57, 257

머우종산牟宗三
259

『명승전名僧傳』
65, 66

무착 논사
44, 243

『물불천론변해物不遷論辯解』
57, 257

『물불천정량론物不遷正量論』
57, 257

『물불천정량논증物不遷正量論證』
57, 257

『물불천제지物不遷題旨』
57, 257

『모시정의毛詩正義』
65

모용수慕容垂
47, 247

몽암夢庵 스님
57, 257

『몽암화상절석조론』
57, 172, 257

무라차無羅叉 스님
25, 37, 76, 100, 109

『문선文選』
143

문재文才 스님
57, 68, 74, 96, 172, 253, 257

【ㅂ】

『박어駁語』
57, 257

반고班固
187, 264

『반야경』
25, 27, 37, 40, 142, 310, 313, 316, 317, 318, 323, 324, 325

『발취론發趣論』
297

발터 리벤탈 Walter Liebenthal
174

『방광반야경』
25, 37, 38, 40, 76, 100, 101, 105, 106, 107, 109, 113, 114, 116, 117, 126, 127, 130, 144, 166, 168, 196, 198, 212, 213, 215, 219, 220, 223, 224, 228, 233

배위裵頠
58, 258, 267, 268, 269, 277, 278, 280, 281, 282

배해裵楷
267

『백론百論』
28, 68

백원帛遠 스님
18

『번역으로서의 동아시아』
19, 41

법현法顯 스님
38, 39, 40

『보살영락경菩薩瓔珞經』
103

『보요경普曜經』
86, 220

『보장론寶藏論』
51, 54, 256, 328, 330

보적寶積 동자
102, 103, 117, 136

보창寶唱 스님
27, 65

부견苻堅 왕
25, 46, 47, 112, 246, 247

부루나[滿願] 존자
220, 221

부홍苻洪 왕
47, 247

북량北涼
29

『분석론分析論』
297

『분양무덕선사어록』
57, 257

『불교의 중국정복The Buddhist Conquest of China』
16, 18, 31

불도징佛圖澄 스님
30, 32, 33, 34, 36, 40, 246

『불설대반니원경佛說大般泥洹經』
39

『불설유마힐경佛說維摩詰經』
49, 100, 116, 149

『불성佛性과 반야般若』
259

불여단不如檀 스님
37

불약다라弗若多羅 스님
153

불타발타라佛馱跋陀羅 스님
39, 153

불타야사佛陀耶舍 스님
88, 153

『비바사론鞞婆娑論』
220

비사秘思 스님
57, 257

비수淝水
47, 247

비장방費長房 거사
21

『빳타나』
297

『뿍갈라빤냣띠』
297

【ㅅ】

사곤謝鯤
267

사령운謝靈運 거사
66

사리불[身子] 존자
88, 221, 229, 23, 285, 298

『사리불아비담론』
88, 153, 154, 298, 299, 301, 302

사마담司馬談
187

사마소司馬昭
273, 274

사마의司馬懿
54, 255, 261, 263, 273

사마천司馬遷
187

『사십이장경四十二章經』
20, 21, 22

『사익경思益經』
226

산도山濤
150, 267, 271

『삼국유사』
58, 60, 329, 331

『삼국지』
269, 274

삼보三輔
250

상수向秀
15, 267, 271, 283

『서경書經』『상서尚書』
194

서안西安
37, 38, 46, 49, 245, 250, 263

「석로지」
244

석륵石勒 왕
33, 112, 245, 263

「석사론釋私論」
275

석종성釋宗性 스님
65

석호石虎 왕
29, 30, 31, 32, 33

섬서성
37, 38, 245, 250

섭도진聶道眞 거사
18

섭승원聶承遠 거사
18, 100

『성구광명정의경』
108, 136, 137, 226

「성무애락론聲無哀樂論」
273

『성실론成實論』
28, 205, 283

『성주석性住釋』
57, 257

『세설신어世說新語』
93, 94, 261, 267, 270, 271, 274, 277, 283

세친 논사
44, 243

세피드쿠Sefid-Kuh 산맥
38

소설산小雪山
38

소요관逍遙觀
113, 250

소요원逍遙園
48, 50, 51, 112, 153, 250, 253, 327

『속고승전續高僧傳』
65

손권
25, 49, 249

송렴宋濂
244

송옥宋玉
143

수보리[善吉] 존자
33, 167, 186, 208, 210, 228, 229, 315, 318, 319, 320

「숭유론崇有論」
58, 258, 267, 268, 277, 278, 280, 282, 284

쉬캉성許抗生
258

스쥔石峻
174

승랑僧朗 스님
242

승략僧䂮 스님
45, 244

승예僧叡 스님
50, 66, 252, 253

승우僧祐 스님
20, 41, 72

승조僧肇 스님
15, 25, 28, 43, 44, 45, 46, 49, 50, 51, 52, 53, 54, 58, 59, 64, 65, 66, 67, 68,

69, 70, 71, 72, 76, 79, 81, 87, 88, 90,
93, 95, 96, 98, 106, 109, 111, 113, 118,
120, 123, 130, 138, 139, 140, 141, 145,
146, 148, 149, 150, 153, 155, 157, 158,
159, 17, 174, 175, 177, 179, 180, 181,
183, 188, 208, 209, 241, 242, 243, 244,
245, 249, 250, 252, 253, 254, 255, 256,
263, 267, 268, 283, 284, 311, 325, 327,
328, 329, 330

『시경詩經』
177

『신편제종교장총록』
330

『신편중국철학사』
259

『십육국춘추』
328

『십이문론十二門論』
28, 68

「십익十翼」
177, 179

『십지(경)론十地(經)論』
68

『쌍론雙論』
297

【ㅇ】

『아비달마구사론』
299

『아비달마계신족론』
298

『아비달마대비바사론』
303

『아비달마발지론』
298

『아비달마법온족론』
298

『아비달마시설족론』
298

『아비달마식신족론』
298

『아비달마집이문족론』
191, 298

『아비달마품류족론』
298, 302, 303, 306

『아비담비바사론阿毘曇毘婆沙論』
220

아쇼카 왕
286

아프가니스탄
22

악광樂廣
267, 277

『안반수의경安般守意經』
22, 23

안세고安世高 스님
22, 23, 24, 34, 35

안지추顔之推
260, 261

안식국安息國[파르티아]
22

『안씨가훈顔氏家訓』
260

안휘성
47, 247

『야마까』
297

양양襄陽
40, 41, 47, 246, 247

양주涼州
46, 48, 110, 111, 245, 247, 249

양훼이난楊惠南
242

『어선어록御選語錄』
51, 327

엄불조嚴佛調 스님
29

에릭 쥐르허Erik Zürcher
16, 18, 31

여륭呂隆
249

여광呂光
46, 48, 245, 246, 247, 248, 249, 251

여소呂紹
48, 248, 249

여찬呂纂
46, 48, 245, 248, 249

『역대삼보기歷代三寶紀』
21, 36, 38

『열장지진閱藏知津』
44, 243

영명 연수 스님
57, 257

오오쵸 에니치橫超慧日
174

와관사瓦官寺
153, 154

완수阮修
261

완적阮籍
58, 150, 258, 267, 268, 271, 272, 273, 275, 277

완함阮咸
150, 267, 271

왕부지王夫之
274

왕융王戎
150

왕연王衍
261, 262, 263, 267, 268, 269, 278

왕필王弼
54, 58, 110, 255, 258, 260, 261, 267, 268, 270, 271, 277, 278

『왕필의 철학』
268

요상姚爽
153

요숭姚崇
178

요장姚萇 왕
47, 247

요흥姚興 왕
45, 48, 50, 51, 52, 112, 113, 154, 174, 176, 180, 244, 249, 250, 251, 252, 253, 327, 328

용수 논사
44, 186, 243, 324, 325

용지 환유 스님
57, 257

『우바새계경優婆塞戒經』
121

우익 지욱蕅益智旭 스님
44, 243

우즈베키스탄
23, 33

운서 주굉雲棲袾宏 스님
44, 243

찾아보기 339

원강元康 스님
27, 56, 64, 68, 94, 256, 262, 277

원굉袁宏
267

『원사元史』
244

원의 준식圓義遵式 스님
56, 256

원효元曉 스님
58, 329

월지국月支國·月氏國[박트리아]
22, 23

월천 진징月川鎭澄 스님
57, 257

위개衛玠
262, 267

위뚠캉余敦康
268

『위방가』
297

『위서魏書』
45, 244, 269, 274

『위진현학사魏晉玄學史』
258

『유가사지론瑜伽師地論』
290, 291, 292, 293

유개庾凱
267

유동儒童[僮] 보살
212, 213, 226

유령劉伶
150, 187, 267, 271

『유마경』
45, 137, 186, 244, 249

유마힐 거사
101, 186, 197, 210

『유마힐소설경』
28, 56, 100, 102, 116, 136, 153, 156, 185, 196, 208, 220, 228, 229, 231, 326

유요劉曜
32, 33, 263

유유민劉遺民 거사
43, 53, 59, 109, 137, 138, 139, 140, 141, 145, 147, 153, 155, 157, 159, 164, 255

6가7종六家七宗
27, 41, 50, 67, 142

육운陸雲
260

『여산기廬山記』
137

『음지입경陰持入經』
23

의천義天 스님
59, 329, 330

『이부종륜론異部宗輪論』
285

『이십사사二十四史』
44, 243

『인도불학원류략강印度佛學源流略講』
287, 289, 310, 311

『인시설론人施設論』
297

인순印順 스님
291, 293, 297, 312, 323

【ㅈ】

자백 진가紫柏眞可 스님
44, 243

『자치통감』
247, 250

『자치통감신주資治通鑑新注』
49

「잡아함경간정기雜阿含經刊定記」
290, 291

『잡아함경』
290, 291, 293, 294, 297, 299, 303, 304, 309, 311, 313, 315, 317, 323, 324

『잡아함경회편』
293

잡장雜藏
44, 243

잘랄라바드
38

장담張湛
268, 282

『장담의 열자주列子注』
282

『장아함경長阿含經』
88, 290, 291

장안長安
245, 250

『장자』
26, 68, 80, 83, 91, 95, 96, 106, 108, 113, 114, 124, 134, 144, 157, 164, 172, 175, 176, 179, 180, 184, 197, 201, 203, 205, 208, 209, 249, 253, 254, 261, 268, 269, 283

『장자집석莊子集釋』
281

장춘뽀張春波
141

『재성才性과 현리玄理』
259

전조前趙
32, 33, 245, 263

전진前秦
25, 29, 46, 47, 112, 246, 247

『정명현론淨名玄論』
53, 70, 255

『정법화경正法華經』
214

정현定縣
47, 247

『조론교석肇論校釋』
72, 120, 141

『조론략주』
161, 165

「조론서肇論序」
64

『조론소肇論疏』
27, 56, 64, 68, 93, 256

『조론신소』
57, 74, 96, 126, 253, 257

『조론신소유인』
68, 183

『조론중오집해』
59, 257, 330

『조론중오집해과肇論中吳集解科』
59, 330

『조론집해령모초』
56, 57, 59, 64, 70, 189, 232, 256, 257, 330

조비曹丕
19

조상曹爽
261

조조曹操
19, 54, 255, 268, 274

『조진전曹眞傳』
269

『종경록』
57, 257

『종리중경목록綜理衆經目錄』
22, 23, 24, 41

『종용록』
57, 257

종회鍾會
269, 274

『좌선삼매경』
224, 226

주사행朱士行 스님
29, 36, 38

『주역』
139, 140, 144, 145, 150, 160, 179, 183, 258, 261, 269, 270, 272

『주유마경注維摩經』
45, 156, 244

『주조론소注肇論疏』
56, 256

『죽림칠현과 위진명사』
264

『중국불교사』
16

『중국불학원류략강』
21

『중국철학발전사』
259

『(수정판)중국철학사』
258, 259

『중국철학사신편』
258

『중관론소中觀論疏』
93, 94

『중론中論』
28, 68, 78, 79, 90, 96, 99, 103, 107, 126, 127, 128, 186, 254, 283, 310, 311, 320, 323, 324

『중아함경中阿含經』
285, 290, 291

『증일아함경增一阿含經』
189, 191, 290, 291, 315

지겸支謙 거사
21, 22, 25, 37, 49, 86, 19, 116, 149, 249

지도림支道林 스님
[지둔支遁 스님]
66, 94, 283

지루가참支婁迦懺 스님
[지참支讖 스님]
22, 23, 24, 25, 37, 78, 109, 311

지민도支敏[愍]度 스님
93

지법령支法領 스님
152, 154

지법상支法詳 스님
66, 67

지승智昇 스님
19

진수 정원晉水淨源 스님
59, 67, 330

진순유陳舜俞
137

『진서晉書』
110, 150, 259, 268, 271, 277

【ㅊ】

천인췌陳寅恪
93, 271

천태 지의 스님
44

초당사草堂寺
45, 48, 112, 153, 250

『초일명삼매경超日明三昧經』
100, 101

축도생竺道生 스님
23, 50, 53, 66, 141, 142, 155, 174, 242, 252, 255

축도유竺道猷 스님
66

축법란竺法蘭 스님
20, 21

축법아竺法雅 스님
26, 33

축법온竺法溫[蘊] 스님
93

축법태竺法汰 스님
93

축법호竺法護 스님
22, 25, 37, 86, 109, 214

축불삭竺佛朔 스님
24

축불조竺佛調 스님
33

축숙란竺叔蘭 거사
25, 37, 76, 109

『춘추春秋』
272

『춘추번로春秋繁露』
265

『출삼장기집出三藏記集』
20, 22, 23, 36, 38, 40, 70, 72, 254

【ㅋ】

카니쉬카 대왕
24

카이버 고개
24

【ㅌ】

탁실라
38

탕용통湯用彤
21, 141, 174, 242, 243

탕이제湯一介
268

「태사잠太師箴」
274

『태자서응본기경』
86, 197, 212

「통로론通老論」
272

【ㅍ】

파키스탄
24, 38

팽소승彭紹升 거사
137

펑유란馮友蘭
258

페샤와르
24, 38

찾아보기 343

【ㅎ】

하북성
47

하안何晏
54, 58, 255, 258, 260, 267, 268, 269, 270, 271, 274, 277, 278

하진何進
54, 255, 268

하후현夏侯玄
267

한漢 무제武帝
250

『한서漢書』
187, 264

『한위양진남북조불교사』
16, 21, 52, 174, 242, 243, 328

『허당화상어록』
257

『현겁경賢劫經』
226

현장玄奘 스님
24, 35, 191, 287, 317, 321

혜강嵇康
58, 150, 258, 267, 268, 271, 272, 273, 274, 275, 277

혜경慧景 스님
38, 39

혜공惠空 스님
58, 329

혜교慧皎 스님
40, 42, 72, 180

혜달惠達 스님
56, 64, 93, 242, 256

혜달慧達 스님
64

혜명慧明 스님
138, 149

혜원慧遠 스님
26, 53, 54, 66, 14, 141, 148, 152, 156, 255

환거 진계 스님
57, 257

후나야마 도루船山徹
19, 41

후량後凉
48, 246, 247, 249

후연後燕
47, 247

후조後趙
29, 30, 33, 112, 245, 263

후진後秦
29, 43, 45, 47, 48, 49, 51, 103, 111, 112, 138, 153, 174, 183, 242, 244, 245, 246, 247, 249, 250, 252, 328

| 역자후기 |

1. 2015년 8월29일부터 2년8개월 동안 해발 3200m정도 되는 중국 청해성青海省의 한 티베트불교 사찰에 머물렀다. 티베트어를 보다 철저하게 배우고 티베트불교를 몸으로 직접 체험하며 티베트어로 논문을 쓰기 위해서였다. 사찰에 들어가기 전인 2012년 9월부터 2013년 6월까지 청해성 성도省都인 서녕西寧에 위치한 청해민족대학青海民族大學에서 1년 동안 티베트어를 배웠다. 그리곤 2013년 8월부터 2년간 북경의 중앙민족대학中央民族大學 티베트학연구원[藏學研究院]에서 박사과정을 이수했다. 과정을 마치고 2015년 8월29일 다시 청해성으로 돌아가 아주 어렵게 그 사찰에 들어갔다. 입사入寺 전 3년 동안 티베트어를 공부했으나 수준이 높은 편은 아니었다.

티베트어에는 라싸어語, 캄빠어, 암도어 등 3대 방언方言이 있다. 라싸·시가체 지역과 그 주변 일대에 사는 티베트 사람들이 사용하는 말이 '라싸어'이고, 사천성·운남성 지역에 살고 있는 티베트 사람들이 쓰는 언어가 '캄빠어'이며, 청해성·감숙성 일대에 거주하는 티베트 사람들이 운용運用하는 말이 '암도어'이다. 글자는 같으나 발음이 서로 다르다. 어떤 단어는 사용되는 지역에 따라 의미도 같지 않다. 산이 높고 골짜기가 깊어 출신 지역이 다르고 문자를 모르는 티베트 사람끼리 만나면 의사가 잘 통하지 않는 경우도 더러 있다. 당시 내가 배운 티베트어는 암도어였다. 라싸에 들어가기가 힘들었고 들어가도 라싸어를 배울 수 있는 상황이 아니었다. 지금도 라싸어 발음보다 암도어 발음에 익숙하다.

쉽지 않은 일임을 모르고 사찰로 간 것은 아니었지만 막상 부딪히자 괴로움은 상상 이상이었다. 음식은 입에 맞지 않았고, 기후는 대단히 건조하고 추웠으며, 겨울은 또 얼마나 긴지! 겨울밤의 날씨는 영하 10도가 기본이었다. 추우면 영하 15도까지 심지어 영하 20도 근방까지 내려갔다. 밤에 책을 보다 잠을 깨려 창문을 열면 예리한 밤공기가 곧바로 얼굴과 온 몸을 뾰족한 가시마냥 찔러댔다. 석탄이나 나무를 때는 난로가 한 대 있었지만 육방六方에서 들어오는 '웃풍'과 '찬 기운'에 눌려 방안의 온도를 제대로 데워주지 못했다. 매캐한 석탄가스 때문에 오히려 더 힘들었다. 전기난로를 한 대 구했으나 사용하기가 쉽지 않았다. 산 속이라 전기도 부족했다.

바람은 날카롭기가 칼날 같았다. 산과 들판에 나무와 풀이 없다보니 바람이 불면 함께 일어난 먼지가 바람에 휘감겨 돌았다. 항상 먼지가 바람보다 많아 보였다. 봄날의 바람과 먼지는 건조하고 거칠어 코와 입에 들어오면 곧바로 잠자고 있던 감기를 깨웠다. 물이 부족해 자주 씻을 생각도 못했다. 먹을 물도 충분치 않은데 어떻게 수시로 씻을 엄두를 내겠는가! 한 번 감기에 걸리면 평균 2달은 갔다. 매일 밤 거친 기침이 나왔지만 해가 뜨면 언제 그랬느냐는 식으로 아무렇지 않았다. 해가 지면 기침은 어김없이 시작됐다. 책 보는데 기침이 나오면 모든 것을 그만 두고 싶었다.

시간이 흐름에 따라 외형도 내면도 점점 현지인처럼 변해갔다. 아예 삭발했다. 씻지 못한 두피頭皮를 햇볕에 말렸다. 피부는 자연스레 새까맣게 탔고 머리카락은 적지 않게 빠졌으며 얼굴은 꾀죄죄한 마른 체구로 변해갔다. 어금니도 2개나 빠졌다. 다른 이[齒]들도 흔들렸다. '학문 자체'가 아니라 '환경' 때문에 '학문은 괴로운 일'이라는 생각이 든 것도 그 때가 처음이었다. 계절에 관계없이 매일 밤 북쪽에 뜨는 형형炯炯한 북두칠성을 바라보는 것과 봄이면 들판에 파릇파릇하게 돋아나는 우리나라의 '보리[麥]'와 비슷한 작물인 '내[nas/]'를 손으로 한 번씩 만져 보는 것이 그나마 위안거리였다.

'무형無形의 동경憧憬에 끌려 지고기한地高氣寒한 이역異域의 야등夜燈 아래에서 책을 보는 이런 고생을 할 이유·필요가 있을까?'라는 생각이 자주 들었다. 그 때마다 주변에서 도와주던 티베트 사람들과 친절하게 교리를 가르쳐 주던 티베트 스님들을 생각하며 사념邪念을 이겨 냈다. 열정적으로 불교를 공부하는 젊은 티베트 스님들을 보며 '무엇 때문에 저렇게 혼신의 힘을 쏟아 교리를 습득하려는 것일까?'라는 생각도 문득문득 들었다. 젊은 스님들 중에는 환속하는 사람도 드물지 않게 있었고 시간을 대충 때우려는 사람도 없지는 않았다.

이런 저런 과정을 거쳐 티베트어로 쓴 두 번째 박사논문을 종이에 낙서落書하지 않고 컴퓨터에 담은 채 청해靑海에서 북경으로 내려왔다. 공중空中에 그린 '환상 같은 꿈'이 그럭저럭 성글은 모습과 옷을 갖추기 시작했다고나 할까! 내용의 심도深度와 완성도完成度를 떠나 모든 글자에 기침이 고일만큼 신산辛酸하지는 않았지만 상당한 고생을 거쳐 나온 결과물이라고 개인적으로 생각했다. 2018년 6월 중앙민족대학을 졸업하고 귀국한 지 2년 정도 지난 2020년 봄에 예전의 피부색이 돌아왔다. 줄어든 머리카락 숫자는 늘지 않았고 이[齒]는 지금도 여전히 부실하다. 가끔 멍하니 창밖을 보노라면 새싹이 돋는 청해성의 파릇파릇한 들판의 정경情景과 티베트 사람들의 모습들이 몽환夢幻적인 신기루 마냥 아련하게 피어오른다. 괴로운 현실도 지나면 추억이 된다는 말은 사실인 듯하다.

2. 2007년 2월 12일 중국으로 유학을 떠났다. 북경에서 공부를 시작한지 2년 정도 되던 2009년 3월 28일(음력) 어머니가 돌아가셨다는 연

락이 왔다. 귀국하지 못했다. 갑작스런 사세辭世에 비행기 표를 급하게 구하기가 쉽지 않았다. 불울怫鬱한 기분에 일주일을 멍하니 보냈다. 그해 여름이 돼서야 산소에 참배할 수 있었다. 심은 지 오래 되지 않아 듬성듬성 돋아난 잔디를 보자 무수한 상념想念이 떠올랐다. 모자母子라는 혈연적 인연 덕분에 같은 시간과 공간 속에 머무르며 경험했던 수많은 일들이 파노라마처럼 뇌리腦裏를 스쳤다. 한참동안 무덤 옆에 앉아 있었다. "출발해야 된다."는 소리에 어쩔 수 없이 바지에 묻은 흙을 털었다. 시작한 공부를 제대로 마쳐 보은報恩하는 길 이외 할 수 있는 다른 일은 없는 듯 보였다. 부모님은 항상 고향에 계셨고 지금도 고향에 계시며 언제나 나와 함께 계셨고 앞으로도 나와 함께 계실 것이기 때문이다. 3년 뒤인 2012년 6월 북경 대학을 졸업하며 박사학위를 받았다. 지금 보면 쓴 웃음만 나오는 논문인데 당시엔 왜 그렇게 힘들었는지 모르겠다. 졸업하던 그해 8월말 북경의 중앙민족대학 티베트학연구원[藏學研究院] 박사과정에 입학해 '티베트학學'을 천착穿鑿하는 힘겨운 여정旅程을 시작했다.

3. 『조론肇論』과 이 책의 저자인 승조僧肇 스님의 이름을 1990년대 초반에 처음 들었다. 고려원에서 우리말로 번역·출간된 『조론(략주)』을 읽었다. 내용이 잘 이해되지는 않았다. 4세기 말 5세기 초의 중국이라는 시·공간에 살다가 '31세에 요절한 한 젊은 지성인'이 쓴 글이라는 점에 왠지 마음이 심하게 끌렸다. 고전 한문을 익혀 내용을 직접 파악하는 것이 제일 좋겠다는 생각이 들었다. 북경에서 공부하던 2011년 봄 '중국어가 나름의 수준에 도달됐다'는 생각에 『조론』을 다시 읽었다. 물처럼 흘러가지 못하고 막히는 부분이 더러 있었다. 『조론』을 설명한 상당히 많은 주석서들이 현존한다는 사실과 주석서들 사이에 차이가 있다는 점

을 보다 분명하게 인식하게 된 것도 그 무렵이었다. 시대별로 중요한 주석서 한 권씩을 선택해 비교하며 읽었으나 막히는 곳이 여전히 막혔다. 『조론』주석서들에 나타난 중국불교의 흐름을 정리해 보는 것도 의미 있겠다'는 아이디어가 떠올랐다.

　청해성에 있을 당시『조론』은 뇌리에 없었다. 티베트어와 티베트불교를 익히기 바빴고『뎁테르곤뽀』,『케베가뙨』등의 티베트 고대 역사서들과『입중론入中論』,『현관장엄론』,『구사론』,『렉샐닝뽀』등의 논서論書들에 빠져 있었다. 티베트 고대 역사를 훌륭하게 설명하고 있는『뎁테르곤뽀』를 언젠가는 우리말로 번역해야겠다고 마음먹은 것도 청해성의 그 사찰에서였다. '우리나라 사람들이 티베트 역사를 너무 모르는 것 아닐까?'라는 생각이 강하게 들어서이다. 공부할 때 티베트 사람들에게서 받은 도움을 갚아야 된다는 의식도 작용했다. 방대한 분량의 책이라 언제 번역에 착수하게 될지 솔직히 아직은 잘 모르겠다.

4. 번역은 힘들다. 피와 살 그리고 마음마저 갉아먹는 작업이다. 세밀하게 살펴도 미진한 부분이 반드시 있다. "(번역은) 밥을 씹어 남에게 주는 것과 같아 맛을 잃어버리게 할 뿐 아니라 그 밥을 먹는 사람에게 구역질을 일으키게 한다[有似嚼飯與人, 非徒失味, 乃令嘔噦也]."고 구마라집 스님이 승예僧叡 스님에게 격激하게 말했던 의미를 이제는 어느 정도 알 것 같다. 그러나 번역이 아니면 다수의 사람들에게 내용을 전할 방법이 그나마도 없다.『조론오가해肇論五家解』역시 번역을 통해 등장한 책이다.『조론오가해』라는 이름도 본래 없었다. 다섯 분의 스님들이 쓴 주석서를 함께 옮긴다는 의미에서 '오가해五家解'라는 이름을 붙였다. 각 권에 대한 설명은「해제解題」에 자세하다.

　『조론오가해』가운데 위진남북조시대 남조 진陳나라의 혜달惠達 스님이 찬술한『조론소肇論疏』를 번역하는 것이 가장 힘들었다. 현존하는 주석서 가운데 시대적으로 가장 앞선 책인데다 문장도 어렵고 열반학파, 성실학파, 섭론학파, 지론학파 등 위진남북조시대에 나타났던 거의 모든 학파들과 관련된 내용이 곳곳에 똬리를 틀고 있었다. 당나라 원강元康 스님은 중국 고전과 훈고학 서적 등에서 인용한 적지 않은 문장들을『조론소肇論疏』곳곳에 심어 놓았다. 번역하는 내내 이들 문헌을 찾아 원문을 확인해야만 했다. 지금 전하지 않는 문헌도 있어 모든 인용문을 원문과 다 대조해 보지는 못했다.

북송의 비사秘思 스님이 강설하고 정원淨源 스님이 집해集解한『조론중오집해肇論中吳集解』의 분량은 혜달 스님의『조론소』나 원강 스님의『조론소』에 비해 적은 편이다. 압축된 문장이라 우리말로 옮기기가 결코 쉽지는 않았다. 다섯 권의 주석서 가운데 한 권을 권하라고 독촉한다면 원나라 문재文才 스님이 기술記述한『조론신소肇論新疏』를 추천하고 싶다. 방대한 내전內典과 교리에 근거해『조론』을 풀어낸 솜씨가 탁월하다. 훌륭한 책이기에 '상당한 인내심'과 '정교한 사고력思考力'을 갖고 도전해야 된다. 본인의 수행경험이 담긴 감산憨山 스님의『조론략주肇論略注』는 간략한 말 속에 풍부한 의미가 내포되어 있다.『조론』을 보다 쉽게 설명한 점도 돋보인다.『조론략주』를 제외한 나머지는 이번에 처음으로 번역됐다. 일본어나 영어 그리고 현대 중국어로도 옮겨진 적이 없다. 다섯 권의 주석서들을 각 책의 앞부분에 붙은「해제」와 함께 읽으면 중국불교의 흐름을 대충이나마 파악할 수 있을 것이다.

당연히,『조론』과『조론오가해』에 대한 나의 이해와 설명 그리고 번역이 모두 완벽하다고 생각하지는 않는다. 번역과 해제를 통하지 않고 내가 이해한『조론』과『조론오가해』를 설명할 다른 방법이 지금의 나에겐 아쉽게도 없다.『조론』과『조론오가해』의 논리를 정확하게 파악하지 못하고 번역한 오류에 대해서는 강호江湖에 흩어져 있는 현인賢人들의 가르침을 겸허하게 받아들여 고쳐나갈 생각이다. "부처님께 밥값 했다."고 감히 외람되게 말할 수는 없으나 나름대로 할 수 있는 최대한의 노력을 쏟았기에 이런 식으로 『조론』을 이해하고 이런 식으로 『조론오가해』를 번역한 사람도 있다는 점을 기억해 준다면 그것만으로도 고마운 일이겠다. 전6권이 1질帙인 『조론연구』(전1권)·『조론오가해』(전5권)'와 단행본 『조론』이 반야·중관사상과 중국불교를 이해하는데 조금이라도 도움 된다면 번역 과정에 겪은 신고辛苦는 눈 녹듯이 사라질 것이다.

5. 『조론오가해』 등의 출간은 수많은 인연의 산물이다. 딸과 아들 그리고 아내라는 인연으로 중국에 같이 갔던 가족에게는 미안함과 고마움을 두고두고 표현하고 싶다. 특히 어린 나이에 중국의 환경과 언어에 훌륭하게 적응했으며 제3국에 가서도 여러 어려움들을 이겨내고 학업을 잘 마무리한 딸과 아들에게 7권의 책 전부를 헌증獻贈한다. 차안此岸과 피안彼岸은 원래 둘이 아니므로 이 책의 출간 소식은 당연히 피안에 계신 아버지와 어머니 그리고 장인어른께도 전해졌다고 생각한다. 그 분들은 틀림없이 번역자보다 더 기뻐하고 계실 것이다. 생전生前의 그 분들에게 해드리지 못한 정성의 일 푼이라도 이 졸역拙譯을 통해 전달되기를 소망하며 책 출간에 혹 조그마한 공덕이라도 있다면 가족과 주변 사람들에게 먼저 회향되기를 기원한다.

'추천의 글'을 써 주신 무비 스님께 삼배三拜 드리며, 물심物心양면으로 아낌없이 지원해 주신 원택 스님께 '불망不忘의 감사'를 올린다. 원택 스님의 배려로 부산 고심정사 불교대학에서 『조론』을 강의했던 경험은 『조론오가해』를 번역하는 데 큰 힘이 됐다. 강의 과정에 잘못 이해한 부분을 바로 잡을 수 있었고 부족한 점을 파악할 수 있었다. 알

차지 못한 강의를 끝까지 들어 주셨던 모든 분들께 '감사의 합장'을 드린다. 서임숙 선배님, 이정연 선배님, 박경희 선배님, 김주미 선배님, 조미영 선배님, 박명숙 선배님 등이 교정을 봐주지 않고 장경각藏經閣 편집부가 도와주지 않았다면 이 책들은 제 모습을 갖추지 못했을 것이다. 책의 번역·출간에 직·간접적인 격려와 관심을 보여주신 모든 분들께「물불천론物不遷論」에 나오는 유명한 게송으로 '움직이지 않는 사의謝意'를 표한다.

旋嵐偃嶽而常靜,　회오리바람이 몰아쳐 산을 무너뜨리지만 항상 고요하고,
江河競注而不流,　강물이 경쟁하듯 물을 쏟아붓지만 흐르지 않고,
野馬飄鼓而不動,　아지랑이가 나부끼며 공중에서 휘감아 돌지만 움직이지 않고,
日月歷天而不周.　해와 달이 하늘을 가로지르지만 도는 것이 아니다.
既無往返之微朕,　원래 가거나 돌아온 미세한 조짐조차 없는데
有何物而可動乎?　어떤 사물이 움직일 수 있단 말인가?

불기 2566[2022]년 6월13일 월요일
종로 종각 부근의 우거寓居에서
조병활 근지謹識